Beck-Wirtschaftsberater

Wege zum Wohneigentum

dtv

Beck-Wirtschaftsberater

Wege zum Wohneigentum

Ihr Ratgeber für den Immobilienerwerb

Von Erich Herrling
und Wolfgang Federspiel

8., aktualisierte Auflage
Stand: 1. Oktober 2008

Deutscher Taschenbuch Verlag

Im Internet:

dtv.de

beck.de

Originalausgabe
Deutscher Taschenbuch Verlag GmbH & Co. KG,
Friedrichstraße 1 a, 80801 München

Druck und Bindung: Druckerei C. H. Beck, Nördlingen
(Adresse der Druckerei: Wilhelmstraße 9, 80801 München)
Satz: ottomedien, Darmstadt
Umschlaggestaltung: Agentur 42 (Fuhr & Partner), Mainz
ISBN 978-3-423-05834-6 (dtv)
ISBN 978-3-406-57957-8 (C. H. Beck)

9 783406 579578

Geleitwort

Es ist die wohl teuerste Investition im Leben einer Privatperson: der Kauf oder der Bau der eigenen Immobilie und doch wird die Kaufentscheidung oft mit zu wenig Sorgfalt vorbereitet. Das ist unverständlich, denn die Investition „Immobilie“ soll über viele Jahre hinweg den Mittelpunkt des Familienlebens bilden und muss daher sowohl von der Ausgestaltung als auch von den finanziellen Anforderungen her passen. Die emotionale Bindung an die Immobilie scheint jedoch in vielen Fällen eine objektive Auseinandersetzung mit der Investition zu verhindern.

Insbesondere in wirtschaftlich schwieriger werdenden Zeiten muss sich jeder Immobilieneigentümer über die wirtschaftliche Bedeutung seiner Entscheidung im Klaren sein und sie gut vorbereiten. Denn er bindet sich langfristig: Langfristig muss die Zins- und Tilgungsbelastung getragen werden. Langfristig soll die eigene Immobilie den persönlichen Bedürfnissen der Familie entsprechen. Doch was in den folgenden Jahren geschehen wird, weiß der künftige Eigentümer nicht. Daher ist es wichtig, bereits im Zeitpunkt des Erwerbs zu berücksichtigen, dass eine Immobilie irgendwann aus den unterschiedlichsten Gründen heraus wieder verkauft werden soll. Und dann entscheidet vor allem ihre Lage, aber auch Faktoren wie ihr Alter, ihre Ausstattung oder – gerade in Zeiten der energiepolitischen Diskussionen – die energetische Effizienz über ihre Wiederverkäuflichkeit und die wirtschaftliche Zukunft des Eigentümers.

Genau hier setzt der vorliegende Ratgeber „Wege zum Wohneigentum“ an. Er zeigt dem künftigen Eigentümer, welche Fragen er sich stellen muss, welche Eigenschaften der Immobilie er prüfen soll, bevor er sich entscheidet. Gleichzeitig bietet der Ratgeber die Hilfestellung, die jeder Käufer benötigt, die Fragen auch beantworten zu können, z. B. indem er zeigt, wie die Wohnfläche richtig berechnet wird. Der Immobilienerwerber wird zudem durch die Formalitäten geführt, die bei jedem Immobilienerwerb aufgeworfen werden, wie Notartermin, Grundbucheintrag und Ähnliches. So weiß der zukünftige Hauseigentümer, was auf ihn zukommt.

Damit der Traum von der Immobilie nicht platzt, ist jeder Bau- und Kaufwillige gut beraten, sich auch mit den Ausführungen zur Finanzierung von Immobilien intensiv auseinanderzusetzen. Denn viel zu leichtfertig werden Darlehen aufgenommen, ohne zu bedenken, dass niedrige Eigenkapitalanteile höhere Darlehenszinsen und damit einen höheren Schuldendienst mit sich bringen. Diese und ähnliche Zusammenhänge, die Auswirkungen steigender Zinsen für den Schuldendienst und vieles mehr, erläutert der Ratgeber und bietet damit viel Hintergrundwissen, das bei der Suche nach der richtigen Finanzierung von hohem Wert ist.

Doch noch so gute und umfassende Informationen können im Einzelfall die Fragen nicht immer vollständig beantworten, die individuellen Probleme nicht immer lösen. Dann stehen Ihnen professionelle Verbände zur Seite, die die Lösung von Problemen und die Antwort auf Fragen rund um die Immobilie zu ihrem Markenzeichen gemacht haben. Diese professionelle Hilfe finden Eigentümer und Vermieter bei uns – bei Haus & Grund. Wir beraten unsere Mitglieder in allen immobilienrechtlichen Fragen – auch beim Erwerb von Immobilien, bei Fragen zu den geltenden Bauvorschriften oder bei Problemen mit Nachbarn. Und wenn Sie die Immobilie vermieten, um über die Mieteinnahmen Ihr Alterseinkommen zu sichern, helfen wir Ihnen auch dabei: egal, ob Sie Mietverträge benötigen, Nebenkosten abrechnen müssen oder Fragen zur Hausordnung oder zu den Schönheitsreparaturen haben.

Sie finden uns ganz in Ihrer Nähe. Haus & Grund Bayern ist der größte Landesverband der insgesamt 22 Landesverbände umfassenden Haus & Grund-Organisation. Mit 110 Ortsvereinen sind wir bayernweit zu finden und vertreten die Interessen der über 112.000 bei uns organisierten privaten Haus-, Wohnungs- und Grundeigentümer. Wir beantworten nicht nur Ihre Fragen rund um die Immobilie. Mindestens genauso wichtig ist die Vertretung Ihrer Interessen, also der Interessen der privaten Haus-, Wohnungs- und Grundeigentümer in Politik, Wirtschaft und Gesellschaft. Und das schaffen wir durch unsere dreigliedrige Organisation: die Ortsvereine in den Kommunen, die Landesverbände in den Bundesländern und der Bundesverband auf der Bundesebene. Haus & Grund Bayern ist dazu gut aufgestellt. Wir vertreten schlagkräftig Ihre Interessen im Freistaat Bayern. Und wenn Sie Probleme vor Ort haben – z. B. mit einem Bauträger oder mit einem Mieter –, finden Sie die notwendige Hilfe in einem unserer Ortsvereine auch in Ihrer Nähe.

Dr. Ulrike Kirchhoff
Vorstand Haus & Grund Bayern
Landesverband Bayerischer
Haus-, Wohnungs- und Grundbesitzer e.V.

Vorwort

„Einmal im Leben“ – dieser Slogan sollte beim Erwerb von Wohneigentum wohl erreichen, dass der kühle Sachverstand durch Gefühle zurückgedrängt wird. Wirtschaftliche Fehlentscheidungen können die Folge sein. Das Schlagwort trifft bei vielen Ersterwerbern auch nicht zu. Wer einmal eine kleinere Eigentumswohnung erworben hat, kauft vielleicht später eine größere oder ein Haus; wem sein Haus zu groß geworden ist, der kann es verkaufen und eine „bequeme“ Eigentumswohnung erwerben; wer aus persönlichen oder beruflichen Gründen den Wohnort wechselt, verkauft eine Wohnung und will am anderen Ort wieder Wohneigentum erwerben. So sollte der Erwerber bereits beim Erwerb auf eine eventuelle Veräußerungsmöglichkeit achten, auch wenn ein Verkauf keineswegs schon von vorneherein beabsichtigt ist.

Dieser jetzt in 8. Auflage vorliegende Ratgeberband kann dem Erwerber oder Verkäufer von Wohneigentum die Entscheidung nicht abnehmen, ob, wann, wo und was erworben werden soll, er möchte aber eine sachliche Grundlage für eine dem Verwender am besten angepasste Entscheidung geben.

Der Aufbau orientiert sich an den Interessen des Erwerbers von Wohneigentum. Auf folgende Hauptfragen wird eingegangen:

- Wer soll Wohneigentum erwerben?
- Was spricht für den Erwerb von Wohneigentum?
- Wo und wie kann Wohneigentum erworben werden?
- Welche rechtlichen Grundlagen muss ich als Erwerber beachten?
- Welche steuerlichen Rahmenbedingungen sind zu berücksichtigen?
- Wie kann der Erwerb finanziert werden?
- Welche Nebenkosten entstehen?
- Wie wird Wohneigentum verwaltet?

Im ersten Teil werden die wichtigsten Kaufmotive beschrieben und die Marktstruktur erläutert. In einer Checkliste wird gezeigt, was beim Erwerb und bei der Besichtigung eines Objektes zu beachten ist.

Nach der wirtschaftlichen Betrachtung wird ausführlich auf die rechtlichen Grundlagen des Erwerbs eingegangen, beispielsweise auf Baurecht, Grundbuchrecht und Maklervertrag. Hier werden in erster Linie die formalen Gesichtspunkte beim konkreten Erwerb behandelt, damit ein Erwerber die von ihm abzuschließenden Verträge sachkundig nachvollziehbar verstehen und beurteilen kann.

Sodann erhalten die Leser die wichtigsten steuerrechtlichen Informationen für selbst genutztes und für teilweise oder ganz vermietetes Wohneigentum. In einem weiteren Kapitel wird gezeigt, was beim Abschluss von Bausparverträgen zu beachten ist und welche Finanzierungsregeln und -techniken im Immobilienbereich üblich sind. Praktische Hinweise zur Verwaltung des Wohneigentums, insbesondere zu den im Immobilienbereich üblichen Versicherungen, runden die für den Kauf von und den Besitz an Wohnungseigentum erforderlichen Informationen ab.

Ein Buch in diesem Umfang kann selbstverständlich nicht alle Einzelheiten in jedem Bereich darstellen. Die Leser sollen aber gerade die wesentlichen Strukturen aller Bereiche für ihre Entscheidung zur Hand haben; sie erhalten so Hinweise, wo sie für ihre eigenen Absichten noch direkten Spezialistenrat einholen müssen. Das Buch kann keine Patentrezepte bieten, die es nicht gibt, sondern will eine solide „Gebrauchsanweisung" beim Umgang mit Immobilien für Wohnzwecke darstellen; praktische Fälle und Beispiele lassen die Grundstrukturen deutlicher erkennen.

Dieser Ratgeber ist von „Insidern" auf dem Immobilienmarkt und der Bankentechnik verfasst und soll die Benutzer auch sicherer im Gespräch mit den entsprechenden Verhandlungspartnern machen, da er Informationen zu allen mit Immobilien zusammenhängenden Fragen gibt.

Wir wünschen allen Lesern einen erfolgreichen Erwerb eigenen Wohnraums. Wir danken Herrn Regierungsbaumeister Dipl.-Ing. Christian Herrling, Architekt und Stadtplaner, für die Mitarbeit bei dieser Neuauflage.

Im Oktober 2008

Erich Herrling
Wolfgang Federspiel

Inhaltsverzeichnis

Abkürzungsverzeichnis

Abs.	Absatz
AfA	Absetzung für Abnutzung
AGB	Allgemeine Geschäftsbedingungen
Anm.	Anmerkung
BaFin	Bundesanstalt für Finanzdienstleistungsaufsicht
BauGB	Baugesetzbuch
BGB	Bürgerliches Gesetzbuch
bzgl.	bezüglich
bzw.	beziehungsweise
ca.	circa
d. h.	das heißt
dgl.	dergleichen
DHH	Doppelhaushälfte
EEWärmeG	Erneuerbare-Energien-Wärmegesetz
EG	Europäische Gemeinschaft
EigRentG	Eigenheimrentengesetz
EnEV	Energieeinsparverordnug
EStDVO	Einkommensteuerdurchführungsverordnung
EStG	Einkommensteuergesetz
EStR	Einkommensteuerrichtlinien
etc.	et cetera, usw.
ETW	Eigentumswohnung
EWärmeG	Erneuerbare-Wärme-Gesetz
FAZ	Frankfurter Allgemeine Zeitung
GBO	Grundbuchordnung
gem.	gemäß
ggf.	gegebenenfalls
inkl.	inklusive
Kap.	Kapitel
KG	Kommanditgesellschaft
KostO	Kostenordnung
LBO	Landesbauordnung
lfd.	laufend

m.	mit
m^2	Quadratmeter
m^3	Kubikmeter
MaBV	Makler- und Bauträgerverordnung
Mio.	Million(en)
Mrd.	Milliarde(n)
MWSt.	Mehrwertsteuer
Nr.	Nummer
o. Ä.	oder Ähnliches
p. a.	per annum, jährlich
PrAngVo	Preisangabenverordnung
RH	Reihenhaus
s.	siehe
s. u.	siehe unten
sog.	so genannte
StGB	Strafgesetzbuch
u.	und
u. v. a.	und viele andere
usw.	und so weiter
USt.	Umsatzsteuer
u. U.	unter Umständen
UWG	Gesetz gegen den unlauteren Wettbewerb
VGB	Verbundene Wohngebäudeversicherungsbedingungen
vgl.	vergleiche
v. H.	vom Hundert (%)
VOB	Vergabe- und Vertragsordnung für Bauleistungen
WoEigG	Wohnungseigentumsgesetz
Wfl.	Wohnfläche
wg.	wegen
WoFG	Wohnraumförderungsgesetz
z. B.	zum Beispiel
zzgl.	zuzüglich
z. Zt.	zur Zeit

1. Wirtschaftliche Grundlagen des Wohneigentums

1.1 Warum Wohneigentum erwerben?

Der junge Ingenieur Thorsten Müller hat in einer mittelgroßen Stadt eine attraktive Arbeitsstelle angenommen, auf die er schon lange gewartet hat. Damit ist aber für den Familienvater mit zwei Kindern ein Wohnungswechsel verbunden. An seinem neuen Arbeitsort erkundet er folgende Angebote:

- Miete einer 4-Zimmer-Wohnung mit 100 m^2 pro Monat 600 € kalt,
- Kauf einer vergleichbaren Wohnung als Neubau für 200 000 €.

Familie Müller hat aus Erspartem und einer kleinen Erbschaft etwa 60 000 € Geldvermögen. Freunde raten Familie Müller zum Kauf.

Die Entscheidung über den Erwerb von Wohneigentum will gut durchdacht sein. Sie stellt die Weiche für den weiteren Verlauf des Lebens eines Menschen oder einer Familie oft für viele Jahre. Auch der Kapitalanleger, der eine Wohnung vermietet, entscheidet sich für eine langfristige Anlage seines Vermögens.

Beim Erwerb von Wohneigentum zur **eigenen Nutzung** spielen die verschiedensten Motive und Wünsche eine Rolle, z. B.:

- Schaffung eines eigenen Hausstandes,
- Familiengründung,
- Familienzuwachs durch Kinder oder Aufnahme von pflegebedürftigen Eltern (größerer Wohnraumbedarf),
- Umzug aus beruflichen Gründen,
- Schaffung eines Altersruhesitzes nach Auszug der Kinder (verminderter Wohnraumbedarf),
- Wunsch nach Ferienwohnraum.

Wenn Wohneigentum als **Kapitalanlage** erworben wird, sind folgende Anlagemotive maßgebend:

- steuerliche Gründe,
- Streuung des Vermögens,
- Wunsch nach Anlage in Sachwerten und Erhaltung des Vermögens,

- Vererbung, z. B. an Angehörige,
- Altersvorsorge.

Im Idealfall lassen sich Eigennutzung und Kapitalanlage als Motive verbinden. Dies setzt voraus, dass sich der Kaufinteressent intensiv mit seinen eigenen Motiven auseinandersetzt, indem er zunächst eine mittel- und längerfristige Bedarfsanalyse anstellt und sich mit den Finanzierungsmöglichkeiten und den steuerlichen Auswirkungen befasst. Der entsprechende Immobilienmarkt muss vorher erkundet werden, und man sollte sich einen Überblick über die rechtlichen Grundlagen verschaffen. Dabei ist die Inanspruchnahme einer qualifizierten Beratung durch Bank-, Steuerberater und Notar empfehlenswert. Die folgenden Abschnitte sollen dafür eine erste Hilfestellung geben.

• nicht mehr in die Tasche des Vermieters zahlen	6,1
• Eigentum ist langfristig billiger als Miete	5,9
• sein eigener Herr sein	5,9
• auf die persönlichen Bedürfnisse zugeschnittene Wohnung	5,6
• dient der Alterssicherung	5,5
• Eigentum schützt vor Entwertung des Ersparten	5,4
• Eigentum sichert die Zukunft	5,2
• Häuser sind heute die beste Geldanlage	5,0
• optimale Entfaltungsmöglichkeiten für die Kinder	4,7
• Kindern bleibenden Wert hinterlassen	4,3
• steuerliche Vergünstigungen nutzen	4,3
• Eigentum erhöht das soziale Prestige	3,5
• Vorteile der Förderung nutzen	3,0

Abb. 1: Motive für den Erwerb von Wohneigentum (1 = trifft überhaupt nicht zu, 7 = trifft genau zu); (Quelle: Nach „Sparkasse")

Günstige Rahmenbedingungen: Hypothekenzinsen auf einem sehr günstigen Stand machen den Erwerb von Wohneigentum derzeit attraktiv. Das Angebot an Immobilien ist in den letzten Jahren gestiegen, was zu einer Preisberuhigung geführt hat. Eine geringe Auftragslage im Bauhandwerk stützt dieses stabile Preisniveau auch im Neubau. Durch zunehmend „Kosten sparendes Bauen" konnten in den letzten Jahren sogar Preisreduzierungen im Neubau erreicht werden. Bedingt durch die derzeit rückläufige Neubauproduktion und eine erwartete höhere Nachfrage kann mittel- und langfristig wieder mit Wertzuwächsen gerechnet werden. Die günstige Preissituation macht es auch für Anleger wieder interessant, in Immobilien direkt zu investieren. Private Anleger werden aber einen Entschluss, Wohneigentum zu erwerben, nicht allein von den allgemeinen Rahmenbedingungen, sondern auch von der persönlichen Situation abhängig machen.

Zukunftssicherung durch Immobilien: Das Thema Vorsorge beschäftigt immer mehr und immer jüngere Menschen. Der Wille und die Notwendigkeit für zusätzliche private Vorsorge für das Alter und andere Wechselfälle des Lebens nehmen zu. Die Lebenserwartung steigt und damit auch die Zeit des Alters ohne Erwerbstätigkeit, die finanziell möglichst risikolos gestaltet werden möchte. Langfristig gilt die Immobilie noch immer als krisenfeste Wertanlage. Der Erwerb einer Zweitimmobilie als finanzielle Zukunftssicherung wird von immer mehr Menschen in Erwägung gezogen. Eine bestehende und lastenfreie Wohnimmobilie ist eine ausgezeichnete Grundlage für den Erwerb eines weiteren Objektes.

1.1.1 Kauf oder Miete des eigengenutzten Wohnraums?

Wohneigentum, gleich ob in der Form der Eigentumswohnung oder des Einfamilienhauses, stellt einen relativ immobilen, d. h. „unbeweglichen" Sachwert dar. Als Käufer sollte man vor einer Entscheidung seine Lebensumstände hinsichtlich Standort, Arbeitsplatz und Raumbedarf zumindest mittelfristig planen können. Wem dies noch nicht möglich ist, der sollte vom Kauf eigen genutzten Wohnraumes zumindest so lange Abstand nehmen, bis auch er seine persönlichen Rahmenbedingungen hinreichend abschätzen kann.

Im Rückblick auf die letzten Jahrzehnte war es aufgrund der Wertentwicklung der Immobilien wirtschaftlich stets besser, selbst Wohnraum zu erwerben. Aus heutiger Sicht ist abzusehen, dass diese Entwicklung auch in Zukunft fortbestehen wird. Den Sachwert Immobilie sollte jeder erwerben, der nach Sicherheit und Werthaltigkeit seiner Anlage strebt.

Welche Überlegungen sind für die Entscheidung „Kauf oder Miete“ wichtig?

Die Miete ist ein für den Mieter „verlorenes“ Entgelt für die Wohnraumüberlassung. Der Aufwand dafür wird durch die Bewirtschaftungskosten noch erhöht. Der Kapitaldienst, das heißt Zinsen und Tilgung aus der Kauffinanzierung entspricht einer Ratenzahlung für das erworbene Eigentum. Die Tilgung führt zu steigendem eigenen Vermögen. Die Bewirtschaftungskosten sind denen bei der Miete vergleichbar; hinzu kommen allenfalls Aufwendungen für die Grundsteuer (vgl. Kap. 3.3) und Versicherungen (vgl. Kap. 5.3).

Die Aufwendungen für Instandhaltung und Erhaltung erbringt der Mieter für fremdes Eigentum. Er erhält und mehrt damit das Vermögen des Eigentümers. Der Käufer von Wohneigentum investiert hingegen stets in sein eigenes Vermögen.

Der Käufer bindet sein eingesetztes Kapital langfristig und sich selbst darüber hinaus durch die teilweise Kaufpreisfinanzierung ebenfalls auf längere Zeit. Dies trifft auf den Mieter nicht zu. Er ist diesbezüglich frei und bindet sich lediglich durch die Pflicht zur laufenden Mietpreiszahlung.

Der Käufer erwirbt langfristige Kostensicherheit bei langfristiger Finanzierung (vgl. Kap. 4.2). Der Mieter hat hingegen keine Kostensicherheit. Er muss vielmehr regelmäßig mit Mietpreissteigerungen rechnen.

Durch Erwerb ist der Wohnraum dauerhaft gesichert. Der Mieter muss dagegen stets mit einer Kündigung rechnen (vgl. Kap. 5.2).

Hätte der Erwerber auf den Immobilienkauf verzichtet und sein eingesetztes Eigenkapital bei einer Bank angelegt, so würden ihm Zinserträge zufließen, die er aber grundsätzlich in Höhe der Abgeltungsteuer von 25 % versteuern müsste, wenn der Sparer-Pauschbetrag überschritten ist.*

Thorsten Müller „erschrickt“ zunächst über die hohen Schulden, die ein Erwerb mit sich brächte, lässt sich aber von seinen Freunden folgende überschlägige Rechnung aufstellen:

* 801,00 € je Person.

Kauf einer Neubauwohnung:	Zins und Tilgung pro Jahr
Eigenmittel 60 000 €	0,00 €
Fremdmittel 140 000 € (5 % Zins, 1 % Tilgung)	8 400,00 €
Ausgaben pro Monat	700,00 €

Auf eine „Verzinsung" des Eigenkapitals wird in der Überschlagsrechnung verzichtet, da ihr Fehlen durch einen Wertzuwachs der gesamten Investition ausgeglichen wird. Wenn diese Rechnung auch nur die ungefähre Belastung in den ersten drei Jahren zeigt, erkennt Familie Müller, dass die zusätzliche Nettobelastung gegenüber der Miete bei der Anmietung einer vergleichbaren Wohnung tragbar ist.

Bei 600 € Monatsmiete und durchschnittlich 3 % jährlicher Mieterhöhung zahlt ein Mieter in 30 Jahren 348 110 € an den Vermieter!

Aus wirtschaftlichen Gründen dürfte der Kauf des eigen genutzten Wohneigentums längerfristig sinnvoll sein. Der Kauf sollte bevorzugt werden, sofern dies finanziell möglich ist. Damit wollen wir in erster Linie auch jüngeren Menschen Mut zum Investieren machen. Allerdings muss trotzdem jeder für sich seine persönlichen Motive und seine Mentalität hinterfragen. Gegen den „inneren Willen" sollte man nicht investieren, da dann das Eigentum als Last empfunden wird. Dies gilt es, durch eine richtige, fundierte Entscheidung zu vermeiden.

Meistens stehen bei der Entscheidung immaterielle Motive im Vordergrund. Die Möglichkeit, „Herr oder Frau im Haus" zu sein, wird nüchternen finanziellen Erwägungen geopfert. Jedoch müssen wegen der langfristigen Bindung des Kapitals bzw. der langfristigen Verschuldung gewisse nüchterne Betrachtungen in eine Entscheidung durchaus einbezogen werden. Ohne ausreichende Eigenmittel wird aus dem Traum bald ein finanzieller Alptraum. So sind bereits die laufenden Beschaffungskosten für ein dann wie gewünscht größeres Heim höher als die einer bisher bezogenen Mietwohnung, die wegen der Mietbelastung so klein als möglich gehalten worden ist.

Auch bei scheinbar moderaten Mietpreissteigerungen steigen die Mieten absolut im Laufe eines Mieterlebens:

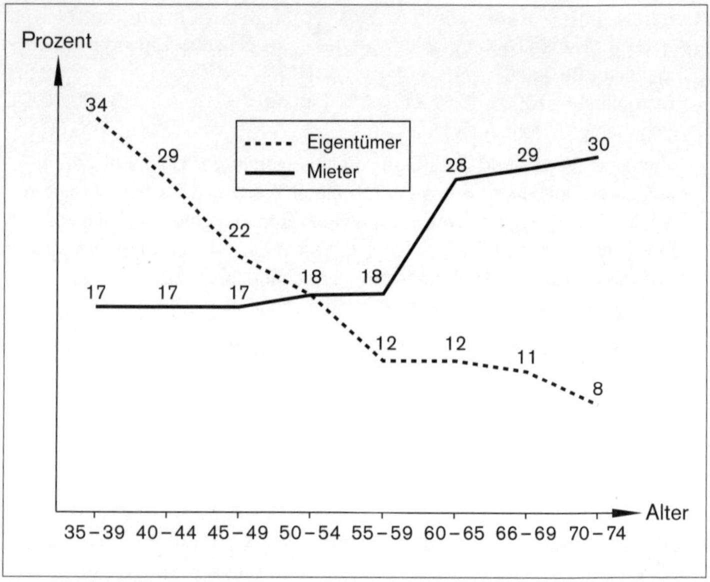

Abb. 2: Drückende Miet-Last ab 55 (Quelle: Stat. Bundesamt/LBS-Research); Wohnkosten (ohne Heizung und Warmwasser) in Prozent des Haushaltsnettoeinkommens

Mieterhöhung jährlich	Miete von ursprünglich 750 € nach 10	20	30 Jahren
1 %	829	915	1011
1,5 %	871	1010	1173
2 %	914	1115	1359
2,5 %	960	1229	1573
3 %	1008	1355	1821

Ein indirekter Steuervorteil ergibt sich für Eigentümer: Mietersparnis und Wertsteigerung* sind steuerfrei. Dies wirkt sich insbesondere aus, wenn andere Kapitalerträge den Sparer-Pauschbetrag bereits überschreiten. Dieser Gedanke ist bei einem Vergleich „zur Miete wohnen und freies Kapital anderweitig anlegen“ mit heran-

* Bei Verkauf, nach Ablauf der Spekulationsfrist von 10 Jahren oder bei eigener Nutzung.

zuziehen. Die Vorteile für den Erwerb stellen sich nur mittel- bis langfristig ein, werden dann aber umso größer. Nachteilig bei der direkten Geldanlage in Immobilien ist die geringe Verfügbarkeit. Wer in den eigenen vier Wänden wohnen bleiben will, kann eine Wertsteigerung nicht in liquide Mittel umleiten.

„Rentables Eigenheim“

- Bei hohem Eigenkapitalanteil: rasch sinkende Finanzierungskosten.
- Bei hohem Einkommen: Vorteil aus steuerfreiem Wertzuwachs und Mietersparnis.
- Bei erwarteter Preis- und Mietsteigerung: Belastung bleibt eher konstant, bei zunehmender Entschuldung abnehmend. Inflation wird durch Substanzwertsteigerungen des Hauses ausgeglichen.

1.1.2 Zweitwohnung im In- und Ausland

Zweitwohnungen im In- und Ausland werden meistens als Ferienwohnungen selbst genutzt oder vermietet. Häufig möchten die Erwerber einer solchen Wohnung damit frühzeitig die „Schaffung und Sicherung eines Altersruhesitzes“ verbinden. Steuerlich werden diese Wohnräume grundsätzlich ebenso behandelt wie dauergenutzter Wohnraum, im Ausland sind sie von der Bausparförderung ausgenommen. Für die Wirtschaftlichkeit ist aber zu beachten, dass immer mehr Gemeinden in Feriengebieten eine „Zweitwohnungsteuer“ erheben.

Zweitwohnungen im Ausland dienen neben den vorgenannten Aspekten oft auch dem Ziel der Vermögensstreuung im Sinne einer Sachwertanlage in einem anderen Land. Auch im Ausland gibt es teilweise die „Zweitwohnungssteuer“ oder gar eine „Ausländersteuer“. Die Schweiz z. B. steuert in diesem Bereich bereits seit vielen Jahren einen besonders restriktiven Kurs, indem die Ausländer zum Kauf von Immobilieneigentum eine Ausländerbewilligung des zuständigen Kantons benötigen. Diese Bewilligungen sind streng kontingentiert und stets objektgebunden. Grundsätzlich unterliegen diese Besitztümer dem Steuerrecht des jeweiligen Landes. Im Inland kann nur dann eine Steuerwirksamkeit erreicht werden, wenn mit dem jeweiligen Land ein „Doppelbesteuerungsabkommen“ besteht.

Nicht alle Länder haben ein „Grundbuch“ (siehe Kap. 2.1), wie wir es in Deutschland kennen. Es ist daher stets besonders auf die rechtliche Absicherung zu achten. Die erforderlichen Auskünfte und Informationen können bei den zuständigen Konsulaten eingeholt werden.

Der anfallende Verwaltungs- und Erhaltungsaufwand ist durch die räumliche Entfernung und sonstige Unwägbarkeiten meist unverhältnismäßig hoch.

Zu beachten ist auch, dass nicht in allen Ländern ein gut funktionierender Immobilienmarkt besteht. In diesen Fällen sind Wiederverkäufe oft sehr schwierig und meist nur mit erheblichen Werteinbußen zu realisieren. Auch hier gilt es, rechtzeitig qualifizierten Rat einzuholen, denn allzu oft locken in fernen Ländern nach unseren Maßstäben sehr günstige Einstandspreise, die sich aber später in einem möglichen Verkaufsfall als nicht marktfähig herausstellen.

1.1.3 Fremdgenutzter Wohnraum zur Kapitalanlage

Der mögliche Vermieter der 100-m²-Wohnung mag ähnliche Überlegungen wie Herr Müller (vgl. Kap. 1.1.1) anstellen:

Kaufpreis der Wohnung	200 000 €
Eigenmittel	60 000 €
Fremdmittel	140 000 €
Tilgung pro Jahr ca.	1 400 €
Zinsen pro Jahr ca.	7 000 €
Steuervorteile:	
Abschreibung 2 % auf	175 000 €
(Gebäudeanteil), bei Neubau	3 500 €
+ Zinsaufwand	7 000 €
– Miete	– 7 200 €
= Minderung des zu versteuernden Einkommens	3 300 €
Steuervorteil bei 50 % Steuerbelastung	– 1 650 €
Mieteinnahme pro Jahr	– 7 200 €
Überschuss pro Jahr	450 €

Der Erwerb von Wohneigentum lohnt sich auch bei Fremdnutzung. Bei einer solchen Kapitalanlage können in erster Linie folgende Anlegerziele erreicht werden:

- Sicherheit,
- Wertbeständigkeit und Aussicht auf Wertzuwachs,

- laufende Erträge durch Miete,
- Steuervorteile.

Die letzte Volkszählung ergab, dass von dem ca. 26 Millionen Wohneinheiten umfassenden Bestand in den alten Bundesländern lediglich ca. 10 Mio. Wohnungen eigengenutzt und ca. 16 Mio. vermietet werden. Diese Zahlen machen die Größe des Mietwohnungsmarktes deutlich. Dieser Markt wird zu über 85 % von privaten Anlegern und lediglich mit knapp 15 % von institutionellen Investoren bedient. Diese Quote lässt erahnen, wie zufrieden im Allgemeinen die privaten Investoren mit ihren Mietwohnungen sind. Auch die Mieter sind wohl besser als ihr Ruf!

Bedingt durch die geringe Neubauproduktion der letzten Jahre sind in verschiedenen Marktgebieten wieder steigende Mietpreise zu beobachten. Dieser Trend dürfte sich in den nächsten Jahren flächendeckend fortsetzen.

Im Jahr 2007 wurden z. B. die in Tabelle 1 wiedergegebenen Mietpreise bezahlt.

Ort	m^2-Preis	Ort	m^2-Preis
München	10,70	Karlsruhe	7,00
Stuttgart	9,80	Mannheim	7,20
Frankfurt/Main	8,20	Aachen	7,50
Düsseldorf	8,50	Cottbus	5,30
Nürnberg	7,37	Frankfurt/O.	4,80
Heidelberg	9,50	Berlin	6,50
Wiesbaden	8,50	Bochum	6,80
Köln	8,50	Dresden	5,50
Augsburg	6,95	Hannover	6,25
Bonn	8,50	Gera	5,50
Darmstadt	9,00	Kiel	6,60
Erfurt	6,00	Magdeburg	5,00
Hamburg	9,00	Gotha	5,00
Potsdam	6,00	Bremerhaven	6,75

Tab. 1: IVD-Immobilienpreisspiegel 2007/2008. Netto-Kaltmiete je Quadratmeter Wohnfläche bei Neubau, Erstbezug (3 Raum Wohnung, 70 m^2 Wohnfläche, normale Ausstattung)

Makler-Preisspiegel: geben einen gewissen Überblick über den Markt. So ist der Preisspiegel des IVD (Immobilienverband Deutschland) aus Informationen in rund 220 Städten (Großstädte über 500 000 Einwohner, andere Großstädte und Mittelstädte) wie folgt gegliedert:

I. **Baugrundstücke** (Verkaufspreise Euro/m^2)
   1. Für freistehende Ein- und Zweifamilienhäuser (ca. 600–800 m^2)
   2. Für Mehrfamilienhäuser (Geschossflächenzahl 0,8)

II. **Eigenheim** (bezugsfrei)
   - Freistehende Eigenheime (inkl. Garage und Grundstück)
     – einfacher Wohnwert ca. 100 m^2
     – mittlerer Wohnwert ca. 125 m^2
     – guter Wohnwert ca. 150 m^2
     – sehr guter Wohnwert ca. 200 m^2
   - Reihenhäuser (Mittelhäuser ohne Garage)
     – einfacher Wohnwert ca. 100 m^2
     – mittlerer Wohnwert ca. 100 m^2
     – guter Wohnwert ca. 100 m^2

III. **Eigentumswohnungen** (Verkaufspreise in Euro je m^2 Wohnfläche, 3 Zimmer, ca 70 m^2, bezugsfrei)
   – einfacher Wohnwert
   – mittlerer Wohnwert
   – guter Wohnwert
   – sehr guter Wohnwert

IV. **Renditeobjekte** (Vielfaches der Jahresnetto-Kaltmiete)
   – Häuser, Fertigstellung bis 1948
   – Häuser, Fertigstellung nach 1. 1. 1949

V. **Wohnungsmieten** – Nettokaltmieten, Euro je m^2 Wohnfläche, monatlich bezogen auf 3 Zi., ca. 70 m^2, ohne öffentlich geförderten Wohnungsbau
   1. Fertigstellung bis 1948 (Wiedervermietung/Neuvertragsmiete)
      – einfacher Wohnwert
      – mittlerer Wohnwert
      – guter Wohnwert
   2. Fertigstellung nach 1. 1. 1949 (Wiedervermietung/Neuvertragsmiete)
      – einfacher Wohnwert
      – mittlerer Wohnwert

- guter Wohnwert
3. Neubau-Erstbezug (Erstvermietung im Berichtsjahr)
   - mittlerer Wohnwert
   - guter Wohnwert

Lage- und Qualitätskomponenten (Wohnlage und Wohnwert): Einen Einblick in die „Mentalität" des Marktes geben auch die Beschreibungen der Gliederungsmerkmale nach Wohnlage und Wohnwert. Dies soll eine gewisse Vergleichbarkeit ermöglichen. Der eigentliche Wohnwert setzt sich aus der **Lagekomponente** und der **Qualitätskomponente** zusammen.

Die **Lagekomponente** berücksichtigt die Struktur der Bebauung, die verkehrsmäßige Erschließung, Lärm, Industrieemissionen usw. Hinzu kommen Faktoren, die sich aus der historischen Entwicklung der Städte ergeben, wie beispielsweise am Ort besonders geschätzte Wohnlagen (Adressen). Die **Qualitätskomponente** bezieht sich auf architektonische Gestaltung, Ausstattung und Modernisierungszustand von Gebäude oder Wohnung.

Bei Eigenheimen (einschließlich Garage und ortsüblich großem Grundstück) ergeben sich beispielsweise folgende Einzelmerkmale:

- **Einfacher Wohnwert:** Einfache Ausstattung, z. B. Siedlungshaus, Wohnfläche ca. 100 m^2. Vergleichbar mit Mietwohnungen: WC in der Wohnung, mit einfachem Bad, beheizbar, jedoch keine zentrale Beheizungsanlage, Fenster mit Einfachverglasung; in wenig bevorzugter Wohnlage, z. B. Industrievorort.
- **Mittlerer Wohnwert:** Ein Einfamilienhaus in mittlerer Wohnlage mit ausgeglichener Bevölkerungsstruktur, Wohnfläche ca. 125 m^2, Zentralheizung, Bad, WC, Verbundglasfenster, gute Bausubstanz, normale verkehrsfähige Erschließung.
- **Guter Wohnwert**: Einfamilienhaus in guter Wohnlage, aber keine ausgesprochene Prestigewohngegend, gute Ausstattung und Bausubstanz, Bad, WC, Gäste-WC, Zentralheizung, Wohnfläche ca. 150 m^2, Isolierverglasung; bei Wohnungen Balkon und evtl. Fahrstuhl.
- **Sehr guter Wohnwert:** erstklassige Wohnlage, ausgesprochene Prestigewohngegend, erstklassige Ausstattung und Bausubstanz, ca. 200 m^2 Wohnfläche.

- Bei **Reihenhäusern** und **Eigentumswohnungen** ist im Prinzip von den gleichen Lage- und Ausstattungsmerkmalen auszugehen. In die Marktvergleiche sind aber Eigentumswohnungen in ausgesprochenen Prestigewohngegenden und Terrassenwohnungen nicht einbezogen worden. Ebenfalls werden Bauherren- und Erwerbermodelle (Steuermodelle) nicht einbezogen.

Kaufpreis als Vielfaches der Jahresnettomiete (KMV = Kaufpreis-Mietverhältnis, Kaufpreisfaktor): Für die Bewertung von Anlageobjekten wird regelmäßig das Verhältnis der Jahresnettokaltmiete zum Kaufpreis gesehen, dies entspricht einer Rendite, allerdings nicht in Prozent, sondern in einem Faktor. Ein KMV-Faktor 17 entspricht auf der Basis 100 einer Rendite von 5,88 %. Die **Mietrendite** entspricht also dem Kehrwert des KMV-Faktors. Nicht berücksichtigt sind dabei Kaufnebenkosten, Betriebskosten, künftige Miet- und Wertsteigerungen sowie steuerliche Aspekte. Die Werte gelten nur für Wohnungen, sie sind nicht auf Geschäftshäuser übertragbar.

Die Renditen aus dieser Anlageform werden als gesichert betrachtet. Sie liegen jedoch wohl auch künftig deutlich unter den Kapitalmarktrenditen. Derzeit lassen sich bei direkten Immobilienanlagen in Wohnraum Renditen zwischen 3 und 4 % erwirtschaften. Neben diesen Nominalrenditen sind jedoch auch die Steuervorteile (s. Kap. 3.2) und die Wertzuwachsperspektive, die sich nach Ablauf einer zehnjährigen Spekulationssperrfrist noch steuerfrei vereinnahmen lässt, zu sehen. Zu berücksichtigen sind außerdem noch eventuelle geringe Vorteile bei der Schenkung- und Erbschaftsteuer durch die vorsichtige Bewertung des Marktwerts der Immobilie aus Anlass der Erbschaftsteuerfeststellung. Unter Miteinbeziehung dieser Sonderfaktoren können sich auf den zweiten Blick also interessante Renditen ergeben, die durchaus einem Vergleich mit den Kapitalmarktrenditen standhalten können.

Zugegebenermaßen ist diese Form der Kapitalanlage durch den anfallenden Verwaltungsaufwand unbequem. Der Investor muss sich also bei seiner Anlageentscheidung darüber im Klaren sein, dass diese Anlageform ein gewisses unternehmerisches Engagement erfordert.

Beurteilungskriterien für Kapitalanlage in Immobilien: Neben allgemeiner Lage und Bauausstattung spielen für Kapitalanleger, aber auch teilweise für Eigennutzer, noch folgende Kriterien eine Rolle:

Bei Eigentumswohnungen:

- Höhe der Instandhaltungsrückstellungen,
- Höhe des Hausgeldes bzw. der Nebenkosten,
- Reparaturbedürftigkeit der Anlage,
- Qualifikation des Verwalters,
- rechtliche Grundlagen wie Gemeinschafts-, Hausordnung und Beschlüsse der Wohnungseigentümergemeinschaft,
- Quote von selbstnutzenden Eigentümern.

Bei noch nicht fertig gestellten Projekten sind zu beachten:

- Stand des Baugenehmigungsverfahrens,
- Zuverlässigkeit und Bonität des Bauträgers,
- Erstellungs- bzw. Fertigstellungsgarantie,
- nachbarliches Umfeld,
- Marktlage für Vermietungen,
- Kaufpreis-Nettokaltmiete-Verhältnis.

Bei einem vorhandenen Objekt:

- Gebäudezustand,
- Instandhaltungs-/Modernisierungsaufwand,
- Parkflächen,
- Raumaufteilung bzw. -flexibilität,
- Ausstattung,
- Vorliegen einer detaillierten Baubeschreibung.

Bei einem vermieteten Objekt:

- Dauer der Mietverträge,
- Bonität der Mieter,
- Höhe der Mieten,
- mögliche Mieterhöhungen,
- steuerliche Situation.

1.2 Formen des Wohneigentums

Wer sich für den Erwerb von Wohneigentum entscheidet, sieht sich einer Fülle möglicher Formen gegenüber, aus denen er je nach Bedarf und Anlageziel auswählen kann:

Nur **direktes Eigentum** kann sowohl das Wohnbedürfnis wie auch bestimmte Anlageziele erfüllen. Beim direkten Eigentum ist der Eigentümer im Grundbuch eingetragen (vgl. Kap. 2.1) und damit auch rechtlich besonders geschützt. Der Erwerber muss aber noch weitere typische rechtliche und wirtschaftliche Formen bei seiner Entscheidung unterscheiden:

Eigentumswohnungen unterscheiden sich von der Wohnform her scheinbar wenig vom Wohnen in einer Mietwohnung. Der Eigentümer ist aber auch hier vor Kündigung geschützt und kann in seiner Wohnung grundsätzlich schalten und walten wie er will (vgl. hierzu auch Kap. 2.1.5). Die Nutzung einer Eigentumswohnung kann nicht so weit wie die Nutzung einer Mietwohnung eingeschränkt werden. Der wirtschaftliche Wertzuwachs der Wohnung kommt voll dem Eigentümer zugute. Da man bei einer Eigentumswohnung nur teilweise Einzeleigentum erwirbt, muss man sich mit seinen Miteigentümern aber „vertragen" können. Eigentumswohnungen sind meistens leicht zu veräußern.

Wenn Wohngebäude im Alleineigentum eingetragen sind, hat man die größte persönliche und rechtliche Gestaltungsfreiheit. Insbesondere das freistehende **Einfamilienhaus** lässt innerhalb des Hauses jede individuelle Nutzung zu: Die Bewohner können baden, duschen, musizieren, feiern, heizen wie sie wollen, renovieren und umbauen, wie es die augenblickliche Finanzlage zulässt. Diese Vorteile müssen aber buchstäblich durch einen entsprechend hohen Preis „erkauft" werden. Wirtschaftlich günstiger ist es, die knappen Grundstücke besser mit **Doppel- oder Reihenhäusern** zu nutzen. Hier muss man sich mit den angrenzenden Nachbarn in bestimmten Bereichen wie beispielsweise gemeinsamen Regenabläufen der Häuser oder gemeinsamen Zugängen einigen können.

Ein **Wohn- und Geschäftshaus** kann besonders für Gewerbetreibende und Freiberufler wirtschaftlich sinnvoll sein, da man im eigenen Wohnhaus auch arbeiten kann und sich viele Wege erspart, und man zum anderen zusätzlich steuerliche Vorteile erzielt.

Rechtlich kann über das Alleineigentum völlig frei verfügt werden. Eine Eigentumsübertragung, gleich an wen, kann von Nachbarn nicht verhindert werden.

Zum direkten Eigentum eines Wohngebäudes gehört auch die Errichtung eines Gebäudes auf fremdem Grundstück in Form des **Erbbaurechts**. Gegen Zahlung des Erbbauzinses erhält man das Recht, meistens auf 99 Jahre, ein Gebäude auf dem Grundstück des Eigentümers zu errichten. Das Gebäude steht im Einzeleigentum des Erbbauberechtigten.

Der direkte Eigentümer ist in Deutschland durch die Grundrechte besonders geschützt. Der rechtliche Erhalt des Eigentums und damit auch des Wohneigentums gehört nach Art. 14 des Grundgesetzes zu den Grundrechten. Allerdings soll auch der Gebrauch des Eigentums dem Wohle der Allgemeinheit dienen, was besonders bei Wohnungen zu berücksichtigen ist. Zusätzlich zum Eigentumsschutz ist jede Wohnung durch Artikel 13 des Grundgesetzes „unverletzlich".

Indirektes Eigentum erwirbt man durch die Beteiligung an Bauherren- und Erwerbergemeinschaften und an Immobilienfonds. Der „Eigentümer" ist dabei regelmäßig meistens nur an einer Gesellschaft beteiligt, die das Gebäude verwaltet. Das Erwerbermotiv ist nur die steuerbegünstigte Kapitalbeteiligung, nicht der Wunsch nach Wohnraum in den „eigenen vier Wänden".

Immobilien-Aktiengesellschaften führen ebenfalls nur zu indirektem Immobilieneigentum. Der Vorteil der Rechtsform der Aktiengesellschaft liegt in der einfacheren Übertragungsmöglichkeit der Anteile ohne Umschreibungserfordernis im Handelsregister.

1.3 Immobilienmarkt

Der Immobilienmarkt in Deutschland besteht aus verschiedenen regionalen Teilmärkten. Hier spiegeln sich teilweise die föderative Staatsordnung und die unterschiedlichen Wirtschaftsstrukturen in den einzelnen Bundesländern wider. Die Struktur des gesamten Immobilienmarktes hat sich und im Besonderen seit der Wirtschafts- und Währungsunion grundlegend verändert.

In der alten Bundesrepublik gab es einen Immobilienmarkt, der sich in einzelne Teilmärkte untergliederte. Heute ist wegen unterschiedlicher Grundvoraussetzungen der Markt in zwei große Teilmärkte, die den alten und den neuen Bundesländern entsprechen, gespalten. Diese beiden großen Teilmärkte untergliedern sich jeweils wiederum in kleinere regionale Teilmärkte. Diese Marktsegmente sind einem stetigen Wandel unterworfen und stehen in Abhängigkeit zu den Wirtschafts-, Einkommens- und den Infrastrukturen. Auch Mentalitäten spielen eine Rolle und beeinflussen die Marktsegmente.

Graphisch lässt sich der Immobilienmarkt in West- und Ostdeutschland wie in Abbildung 3 skizziert darstellen.

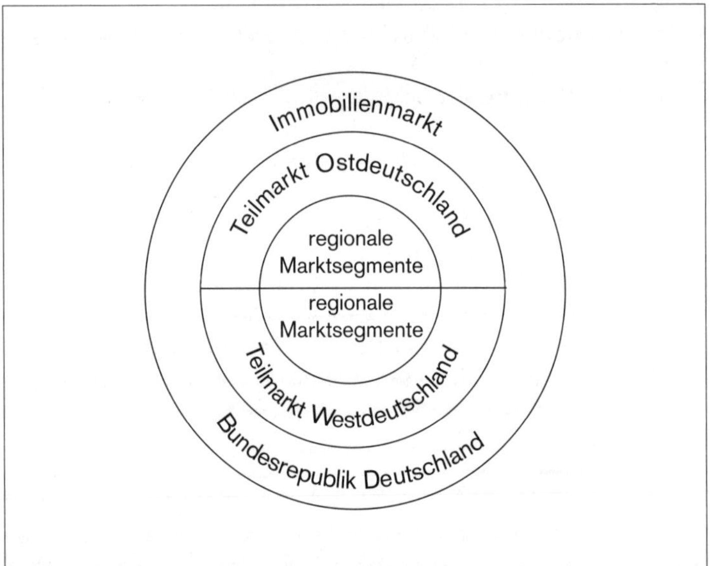

Abb. 3: Der Immobilienmarkt in Deutschland

1.3.1 Marktstruktur in West- und Ostdeutschland

Der gesamtdeutsche Immobilienmarkt ist die Summe der Teilmärkte in West- und Ostdeutschland. Diese Teilmärkte untergliedern sich in regionale Marktsegmente.

Der Teilmarkt in Westdeutschland ist seit dem 2. Weltkrieg in über 50 Jahren gewachsen und hat sich strukturiert. Er stellt seit der Wiedervereinigung den größten Teilmarkt dar. Die verschiedenen Marktsegmente werden in der Regel von Wirtschafts- und Handelszentren mit all ihren Konsequenzen wie Arbeitsplätze, Infrastruktur, Freizeitwert und dgl. bestimmt. Als Sonderfaktoren sind zunehmend natürliche Voraussetzungen, wie Schönheit der Landschaft, gesunde Umwelt usw. zu sehen. Marktsegmente sind z. B.:

Die **Region Hamburg:** Die Freie und Hansestadt Hamburg ist nach Berlin die zweitgrößte Stadt Deutschlands. Der große Hafen hat diese Stadt zu einem der ersten Handelsplätze des Weltverkehrs und zur Vermittlerin zwischen dem Meer und dem deutschen Wasserstraßennetz gemacht. Die Strukturkrise im Schiffsbau in den 70er und 80er Jahren konnte durch eine vielfältige Wirtschaftsstruktur gut gemeistert werden. Daher blieb dieses Marktsegment auch in schwieriger Zeit stabil und stellt heute einen der bedeutendsten, sichersten und zukunftsträchtigsten regionalen Immobilienmärkte dar. Von der Wiedervereinigung hat dieses Marktsegment durch die Nähe der alten Grenze und die Hauptstadt- und Regierungssitzentscheidung zugunsten Berlins in besonderer Weise profitiert.

Die **Region Bremen** hat hingegen die Werftenkrise durch die beachtliche Dominanz dieses Wirtschaftszweiges sehr schwer getroffen. Hohe Arbeitslosigkeit war die Folge und führte zu einem wahren Zusammenbruch dieses regionalen Immobilienmarktes, dessen Erholung mühsam war.

Der **Region Saarland** erging es durch die Kohle- und Stahlkrise ähnlich. Hier hält die Krise nach wie vor an.

Essen, Dortmund und Düsseldorf als „Kohlenpott" haben ebenfalls sehr unter der Stahl- und Kohlekrise gelitten. Hier erholte sich der Immobilienmarkt durch die Ansiedlung von Handels- und

Dienstleistungszentren. Außerdem war die Stahl- und Kohlegewichtung nie so einseitig wie im Saarland. Zugute kommt dieser Region auch die Handelsverbindung zu Holland, vornehmlich durch den Rhein.

Der Raum **Köln/Bonn** hat in den letzten Jahren durch den Verlust von Hauptstadt und Regierungssitz eine Strukturveränderung erfahren. Dank der breiten Wirtschaft- und Dienstleistungsstruktur blieb jedoch der befürchtete Markeinbruch aus.

Das **Rhein-Main-Gebiet** mit **Frankfurt** und **Wiesbaden** ist getragen vom internationalen Finanzplatz Frankfurt mit all seiner Strahlkraft und dem größten Flughafen Deutschlands. Die Wirtschafts- und Dienstleistungsstruktur ist breit und daher stabil. Trotz der zunehmenden Bedeutung Deutschlands innerhalb der EU und auf dem internationalen Parkett zeigt sich der Markt in dieser Region derzeit überhitzt.

Berlin lebte von seiner geographischen Sonderstellung ohne territoriale Entwicklungsmöglichkeit, von seiner politischen Bedeutung und den Subventionen. Zu einem hohen Grad funktionierte hier also ein künstlicher (toter) Markt. Dieser Markt gewann am stärksten durch den wieder erworbenen Hauptstadtrang und den Regierungssitz.

Am Berliner Wohnungsmarkt sprechen Experten von einer deutlichen Verbesserung des Angebots. Viele Eigentümer haben die Abschreibungsmöglichkeiten zum Ausbau des Dachgeschosses genutzt. Dazu kommen jährlich rund 16000 bis 20000 neue Wohnungen. Bauland steht in ausreichendem Maße, auch im Umland, zur Verfügung. Das gesamte Mietniveau liegt eher unter dem vergleichbarer Ballungsräume. Bereits zehn Prozent der Haushalte leisten sich Einfamilienhäuser. Es besteht allerdings eine sehr große Streubreite in Grundstücks- und Häuserpreisen, je nach Lage und Bezirk.

Hannover mit seinem Umfeld ist ein bedeutender Industrie- und Handelsplatz. Als Messestadt hat Hannover in den letzten Jahrzehnten internationale Bedeutung erlangt. Mittellandkanal und Autobahnen bieten gute Infrastrukturen. Die Nähe zu den neuen Bundesländern bietet auch für die Zukunft gute Entwicklungschancen.

Die **Südregion** mit **Stuttgart** und **München** hat sich in den letzten Jahrzehnten stetig entwickelt und stellt heute einen äußerst stabilen Markt- und Wirtschaftsfaktor dar. Dominant ist hier die Automobil-, Elektro-, Elektronik- und Dienstleistungsbranche. Neue Technologien gewinnen hier zunehmend an Bedeutung. Gleichzeitig bietet diese Region hohe Wohn- und Freizeitwerte, durch die Nähe zu Seen wie Ammersee, Starnberger See und Bodensee, zu den Alpen und vieles mehr. Diese Region ist ein positives Beispiel dafür, wie zwei miteinander in direkter Konkurrenz stehende Großstadtregionen durch einen gesunden Wettbewerb erheblich profitiert haben. Die hier sehr ausgeprägte Mentalität des Fleißes, der Gründlichkeit, aber auch der Gemütlichkeit, sind Garant auch für eine zukünftig positive Entwicklung. Vornehmlich dieser Mentalität verdankt auch der regionale Immobilienmarkt seine Bedeutung, da hier das Immobilieneigentum einen besonderen Stellenwert hat. Diese Südregion liegt im Herzen Europas und profitiert durch die Öffnung der Binnenmärkte, durch die Nähe zu den Grenzen nach Frankreich, der Schweiz, Österreich und Tschechien in besonderer Weise.

Bei den Marktsegmenten gibt es auch Sonderstellungen und Marktnischen, die von außergewöhnlichen Faktoren bestimmt werden. Hier sind insbesondere Feriengebiete mit besonderem Wohn-, Freizeit- und Umweltwert zu sehen. Im Besonderen sind Ferien- und Altersruhesitze gefragt. Derartige Marktsegmente gibt es z. B. in den Gebieten **Garmisch-Partenkirchen, Tegernsee, Bodensee, Schwarzwald (Baden-Baden** und **Freiburg**).

Im großen Teilmarkt Westdeutschland gibt es im Immobilienmarkt seit Jahren ein Süd-Nord-Gefälle (s. Tab. 2, S. 20). Wegen breiter und somit gesunder Wirtschaftsstruktur und moderner Produktionsstätten ist in der Südregion seit vielen Jahren eine deutlich geringere Arbeitslosigkeit zu verzeichnen, wodurch der Immobilienmarkt stets stabil war und auch Konjunktureinbrüche immer relativ unbeschadet überstanden hat.

Ort	m²-Preis	Ort	m²-Preis
Stuttgart	650	Dresden	250
München	690	Braunschweig	275
Freiburg	430	Kiel	240
Heidelberg	390	Chemnitz	195
Konstanz	460	Bremen	250
Aachen	350	Oldenburg	215
Berlin West	330	Flensburg	190
Frankfurt/Main	550	Görlitz	135
Nürnberg	385	Bremerhaven	165
Darmstadt	370	Frankfurt/O.	170
Bochum	370	Ilmenau	195
Bielefeld	300	Cottbus	130
Hannover	250	Magdeburg	140

Tab. 2: Preise für freistehende Einfamilienhäuser in Tsd. Euro, 150 m² Wohnfläche, gute Ausstattung, 2007 (Quelle: IVD)

Bundesland	Anteil in Prozent	Bundesland	Anteil in Prozent
Saarland	56,9	Brandenburg	39,8
Rheinland-Pfalz	55,7	Mecklenburg-Vorpommern	35,9
Niedersachsen	51,0	Sachsen	31,0
Baden-Württemberg	49,3	Hamburg	21,9
Bayern	48,9	Berlin	12,7
Schleswig-Holstein	49,4	Deutschland gesamt	42,6
Hessen	44,7	Früheres Bundesgebiet	44,6
Thüringen	41,8	Neue Länder und Berlin Ost	34,2
Bremen	35,1		
Nordrhein-Westfalen	39,0		
Sachsen-Anhalt	39,6		

Tab. 3a: Wohnungseigentumsquoten in Deutschland: Wohnungen, die von den Eigentümern selbst bewohnt werden in Prozent (2006, Stat. Bundesamt)

Land	Anteil in Prozent	Land	Anteil in Prozent
Spanien	87	Finnland	61
Italien	79	Frankreich	58
Norwegen	78	Österreich	57
Irland	77	Niederlande	55
Portugal	76	Dänemark	53
Polen	75	Tschechien	47
Großbritannien	71	Deutschland	43
Belgien	66	Schweiz	35
Schweden	66		

Tab. 3b: Wohnungseigentumsquoten in Europa Wohnungen, die von den Eigentümern selbst bewohnt werden in Prozent (Euroconstruet/ifo)

Die **Ballungsgebiete** sind von der Knappheit auf dem westdeutschen Wohnungsmarkt besonders betroffen. Zum einen wurde in den Großstädten relativ weniger Wohnraum neu geschaffen als in der Region. Der Grund dafür liegt vor allem im Mangel an ausgewiesenem Bauland. Zum anderen haben die Großstädte in jüngster Zeit wieder an Attraktivität gewonnen. Der Mangel an kleinen und preisgünstigen Wohnungen, zum Beispiel für Alleinstehende, ist besonders groß.

Die **Bundesbürger** bilden beim Wohnungseigentum in der EU das Schlusslicht (s. Tab. 3b). Diese Situation wird sich auch in den nächsten Jahren nicht so stark verändern, da der Anschluss der neuen Bundesländer die Eigentumsquote zunächst deutlich absinken ließ.

Die **Bauproduktion im Wohnungsbau** ist seit 1997 halbiert. In 2007 wurden in Deutschland nur noch ca. 211 000 Wohneinheiten fertiggestellt. In erster Linie ist diese Entwicklung auf die schwache Bautätigkeit bei Mehrfamilienhäusern zurückzuführen, ebenso hat die Zahl der neu errichteten Ein- und Zweifamilienhäuser weiter abgenommen. Die in den Boomjahren teilweise entstandenen Wohnungshalden sind abgebaut. Die Marktkonsolidierung dürfte somit weitestgehend beendet sein. Nachdem die Bauproduktion deutlich unter dem Bedarf liegt, verspricht die Situation dem Eigentümer und Käufer zukünftig wieder eine gewisse Marktperspektive!

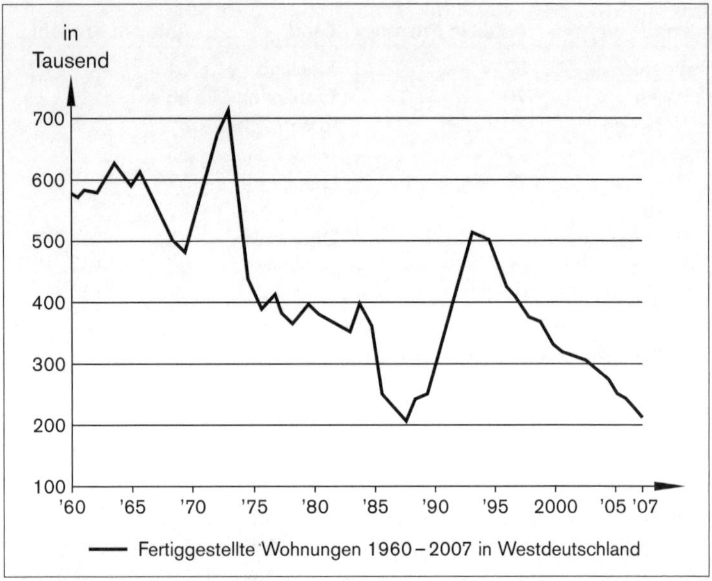

Abb. 4: Fertiggestellte Wohnungen 1968–2007 in Deutschland (2007, Stat. Bundesamt)

Der **Teilmarkt in Ostdeutschland** besteht in der Praxis nach wie vor begrenzt, da es in der früheren DDR keinen freien Immobilienmarkt gab. Die Marktentstehung ist immer noch behindert durch anhaltend hohe Arbeitslosigkeit und verhaltene Wirtschaftsentwicklung. Regionale Märkte sind erst in den Großstädten Berlin, Dresden und Leipzig entstanden. Die Strukturierung dieses Teilmarktes wird Jahre dauern und setzt eine Gesundung und Neustrukturierung der Wirtschaft voraus. Zügellose Geschäftstüchtigkeit und teilweise unseriöses Agieren westlicher Investoren führten zur Verunsicherung der neuen Marktteilnehmer und der überforderten Verwaltung. Die frühere Zentralverwaltung hat alte Strukturen bewusst zerstört und eine künstliche, ungesunde Einheit angestrebt. Gute Ansätze liegen in den neu gebildeten Bundesländern, die jeweils ihre Selbstständigkeit haben durch Direktverwaltung, unterschiedliche Wirtschaftsstrukturierung und der möglichen Wiederbelebung von alten, kulturellen Werten und Mentalitäten – Grundvoraussetzungen für das Entstehen unterschiedlicher Marktsegmente.

Unangemessene Siedlungspolitik und schlechte Bauqualität führen zu extrem hohem und teurem Sanierungsbedarf, der wiederum gigantische Investitions- und Finanzierungserfordernisse aufwirft.

Hinderlich für diese Investitionserfordernisse sind die früher extrem subventionierten Mieten, die weiter steigen müssen, um den Anforderungen des Marktes zu entsprechen. Ferner hat die eklatante Vernachlässigung des Umweltschutzes schlechte Wohn- und Lebensqualitäten beschert. In diesem Bereich sind große öffentliche und private Investitionen erforderlich, um den Lebensraum für Mensch und Umwelt zu sichern und zu verbessern!

Aufgrund des umfassenden Neubeginns und der vielfältigen Altlasten soll hier bewusst keine Marktprognose für die Zukunft abgegeben werden, da auf viele Jahre hinaus hier alle Regionen die bestmögliche Unterstützung aller Marktteilnehmer benötigen. Wegen der niedrigen Mieten wird der Mietwohnungsbau sich am schwersten tun, da es auf Jahre hinaus kaum möglich sein wird, die erforderlichen Mieterträge auf breiter Front zu realisieren. Auch die Altbaumodernisierung wird schwierig sein, da hier bei den Betroffenen allzu leicht Emotionen aufkommen, wonach durch Luxussanierung die nicht so zahlungskräftigen Mieter verdrängt werden. Hier wird sich ein ernst zu nehmendes soziales Spannungsfeld auftun. Gute und schnelle Chancen bieten dagegen verfallene und unbenutzbar gewordene Objekte, deren Sanierung oder Neuerrichtung ohne Verdrängung von angestammten Mietern möglich ist.

Es ist beachtlich, was in den letzten 18 Jahren in Ostdeutschland bereits geleistet wurde, aber vor allem in den wirtschaftlich schwächeren Regionen bleibt noch viel zu tun!

Gute Bedingungen für Selbstnutzer. Zur Zeit locken noch relativ niedrige Zinsen und relativ günstige Preise, die nachfragebedingt ansteigen werden. Die deutlich verbesserte Situation auf dem Arbeitsmarkt wird zu einer höheren Nachfrage sowohl im Wohnungsbau, als auch im Mietwohnungsbau führen.

Mittelfristig stimulierende Faktoren

- Nach wie vor ungedeckter und steigender Bedarf an Wohnungsnutzungen
- Anhaltend hohe Präferenz für selbstgenutztes Wohneigentum
- Weiterhin, wenn auch abgeschwächt steigende Haushaltszahlen
- Anstieg der Realeinkommen durch erforderliche Steuerreform
- Umfangreiche Vermögensübertragungen durch Vererbung bzw. Schenkung
- Zunehmende Notwendigkeit zusätzlicher Altersvorsorge (3. Rente)
- Niedrige Nominalzinsen und Alternativrenditen sowie „Crash-Risiken"
- Wohneigentumsförderung (Bausparförderung), auch bei Riester-Rente
- Steigerung der Mieten meistens über der der Lebenshaltungskosten
- Verschiebungen in der regionalen Wirtschaftsstruktur, Entstehung neuer wirtschaftsstarker Zentren mit Arbeitskräftenachfrage
- Anstieg der Umzugsquote wegen Arbeitsplatzwechsel und im Alter

Mittel- und längerfristig tendenziell dämpfende Einflüsse

- Nur moderate Einkommenszuwächse und anhaltend hohe Arbeitslosigkeit bei nur allmählich sinkendem Arbeitsplatzrisiko
- Prohibitiv hohes Niveau der Immobilien-, insbesondere der Grundstückspreise, zumal in attraktiven Großstädten und deren Umland
- Steigende Belastung zur Finanzierung der Alterssicherung
- Rückzug des Staates aus dem sozialen Wohnungsbau

Von besonderer Bedeutung für die Wohnungsnachfrage sind demographische Faktoren wie die Einwohner- und Haushaltsentwicklung.
Daneben ist die Wohnungsnachfrage auch abhängig von

- der Zahlungsbereitschaft und Zahlungsfähigkeit der Haushalte,
- dem Zinsniveau,
- den Anlagealternativen,
- der Inflationsrate,
- den geforderten Preisen bzw. den Preisrelationen

Quelle: Zusammenstellung für die „ifo Bauvorausschätzung/Westdeutschland", Ausgabe 1999–2009 in „Wohnungsversorgung in Baden-Württemberg, Wirtschaftsministerium Baden-Württemberg"

1.3.2 Eingriffe des Staates in den Markt

Wie aus den Beispielrechnungen auf S. 5 und S. 8 ersichtlich, ist eine wirtschaftliche Betrachtungsweise darüber, wie und ob sich der

Erwerb einer Immobilie lohnt, insbesondere bei Vermietung nur unter Berücksichtigung der steuerlichen Auswirkungen möglich. Würden die reinen Kosten einer Immobilie ohne Berücksichtigung der staatlichen Regulierungen zur Grundlage für die Mieten werden, wären diese wesentlich höher. Von einem freien Markt kann man beim Wohnungsmarkt deshalb kaum sprechen. Jeder Teilnehmer an diesem Markt, gleich ob Anbieter als Verkäufer oder Vermieter einer Immobilie oder Nachfrager als Käufer oder Mieter wird alle staatlichen Rahmenbedingungen beachten müssen. Diese werden, soweit für eine Entscheidung notwendig, in den weiteren Kapiteln dieses Ratgebers behandelt. Sie sollen hier deshalb nur im Überblick dargestellt werden.

Steuern und Subventionen: Steuervorteile erhalten Vermieter von Immobilien. Diese Steuervorteile wirken sich bei zahlreichen Steuerarten aus. Andererseits gibt es aber auch Steuern, die den Grundbesitz zusätzlich belasten. Immobilienbesitz beeinflusst hauptsächlich folgende Steuerarten:

- Einkommensteuer
- Grundsteuer
- Schenkung- und Erbschaftsteuer.

Subventionen haben meistens den Zweck, entweder die Kosten des Vermieters und damit die Miete zu senken, oder den Mietern für steigende Mieten einen Ausgleich zu geben. Hierzu gehören beispielsweise folgende Bestimmungen:

- Wohngeld,
- Fördermittel und Zinssubventionen im Rahmen der Staatlichen Wohnbauförderung,
- Entschädigungsleistungen an Aus- und Übersiedler.

Mieterschutz: Der grundsätzlich aus sozialen Gründen gerechtfertigte Mieterschutz beeinträchtigt aber häufig die wirtschaftlich optimale Verwendung der Immobilie. Zum Mieterschutz gehören hauptsächlich

- Mieterschutzbestimmungen bezüglich der Mietpreiserhöhungen und des Kündigungsschutzes sowie
- Schutz des Mieters vor Kündigung auf allgemein fünf Jahre bei Aufteilung der Immobilie in Wohneigentum.

Bauvorschriften und Gebühren: Die Vorschriften, ob und wie ein Gebäude errichtet und genutzt werden kann, beeinträchtigen die Wirtschaftlichkeit ebenso wie zusätzliche nicht vermeidbare Gebühren, z. B.

- Vorkaufsrechte der Gemeinden,
- Baugenehmigungsverfahren,
- Umweltschutz und Altlastenbeseitigung,
- Auflagen gemäß der Schall-, Emissions- und Wärmeschutzverordnung,
- Notar- und Grundbuchgebühren,
- Gebühren für Baugenehmigungen,
- Gebühren im Vermessungswesen.

1.4 Überlegungen vor dem Kauf

Beispiel: Familie Müller möchte Wohneigentum im Umkreis des Arbeitsplatzes von Thorsten Müller erwerben. Verschiedene Angebote liegen schon vor. Für eine optimale Entscheidung wollen Müllers noch einmal alle Gesichtspunkte und Wünsche miteinander durchsprechen.

Der Kauf von Wohneigentum will gut überlegt sein. Dabei sollten zumindest folgende Gesichtspunkte zugrunde gelegt werden:

Wohnraumbedarf: Zunächst sollte der unmittelbare, mittelfristige und möglichst auch langfristige Wohnraumbedarf festgestellt werden. Wichtig ist hier das Raumprogramm, wie Anzahl der Wohn- und Nebenräume sowie die erforderliche Wohnfläche.

Beispiel: Familie Müller ermittelt folgenden Bedarf:

Unmittelbarer Bedarf:

Art der Räume	gewünschte Wohnfläche m^2
Wohnzimmer	24
Schlafzimmer	16
2 Kinderzimmer zu je 14 m^2	28
Küche	10
Bad/WC	14
Nebenräume	10
Gastzimmer/Hausarbeitsraum	10

Mittelfristiger Bedarf:	In wenigen Jahren wird eventuell das erste Kind ausziehen.
Langfristiger Bedarf:	Ein Elternteil soll langfristig aufgenommen werden können.

Wegen der evtl. später frei werdenden Kinderzimmer verzichtet Familie Müller zunächst auf ein Gastzimmer, sodass etwa 100 m² Wohnraum als voll ausreichend angesehen werden.

Standort: Der Standort (Stadt oder Gemeinde) sollte sorgfältig ausgewählt werden. Orientierung dazu sollten sein: der Arbeitsplatz, Kindergarten, Schulen (auch weiterführend), Einkaufsmöglichkeiten sowie die weitere Infrastruktur am Ort.

Die richtige Standortauswahl erspart viele Fahrten zum Arbeitsplatz, zu den Schulen und dgl. Damit kann neben den Sachkosten erheblicher Zeitaufwand eingespart werden, was einem höheren Wohn- und Freizeitwert für die ganze Familie zugute kommt!

Beispiel: Familie Müller entscheidet sich grundsätzlich dafür, den Lebensmittelpunkt für die Kinder und die Mutter als maßgeblich für die Standortwahl zu betrachten. Allerdings sollte der Arbeitsplatz von Thorsten Müller mindestens mit öffentlichen Verkehrsmitteln erreicht werden können, sodass sich die Anschaffung eines Zweitwagens erübrigt.

Wohnlage: Auch die Wohnlage innerhalb einer Stadt oder Gemeinde will sehr sorgfältig ausgewählt werden, denn bei einem möglichen Wiederverkauf spielt die Qualität der Wohnlage bei der Preisfindung eine entscheidende Rolle. Orientierungshilfen sind: aktuelle Nachfrage des Marktes, also der Marktwert, die Kinderfreundlichkeit bzw. Alterstauglichkeit, das Umfeld (Wohn- oder Gewerbenutzung), Anlieger- oder Durchgangsstraßen, Anschluss an den öffentlichen Nahverkehr, Besonnung und ansässige Bevölkerungsstruktur.

Gute Wohnlagen unterliegen nicht der üblichen Marktabhängigkeit, da sie gewachsen sind und wertvolle Grünzonen in Form von privaten und teilweise auch öffentlichen Gartenanlagen aufweisen. Gewachsene Wohnlagen sind meist nicht so dicht besiedelt wie neu erschlossene Wohngebiete. Diese gewachsenen Wohnlagen sind in der Regel nicht mehr vermehrbar und besitzen deshalb zunehmenden Seltenheitswert. Neu erschlossene Wohnsiedlungen sind jedoch meist vermehrbar.

Wohnungsarten: Wohnungen werden nach dem Wohnungsbaugesetz in folgenden Arten errichtet, wobei nach der beabsichtigten Nutzung und der rechtlichen Grundlage unterschieden wird:

Ein **Eigenheim** ist ein im Eigentum einer natürlichen Person stehendes Grundstück mit einem Wohngebäude, das nicht mehr als zwei Wohnungen enthält. Mindestens eine Wohnung ist zum Bewohnen durch den Eigentümer oder seine Angehörigen bestimmt. Die zweite Wohnung kann eine gleichwertige Wohnung oder eine Einliegerwohnung sein. Von einem Kaufeigenheim spricht man, wenn das Gebäude von einem Bauherrn errichtet wurde, um es einem Erwerber als Eigenheim zu übertragen.

Eine **Einliegerwohnung** ist eine in einem Eigenheim oder Kaufeigenheim enthaltene abgeschlossene oder nicht abgeschlossene Wohnung, die gegenüber der Hauptwohnung von untergeordneter Bedeutung ist.

Eine **Eigentumswohnung** ist eine Wohnung, an der Wohnungseigentum nach den Vorschriften des Wohnungseigentumsgesetzes begründet ist. Wird die Eigentumswohnung vom Eigentümer oder seinen Angehörigen bewohnt, spricht man von eigengenutzter Eigentumswohnung.

Eine **Genossenschaftswohnung** ist eine Wohnung, die von einem Wohnungsunternehmen in der Rechtsform der Genossenschaft errichtet wurde und an deren Mitglieder aufgrund eines Nutzungsvertrages zum Bewohnen überlassen wird.

Nach dem Wohnraumförderungsgesetz werden Eigenheime als **Familienheime** besonders gefördert, wenn sie nach Grundriss und Größe ganz oder teilweise dazu bestimmt sind, dem Eigentümer und seiner Familie als Heim zu dienen.

Wohnformen: Bei einer **Stockwerkswohnung** (Eigentumswohnung) ist besonders auf die Größe der Gesamtwohnanlage zu achten. Große Gemeinschaftswohnanlagen sind nicht jedermanns Sache. Entscheidend sind die bisherigen Wohngewohnheiten und -ansprüche.

Beim **Einfamilienhaus** kommt es wesentlich auf die Konzeption, wie eingeschossig (Bungalow) oder mehrgeschossig, sowie auf die äußere und technische Gestaltung und Ausführung an. Hier gilt, dass konventionelle Massivbauweisen eine höhere Lebensdauer und somit eine Höherwertigkeit im Vergleich zur Fertigbau- oder Fertigteilbauweise besitzen.

Bei einer **Doppelhaushälfte (DHH)** oder einem **Reihenhaus (RH)** handelt es sich um aneinandergebaute Einfamilienhäuser, die auch eine Einliegerwohnung aufweisen können. Bei diesen Wohnformen kommt es vor allem auf die planerische Konzeption und technische Ausführung an. Je individueller die Planungskonzeption ausgestaltet ist, desto höher ist der Wohnwert. Bei der Qualität der Bauausführung ist besonders auf den Schallschutz zu achten, damit es möglichst keine Belästigung durch den Nachbarn gibt.

Tabelle 4 (S. 30) gibt einen Überblick über die wichtigsten Merkmale dieser Wohnformen. Aber auch innerhalb der Wohnformen bestehen im Hinblick auf ihre Größe, ihren Schnitt sowie die Unterhaltskosten zum Teil erhebliche Unterschiede. Tabelle 5 (S. 31) zeigt die am häufigsten anzutreffenden Sonderformen von Eigentumswohnungen. Tabelle 6 (S. 31 f.) fasst verschiedene Haustypen zusammen. Worin die wesentlichen Unterschiede zwischen Neubauten und gebrauchten Immobilien bestehen, umreißt Tabelle 7 (S. 32).

Kaufpreisrahmen/Finanzierbarkeit: Sehr wichtig ist, dass rechtzeitig der Kaufpreisrahmen und dessen Finanzierbarkeit seriös überprüft und festgelegt wird. Wer diesen Grundsatz beherzigt, weiß, auf was er sich einlässt, denn bekanntlich kommt „mit dem Angebot auch der Geschmack“!

Je nach Art des Wohneigentums (Ein- oder Zweifamilienhaus) und dessen Nutzung (Eigen- und/oder Fremdnutzung) ist die richtige Finanzierung, im Besonderen auch unter Berücksichtigung der Abschreibungsmöglichkeiten, zu erarbeiten. Sie muss nach den spezifischen Bedürfnissen des Käufers (finanzielle Belastbarkeit, Vermögenslage und Steuerbelastung) „maßgeschneidert“ werden (s. Kap. 4.2).

Folgekosten: Hier sind im Besonderen die Verwaltungs-, Bewirtschaftungs-, Unterhaltungs- und Erhaltungsaufwendungen zu sehen. Als Faustregel gilt, dass, je größer eine Wohnanlage ist, desto größer auch der Verwaltungs- und Erhaltungsaufwand ist, da ein größerer Umfang an Gemeinschaftseigentum verwaltet werden muss, und dieses Gemeinschaftseigentum meist einer deutlich höheren Abnutzung ausgesetzt ist (s. Tab. 8, S. 33).

Eigentumswohnung (ETW)	**Freistehendes Haus** (FH)	**Doppelhaushälfte** (DHH)/Reihenhaus (RH)
Einstieg in Wohneigentum leichter möglich	Höchste Anschaffungskosten	Anschaffungskosten zwischen ETW und freistehendem Haus
Unterhaltskosten, insbes. Heizung, günstig	Höchste Unterhaltskosten, bei Neubau in den ersten Jahren geringer	Mittlere Unterhaltskosten
Zentrale und verkehrsgünstige Lage meist möglich, gute Anbindung an Infrastruktur durch Wohndichte gegeben	Oft nur Stadtrandlage möglich; evtl. weite Wege zu Geschäften usw.; Wohnen im Grünen	Meist etwas zentralere Lage als bei Einzelhaus möglich
Ohne Garten, aber evtl. Nutzungsberechtigung oder Balkon (evtl. mit Sichtschutz); evtl. Gemeinschaftsspielplatz	Garten, aber auch Pflegearbeiten; Spielfläche für Kinder	Kleine Grünfläche; Spielfläche für Kinder
Reparaturen am Haus werden durch Verwaltung erledigt	Verantwortung für Reparaturen	Wie FH; bei gemeinsamem Bauteil Einigung mit Nachbarn erforderlich
Instandhaltungsrücklage planmäßig von Anfang an	Keine Pflicht zur Instandhaltungsrücklage; unvorhergesehene Kosten möglich	Wie FH
Relativ anonymes Wohnen	Kontakt zu Nachbarn	Stärkere Anbindung an Nachbarn
Geräuschbelästigung durch Nachbarn möglich	Geringe Geräuschbelästigung durch Nachbarn	Geräuschbelästigung durch Nachbarn möglich
Geringerer Prestige-	Hoher Prestigewert	Mittlerer Prestigewert

Eigentumswohnung (ETW)	Freistehendes Haus (FH)	Doppelhaushälfte (DHH)/Reihenhaus (RH)
wert, ausgenommen besondere Formen		
Geringe Gestaltungsmöglichkeit, evtl Nutzungsbeschränkung	Freie Gestaltung und Nutzung	Abstimmung mit Nachbarn u. U. notwendig

Tab. 4: Wohnformen im Vergleich

Form	Besondere Merkmale
Einzimmer-Appartement	Ein Wohnraum, Abtrennung durch Möbel möglich; Balkon erweitert Wohnraum
Einzimmer-Eigentumswohnung	Bad und Küche abgetrennt, mehr Stellplatz
Maisonettewohnung	Zwei Stockwerke, oberste Wohnung, Treppen, höhere Heizkosten durch hohe Wohnräume, Aussicht, Prestigewert
Penthousewohnung	Ungestört, da oberste Wohnung, i. d. R. teuerste Wohnung, höhere Heizkosten, Prestigewert
Dachgeschosswohnung	Z. T. Dachschrägen; als „junges“ Wohnen verkauft; beschränkte Stellmöglichkeiten
Eigentumswohnung	Wohnen auf einer Etage mit zwei und mehr Zimmern

Tab. 5: Formen von Eigentumswohnungen

Form	Besondere Merkmale
Eckhaus	Größerer Grundstücksanteil, mehr Fenster, höhere Heizkosten, weniger Trennwandanteil als Reihenmittelhaus
Doppelhaus	Kostenersparnis bei Bau und Heizung; gemeinsame Wand; evtl. Störungen, gute Grundstücksausnutzung
Bungalow	Wohnen auf einer Etage wie in einer Eigentumswohnung; altengerecht, da ohne Treppen; hoher Grundstücksverbrauch, hohe Heizkosten

Form	Besondere Merkmale
Villa	Meist mehrstöckiges Haus in gehobener Ausstattung; Gartenanlage mit hohem Pflegeaufwand
Öko- bzw. Energiesparhaus	Umweltgerecht, aber hohe Baukosten
Bauernhaus	Meist alte Bausubstanz, renovierungsanfällig; meist größeres Grundstück; evtl. Nebenrechte (z. B. Brennrecht), Platz für Tiere, Unterstellmöglichkeit für Wohnwagen, Boote u. ä. meist vorhanden
Zwei- und Mehrfamilienhaus	Einnahmen durch Vermietung, Steuervorteile, Aufteilung möglich

Tab. 6: Formen von Häusern

Neubau	Gebrauchtimmobilie
Gestaltungs-und Planungsmöglichkeit	Keine Planungsmöglichkeit, nur bei Umbau, dann beschränkt
Exakte Planung notwendig	Konkrete räumliche Situation vorgegeben
Sonderwünsche möglich, dadurch evtl. Überschreitung des Finanzrahmens	Sonderwünsche nur beschränkt realisierbar
Gewährleistung für Mängel	Regelmäßig keine Gewährleistung
Volle Steuervorteile bei Eigennutzung und Vermietung	Beschränkte Absetzungsmöglichkeiten bei Eigennutzung

Tab. 7: Vergleich von Neubau und Gebrauchtimmobilie

Die Bewirtschaftungskosten hängen meist von der vorhandenen Bauqualität und dabei vorwiegend von der Wärmeisolierung ab, da heute die Energiekosten für Heizung und Warmwasseraufbereitung die dominante Kostenposition darstellen. Die Unterhaltskosten, wie Versicherungen und Steuern, sind von Art und Größe des Wohneigentums abhängig.

Der Erhaltungsaufwand steht in direktem Zusammenhang mit

dem jeweiligen Zustand und der jeweiligen Ausstattung des Anwesens. Ein qualitativ hochstehender Neubau erfordert – zumindest in den ersten zehn Jahren – keinen oder nur äußerst geringen Erhaltungsaufwand. Dagegen erfordern schlecht erhaltene Altbauten laufend hohe Erhaltungsaufwendungen und stellen häufig eine „unersättliche Sparkasse“ dar.

Aus diesen Gründen sollte stets auf Alter, Zustand und Ausstattung der angebotenen Objekte geachtet und diese Faktoren im Preisvergleich berücksichtigt werden.

Verwaltungsabrechnung vom 1. 1. .... bis 31. 12. ....
Anteil der Wohnung: 29,23 Tausendstel der Gesamtwohnfläche (ATG)

Bewirtschaftungskosten	Gesamt Euro	Verteilt nach	Anteil Euro
Wasser und Kanalisation	12 462,35	cbm	473,25
Haushaftpflichtversicherung	178,80	ATG	5,22
Feuer-/Elementarversicherung	2 581,72	ATG	75,46
Leitungswasserversicherung	655,20	ATG	19,15
Gartenpflege-/Außenanlagenkosten	4 324,77	ATG	126,41
Stromkosten	88,00	ATG	2,57
Müllabfuhr	5 852,00	ATG	171,05
Hausreinigung	4 741,08	ATG	138,59
Sonstige Betriebskosten	307,74	ATG	8,99
Kleinreparaturen	519,74	ATG	5,20
Instandhaltungskosten	9 820,53	ATG	287,05
Auflösung Rücklage	-9 820,53	ATG	- 287,05
Zuweisung zur Rücklage	11 600,00	ATG	339,07
Hausmeisterkosten	1 112,72	ATG	32,52
Verwaltervergütung	10 034,40	Einheit	250,86
Heizungskosten	0,00	Abrechnung	1 338,85
Summe	54 458,52	2 997,19	

Tab. 8: Beispiel für Bewirtschaftungskosten einer Wohnanlage

Vermietbarkeit: Auch wenn der Kaufgegenstand ausschließlich zur Eigennutzung vorgesehen ist, sollten der Mietwert und die Vermietbarkeit anhand zugänglicher Marktinformationen, wie z. B. des örtlichen Mietpreisspiegels, überprüft werden. Je besser die Vermietbarkeit ist, desto höher ist der Objektwert einzuschätzen.

Wiederverkäuflichkeit: Auch die Wiederverkäuflichkeit sollte anhand des Miet- und allgemeinen Marktwertes erhoben werden, damit bei einem außerplanmäßigen Wiederverkauf – aus welchen Gründen auch immer – keine unerwarteten Vermögenseinbußen hinzunehmen sind.

1.4.1 Interpretation von Angeboten

Makler und Bauträger unterliegen dem Gesetz gegen den unlauteren Wettbewerb (UWG) und der Preisangabenverordnung (PrAngVO) und sind deshalb verpflichtet, keine unwahren oder irreführenden Angaben zu machen. So müssen z. B. diese Gewerbetreibenden in ihren Inseraten auf ihre Maklereigenschaft hinweisen. Unzulässig ist, zu behaupten oder den Eindruck zu erwecken, die Maklertätigkeit sei kostenlos, da kein Gewerbetreibender kostenlos arbeiten kann. Unzulässig ist daher z. B. Chiffre- oder Telefonnummerwerbung. Ist das angebotene Objekt noch nicht fertig gestellt, muss darauf hingewiesen werden, da ein Inserat ohne derartigen Hinweis dem flüchtigen Durchschnittsleser den Eindruck vermittelt, als existiere das Objekt schon. In solchen Fällen sind Zusätze erforderlich, wie z. B. „projektiert", „in Planung", „im Bau", „Baubeginn ca. Mai 08", „Fertigstellung ca. Dezember 08", „bezugsfertig ca. Januar 09" usw.

Unzulässig sind indessen gewisse Abkürzungen, wie z. B. „proj." für „projektiert". Unzulässig ist auch die Angabe von Wohn-/Nutzfläche, da die Nutzfläche wesentlich weniger wert sein kann als die Wohnfläche und dadurch die Gefahr der Irreführung besteht.

Ab-Preise, Von-bis- oder Ca.-Preise sind grundsätzlich unzulässig. Es müssen feste Endpreise angegeben werden. In der Werbung für den Verkauf von Immobilien ist „von-bis" oder „ab" zulässig, wenn auf den Umfang des von der Werbung erfassten Angebots hingewiesen wird. Ca.-Preise sind stets unzulässig.

Zulässig:

1–4 Zimmer ETW, 30–90 m^2, pro m^2 1500 € bis 2500 €.

Z. B. 1 Zimmer, 30 m^2,	50 000 €
3 Zimmer, 75 m^2,	150 000 €

Unzulässig ist z. B.:

4-Zimmer-ETW, 70 m^2,	140 000 €
zzgl. Garage	7 500 €
zzgl. Stellplatz	2 500 €

oder

2-Zimmer-ETW 60 000 € zzgl. Garage und Stellplatz

Es muss heißen:

4-Zimmer-ETW, 70 m^2,	€ 140 000
zzgl. Garage	€ 7 500
zzgl. Stellplatz	€ 2 500
zusammen	€ 150 000

Anders darf nur geworben werden, wenn die Garage oder der Stellplatz nicht erworben werden müssen.

Die Inserate von privaten Verkäufern können frei gestaltet werden.

Die **Exposés** sollen in kurzer Form das angebotene Objekt beschreiben.

Beispiel: Immobilien-Exposé

Angebot

Ihre Beraterin:
Frau Bildstein
Tel. (0345) 3 45 67

Freistehendes Einfamilienhaus in Laimen
Objekt Nr. 2450
Kaufpreis **435 000,00 Euro einschl. Doppelgarage**

Lage

Das durch uns im Alleinauftrag zum Verkauf kommende Einfamilienhaus befindet sich in guter und ruhiger Wohnlage von Laimen.

Laimen bietet alle Vorteile einer bevorzugten Wohngegend. Durch das inzwischen ausgebaute S-Bahn-Netz mit der Haltestelle „Hochberg“ ist ein guter Anschluss an das öffentliche Verkehrsnetz gewährleistet. Ebenso bestehen gute Anbindungen zur Autobahn und zur Schnellstraße. Laimen verfügt über eine vielfältige und ausgewogene Infrastruktur mit allen schulischen, kulturellen und sportlichen Einrichtungen sowie sämtlichen Einkaufsmöglichkeiten für den täglichen Bedarf.

Gebäude

Das Gebäude wurde 1954 in massiver Bauweise erstellt; die Anbauten (Wintergarten und Ess-/Wohnzimmer) erfolgten 1976 bzw. 1989. Auf dem Grundstück befindet sich eine Doppelgarage. Im Jahre 1989 wurden alle Wasserleitungen (Zu- und Abwasser) durch Kupferrohre ersetzt; ebenso wurde die komplette Elektroinstallation erneuert.

Grundstück

Die gesamte Grundstücksgröße beträgt 8,78 Ar, eben; nach Süden ausgerichtet.

Aufteilung:

Untergeschoss: Kellerräume, Waschküche, Abstellraum, Tiefkeller
Erdgeschoss: Diele, sep. WC, Vorraum, Ess-/Wohnraum, Küche, Schlafzimmer, Herrenzimmer, Hausarbeitsraum, Wintergarten
Dachgeschoss: großes Gästezimmer, 2 Zimmer, Kammer, Bad, Terrasse; Bühne

Die gesamte Wohnfläche beträgt ca. 220 m^2.

Ausstattung

Das Gebäude befindet sich in einem gepflegten Zustand und enthält u. a:

Gas-Zentralheizung mit Warmwasserversorgung (seit 1995); Doppelglasfenster bzw. Naturholz-Isolierglasfenster; Kunststoffrollläden; Bad deckenhoch gefliest mit Wanne, Dusche, WC, Bidet, zwei Waschbecken; Bodenbeläge Teppich- bzw. Parkettboden; große Wohnküche; Ess-/Wohnraum mit Holzvertäfelung; große Südterrasse.

Provision

Im Erfolgsfalle erhalten wir eine Käuferprovision von 3,57 % einschließlich Umsatzsteuer.

Sonstiges

Das Gebäude steht leer und kann sofort bezogen werden.

Alle Objektangaben beruhen auf Mitteilungen des Veräußerers; eine Haftung für deren Richtigkeit wird nicht übernommen.

Für ein ausführliches Informationsgespräch sowie eine Finanzberatung stehen wir Ihnen jederzeit gerne zur Verfügung.

Besichtigung und Direktverhandlungen mit dem Anbieter erfolgen ausschließlich über uns.

Im Übrigen verweisen wir auf unsere Allgemeinen Geschäftsbedingungen.

Aufgrund der vorgenannten Verordnungen ist gewährleistet, dass die Kaufinteressenten qualifizierte und nachvollziehbare Informationen erhalten. Um einen Preisvergleich vorzunehmen, ist es ratsam, dass Kaufinteressierte über einen längeren Zeitraum hinweg die Immobilienangebote vergleichen. Dies tun sie am besten in der Form, dass sie von den angegebenen Gesamtpreisen die Garagen und/oder Stellplätze zu den marktüblichen Konditionen vom Kaufpreis abziehen und den verbleibenden Wert für die Wohnung bzw. für das Haus mit der angegebenen Wohnfläche dividieren, damit sie auf den m²-Preis kommen. Dieser Einheitspreis ist dann vergleichbar. Bitte berücksichtigen Sie bei diesen Vergleichen stets das entsprechende Alter der Objekte.

Beispiel von oben:

3-Zimmer-ETW, 70 m², inkl. Garage		
und Stellplatz	€ 150 000,00	
./. Garage	€ 7 500,00	
./. Stellplatz	€ 2 500,00	
= Wohnungspreis	€ 140 000	: 70 m² = € 2000/m² Wfl.

Sämtliche Fragen, die sich für Sie aus dem Zeitungsinserat und/oder aus dem Exposé ergeben, sollten Sie notieren und gegenüber dem Makler oder dem Objektverkäufer stellen. Dies kann telefonisch oder anlässlich eines persönlichen Gespräches, am besten jedoch im Verlauf einer Objektbesichtigung sein.

Meist werden in Immobilienangeboten Abkürzungen für Beschreibungs- und Kostenmerkmale verwandt, die in Tabelle 9 zusammengefasst sind. Zusätzlich finden sich dort meist Angaben zur Wohnumgebung, die häufig die Tatsachen geschönt darstellen (s. Tab. 10, S. 38 f.).

1.4.2 Besichtigung von Objekten*

Die Objektbesichtigung ist für eine Kaufentscheidung der wichtigste Faktor. Sie sollten daher der Objektbesichtigung eine besondere Bedeutung beimessen und sehr sorgfältig vorgehen. Vor-

* Ausführliche Hinweise hierzu auch in dtv 5876 „Immobilien aus zweiter Hand"

nehmlich bei Altbauten ist die Objektbesichtigung von größter Bedeutung, da nach vier (VOB) bzw. fünf Jahren (BGB) die Gewährleistungsansprüche gegenüber den ausführenden Handwerkern abgelaufen sind. In diesen Fällen erwirbt der Käufer das Wohneigentum „wie besichtigt". Eine Gewährleistung seitens des Verkäufers wird in der Regel – soweit gesetzlich möglich – ausgeschlossen. Deshalb ist es wichtig, dass Sie sich einen möglichst qualifizierten Eindruck über die vorhandene **Bausubstanz**, deren Qualität und Zustand verschaffen!

EFH	– Einfamilienhaus	Grst.	– Grundstück
ETW	– Eigentumswohnung	Wfl./	– Wohnfläche/
DHH	– Doppelhaushälfte	Nfl.	– Nutzfläche
ELW	– Einliegerwohnung	KDB	– Küche, Dusche, Bad
RH	– Reihenhaus	EBK	– Einbauküche
REH	– Reiheneckhaus	HZ	– Heizung
RMH	– Reihenmittelhaus	ZH	– Zentralheizung
Whg.	– Wohnung	VS	– Verhandlungssache
5-ZW	– Fünfzimmerwohnung	VB,VHB	– Verhandlungsbasis
6-FH	– Sechsfamilienhaus	TEUR	– Tausend Euro
NB-Hs.	– Neubau–Haus	JM	– Jahresmiete
WE	– Wohneinheit(en)	ME	– Mieteinnahme
UG	– Untergeschoss	Uml.	– Umlagen
EG	– Erdgeschoss	Kt.	– Kaution
OG	– Obergeschoss	NK	– Nebenkosten
DG	– Dachgeschoss	IVD	– Immobilienverband Deutschland (früher RDM und VDM)
Grd.	– Grundstück		

Tab. 9: Gängige Abkürzungen bei Immobilienanzeigen (Quellen: Frankfurter Allgemeine Zeitung, eig. Beob.)

Anzeigentext	Möglicher Nachteil
seriöses Umfeld	„totes" Bankenviertel
zentrale Lage	lebhafter Verkehr, Lärm, Schmutz
lebhafte Umgebung	Diskos, Flughafen, Gaststätten
wenige Autominuten zur City	nur mit Auto erreichbar, kein öffentlicher Nahverkehr, Randlage

Anzeigentext	Möglicher Nachteil
gut erhalten	Renovierungsbedarf steht an
Natur	weit abgelegene Randlage
Seeblick	vom Wasser abgelegen, See schlecht erreichbar
individuelle Bauweise	schlechte Planung, schwer nutzbar
Nähe Geschäfte	Anliefererlärm in den frühen Morgenstunden
Nähe Park	gefährliches Viertel
schöne Hanglage	Bauprobleme, Hangwasser

Tab. 10: Umschreibung ungünstiger Merkmale in Anzeigen

Auch bei Neubauten ist der Objektbesichtigung große Bedeutung beizumessen, um die **Bauausführung** und deren Qualität zu erkennen. Bei den Objektbesichtigungen sollten Sie stets Wert darauf legen, dass der Eigentümer und/oder der Mieter anwesend sind, damit Ihre Fragen qualifiziert beantwortet werden können, und zwar von denjenigen, die das zum Verkauf stehende Wohneigentum am besten kennen und durch dessen Nutzung eigene Erfahrungen gesammelt haben.

Besonders achten sollten Sie auf die Bauausführung und Ausstattung. Hinterfragen Sie hierzu die Qualität des **Schall- und Wärmeschutzes**. Häufig gibt es Probleme mit der Trittschall- bzw. Körperschallisolation. Dies kann später zu unangenehmen Überraschungen führen, z. B. wenn Wohnungen an den Aufzugschacht, den Installationskanal oder dgl. angrenzen. Ihre Frage nach der Wärmeisolation kann durch das Verlangen nach dem **Energiepass** unterlegt werden.

Wichtig ist auch die Überprüfung der Bausubstanz nach **Feuchtigkeit** im Bereich der Keller-, Neben- und Wohnräume. Achten Sie dabei vornehmlich auf die Ecken zwischen den Wänden bzw. zwischen Wand und Decke. Sollten Sie Feuchtigkeit bzw. Schimmelbildung feststellen, erfragen Sie die Ursache, denn manche feuchte Stelle ist harmlos und ausschließlich auf zu wenig Raumlüftung zurückzuführen. Andere Ursachen können eine schlechte Bauqualität und ungenügende Wand-/Deckenisolierung sein. Eine weitere

Möglichkeit ist der Wassereinbruch von außen, z. B. über undichte Flachdächer und Terrassen.

Fragen Sie nach den **Bewirtschaftungskosten** und lassen Sie sich diese möglichst anhand der jährlichen Aufwendungen innerhalb der letzten zwei bis drei Jahre belegen!

Achten Sie auf die **Ausrichtung des Objektes** und die damit verbundene Besonnung, insbesondere der Wohn-, Balkon-/Terrassen- und Gartenbereiche!

Fragen Sie nach dem **Umfeld** (z. B. Einkaufsmöglichkeiten, Schulen, Haltestellen öffentlicher Verkehrsmittel) und erkunden Sie dieses selbst!

Stellen Sie bei der Besichtigung frische **Renovierungsmaßnahmen** fest, hinterfragen Sie deren Anlass und Ursache, denn leider liegt diesen Maßnahmen nicht immer der regelmäßige Erhaltungsaufwand zugrunde. Der Eigentümer ist verpflichtet, Sie über die wahren Hintergründe aufzuklären. Tut er dies nicht, macht er sich wegen arglistiger Täuschung straf- bzw. haftbar.

Betrachten Sie stets ein angebotenes Wohnobjekt auch mit dem Auge eines Mieters, denn was nützt Ihnen der Erwerb eines individuell und exklusiv gestalteten Objektes, wenn es sich im Bedarfsfall kaum vermieten oder wiederverkaufen lässt.

Vorteilhaft ist, wenn Sie zumindest zwei oder drei Objekte besichtigen, da Sie erst dadurch in der Lage sind, vergleichen zu können. Sollten Sie sich wegen der erforderlichen Objektbeurteilungen überfordert fühlen, scheuen Sie sich nicht, den Eigentümer um eine Folgebesichtigung – gemeinsam mit einer erfahrenen Vertrauensperson, wie z. B. Handwerker, Architekt, Sachverständiger oder dgl. – zu bitten. Sofern der Eigentümer nichts zu verbergen hat, wird er für Ihren Wunsch Verständnis haben und diesem entsprechen.

Eine mehrmalige Besichtigung des Objekts und des Umfeldes an **verschiedenen Wochentagen** und zu **unterschiedlichen Tageszeiten** gibt Ihnen Aufschluss darüber, ob spezifische Lärmquellen zu bestimmten Zeiten existieren, die die Wohnqualität mindern (Verkehr, Lärm und Emissionen von Gewerbebetrieben, nachts frequentierter Parkplatz u. dgl.). Lassen Sie sich bei größeren Wohnanlagen auch die **Gemeinschaftsräume** zeigen und achten Sie dabei auf deren Zustand! Sie können daraus Rückschlüsse auf die Wohngemeinschaft und auf die Qualität des Hausverwalters ziehen.

Tabelle 11 (S. 43) zeigt, wie Sie den Vergleich von Objekten vornehmen können, wobei es natürlich auf Ihre spezielle Situation ankommt, welche Merkmale für Sie von großer Bedeutung und welche eher vernachlässigbar sind.

Berechnung der Wohnfläche: Angaben über die Wohnfläche für Immobilien entsprechen regelmäßig der Wohnflächenverordnung vom 25. 11. 2003 bzw. den entsprechenden DIN-Vorschriften (283 und 277). Für Erwerber geht es bei einem vertrauenswürdigen Anbieter weniger um die Kontrolle der gemachten Angaben, sondern mehr darum, die für seine Zwecke nutzbaren Flächen zu kennen. Eine Balkonfläche mag zwar teilweise zur Wohnfläche zählen, ist aber nicht als Abstellfläche geeignet; eine Raumschräge, deren Grundfläche nur teilweise mitgerechnet wird, kann für ein Bett evtl. voll ausgenutzt werden. Bei Angeboten empfiehlt es sich deshalb, selbst nachzumessen bzw. sich die Art der Berechnung genau angeben zu lassen. Folgende Richtlinien werden meistens beachtet:

- **Balkon und Terrasse:** Regelmäßig nur zu einem Viertel berücksichtigt.
- **Wintergarten:** Bis zur Hälfte berücksichtigt.
- **Loggia:** Wie bei Balkonen.
- **Dachschräge:** Ab einer lichten Höhe zwischen einem Meter und zwei Metern mit 50 % berücksichtigt.
- **Treppen:** Der Treppenraum wird von der Wohnfläche abgezogen, wenn er nicht mindestens zwei Meter lichte Höhe aufweist.
- **Trockenraum:** Keine Anrechnung als Wohnfläche.
- **Waschküche:** Keine Anrechnung als Wohnfläche.
- **Abstellraum im Keller:** Keine Anrechnung als Wohnfläche.
- **Heizraum:** Keine Anrechnung als Wohnfläche.
- **Schwimmbad:** Innerhalb eines Einfamilienhauses zur Hälfte berücksichtigt.

Werden Bauausführungspläne für eigene Berechnungen verwendet, ist zu beachten, dass für den Putz an den Wänden bis zu 3 % abgezogen werden können.

Checkliste für Käufer: Wer eine Besichtigung vorhat, sollte sich mit Hilfe einer selbst erstellten Checkliste Einzelheiten notieren, die später oder beim Vergleich mit anderen Objekten eine Rolle spielen können. Die Checkliste „mahnt“ auch zur Einschaltung möglichst kühlen Sachverstandes. Manche Punkte können bei einem Einfamilienhaus entfallen, bei einer Eigentumswohnung darf der „Check“ des Gemeinschaftseigentums keinesfalls unter den Tisch fallen. Eine Checkliste kann beispielsweise folgende Punkte enthalten:

Allgemeine Beschreibung der Immobilie

Kaufpreis:

Besichtigungstermin:

Wohnlage: Wohngebiet, Umgebung, Einkaufsmöglichkeiten, ärztliche Versorgung, Schulen/Kindergärten, Freizeiteinrichtungen, Kneipen, Verkehrsanbindung (Bus, Straßenbahn, Autobahnen, Bahnhof, Flughafen), Parkmöglichkeiten (auch für Besucher).

Haus außen: Garten, Abgrenzung, Hof, Parkraum, Außenmauern, Außenbeleuchtung, Sprechanlage, Fassade, Fensterzustand, Antennen, Dachdeckung und -zustand, Haustüren, Außenabgänge in Keller, Spielmöglichkeiten für Kinder.

Haus innen: Treppenhaus, Treppenhausbeleuchtung, Abstellplatz für Fahrräder und Kinderwagen, Fahrstuhl, Briefkästen, Nebenräume, Waschküche, Trockenraum, Mülleimer.

Keller: Zugangstüren, Abschließmöglichkeiten, Größe, Höhe, Temperatur, Feuchtigkeit, Boden, Fenster und Belüftung, Leitungen, Heizanlage, Beleuchtung.

Dachgeschoss: Dachboden, Trockenboden, Dachisolierung, Dachfenster.

Wohnung: Zahl, Art und Größe der Räume, Wohnungstür (Stärke, Verschluss, Spion, Sicherungskette), Klingel, Fußboden, Flur (Helligkeitsprüfung), Elektroinstallationen, Heizkörper, Sanitäreinrichtungen, Wasserleitungen, Telefon- und Antennenanschlüsse, Lärmisolierung.

Zusätzliche Informationen bei Eigentumswohnungen: Zahl der Wohneinheiten, Höhe des Wohngeldes, Verbindlichkeiten der Wohnungseigentümergemeinschaft, Höhe der Rücklagen, Versicherungen, Hausmeisterbetreuung, bestehende Rechtsstreitigkeiten, Verwalter.

Wohnfläche	Objekt 1 98 m^2	Objekt 2 115 m^2
Standort		
Entfernung in Meter		
Arbeitsplatz Ehemann	4000	800
Arbeitsplatz Ehefrau		
Schule/Kindergarten		
Kind 1	400	2000
Kind 2	1100	800
Einkaufszentrum	150	50
Apotheke	150	50
Allgemeinarzt	90	200
Kirche	300	500
Haltestelle Bus/U-Bahn/S-Bahn	50	300
Wohnlage		
Anbindung:	**Durchgangsstraße**	**Spielstraße**
Lärm/Verkehr		
1) Mo–Fr 8:00	laut	ruhig
10:00	ruhig	ruhig
13:00	lebhaft	lebhaft
19:00	laut	lebhaft
22:30	lebhaft	ruhig
2) Sa/Sonntag	lebhaft	ruhig
Sonne/Licht:	Südlage	Westlage Baumschatten
Wohnart:	allein stehendes Haus	Reihenmittel-Haus
Alter:	5 Jahre	15 Jahre

Tab. 11: Checkliste für Besichtigungen (Beispiel)

Checkliste für Fertighaus-Käufer: Was sollten Fertighaus-Käufer unter anderem besonders beachten?*

- Überprüfen Sie die Seriosität des Herstellers.
- Vergleichen Sie die Preise mehrerer Anbieter.
- Lassen Sie sich alle Bauleistungen genau auflisten.

* Quelle: Bundesverband Deutscher Fertigbau (BDF) Postfach 1380, 53583 Bad Honnef Tel. (0130) 112361

- Vereinbaren Sie feste Liefertermine.
- Die besonderen Ausstattungswünsche sollten vor oder bei Vertragsabschluss erfolgen und in den Vertrag aufgenommen werden.
- Lassen Sie die standardisierte Bau- und Leistungsbeschreibung an ihr zukünftiges Haus anpassen.
- Fragen Sie nach besonderen Gewährleistungskriterien, die über die VOB hinausgehen.
- Vereinbaren Sie die Zahlungen entsprechend dem Baufortschritt und Wertzuwachs.
- Prüfen Sie vorab die günstigsten Angebote für Zahlungsverpflichtungen.
- Bauen sie gesundheitlich unbedenklich, umweltfreundlich und energiesparend; Holz als natürlich nachwachsender Rohstoff garantiert dies.
- Lassen Sie sich den zu erwartenden Energieverbrauch für Ihr Haus ausrechnen und mit dem Energiepass belegen.

1.4.3 Beschaffung von Unterlagen

Vor der endgültigen Kaufentscheidung sollten Sie sich die in der nachfolgenden Tabelle 12 wiedergegebenen Unterlagen beschaffen.

Erwerb einer Eigentumswohnung: Hier sollten Sie **zusätzlich** zu den in Tabelle 12 (S. 45) aufgelisteten Unterlagen noch weitere Dokumente beschaffen, die in Tabelle 13 (S. 47) zusammengefasst sind.

Sofern Sie über die vorgenannten Unterlagen verfügen, können Sie sich ein umfassendes Bild über die rechtlichen und wirtschaftlichen Gegebenheiten des angebotenen Wohnobjektes machen und Ihre Rückschlüsse für die steuerliche Behandlung und Auswirkung ziehen. Darüber hinaus verfügen Sie über die zur Finanzierung erforderlichen Objektdaten und -unterlagen (s. Kap. 4).

Versuchen Sie, beim Kauf einer gebrauchten Eigentumswohnung mit dem Verwalter zu sprechen, wozu allerdings die Ermächtigung des Eigentümers notwendig ist. Erkundigen Sie sich dabei insbesondere nach der Höhe der laufenden Ausgaben für das Gemeinschaftseigentum, der Höhe des Rücklagenfonds und etwaigen Rückständen von Wohngeld.

Hauskauf Unterlage	Beweggründe	Wo bzw. über wen zu beschaffen?	Bemerkungen
Grundbuchauszug	Wegen Überprüfung der Grundstücksgröße und möglicher Belastungen in Abteilung II und III	Grundbuchamt bzw. über den Eigentümer	Achten Sie auf die Aktualität der Grundbuchabschrift!
Einsicht in das Baulastenbuch	Wegen möglicher Belastungen	Bauverwaltungsamt Ihrer Stadt oder Gemeinde	
Lageplan	Wegen Überprüfung der Grundstücksgrenzen	Staatl. Vermessungsamt	
Genehmigtes Baugesuch mit Wohnflächen- und Kubusberechnung sowie technischer Baubeschreibung	Zur Überprüfung, ob die vorhandene Bausubstanz der erteilten Baugenehmigung entspricht	Vom Verkäufer oder beim Bauordnungsamt Ihrer Stadt oder Gemeinde	
Auszug aus dem maßgeblichen Bebauungsplan	Zur Überprüfung der möglichen Nachbarbebauung bzw. deren möglicher Veränderung	Vom Eigentümer bzw. Bauordnungsamt Ihrer Stadt oder Gemeinde	
Flächennutzungsplan (Auszug)	Zur Überprüfung der weiteren Rahmenplanung in der Umgebung	Beim Bauordnungsamt Ihrer Stadt oder Gemeinde	z. B. angrenzender landwirtschaftlicher Grund, der für ein Gewerbegebiet vorgesehen ist
Mietvertrag im Falle der Vermietung	Wegen Überprüfung der Kündigungsmöglichkeiten, Nebenkostenregelung und Mietpreisvereinbarung	Vom Eigentümer	Käufer tritt in bestehenden Mietvertrag ein

Hauskauf Unterlage	Beweggründe	Wo bzw. über wen zu beschaffen?	Bemerkungen
Einheitswertbescheid	Wegen Grundstückswertfestsetzung und Grundsteuer	Vom Eigentümer	
Grundsteuerbescheid	Wegen der zu entrichtenden Grundsteuer	Vom Eigentümer	Wird jährlich erteilt
Gebäudebrandversicherungsanschlag	Wegen Beiträgen zur Gebäudebrandversicherung	Vom Eigentümer	
Bewertung des Grundstücksanteils	Zur Ermittlung des Bauwertes als Grundlage für die Abschreibung	Vom Eigentümer aus dessen ESt.-Bescheid bzw. vom Finanzamt aus dessen Grundstückswertkarte oder von der zuständigen Stadt oder Gemeinde aus deren Vertragssammlung bzw dessen Gutachterausschuss	
Schlussabnahmeschein	Wegen der Bestätigung, dass dieses Bauwerk von der Baubehörde beanstandungslos abgenommen wurde	Über Verkäufer	Bei Neubauten erforderlich

Tab. 12: Checkliste für vor dem Erwerb von Wohneigentum zu beschaffende Unterlagen

Unterlage	Beweggründe	Wo bzw. über wen zu beschaffen?	Bemerkungen
Teilungserklärung und Beschlussprotokolle der Wohnungseigentümerversammlung	Wegen Feststellung der Miteigentumsanteile, der Änderungen der Teilungserklärung, der Gebrauchsregelung und der Hausordnung	Vom Eigentümer, Grundbuchamt oder Hausverwalter	
Verwaltervertrag	Zur Überprüfung der bestehenden Vereinbarungen	Vom Eigentümer oder Verwalter	
Nebenkostenabrechnung und Wirtschaftsplan	Wegen Information über die anfallenden Nebenkosten	Vom Eigentümer oder Verwalter	Nebenkostenabrechnungen der letzten zwei bis drei Jahre; gültiger Wirtschaftsplan

Tab. 13: Zusätzlich erforderliche Dokumente vor dem Erwerb einer Eigentumswohnung

Vor dem Kauf einer **Eigentumswohnung** sollten Sie u. a. folgende Fragen klären:

- Welche Nebenanlagen werden mitverkauft und im Kaufvertrag aufgeführt?
  Hausmeisterwohnung, Schwimmbad, Heizung
- Welche Sondernutzungsrechte sind mit der Wohnung verbunden?
  Hobbyraum, Keller, Abstellplätze, Gartenanteil
- Werden die Sondernutzungsrechte im Kaufvertrag erwähnt?
- Welche Beschränkung bringt die Teilungserklärung?
  Nutzung, Verkauf, Instandhaltungspflichten, Regelung der Stimmrechtsverteilung (Miteigentumsanteil oder Zahl der Wohnungen), Sondernutzungsrechte (Garten, Keller usw.)
- Welcher Verwaltervertrag besteht?
  Kosten der Verwaltung, Sitz und Erreichbarkeit des Verwalters
- Besteht eine Haus- oder Gemeinschaftsordnung?
  Nutzungsbeschränkungen der Nebenräume, Kehr- und Räumpflichten

Bei Neubau:

- Ist die Übergabe des Gemeinschaftseigentums bereits erfolgt?
- Welche Mängel sind im Abnahmeprotokoll vermerkt?
- Wird ein Verwaltungsbeirat bei der Abnahme zugezogen?
- Wie erfolgt die Übergabe des Sondereigentums?
- Wird ein Fachmann zur Abnahme zugezogen?
- Sind alle, auch kleine Mängel, genau im Abnahmeprotokoll beschrieben?
- Habe ich genügend Zeit für die Abnahme eingeplant?
- Sind auch die Nebenräume besichtigt worden?

Sollten Sie eine Immobilie aus **zweiter Hand** erwerben wollen, denken Sie an folgende Fragen:

- Ist der Verkäufer Eigentümer?
- Müssen bestehende Rechte gelöscht werden? Erfolgt dies rechtzeitig oder liegt eine Freistellungserklärung des Gläubigers vor?
- Können zinsgünstige Darlehen übernommen werden?
- Sind alle Regelungen des notariellen Vertrages klargestellt worden? (Evtl. den Notar befragen, keine zusätzlichen Kosten!)

- Wird Zahlung erst gefordert mit Eintragung einer Auflassungsvormerkung?
- Wann erfolgt Eintragung als Eigentümer?
- Stehen noch Erschließungskosten aus?
- Bestehen noch Gewährleistungsansprüche?
- Ist der Hausversicherungsschutz rechtzeitig beantragt worden?
- Wann ist das Haus/die Wohnung bezugsbereit?
- Liegt ein aktueller Grundbuchauszug vor?
- Stimmen die Angaben im Grundbuch mit dem Kaufvertrag überein (z. B. Grundstücksgröße, Wohnungsbezeichnung)?

Bei **Eigentumswohnungen** zusätzlich:

- Wurden die Beschlussprotokolle der Eigentümerversammlung eingesehen?
- Wurde der Übergang des Anteils an den Gemeinschaftsgeldern mit beurkundet?
- Entspricht die Ausstattung dem Vorvertrag?
- Ist die Garage/der Stellplatz im Vertrag aufgeführt?

2. Rechtliche Grundlagen

Als möglicher Erwerber einer Immobilie muss man eine Vielzahl von Verträgen abschließen und behördliche Vorschriften beachten, z. B. Verträge mit Maklern, Bauträgern und Architekten. Evtl. muss ein Grundbuchauszug gelesen werden, ist ein Bauantrag zu stellen und sind Genehmigungen zu beantragen. Man möchte vielleicht auch wissen, wie ein bisher unbebautes Nachbargebiet in Zukunft genutzt wird, ob als Wohn- oder als Gewerbegebiet. Fast bei allen beteiligten Stellen kann man qualifizierte Beratung und Aufklärung bekommen. Der Erwerber braucht nicht Jurist zu sein, doch möchte er bei so wichtigen Entscheidungen wie dem Erwerb einer Immobilie die rechtliche Grundstruktur selbst kennen. Dabei sollen ihm die folgenden Ausführungen nützlich sein.

2.1 Erwerb von Grundeigentum

Wohneigentum kann grundsätzlich nur in Zusammenhang mit einem **Grundstück** rechtlich erworben werden. Ein Wohngebäude ist immer **wesentlicher Bestandteil** eines Grundstücks. Wer ein Grundstück erwirbt, erwirbt damit auch zwangsläufig das darauf errichtete Gebäude. Gegenstand eines Kaufvertrages wird also immer ein Grundstück sein. Nur beim Erbbaurecht kann man ein Gebäude als solches übertragen.

Zu den weiteren wesentlichen Bestandteilen eines Grundstücks gehören auch die gewachsenen Pflanzen. Fest eingebaute Teile des Gebäudes sind ebenfalls Bestandteil, so zum Beispiel raumtrennende Wandschränke. **Zubehör** sind Sachen, die zwar nicht eingebaut sind, aber selbstverständlich zur sinnvollen Nutzung notwendig sind, beispielsweise Schlüssel, Teppichböden oder Markisen. Wesentliche Bestandteile und Zubehör gehören beim Kauf einer Immobilie ohne besondere Vereinbarung dazu.

Beispiel: Thorsten Müller vereinbart mit dem bisherigen Eigentümer eines Reihenhauses eine Kaufsumme von 300 000 €. Als sie sich privat scheinbar einig sind, sagt der Verkäufer: „Die drei schönen Edeltannen im Vorgarten haben einen Wert von je 500 €; der die Kinderzimmer trennende Einbauschrank ist vom Schreiner eingebaut und mindestens nochmals 3500 € wert; ich bekomme also noch zusätzlich 5000 €!" Wenn Thorsten Müller dazu schweigt und der Kaufpreis bei der notariellen Einigung nicht um 5000 € höher angesetzt wird, kann der bisherige Eigentümer diesen Betrag nicht verlangen. Er darf den Einbauschrank nicht ausbauen. Sollten aber zusätzliche nicht fest eingebaute Küchenschränke oder Vorhänge mit verkauft werden, müssen diese besonders im Kaufvertrag aufgeführt werden.

2.1.1 Kaufvertrag

Durch den Kaufvertrag über ein Grundstück verpflichtet sich der Käufer zur Zahlung des Kaufpreises, der Verkäufer zur Übertragung des Eigentums. Mit dem Kaufvertrag werden die Vertragsparteien nur verpflichtet! Das Eigentum an Geld und Grundstück geht mit dem Abschluss noch nicht automatisch über. Dies erfordert unter Umständen rechtliche Vorsichtsmaßnahmen, insbesondere wenn das Eigentum trotz Anzahlung noch nicht sofort übertragen werden soll.

Beispiel: Thorsten Müller möchte eine Eigentumswohnung erwerben, die vom bisherigen Eigentümer noch bewohnt wird. Dieser möchte erst ausziehen, wenn sein neu erstelltes Wohnhaus fertig ist. Beide möchten aber sofort die Sicherheit des bindenden Vertrages. Der dann abgeschlossene Kaufvertrag verpflichtet den Verkäufer beispielsweise, nach Auszug oder bis zu einem bestimmten Termin das Eigentum an Thorsten Müller zu übertragen. Das wird er nur dann tun, wenn Müller seinerseits die vereinbarte Kaufsumme überträgt.

Die formelle Einigung über den Eigentumswechsel heißt im deutschen Recht **Auflassung.** Sie kann zugleich mit einem Kaufvertrag oder erst später erklärt werden (vgl. Mustervertrag und -auflassung). Im letzteren Falle können sich die Vertragsparteien durch eine **Auflassungsvormerkung** im Grundbuch absichern.

Beispiel: Thorsten Müller hat mit dem Verkäufer vereinbart, sofort 100 000 € als Anzahlung gegen eine Auflassungsvormerkung zu leisten, der Rest soll bei Auszug des Verkäufers folgen. Bis zur endgültigen Übertragung kann der Verkäufer das Eigentum an keinen anderen verkaufen.

Auf der anderen Seite kann Müller noch nicht über das Eigentum verfügen; sollte er den gesamten Kaufpreis nicht bezahlen, würde der Verkäufer die Übereignung ablehnen. Beide Seiten sichern sich damit die Einhaltung des Vertrages.

Der Kaufvertrag über ein Grundstück ist nur gültig, wenn er von einem Notar **beurkundet** worden ist (§ 313 BGB). Alle Abmachungen, die nicht beurkundet worden sind, gelten auch nicht. **Nebenabreden** sollten keinesfalls ohne Einbeziehung in den notariellen Vertrag gemacht werden, da dann möglicherweise wegen mangelnder Willensübereinstimmung der ganze Vertrag nichtig sein könnte! Andererseits sollte der Preis des mitverkauften Zubehörs gesondert aufgeführt werden, weil dann die Grunderwerbsteuer geringer ausfällt.

Beispiel: Der Verkäufer des Reihenhauses möchte, dass Thorsten Müller für die „Bäume" und die Kücheneinrichtung 10 000 € extra „auf die Hand" bezahlt. Diese Abmachung könnte ohne notarielle Beurkundung zur Nichtigkeit des ganzen Vertrages führen. Hätte Thorsten Müller schon einen Teil des Kaufpreises vorausbezahlt, riskiert er diesen! Noch extremer ist die Lage, wenn die Vertragsparteien „intern" einen ganz anderen Kaufpreis vereinbaren als sie dem Notar mitteilen („Schwarzkauf").

Ein so genannter **Vorvertrag** ist kein eigentlicher Vertrag, sondern lediglich ein „Arbeitspapier", das zur Prüfung des Inhaltes des notariell beurkundeten Kaufvertrages dient. Aus dem Vorvertrag entsteht keine Verpflichtung zum Erwerb eines Grundeigentums, aber auch kein Recht.

Welche Aufgaben hat ein Notar beim Grundstückserwerb? Notare sind Träger eines öffentlichen Amtes. Sie sollen für Rechtssicherheit bei wichtigen Angelegenheiten der Bürger sorgen. Der Notar muss bei seiner Amtsausübung unparteiischer Betreuer der Beteiligten sein. Bei den Rechtsgeschäften, die er betreut, hat er Prüfungs- und Belehrungspflichten. Im Übrigen ist er zur Verschwiegenheit verpflichtet. Die Notare unterstehen der Dienstaufsicht des zuständigen Landgerichtspräsidenten. Für ihre Tätigkeit erhalten die Notare Gebühren und Auslagen nach der Kostenordnung.

Neben den Nur-Notaren (hauptberufliche Notare) gibt es nebenberuflich tätige Notare, die im Hauptberuf Anwälte sind (Anwalts-

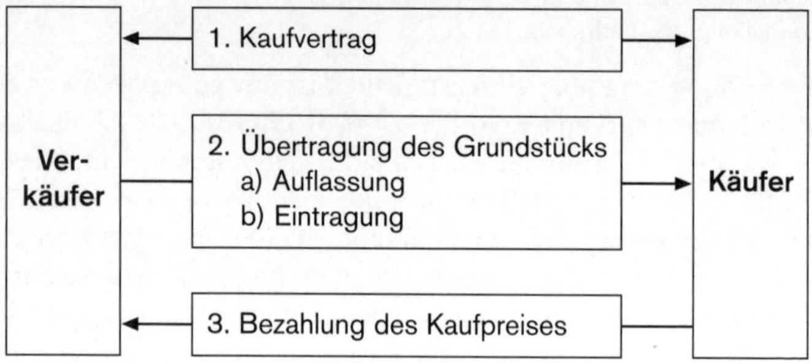

1. Kaufvertrag
   - notarielle (oder gerichtliche) Beurkundung nach § 313 BGB erforderlich
   - enthält Verpflichtung zur Übertragung des Grundstücks und zur Entrichtung des Kaufpreises

2.a) Auflassung: Einigung zwischen Veräußerer und Erwerber über den Eigentumsübergang
   - gleichzeitige Anwesenheit beider Teile erforderlich (Stellvertretung ist zulässig)
   - Erklärung vor einem Notar

2.b) Eintragung ins Grundbuch, Voraussetzungen:
   - Antrag gemäß § 13 Grundbuchordnung
   - Bewilligung des im Grundbuch als Eigentümer eingetragenen Verkäufers (§ 19 Grundbuchordnung)
   - Nachweis der Auflassung

3. Bezahlung des Kaufpreises zum vereinbarten Termin nach Erfüllung aller Voraussetzungen und Auflagen.

Abb. 5: Abwicklung eines Immobilien-Kaufvertrages

notar). In Baden-Württemberg gibt es beamtete Notare (Bezirksnotare). Da sie in diesem Land auch das Grundbuch für die Amtsgerichte führen, sind sie Notar und Grundbuchbeamter in einer Person.

Ein Kaufvertrag kann, wie in Abbildung 5 dargestellt, abgewickelt werden.

Als weitere Voraussetzung für die Eintragung kann die Vorlage behördlicher Bescheinigungen (Unbedenklichkeitsbescheinigung des Finanzamtes wegen Grunderwerbsteuer, Negativattest der Gemeinde über den Verzicht auf ihr Vorkaufsrecht nach §§ 24 ff. BauGB) hinzutreten.

Zur Sicherung des Anspruches auf Eigentumsübertragung kann sich der Käufer eine so genannte **Auflassungsvormerkung** (gem. § 883 BGB) vom Verkäufer bewilligen und im Grundbuch eintragen lassen. Sie bedeutet eine relative Verfügungsbeschränkung zugunsten des Berechtigten. Das heißt, Verfügungen über das Grundstück sind insoweit unwirksam, als sie den gesicherten Anspruch vereiteln oder beeinträchtigen würden.

Der **notarielle Kaufvertrag** über Wohneigentum beinhaltet im Wesentlichen die in der nachfolgenden Abbildung 6 (S. 55–58) wiedergegebenen Inhalte, über die zwischen Verkäufer und Käufer vor Beurkundung des Vertrages Einvernehmen herzustellen ist.

Beurkundungsdatum:		*24. August 20..*	
Notar:		*Alber*	
Beurkundungsort:		*A-Stadt*	
Verkäufer:			
1.	Familienname:	*Clausen*	
	Vorname:	*Clara*	
	Familienstand:	*ledig*	ggf. Geburtsname
	Güterstand:		
	Geburtstag:	*13. 07. 19..*	
	Beruf:	*Rentnerin*	
	Wohnort:	*A-Stadt*	
	Straße:	*Blumenstr. 36*	
	Staatsangehörigkeit:	*deutsch*	
	Ausweis für Notar:	*BPA 34784356*	
ggf. 2.	Familienname:	–	

	Vorname:		
	Familienstand:	ggf. Geburtsname	
	Güterstand:		
	Geburtstag:		
	Beruf:		
	Wohnort:		
	Straße:		
	Staatsangehörigkeit:		
	Ausweis für Notar:		

Käufer:

1.	Familienname:	*Wolf*	
	Vorname:	*Udo*	
	Familienstand:	*verh.*	ggf. Geburtsname
	Güterstand:	*gesetzl.*	
	Geburtstag:	*25. 06. 19..*	
	Beruf:	*Angestellter*	
	Wohnort:	*B-Stadt*	
	Straße:	*Marktplatz 3*	
	Staatsangehörigkeit:	*deutsch*	
	Ausweis für Notar:	*BPA 380590873*	
	Kaufen je zu:	$^1/_2$	(Beteiligungsverhältnis)
ggf.2.	Familienname:	*Wolf*	
	Vorname:	*Iris*	
	Familienstand:	*verh., Schaf*	ggf. Geburtsname
	Güterstand:	*gesetzl.*	
	Geburtstag:	*13. 01. 19..*	
	Beruf:	*Hausfrau*	
	Wohnort:	*B-Stadt*	
	Straße:	*Marktplatz 3*	
	Staatsangehörigkeit:	*deutsch*	
	Ausweis für Notar:	*BPA 834373844*	
	Kaufen je zu:	$^1/_2$	(Beteiligungsverhältnis)

Kaufgegenstand:

	Grundbuch von:	*A-Stadt*
	Blatt Nr.:	*3478*
	Bestandsverzeichnis:	*lfd. Nr. 1*
	Gemarkung:	*A-Stadt*
	Bezeichnung:	*Wohnungseigentum*
	Mitverkauftes Zubehör:	*vgl. Anlage Nr. 1*

Ölvorräte: –
Sonstige mitverkaufte Gegenstände: –

Grundbuchliche Belastungen:
Abteilung II: *keine*
Abteilung III: *keine*

Vom Käufer werden übernommen: –

Vom Verkäufer sind zu beseitigen (z. B. Grundstückslasten): –

Kaufpreis:

Gesamtsumme:	*180 000,00 €*
davon entfällt auf Zubehör:	*5 000,00 €*
davon entfällt auf Grundstück:	*30 000,00 €*
Zahlungsplan: € *180 000*	*am 30. 08. 20..*

Treuhand-/Zahlung auf Konto Nr.
bei BLZ
Verzugszins: 9 % jährlich für die Dauer des Verzugs.
Eintragung neuer Grundpfandrechte für die Kaufpreisfinanzierung: –
Gewährleistung: (Richtet sich nach dem Gesetz)
Haftungsausschluss für Sachmängel: ja/nein
Übergabetermin: *30. 08. 20..*
Kaufgegenstand ist vermietet: ja/nein
Mietvertrag ist bereits übergeben: ja/nein
Falls vermietet,
Mietkaution: ja/nein €
Steuerübergang und öffentliche Lasten per: *30. 08. 20..*
Sonstige Nutzung und Lasten per: *30. 08. 20..*
Hausgeld per: ***30. 08. 20..***
Erschließungskosten (sind in der Regel voll bezahlt. Ab dem Zeitpunkt der Beurkundung neu anfallende Erschließungskosten gehen in der Regel zu Lasten des Käufers)
Auflassung: (sofort oder nach vollständiger Kaufpreiszahlung)
Auflassungsvormerkung: ja/nein
Kosten des Vertrages und seines Vollzuges (gehen in der Regel zu Lasten des Käufers)
Die Lastenfreistellung (geht in der Regel zu Lasten des Verkäufers)
Die Grunderwerbsteuer (trägt in der Regel der Käufer).

Bei Wohneigentum:
Verwalterzustimmung ist erforderlich? ja/nein
Wohngeld zahlt Käufer ab: *30. 08. 20..*
Verwalter ist: *Wohntreuhand GmbH*
Die Teilungserklärung wurde an den Käufer ausgehändigt: ja/nein

Besondere Vereinbarungen:
Vollzugsvollmacht: ja/nein
Behördliche Genehmigungen/Zustimmungen usw.
Öffentliche Vorkaufsrechte gem. § 24 ff. BauGB: ja/nein
Teilungsgenehmigung nach örtl. Satzung § 9 LBO, § 2 Grundstückverkehrsgesetz durch Landwirtschaftsamt
Kaufvertragsabschriften an
- Verkäufer
- Käufer
- Finanzierendes Kreditinstitut
- Finanzamt Grunderwerbsteuerstelle
- Stadt/Gemeinde wegen öffentlichem Vorkaufsrecht
- Stadt/Gemeinde Kaufvertragssammlung

Abb. 6: Wesentliche Inhalte einer Kaufvertragsurkunde

Zu empfehlen ist, dass Verkäufer und Käufer nach erfolgter Absprache über den wesentlichen Kaufvertragsinhalt den beurkundenden Notar beauftragen, einen Kaufvertragsentwurf zu fertigen. Der Notar stellt den Kaufvertragsentwurf dann sowohl dem Verkäufer, als auch dem Käufer zur Prüfung zu. Gemäß Beurkundungsgesetz soll beim Erwerb vom Bauträger die Beurkundung erst nach Ablauf einer Vierzehntagesfrist nach Zustellung erfolgen. Diese Frist kann nur aus wichtigem Grund unterschritten werden. Damit haben Käufer und Verkäufer Gelegenheit, sich in aller Ruhe mit dem Kaufvertragsentwurf zu befassen und Änderungswünsche rechtzeitig beim Notar einzubringen. Dadurch wird verhindert, dass Verkäufer und/oder Käufer beim Beurkundungstermin überfordert sind und nicht hundertprozentig wissen, worauf sie sich einlassen.

Im Übrigen hat der Notar eine **Belehrungspflicht.** Verkäufer und Käufer können also während des Beurkundungstermines den Notar wegen Unklarheiten befragen und sollten dies auch tun!

Häufig wird in dem Kaufvertrag eine Klausel aufgenommen, wonach der Kaufvertrag nicht unwirksam wird für den Fall, dass eine getroffene Vereinbarung nicht dem Gesetz entspricht, sondern dass in diesem Falle anstelle der nicht rechtmäßigen Vereinbarung eine rechtmäßige Vereinbarung tritt, die dem Vertragsinhalt entspricht **(„salvatorische Klausel“).**

Der notarielle Kaufvertrag über Wohneigentum enthält im Wesentlichen Aussagen zu den in Abbildung 5 wiedergegebenen Inhalten, über die sich Käufer und Verkäufer einig sein müssen. Eine Treuhandabwicklung über den Notar ist zusätzlich gebührenpflichtig, gibt aber die Sicherheit, dass der Käufer im Zweifel seinen gezahlten Kaufpreis wiederbekommen würde, wenn es bei der Übertragung Störungen gibt. Wenn sich die Vertragspartner kennen und gegenseitig vertrauen, können sie auf diese Form der Abwicklung verzichten.

2.1.2 Inhalt von Grundbuch und Kataster

Beim Umgang mit einer Immobilie führt kein Weg am Grundbuch und am Notar vorbei. Das Grundbuch verschafft den Vertragspartnern eine hohe rechtliche Sicherheit. Bei der Beschaffung finanzieller Mittel spielt es eine große Rolle, da es zugleich Grundlage für die Absicherung des Kreditgebers ist (vgl. Kap. 4.3.2). Jeder Eigentümer einer Immobilie sollte zumindest sein eigenes Grundbuch bzw. den Auszug aus ihm „lesen“ können.

Beispiel: Thorsten Müller hat in der nahen Vorstadt neben einem idyllisch gelegenen Bauernhof eine ungemähte und relativ ungepflegte Wiese gesehen, die aber einen idealen Standort für sein „Häuschen im Grünen“ abgäbe. Auf Anfrage bei dem nachbarlichen Bauernhof erfährt er, dass der Eigentümer wohl gerade etwas Geld brauche. Man könne sich schon vorstellen, dass dieser einen Teil der Wiese „Im Hasenwinkel“ als Baugrund abgeben werde. Thorsten Müller erkundigt sich auf Anraten seiner Bank erst einmal, wer überhaupt Eigentümer ist, ob das Grundstück so übertragen werden kann und ob darauf überhaupt einmal ein Wohngebäude errichtet werden darf. Die Wege von Thorsten Müller werden zum Vermessungsamt, zum Grundbuchamt, zum Bauamt der Gemeindeverwaltung und zum Landwirtschaftsamt führen.

In Deutschland ist das ganze Land vermessen und im **Kataster** eingetragen. Dieses ist das amtliche Verzeichnis, gegliedert nach durchnummerierten Flurstücken, früher Parzellen genannt. Die Flurstücke sind durch die Grenzmarkierungen voneinander abgegrenzt. Das Staatliche Vermessungsamt als Katasteramt zeichnet **Flurkarten** und führt ein **Liegenschaftsbuch.** Beide geben über die tatsächlichen Verhältnisse wie Wirtschaftsart, Lage und Größe von Flurstücken Auskunft. Jeder, der ein berechtigtes Interesse hat, kann Einsicht nehmen und sich Auszüge geben lassen.

Beispiel: Thorsten Müller nimmt in die Flurkarte seines „Traumgrundstücks" Einblick. Er erkennt, dass die gesamte Wiese als ein einheitliches Flurstück mit der Wirtschaftsart „Brachwiese" ausgewiesen ist. Ohne Aufteilung und Veränderung könnte er einen Anteil davon auf keinen Fall erwerben. Der Traum, dort einmal bauen zu können, zerplatzt, da er auf die Eintragung „Bauland" gehofft hatte.

Für den bürgerlich-rechtlichen Umgang mit Grund und Boden ist das Bürgerliche Gesetzbuch als privates Recht in erster Linie maßgebend. Dort ist die Rede vom „Grundstück". Ein Grundstück ist ein „räumlich abgegrenzter Teil der Erdoberfläche". Während dieser Begriff mit dem Flurstück identisch ist, wird im Rechtsverkehr nur vom Grundstück gesprochen. Zum Grundstück, an dem Rechte bestehen, kann ein Flurstück erst durch die Eintragung im Grundbuch werden. Erst dann ist eine Eigentumsübertragung möglich.

Beispiel: Im Grundbuch ersieht Thorsten Müller, dass Benno Schäfer Eigentümer der gesamten Wiese ist, für die ein Grundbuch geführt wird. Er könnte also ohne Teilungsgenehmigung gemäß Grundstücksverkehrsgesetz nur die gesamte Wiese kaufen und nicht einen Teil davon.

Rechtsgrundlage für die Führung des Grundbuches ist die Grundbuchordnung als öffentlich-rechtliche Vorschrift. In ihr wird die Tätigkeit der Amtsgerichte in Grundbuchsachen geregelt. Das **Grundbuch** ist ein öffentliches Register über die Grundstücke eines Amtsgerichtsbezirkes. Es wird beim Amtsgericht (Grundbuchamt) geführt und soll die Rechtsverhältnisse darlegen. Es gibt hauptsächlich auf folgende Fragen Auskunft:

- Wer ist Eigentümer eines Grundstücks?
- Welche Lasten und Beschränkungen ruhen auf dem Grundstück?

Alle Grundstücke in privatem Eigentum sind im Grundbuch verzeichnet. Jeder, der ein berechtigtes Interesse darlegen kann, darf in das Grundbuch Einsicht nehmen. Gegen Kostenerstattung kann auch eine Abschrift gefordert werden.

Beispiel: Thorsten Müller kann in das Grundbuch des Eigentümers Schäfer Einsicht nehmen, da er mit diesem in Vertragsverhandlungen steht. Entweder genehmigt Schäfer dem Grundbuchamt gegenüber die Einsicht, oder Müller weist Schriftstücke über den geplanten Kauf vor. Das Interesse muss „glaubhaft“ dargelegt werden. Kommt es zu einer späteren Finanzierung, kann auch ein Kreditgeber Einsicht nehmen.

Beispiel: Ein Nachbar kann Einsicht nehmen, wenn er wissen will, ob ein seit Generationen ausgeübtes Wegerecht an einem Grundstück auch im Grundbuch eingetragen ist.

Die Eintragungen im Grundbuch müssen nicht in jedem Fall mit den tatsächlichen Verhältnissen und der Rechtslage übereinstimmen, was u. U. zu Problemen führen kann.

Beispiel: Die Wiese von Schäfer ist zum Ackerland umgepflügt worden. Benno Schäfer ist gestorben, Eigentümer ist dessen Erbe, der erst später nach Vorlage des Erbscheines als solcher eingetragen wird.

Auf die Richtigkeit des Grundbuches kann dennoch jeder vertrauen, der gutgläubig ist. Damit wird das Grundbuch zu einer zweifelsfreien Grundlage für alle Rechtsgeschäfte mit Grundstücken.

Beispiel: Nach dem Tod des Benno Schäfer wird dessen Neffe Guido Schäfer aufgrund eines Erbscheines als Alleineigentümer eingetragen. Thorsten Müller erwirbt das Grundstück von diesem und wird als neuer Eigentümer eingetragen.

Später stellt sich heraus, dass Benno Schäfer einen weiteren erbberechtigten Sohn hatte und der Erbschein unrichtig war. Thorsten Müller kann das Grundstück trotzdem behalten, da er aufgrund der Eintragung nicht wissen konnte, dass Guido Schäfer nicht Alleineigentümer war.

Jedes Grundstück erhält im Grundbuch ein eigenes Grundbuchblatt (in Baden-Württemberg z. T. noch Grundbuchheft genannt). Das Grundbuch ist wie folgt gegliedert:

Aufschrift: Das Titelblatt enthält die Angabe des zugehörigen Amtsgerichtes, Grundbuchbezirks, Band- und Blattnummer

Bestandsverzeichnis: Beschreibung des Grundstücks nach Lage, Art und Größe. Dies ergibt sich als Auszug aus dem Kataster; die Angaben an dieser Stelle genießen keinen guten Glauben, z. B. was die Grundstücksgröße angeht!

I. Abteilung: Verzeichnis der Eigentümer sowie des Erwerbsgrundes (Auflassung, Erbfolge, Zuschlag in der Zwangsversteigerung)

II. Abteilung: Lasten und Beschränkungen des Grundstückseigentums. Solche Lasten können den Wert und die Nutzung eines Grundstücks erheblich beeinträchtigen, z. B. Wohnrechte, Wegerechte, Bebauungsverbote, Leitungsführungsrechte Dritter, z. B. von Strom- oder Versorgungsunternehmen, usw.

Die Bedeutung von Eintragungen in der zweiten Abteilung sollte bei einem Erwerb genauestens mit dem beurkundenden Notar durchgesprochen werden, damit man ihre wirtschaftlichen Folgen abschätzen kann!

III. Abteilung: Grundpfandrechte. Diese stehen in Zusammenhang mit der Finanzierung (vgl. Kap. 4.3.2)

In Abbildung 7 auf den Seiten 62 bis 64 werden Eintragungsbeispiele für die erwähnten Abschnitte wiedergegeben.

Eintragungen im Grundbuch können nur auf **Antrag** (§ 13 GBO) und **Bewilligung** (§ 19 GBO) erfolgen.

Der Antrag kann durch den Begünstigten und die betroffenen Beteiligten, also z. B. den Veräußerer oder Erwerber eines Grundstücks, gestellt werden. Der Antrag unterliegt keinen Formvorschriften.

Amtsgerichtsbezirk	Grundbuchamt	Grundbuch von	
Neustadt	Neustadt	Burghausen	Einlegeblatt Bestandsverzeichnis 1

Laufende Nummer der Grundstücke	Bisherige laufende Nummer der Grundstücke	Bezeichnung der Grundstücke und der mit dem Eigentum verbundenen Rechte a) Gemarkung (Nur bei Abweichung v. Grundbuchbez.) b) Karte	Flurstück	c) Wirtschaftsart und Lage	Größe ha	a	m²
1	2	3			4		
1	-	SO 7031	263/3	Hasenwinkel 4/1 Gebäude- und Freifläche Wohnhaus, Garage	--	05	45
2 zu 1		Überfahrtsrecht über Flst. 262					

Amtsgerichtsbezirk Grundbuchamt Grundbuch von

Neustadt Neustadt Burghausen **Bestandsverzeichnis** Einlegeblatt 1 R

Bestand und Zuschreibungen		Abschreibungen	
Zur lfd. Nr. der Grundstücke		Zur lfd. Nr. der Grundstücke	
5	6	7	8
1	Von Blatt 1314 Best.Verz. 1 hierher übertragen am 7.Mai 1981 Lane		
2	Vermerkt am 13. Mai 1983 Lane		
zu 1			

Amtsgerichtsbezirk **Grundbuchamt** **Grundbuch von**

Neustadt Neustadt Burghausen **Erste Abteilung** Einlegeblatt 1

Lfd. Nr. der Eintragungen	Eigentümer	Lfd. Nr. der Grundstücke im Bestandsverzeichnis	Grundlage der Eintragung
1	2	3	4
1 a	A l t Eugen, Angestellter, Burghausen, geboren am 2. Mai 1941,	1	Auflassung vom 3. Mai 1983 Den 13. Mai 1983 Lane
1 b	A l t Iris, geb. Neu, Hausfrau, Burghausen, geboren am 12. Juni 1945, - lit. a und b: je zur Hälfte -		

Amtsgerichtsbezirk **Grundbuchamt** **Grundbuch von**

Neustadt Neustadt Burghausen **Zweite Abteilung** Einlegeblatt 1

Lfd. Nr. der Eintragungen	Laufende Nummer der betroffenen Grundstücke im Bestandsverzeichnis	Lasten und Beschränkungen
1	2	3
1	- 1 -	Grunddienstbarkeit für Flst. 264, bestehend in einem Geh- und Fahrrecht. Bezug: Bewilligung vom 14. August 1985 Den 17. August 1985 Lane
2	- 1 -	Dienstbarkeit für die Gemeinde Burghausen bestehend in dem Recht zur Haltung einer Abwasserleitung. Bezug: Bewilligung vom 12. Oktober 1985 Den 16. Okt. 1985 Lane

Amtsgerichtsbezirk	Grundbuchamt	Grundbuch von	
Neustadt	Neustadt	Burghausen	Dritte Abteilung, Einlegeblatt 1

Lfd. Nr. der Eintragungen	Laufende Nummer der belasteten Grundstücke im Bestandsverzeichnis	Betrag	Hypotheken, Grundschulden, Rentenschulden
1	2	3	4
1	- 1 -	127.000,00	Grundschuld für die Deutsche Bausparkasse AG, Frankfurt a.M., im Betrag von - einhundertsiebenundzwanzigtausend Deutsche Mark- nebst 15 v.H. Zinsen jährlich. Sofort vollstreckbar gegen den jeweiligen Grundstückseigentümer. Bezug: Bewilligung vom 12. Mai 1986 Den 15. Mai 1986
2	- 2 -	33.000,00	Grundschuld ohne Brief für die Sparkasse Neustadt in Neustadt im Betrag von - dreiunddreißigtausend Deutsche Mark - Sofort vollstreckbar gegen den jeweiligen Grundstückseigentümer. Bezug: Bewilligung vom 20. Mai 1986 Den 23. Mai 1986

Abb. 7: Beispiel für eine Grundbucheintragung vor der Euroeinführung (Beträge in Deutscher Mark gelten unverändert weiter und werden lediglich nach dem Euro-Überleitungsgesetz mit 1,95583 DM/€ umgerechnet)

Die Bewilligung muss derjenige erteilen, dessen Recht betroffen wird, z. B. bei Grundschuldeintragung der Eigentümer, bei Grundschuldlöschung der Gläubiger. Die Bewilligung unterliegt der Formvorschrift. Sie muss beim Grundbuchamt zu Protokoll gegeben oder durch grundbuchfähige Urkunden oder notariell beglaubigte Erklärungen belegt werden (§ 29 GBO).

Der von dem Recht Betroffene muss im Grundbuch eingetragen sein (so genannte **Voreintragungspflicht**). Ein Erbe kann beispielsweise ein Grundstück sofort nach Antritt der Erbschaft verkaufen, vor der Übereignung an den Käufer muss er aber selbst erst im Grundbuch aufgrund des Erbscheins eingetragen werden. Der „Lebenslauf" eines Grundstücks soll jederzeit vollständig aus dem Grundbuch ersichtlich sein.

Die Löschung hebt Eintragungen im Grundbuch auf. In einer besonderen Spalte der betreffenden Abteilung wird die Löschung eingetragen. Außerdem wird die zu löschende Eintragung gerötet (rot unterstrichen).

Rangfolge: Die eingetragenen Rechte in Abteilung II und III des Grundbuches erhalten durch das Datum ihrer jeweiligen Eintragung eine Rangfolge (§ 879 BGB). Diese Rangfolge hat Bedeutung im Falle der Zwangsvollstreckung (siehe auch Kap. 4.3.2.2).

Grundakte: Das Grundbuchamt führt für jedes Grundstück neben dem Grundbuchblatt eine Grundakte, in der sämtliche Urkunden und gerichtlichen Protokolle, die zu Grundbucheintragungen geführt haben, sowie das dazugehörige Handblatt enthalten sind.

Bei einer Wohneigentumsanlage gibt es ein Grundbuch für das Gemeinschaftseigentum und für jede Wohnung ein **Wohnungs-** und **Teileigentumsgrundbuch.** Die Wohnungen können rechtlich selbstständig behandelt werden.

Bei einem **Erbbaurecht** wird das Recht, ein Gebäude auf dem fremden Grundstück errichten zu dürfen, als Belastung eingetragen. Für das Gebäude selbst wird ein besonderes Erbbaugrundbuch geführt, damit es rechtlich verkehrsfähig wird.

In einem Grundbuch können verschiedene Flurstücke zusammengefasst werden, beispielsweise ein Baugrundstück und ein privater Weg. Verschiedene Grundstücke können nach der Vermessung durch das Vermessungsamt zusammengelegt werden. Dies geschieht nach Vorlage eines **Veränderungsnachweises.** Dieser beschreibt die alten und die neuen Grundstücksgrenzen und die neuen Flurstücknummern. Bei der Veränderung auftretende Messdifferenzen müssen von den betroffenen Grundstückseigentümern hingenommen werden.

Das „Gesetz zur Regelung offener Vermögensfragen (Vermögensgesetz – VermG)“ und das „Gesetz zur Änderung sachenrechtlicher Bestimmungen (Sachenrechtsänderungsgesetz – SachenRÄndG)“ sind die Grundlagen für eine Neuordnung des Bodenrechts im Beitrittsgebiet.

Das **Vermögensgesetz** regelt Ansprüche an Vermögenswerten aus früheren Enteignungen in der Zeit ab 30. 1. 1933, insbesondere Rückgabe und Entschädigung von Grundstücken und Unternehmen. Nach §§ 4 f. des Gesetzes ist eine Rückübertragung des Eigentumsrechts ausgeschlossen, wenn dies von der Natur der Sache her nicht mehr möglich ist, bei Grundstücken insbesondere, wenn sie

a) mit erheblichem Aufwand in ihrer Nutzungsart oder Zweckbestimmung verändert wurden und ein öffentliches Interesse an ihrer Nutzung besteht,
b) dem Gemeingebrauch gewidmet wurden,
c) im komplexen Wohnungsbau oder Siedlungsbau verwendet wurden,
d) der gewerblichen Nutzung zugeführt wurden und nicht ohne erhebliche Beeinträchtigung des Unternehmens zurückgegeben werden können.

Der Erbbauzins beziehungsweise der Ankaufspreis werden nach dem Bodenwert in dem Zeitpunkt bestimmt, in dem ein Angebot zum Vertragsabschluss abgegeben wird.

Der regelmäßige Zins für ein Erbbaurecht beträgt die Hälfte des für die entsprechende Nutzung üblichen Zinses, z. B. bei Eigenheimen 2 % jährlich vom Bodenwert, bei Grundstücken, die größer als 500 Quadratmeter sind, 4 %. Auf letzteren Wert erhöht sich der Zins bei einer Nutzung zu Wohnzwecken. Die regelmäßige Dauer des Erbbaurechts beträgt bei Ein- und Zweifamilienhäusern 99 Jahre.

Elektronischer Grundstücksspeicher im maschinell geführten Grundbuch: In den meisten Bundesländern wurde das elektronisch geführte Grundbuch eingeführt. Leider gibt es kein bundesweit einheitliches System. Bei dem in Bayern und einigen anderen Bundesländern angewandten System werden alle Grundbuchdaten auf optischen Speichermedien gespeichert. Die auf diesen Platten gespeicherten Informationen können weder gelöscht noch überschrieben werden. Durch die elektronische Speicherung wird es den Berechtigten, z. B. allen deutschen Notaren, möglich, Einsicht in diese Grundbücher über elektronische Kommunikationswege zu nehmen. Der Inhalt des maschinell geführten Grundbuchs muss auf dem Bildschirm und in Ausdrucken so sichtbar gemacht werden können, wie es den sonst üblichen Vordrucken entspricht. Der Ausdruck ist mit der Aufschrift „Ausdruck" und dem Hinweis auf das Datum des Abrufs der Grundbuchdaten versehen. Die Einsicht kann auch durch Wiedergabe des Grundbuchblattes auf einem Bildschirm erfolgen. Hypotheken- und Grundschuldbriefe, die aufgrund des maschinellen Grundbuchs erstellt werden, müssen nicht unterschrieben sein. Sie tragen den Vermerk „Maschinell hergestellt und ohne Unterschrift gültig“. Der Brief muss aber mit dem Aufdruck des Siegels oder Stempels des Grundbuchamts versehen sein.

2.1.3 Auflassung und Eintragung im Grundbuch

Die Auflassung stellt die Einigung zwischen Veräußerer und Erwerber über den Eigentumsübergang an dem Grundstück gem. § 925 BGB dar. Die Auflassung muss bei **gleichzeitiger Anwesenheit** beider Vertragsteile vor dem Grundbuchamt oder dem Notar erklärt werden. Persönliche Anwesenheit der Vertragsparteien ist aber nicht erforderlich, da eine Stellvertretung durch Erteilung einer Vollzugsvollmacht möglich ist. Die Auflassungserklärung soll vom Notar nur dann entgegengenommen werden, wenn der zur Grundstücksübereignung verpflichtende notarielle Vertrag vorgelegt oder gleichzeitig errichtet wird.

Zum Eigentumserwerb ist die Eintragung des Rechtsüberganges im Grundbuch erforderlich. Erst nach erfolgter Eintragung im Grundbuch ist der Eigentumserwerb abgeschlossen.

Das Grundbuchamt erteilt gem. § 55 GBO an die Betroffenen eine schriftliche Grundbuchnachricht über jede Eintragung im Grundbuch. Damit ist gewährleistet, dass die Betroffenen stets über den aktuellen Grundbuchstand informiert sind.

In der Praxis stellt sich der Inhalt einer Auflassung wie in Abbildung 8 auf den Seiten 67–69 wiedergegeben dar.

Urkundenrolle Nr.	*3478/20..*	
Verhandelt in *A-Stadt* am	*30. 08. 20..*	
Vor mir, dem		
Notar	*Alber*	
erschien heute:		
1. Frau	*Clara Clausen*	
geb. am	*13. 07. 19..*	
2. ihr Ehemann, Herr		, geb.
wohnhaft daselbst,		
geb. am		
3. Herr	*Udo Wolf*	, wohnhaft
geb. am	25. 06. 19..	

4. seine Ehefrau, Frau *Iris Wolf* , geb.Schaf
   wohnhaft daselbst,
   geb. am *13. 01. 19..*

Die Erschienenen sind dem Notar persönlich bekannt.
Sie nehmen Bezug auf den am *24. 8.20..* Urkundenrolle Nr. *3401/..* des Notars *Alber* in *A-Stadt* geschlossenen Grundstückskaufvertrag.
Nachdem der Kaufpreis inzwischen in voller Höhe bezahlt ist, soll nunmehr die Auflassung des verkauften Grundbesitzes erklärt werden.
Die Erschienenen erklären folgende

Auflassung

Wir sind uns darüber einig, daß das Eigentum an dem im Grundbuch von *A-Stadt* , Blatt Nr. *3478* Abt. I, Lfd. Nr. 1 und 2 zu 1 eingetragenen

59/1000 (neunundfünfzig Tausendstel) Miteigentumsanteil an dem Grundstück
– übertragen aus Grundbuch Nr. *385* BV Nr. 3 – Flst. *385*
Hof- und Gebäudefläche, *Blumen* straße 7,
Wohnhaus, Garage, *-* str. 9, Wohnhaus, Geb.-Teil
vgl. Flst. .... 14 a 37 m^2
verbunden mit dem Sondereigentum an der im Aufteilungsplan mit

Nr. 2.4

bezeichneten Wohnung im II. Obergeschoss rechts des Gebäudes (Haus B) samt einem Abstellraum im Untergeschoss sowie verbunden mit dem Sondernutzungsrecht an der Garage im Untergeschoss

im Aufteilungsplan mit Nr. G 9

bezeichnet

auf die Eheleute, Herrn *Wolf* und Frau *Wolf*

– je zur Hälfte –

übergeht.

Grundbucherklärungen

1. Die Erschienenen bewilligen und beantragen, den Vollzug des Eigentumwechsels gemäß vorstehender Auflassung im Grundbuch einzutragen.

2. Die Erschienenen beantragen mit der Eintragung des Eigentumwechsels die Löschung der Auflassungsvormerkung (Ziff. II, 5 des Vertrages).
3. Die Kosten dieser Urkunde und ihres Vollzugs im Grundbuch tragen die Käufer (Ziff. II, 9 des Vertrages).

Von dem Notar vorgelesen, von den Erschienenen genehmigt und eigenhändig unterschrieben:

U. Wolf, J. Wolf, Alber , Notar

Abb. 8: Muster einer Auflassung und Eintragung im Grundbuch

Vor der Eintragung eines neuen Eigentümers müssen noch eventuell vorhandene Hindernisse ausgeräumt werden:

- Bei landwirtschaftlichen Grundstücken ist die Übertragung nach dem Grundstücksverkehrsgesetz grundsätzlich nur wieder an Landwirte zulässig und genehmigungspflichtig. Das Bürgermeisteramt muss die Zulässigkeit dem Grundbuchamt vor der Umschreibung bestätigen. Genehmigungsfrei ist nur der Verkauf von „Kleinflächen", die je nach Bundesland mit bis zu 0,15 ha (Saarland) und 2 ha (Sachsen-Anhalt) begrenzt sind.

Beispiel: Thorsten Müller könnte die Wiese oder einen Teil davon von dem Landwirt Benno Schäfer nur erwerben, wenn er selbst als Landwirt gälte, auch wenn er die Wiese nur als „Wochenendgrundstück" zur Erholung erwerben wollte. Ansonsten müsste die Wiese zum Bauland umgewidmet werden (vgl. Kap. 2.4).

- Steht das veräußerte Grundstück im Alleineigentum von Verheirateten, für die die gesetzliche Gütergemeinschaft (Zugewinngemeinschaft) gilt, muss entweder die Zustimmung des Ehegatten vorliegen, der nicht selbst Eigentümer ist, oder es muss nachgewiesen werden, dass der veräußernde Ehegatte nicht über sein gesamtes Vermögen verfügt. Dabei genügt, wenn ihm noch etwa 15 % des bisherigen Vermögens verbleiben.

Beispiel: Benno Schäfer veräußert eine Eigentumswohnung, die ihm allein gehört, im Wert von 150 000 €. Da er lediglich noch ein Barvermögen im Wert von 5000 € durch Kontoauszug nachweisen kann, muss seine Ehefrau zustimmen.

- Negativattest der Gemeinde über den Verzicht auf das Vorkaufsrecht (§ 24 Baugesetzbuch).

Nach erfolgter Grundbuchänderung erhalten Käufer und Verkäufer vom Notar die Nachricht über eine Eigentumsänderung gem. § 55 GBO.

2.1.4 Erbbaurecht

Oft werden Grundstücke von den Eigentümern nicht endgültig verkauft, sondern nur zur Bebauung gegen Entgeltzahlung freigegeben. Die Eigentümer sind z. B. Gemeinden, die günstiges Wohnen ermöglichen wollen, Kirchen oder Grundstücksbesitzer, denen es auf Werterhaltung über Generationen hinweg ankommt. Mit der Verordnung über das Erbbaurecht vom 15. 1. 1919 wurde hierfür eine rechtliche Basis geschaffen.

Das Grundstück wird in der Weise belastet, dass dem Berechtigten das Recht zusteht, auf oder unter der Oberfläche des Grundstücks ein Bauwerk zu haben. Dieses **Erbbaurecht** ist veräußerlich und vererblich. Bei dem betroffenen Grundstück wird es in der zweiten Abteilung des Grundbuchs an erster Rangstelle eingetragen. Mit der Eintragung dieses Erbbaurechts wird gleichzeitig ein besonderes Grundbuchblatt, das **Erbbaugrundbuch,** angelegt, in dem der Erbbauberechtigte und der Eigentümer des Grundstücks vermerkt werden. Eigentümer des auf dem Grundstück errichteten Gebäudes ist der Erbbauberechtigte. Das Gebäude wird wesentlicher Bestandteil des Erbbaurechts. Das Erbbaurecht wird auf eine bestimmte Zeit, bei Wohnungsbauten meistens auf 99 Jahre, vereinbart. Danach erlischt es, wenn es nicht verlängert wird. Das Bauwerk geht dann in das Eigentum des Grundstückseigentümers über, der an den Erbbauberechtigten eine Entschädigung zu leisten hat. Vor Ablauf des Erbbaurechts kann der Grundstückseigentümer die Entschädigungspflicht durch Verlängerung des Erbbaurechts abwenden; lehnt der Erbbauberechtigte die Verlängerung ab, erlischt sein Anspruch auf Entschädigung.

Für die Bestellung des Erbbaurechts wird als Entgelt ein **Erbbauzins** vereinbart, der nach Zeit und Höhe für die ganze Erbbauzeit im Voraus bestimmt sein muss.

Beim Erbbaurecht bleibt dem Bauherrn die Beschaffung der Finanzierungsmittel für den Grundstückserwerb erspart.

Nachfolgend werden die wichtigsten Bestandteile eines Erbbaurechtsvertrags wiedergegeben, wobei die Einschübe in Klammern Erläuterungen der Verfasser darstellen.

Auszug aus einem Erbbaurechtsvertrag

A. Allgemeines

In diesem Vertrag wird der Besteller des Erbbaurechts als Grundstückseigentümer, der Erbbauberechtigte als der Berechtigte bezeichnet.

B. Gesetzlicher Inhalt

...

§ 2 Inhalt des Erbbaurechts

Der Berechtigte ist berechtigt und verpflichtet, auf dem vorbezeichneten Grundstück auf oder unter der Oberfläche Bauwerke und Anlagen jeglicher Art für Wohnzwecke einschließlich hierzu benötigter Garagen und Stellplätze zu errichten und zu haben. Das Erbbaurecht erstreckt sich auch auf den für die Bauwerke selbst nicht erforderlichen Teil des Grundstücks, von welchem beliebig große Flächen als Hofraum, Garten, Vorgarten und Weg der zur Erstellung kommenden Gebäude benützt werden dürfen, soweit die Vorschriften des Bebauungsplans, des Baugesetzbuches oder andere rechtliche Bestimmungen nicht entgegenstehen.

(Einschränkende Nutzungsklausel)

Auf den Freiflächen dürfen keine Kleintierställe, Schuppen, Häuschen oder ähnliche störende Anlagen errichtet werden. Die Freiflächen dürfen auch nicht als Lagerplatz, Werkstatthof oder als Abstellplatz für Kraftwagen oder in ähnlicher Weise benützt werden. Hiervon ausgenommen sind Abstellplätze im Sinne der Garagen- und Stellplatzverordnung

C. Vertraglicher Inhalt

§ 4 Bebauung und Unterhaltung

1. Instandhaltung und Verwendung des Bauwerks

Die Errichtung der Wohngebäude und Garagen auf dem Erbbaugrundstück hat der Berechtigte unter Verwendung guter und dauerhafter Baustoffe binnen eines Jahres ab Vertragsabschluss an zu beginnen und innerhalb von 24 Monaten fertig zu stellen.

...

(Instandhaltungspflicht)

Der Berechtigte ist verpflichtet, die auf dem Erbbaugrundstück erstellten Gebäude nebst Zubehör in gutem baulichen und wohnlichen Zustand zu erhalten. Die zu diesem Zweck erforderlichen Ausbesserungen und Erneuerungen sind unverzüglich vorzunehmen. Wesentliche Änderungen an den Bauwerken, ihr gänzlicher oder teilweiser Abbruch bedürfen der vorherigen schriftlichen Zustimmung des Grundstückseigentümers. Die zu errichtenden Bauwerke und Anlagen dürfen nur zu Wohnzwecken benützt werden. Eine andere Art der Benützung bedarf der vorherigen Genehmigung des Grundstückseigentümers.

2. Versicherung und Wiederaufbau

Der Berechtigte ist verpflichtet, das Erbbauwerk gegen Feuer- und Elementarschaden zu versichern. Der Berechtigte ist ferner verpflichtet, jeden Feuer- und Elementarschaden sofort zu beseitigen und das Erbbaurecht im Falle der ganzen oder teilweisen Zerstörung unverzüglich wieder herzustellen.

(Grundstückslasten beim Erbbauberechtigten)

3. Lasten

Der Berechtigte hat auf die Dauer des Erbbaurechts sämtliche das Erbbaurecht und die damit belasteten Grundstücke jetzt und künftig treffenden öffentlichen und privatrechtlichen Verpflichtungen wie ein Grundstückseigentümer selbst zu tragen und zu erfüllen. Darunter fallen vor allem Steuern, Beiträge, Gebühren jeder Art (Grundsteuer, Wasserzins, Klär- und Müllgebühren, Straßen- und Gehwegreinigung und dgl.).

Der Berechtigte hat ferner sämtliche Anliegerbeiträge für Straßengrunderwerb und Straßenanlage, die Gehweg- und Randsteinkosten, die Anschlussbeiträge für die Wasserleitung, Kanalisation und Elektrizität und alle etwaigen weiteren Erschließungsbeiträge zu tragen ...

6. Erneuerung

Nach Ablauf des Erbbaurechts hat der Berechtigte unter den Voraussetzungen des § 31 der VO über das Erbbaurecht das Vorrecht auf Erneuerung des Rechts. Das Vorrecht fällt fort, wenn die Voraussetzungen des vorzeitigen Heimfalls gegeben sind.

(Entschädigung bei Ablauf nur in Höhe der gesetzlichen Mindestentschädigung)

§ 5 Entschädigung bei Ablauf des Erbbaurechts

Bei Beendigung des Erbbaurechts hat der Grundstückseigentümer dem Berechtigten eine Entschädigung von zwei Dritteln des gemeinen

Werts der Bauwerke und Anlagen bei Ablauf des Erbbaurechts zu bezahlen ...

D. Erbbauzins

§ 7 Zahlung des Erbbauzinses

Der Berechtigte hat an den Grundstückseigentümer für die Dauer des Erbbaurechts einen Erbbauzins zu bezahlen. Dieser beträgt € 2,90/m^2 und Jahr des mit dem Erbbaurecht belasteten Grundstücks ...

Der Berechtigte bestellt dem jeweiligen Eigentümer des Grundstücks zur Sicherung des Erbbauzinses eine Reallast an dem Erbbaurecht, welches an erster Rangstelle gleichzeitig mit dem Erbbaurecht einzutragen ist. Der Berechtigte bewilligt die Eintragung dieser Reallast.

E. Schuldrechtliche Vereinbarungen

(Zustimmungspflicht des Eigentümers bei allen Belastungen, auch zur Sicherung von Darlehen)

§ 9 Sonstige Verfügungsbeschränkungen

Auch andere dingliche Rechte darf der Erbbauberechtigte an dem Erbbaurecht nicht ohne Zustimmung des Grundstückseigentümers bestellen.

§ 12 Besichtigung

Der Grundstückseigentümer ist berechtigt, das Erbbaugrundstück und die Bauwerke zu jeder angemessenen Tageszeit selbst oder durch Beauftragte besichtigen zu lassen. Den Anordnungen des Grundstückseigentümers zur ordnungsmäßigen Instandhaltung hat der Berechtigte binnen einer von ihm zu bestimmenden angemessenen Frist zu entsprechen.

(Preisanpassungsklausel)

§ 15 Neufestsetzung des Erbbauzinses

Ändert sich der vom statistischen Landesamt amtlich festgestellte Preisindex für die Lebenshaltung der Arbeitnehmerhaushalte mit mittlerem Einkommen künftig um mehr als 10 Punkte nach oben oder unten, so ändert sich der zu zahlende Erbbauzins in dem gleichen prozentualen Verhältnis.

Die Änderung tritt ohne weiteres mit Beginn des Kalendermonats in Kraft, in welchem die Änderung des Preisindexes erstmals die 10-Punktegrenze überschritten hat. Für das Ausmaß der Änderung ist gegebenenfalls die bis zu diesem Zeitpunkt eintretende Veränderung des Preisindexes maßgebend.

Die Klausel ist mehrfach anwendbar, und zwar jeweils dann, wenn sich der Preisindex gegenüber dem Stand bei der vorangegangenen Anpassung wiederum um mehr als 10 Punkte nach oben oder unten verändert; der angepasste Erbbauzins verändert sich in diesen Fällen jeweils im gleichen prozentualen Verhältnis wie der Index gegenüber dem Stand bei der letzten Anpassung, frühestens jedoch nach Ablauf von 4 Jahren seit der jeweils letzten Anpassung.

Beispielrechnung: Bei einem jährlichen Erbbauzins für ein Grundstück von 600 m² in Höhe von 1500 € und einer jährlichen Inflationsrate von 2,5 % wäre der Index nach den ersten 4 Jahren um 10,38 % gestiegen, entsprechend würde der Erbbauzins auf 1655,72 € steigen. Nach 40 Jahren würde er bei rund 4000 € und nach 80 Jahren bei knapp 11 000 € liegen!

Zur Wirksamkeit der vorstehenden Wertsicherungsklausel ist eine Genehmigung erforderlich, die von den Beteiligten hiermit beantragt wird.

Zur Sicherung des Anspruchs des jeweiligen Grundstückseigentümers auf Neubestellung einer Erbbauzinsreallast bzw. Erweiterung der bisherigen Erbbauzinsreallast bzw. Bestellung einer weiteren Erbbauzinsreallast für den Mehrbetrag ist zu Lasten des Erbbaurechts im Rang nach der in § 7 bestellten Erbbauzinsreallast eine Vormerkung nach § 883 BGB einzutragen.

§ 16 Vorkaufsrecht

Der Grundstückseigentümer räumt dem jeweiligen Berechtigten für die Dauer des Erbbaurechts ein Vorkaufsrecht für alle Verkaufsfälle an dem Erbbaugrundstück ein. Das Vorkaufsrecht erhält Rang nach dem Erbbaurecht.

Tabelle 14 stellt die Vor- und Nachteile des Erbbaurechts aus der Sicht des Berechtigten gegenüber.

Vorteile	Nachteile
Kapitalaufwand für Grundstücksbeschaffung entfällt Kapitaldienst der Baufinanzierung geringer Baurecht grundbuchlich gesichert, veräußerbar und vererbbar	Kein Anteil an der Wertsteigerung des Bodens Unbegrenzte Entrichtung des Erbbauzinses, meistens mit Preisgleitklausel Evtl. Zustimmung des Grundeigentümers bei Belastung und Veräußerung notwendig (Verweigerung nur bei wichtigem Grund möglich)

Vorteile	Nachteile
Beleihung des Gebäudes möglich	Beleihung des Grundstücks entfällt, bei bereits laufendem Erbbaurecht evtl. Fristenbegrenzung für Beleihung bis Ablauf des Erbbaurechts zu beachten
Verlängerung des Rechtes möglich	Nutzungsrecht zeitlich begrenzt
Nachträglicher Erwerb durch Vorkaufsrecht möglich	Bei späterem Erwerb meistens höherer Grundstückspreis
Bei Ablauf des Erbbaurechts teilweiser Wertersatz für Gebäude	Bei Nichtzahlung des Erbbauzinses Heimfall des Rechtes an Grundstückseigentümer

Tab. 14: Vor- und Nachteile des Erbbaurechts im Überblick

2.1.5 Wohnungseigentum

Beispiel: Thorsten Müller interessiert sich für eine Eigentumswohnung. Die Wohnanlage besteht aus 40 Wohnungen. Die Familie Müller musiziert und hält einen Hund. Im Gespräch mit dem Bauträger äußert Herr Müller die Befürchtung, hier womöglich starke Einschränkungen in Kauf nehmen zu müssen. Der Verkäufer der Bauträgergesellschaft bietet sich an, mit der Familie Müller die so genannte Teilungserklärung durchzusprechen, um darin enthaltene Beschränkungen feststellen zu können.

Die Teilungserklärung ist praktisch die „Verfassung“ einer Wohnungseigentümergemeinschaft. Sie sollte von dem Erwerber genau geprüft werden. Eine Änderung ist nur durch Beschluss aller Wohnungseigentümer möglich!

Rechtliche Grundlage für das Wohnungseigentum ist das Wohnungseigentumsgesetz (WoEigG). Dieses Gesetz sieht vor, dass ein Gebäude mit mehreren Wohnungen rechtlich nach diesen Wohnungen geteilt werden kann.

Die Teilungserklärung gem. § 8 WoEigG begründet das Sondereigentum an einer Wohnung in Verbindung mit einem Miteigentumsanteil an dem gemeinschaftlichen Eigentum. Wohnungseigentum ist nur möglich an einer bestimmten, in sich abgeschlossenen Wohnung, die durch den Aufteilungsplan belegt wird.

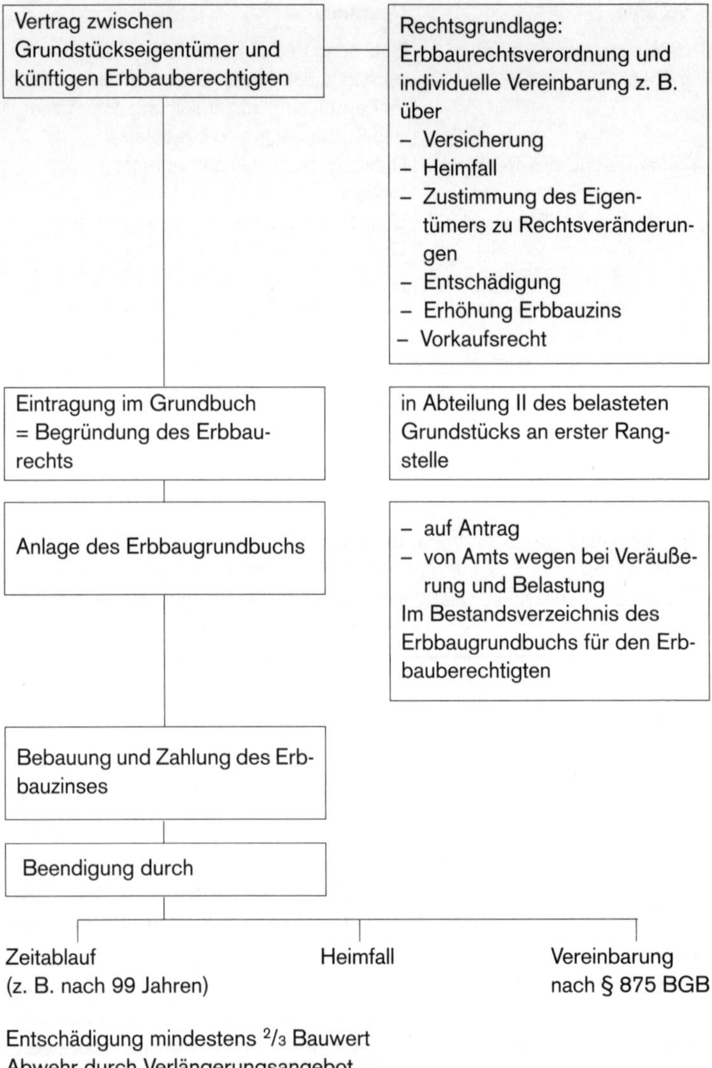

Abb. 9: Entstehung und Beendigung des Erbbaurechts

Nicht zu Wohnzwecken dienende Flächen, wie Ladengeschäfte, Büros und dgl. können als entsprechendes Teileigentum bestellt werden. Wohnungs- und Teileigentum sind Sondereigentum, aber insofern unselbstständig, als sie mit dem Miteigentumsanteil am gemeinschaftlichen Eigentum (Grundstück) sowie Anlagen und Einrichtungen unlösbar verbunden sind.

Die Teilungserklärung regelt im Besonderen:

- die Teilung einer Wohnanlage in Miteigentumsanteile, die mit dem jeweiligen Sondereigentum (Wohn- und/oder Teileigentum) fest verbunden sind,
- Gebrauchsregelungen, z. B. ausschließliches Nutzungsrecht an Gemeinschaftseigentum, wie z. B. Kfz-Stellplätze (die nicht als Sondereigentum begründet sind), Nutzung eines Gartenanteils und dgl.,
- die Gemeinschaftsordnung,
- die Hausverwaltung.

Gegenstand des Sondereigentums sind die Räume, an denen es begründet wird, und die zu diesen Räumen gehörenden Bestandteile des Gebäudes. Es kommen dabei nur solche Bestandteile in Betracht, die baustatisch unwesentlich sind, also verändert, beseitigt oder eingefügt werden können. Der Wohnungseigentümer darf die im Sondereigentum stehenden Gebäudeteile nach Belieben nutzen und muss sie instand halten. Der Eigentümer ist zum Mitgebrauch der gemeinschaftlichen Einrichtungen, wie z. B. Treppenhaus, gemeinschaftliche Keller- oder Dachbodenräume, berechtigt.

Über die notwendigen Verwaltungsmaßnahmen entscheidet die Wohnungseigentümerversammlung, für deren Durchführung das Gesetz eingehende Vorschriften enthält (§§ 23 ff. WoEigG). Die gemeinsamen Kosten werden anteilig verteilt. Für die Durchführung der Verwaltung ist durch Mehrheitsbeschluss ein Verwalter zu bestellen. Dieser ist zu allen üblichen mit dem gemeinschaftlichen Eigentum zusammenhängenden Verwaltungshandlungen berechtigt und verpflichtet. Daneben können die Wohnungseigentümer die Bestellung eines Verwaltungsbeirates zur Unterstützung und Überwachung des Verwalters beschließen.

Das Wohnungs- und Teileigentum wird im Grundbuch eingetragen. Für jeden Miteigentumsanteil in Verbindung mit dem jeweiligen Sondereigentum wird ein besonderes Grundbuchblatt angelegt. Die Übertragung des Wohneigentums ist nur in Verbindung mit dem Miteigentumsanteil möglich.

Gemeinschaftseigentum ist alles außerhalb der eigenen vier Wände, wie z. B. Außenfassaden, Dächer, Treppenhäuser, Nebenräume wie z. B. Trockenraum, Zentralheizung usw. Die Abgrenzung zwischen Sondereigentum und Gemeinschaftseigentum ist schon wegen der Kostenregelung wichtig. Der Unterhalt und Erhalt des Gemeinschaftseigentums wird von der Eigentümergemeinschaft getragen. An diesen gemeinschaftlichen Kosten hat sich der jeweilige Miteigentümer entsprechend der Größe seines Miteigentumsanteils zu beteiligen.

Die Teilungserklärung wird vom Grundstückseigentümer veranlasst und bedarf der notariellen Beurkundung. Sie bietet die vertragliche Grundlage für die Anlegung der Wohnungsgrundbücher.

Das Wohnungseigentum gilt steuerlich als selbstständiger Steuergegenstand, da hierfür nach dem Bewertungsgesetz wie für selbstständige Grundstücke Einheitswerte festgestellt werden.

A. Teilungserklärung

Die Baukonstrukt GmbH ist Alleineigentümerin des im Grundbuch des Amtsgerichts ... eingetragenen Grundstücks. Die Eigentümerin lässt auf diesem Grundstück ein Gebäude mit insgesamt 40 Eigentumswohnungen und einer Tiefgarage mit 40 Garagenstellplätzen im eigenen Namen und auf eigene Rechnung errichten. Die Unterfertigte teilt hiermit das Grundstück gemäß § 8 WoEigG in Miteigentumsanteile in der Weise, dass mit einem jeden Miteigentumsanteil das Sondereigentum an einer bestimmten Wohnung bzw. das Teileigentum an den nicht zu Wohnzwecken dienenden Räumen nach Maßgabe der nachstehenden Bestimmungen verbunden ist. Dem Aufteilungsplan entsprechend, der den Erfordernissen des § 7 Abs. 4 Ziff. 1 WoEigG entspricht, werden im Einzelnen folgende Anteile gebildet:

1. Ein Miteigentumsanteil von 23,415/1000stel verbunden mit dem Sondereigentum an der im Aufteilungsplan mit Nr. 1 bezeichneten Wohnung im Erdgeschoss rechts und dem dazugehörigen mit der gleichen

Nummer versehenen Kellerabteil, verbunden mit dem Sondereigentum an dem im Aufteilungsplan mit Nr. 1 bezeichneten „nicht zu Wohnzwecken dienenden Räumen“ (Teileigentum) im Kellergeschoss rechts ... (usw. bis zu Nr. 40), weiter verbunden mit dem Alleinnutzungsrecht am oberen Stellplatz Boxe Nr. 1.

B. Begründung dinglicher Sondernutzungsrechte

Hinsichtlich der vor den EG-Wohnungen angelegten Terrassen- und Gartenflächen wird gem. § 15 WoEigG folgende Gebrauchsregelung getroffen, wonach dem jeweiligen Eigentümer der nachfolgenden Wohnungen der ausschließliche Gebrauch, die Pflege und Instandhaltung der jeweils unmittelbar vor seiner Wohnung liegenden, im Aufteilungsplan durch eine mit der Farbe der jeweiligen Wohnung schraffierten Linie kenntlich gemachten Terrassen- und Gartenfläche zusteht...

Die Benutzung des im Kellergeschoss links hinten gelegenen Raumes – im Aufteilungsplan als Hobbyraum bezeichnet – wird in der Weise geregelt, dass dem jeweiligen Eigentümer der im Aufteilungsplan mit Nr.... bezeichneten Wohnung das alleinige und ausschließliche Sondernutzungsrecht an diesem Raum zusteht.

Abb. 10: Auszug aus einer Teilungserklärung

Das Wohnungseigentumsgesetz hat sich seit über 40 Jahren bewährt, und in der Praxis funktioniert die Wohnungseigentumsgemeinschaft im Allgemeinen gut. Bei Streitigkeiten ist das Amtsgericht zuständig, in dessen Bezirk das Grundstück liegt.

Häuser in der Rechtsform der Eigentumswohnung: Die Möglichkeiten des Wohnungseigentumsgesetzes können außer für Etagenwohnungen auch für Reihen- und Doppelhäuser auf einem gemeinsamen Grundstück genutzt werden. So können gemeinsam bestimmte Flächen z. B. als Zufahrt, Tiefgaragen, für Heizanlagen und ähnliche Zwecke genutzt werden.

Bei Doppelhäusern kann ein gemeinsamer Zugangsflur Platz sparen. Die freien Grundstücksflächen können gemeinsam genutzt oder durch Sondernutzungsrechte aufgeteilt werden.

2.1.6 Gebühren bei Notar und Grundbuchamt

Familie Müller hat eine Eigentumswohnung für 200 000 € gekauft. Mit der Finanzierung kommt sie gerade „über die Runden". Da treffen noch mehrere Rechnungen des Grundbuchamtes und des beurkundenden Notars über insgesamt fast 3000 € ein, die ein „Loch" im Finanzplan verursachen.

Beide Vertragsparteien (Verkäufer und Käufer) haften unabhängig von einer vertraglich getroffenen Vereinbarung gesamtschuldnerisch für die Kosten des Vertrages, seiner Erfüllung und der anfallenden Grunderwerbsteuer.

Kosten und Gebühren im Zusammenhang mit dem Erwerb von Wohneigentum müssen in der Finanzierungsplanung von Anfang an eingerechnet werden. Da sie von öffentlichen Stellen zwangsläufig erhoben werden, kann man hier nichts einsparen. Die Kostenordnung gilt in den neuen Bundesländern mit einem Abschlag von 20 %, wenn der Kostenschuldner dort seinen Wohnsitz hat.

Die Gebühren von Notar und Grundbuchamt richten sich nach der Kostenordnung (KostO). Die Gebühren werden nach dem Geschäftswert berechnet, den der Gegenstand des Geschäftes zur Zeit der Fälligkeit hat. Die Gebühren sind sofort nach Entstehung fällig.

Kostenschuldner ist stets derjenige, der die Tätigkeit veranlasst bzw. dessen Erklärung beurkundet wird. Bei Geschäften, die von Amts wegen vorgenommen werden, ist derjenige Kostenschuldner, dessen Interesse wahrgenommen wird. Sind an einer Beurkundung mehrere beteiligt und betreffen ihre Erklärungen verschiedene Gegenstände, so beschränkt sich die Haftung des Einzelnen auf den Betrag, der entstanden wäre, wenn die übrigen Erklärungen nicht beurkundet worden wären. Auch bei vertraglich vereinbarten Kostenregelungen haften die Beteiligten gesamtschuldnerisch für den Fall, dass der Kostenschuldner seinen Verpflichtungen nicht nachkommt.

Die Gebührenordnung sieht folgende Gebühren vor:

- doppelte Gebühr für Beurkundung eines Kaufvertrages;
- volle Gebühr für Eigentumsüberschreibung, Eintragung von Grundpfandrechten und Beurkundung von Hypotheken- und Grundschuldbestellungen mit Unterwerfung unter die Zwangsvollstreckung;

- $^{1}/_{2}$ Gebühr für Bestellung von Grundpfandrechten, Auflassungsvormerkung und nachträgliche Beurkundung der Auflassung;
- $^{1}/_{4}$ Gebühr für Erteilung von Hypotheken- und Grundschuldbriefen und Unterschriftsbeglaubigung.

Um einen Anhaltspunkt für die Höhe solcher Gebühren zu geben, enthält Tabelle 15 (S. 82) einen Auszug aus der KostO.

Beispiel: Der Erwerb einer Eigentumswohnung zum Kaufpreis in Höhe von 300 000 € verursacht einschließlich Vollzug im Grundbuch folgende Kosten:

a) **Beurkundungskosten:**

Beurkundung des Kaufvertrages, Geschäftswert 300 000 €, doppelte Gebühr	=	€ 1014,00
Bestellung einer vollstreckbaren Grundschuld ohne Brief in Höhe von 240 000 €, volle Gebühr	=	€ 417,00
Auflassung, Geschäftswert 300 000 €, halbe Gebühr	=	€ 253,50
Schreibauslagen	= ca.	€ 65,00
zzgl. 19 % Mehrwertsteuer		€ 332,41
Gesamtbetrag		€ 2081,91

b) **Gebühren des Grundbuchamtes:**

Für die Eintragung im Grundbuch werden im vorliegenden Falle folgende Gebühren berechnet:

Eintragung Auflassungsvormerkung, Geschäftswert 300 000 €, halbe Gebühr	=	€ 253,50
Eintragung Grundschuld ohne Brief über 240 000 €, volle Gebühr	=	€ 417,00
Löschung, Auflassungsvormerkung, Geschäftswert 300 000 €, viertel Gebühr	=	€ 126,75
Eigentumsumschreibung, Geschäftswert 300 000 €, volle Gebühr	=	€ 507,00
Schreibauslagen	= ca.	€ 50,00
		€ 1354,25

Geschäftswert bis EUR	Volle Gebühr EUR	Geschäftswert bis EUR	Volle Gebühr EUR	Geschäftswert bis EUR	Volle Gebühr EUR
1000	10	250 000	432	640 000	1017
2000	18	260 000	447	650 000	1032
3000	26	270 000	462	660 000	1047
4000	34	280 000	477	670 000	1062
5000	42	290 000	492	680 000	1077
8000	48	300 000	507	690 000	1092
11 000	54	310 000	522	700 000	1107
14 000	60	320 000	537	710 000	1122
17 000	66	330 000	552	720 000	1137
20 000	72	340 000	567	730 000	1152
23 000	78	350 000	582	740 000	1167
26 000	84	360 000	597	750 000	1182
29 000	90	370 000	612	760 000	1197
32 000	96	380 000	627	770 000	1212
35 000	102	390 000	642	780 000	1227
38 000	108	400 000	657	790 000	1242
41 000	114	410 000	672	800 000	1257
44 000	120	420 000	687	810 000	1272
47 000	126	430 000	702	820 000	1287
50 000	132	440 000	717	830 000	1302
60 000	147	450 000	732	840 000	1317
70 000	162	460 000	747	850 000	1332
80 000	177	470 000	762	860 000	1347
90 000	192	480 000	777	870 000	1362
100 000	207	490 000	792	880 000	1377
110 000	222	500 000	807	890 000	1392
120 000	237	510 000	822	900 000	1407
130 000	252	520 000	837	910 000	1422
140 000	267	530 000	852	920 000	1437
150 000	282	540 000	867	930 000	1452
160 000	297	550 000	882	940 000	1467
170 000	312	560 000	897	950 000	1482
180 000	327	570 000	912	960 000	1497
190 000	342	580 000	927	970 000	1512
200 000	357	590 000	942	980 000	1527
210 000	372	600 000	957	990 000	1542
220 000	387	610 000	972	1000 000	1557
230 000	402	620 000	987		
240 000	417	630 000	1002		

Tab. 15: Gebühren für notarielle Leistungen (Auszug)

Nachträgliche Ergänzungen (Rangrücktritt der eingetragenen Auflassungsvormerkung hinter eine Grundschuld, Löschungsvormerkung für nachrangige Grundschulden o. dgl.) lösen weitere Gebühren aus.

Als Faustregel gilt, dass die im Grundstücksgeschäft anfallenden Notar- und Grundbuchgebühren sich in etwa auf 1–1,5 % der Kaufpreissumme belaufen.

2.2 Der Immobilienmakler

Beispiel: Thorsten Müller will in A-Stadt, wo sich sein neuer Arbeitsplatz befindet, eine Eigentumswohnung oder ein Reihenhaus erwerben. Sein bisheriger Wohnort ist mehr als vier Autostunden von A-Stadt entfernt; auch hat er keine Zeit, tagelang in A-Stadt auf gut Glück auf die Suche nach einem geeigneten Domizil zu gehen. Er beauftragt deshalb ein Maklerbüro, das ihm ein geeignetes Angebot unterbreiten soll.

Beispiel: Die Witwe Clara Clausen in A-Stadt möchte aus ihrem Reihenhaus ausziehen und sucht eine kleinere Wohnung. Sie ist berufstätig und möchte nicht zu viel Zeit in den Verkauf und Kauf investieren. Frau Clausen ist sich auch unsicher, ob ihre Preisvorstellungen realistisch sind. Auch sie beauftragt einen örtlichen Makler, für sie tätig zu werden.

Der Immobilienmakler ist ein Unterhändler, der gegen Entgelt Geschäfte nachweist oder Abschlüsse vermittelt. Der Volksmund spricht auch von dem „ehrlichen Makler". Diese Eigenschaft oder Tugend ist tatsächlich von großer Bedeutung. Der Immobilienmakler trägt große Verantwortung für beide Seiten, da er in diesem Geschäft bedeutende Kaufpreissummen bewegt, über die Käufer oder Verkäufer im Laufe ihres Lebens äußerst selten, meist sogar nur einmal verfügen. Auch volkswirtschaftlich kommt dem Maklerberuf eine große Bedeutung zu, da er den Immobilienmarkt wesentlich mitbestimmt.

In der Öffentlichkeit wird der Berufsstand des Immobilienmaklers gelegentlich negativ beurteilt. In den meisten Fällen dürfte dies unbegründet sein. Leider gibt es eben in diesem Berufsstand auch „schwarze Schafe", da die Zulassung zur Ausübung dieses Gewerbes leicht zu erlangen ist.

Der Immobilienmakler zählt nicht zu den Handels-, sondern zu den Zivilmaklern. Kaufmann im Sinne des Handelsgesetzbuches wird er nur durch Eintragung im Handelsregister nach § 2 HGB. Ist dies der Fall, kann jedermann wichtige geschäftliche Verhältnisse wie Rechtsform, Vertretungsberechtigung und Eintragungsdatum aus dem Handelsregister entnehmen.

Allgemein ist Aufgabe des Immobilienmaklers die gewerbliche **Vermittlung** von Verträgen oder der **Nachweis** von Vertragsgelegenheiten über Grundstücke, grundstücksgleiche Rechte (z. B. Erbbaurecht, Wohnungseigentum), gewerbliche Räume und Wohnräume. Rechtlich maßgebend sind einmal die Gewerbeordnung und die Makler- und Bauträgerverordnung. Der Anspruch auf Maklerlohn ergibt sich aus den §§ 652–656 BGB.

2.2.1 Aufgaben des Maklers

Im allgemeinen Sprachgebrauch wird jedoch heute kaum mehr zwischen Vermittlung und Nachweis unterschieden. Die Vermittlungstätigkeit tritt immer mehr in den Hintergrund. Die Nachweistätigkeit ist erfüllt, wenn der Auftraggeber durch den Makler Kenntnis von einer bis dahin für ihn unbekannten Vertragsmöglichkeit konkret erhält. Die Vermittlung geschieht durch Kontaktaufnahme mit beiden Parteien mit dem Ziel, diese vertragsbereit zu machen, dazu gehört beispielsweise auch die Prüfung, ob der mögliche Vertragspartner wirtschaftlich in Frage kommen könnte.

Der Immobilienmakler bietet Immobilienobjekte zum Kauf an. Er weist die Objekte den Kaufinteressenten nach und ist beim Abschluss eines Kaufvertrages häufig vermittelnd tätig. In der Praxis fällt dem Immobilienmakler oftmals auch die Rolle des Ratgebers und Treuhänders zu. Außerdem ist er häufig als Schätzer und Sachverständiger tätig. Idealerweise – sofern dies seiner Qualifikation entspricht – berät er die Kaufinteressenten auch bzgl. der anstehenden Baufinanzierung und der damit verbundenen steuerlichen Fragen. Da die Kaufinteressenten zunehmend diesen „Komplettservice“ wünschen, betätigen sich die Kreditinstitute im Zusammenhang mit ihren Allfinanzdienstleistungen verstärkt auch im Immobilienvermittlungsgeschäft.

Der Makler kann für beide Seiten, d. h. sowohl für den Verkäufer als auch für den Käufer, tätig werden. In diesem Falle kann er auch von beiden Seiten Maklerhonorar beanspruchen. Sofern ein Kaufvertrag vermittelt wird, vermittelt der Makler als Unterhändler zwischen beiden Seiten und nimmt die vereinbarten Konditionen auf. In aller Regel vereinbart er auch mit dem Notar den Beurkundungstermin und legt im Einvernehmen mit den Vertragsparteien (Verkäufer und Käufer) die wesentlichen Inhalte des Kaufvertrages fest. Auf Wunsch der Vertragsparteien nimmt er meist auch am Beurkundungstermin teil.

Die Beschaffung von Objektunterlagen und die Durchführung von Objektbesichtigungen sind für den Immobilienmakler in aller Regel selbstverständlich.

2.2.2 Maklervertrag

Der Maklervertrag kann stillschweigend zustande kommen, sofern der Makler einem Kaufinteressenten ein Objekt nachweist, der Kaufinteressent von diesem Angebot Gebrauch macht und schließlich das Objekt erwirbt. In diesem Falle war das Angebot des Maklers ursächlich für den erlangten Kaufvertragsabschluss. Sofern der Makler im Rahmen seines Angebotes den Kaufinteressenten auf seinen Provisionsanspruch hingewiesen hat, schuldet nach Zustandekommen des Kaufvertrages der Käufer dem Makler die ortsübliche Maklerprovision.

Normalerweise wird ein Maklervertrag jedoch mündlich oder schriftlich ausdrücklich vereinbart.

In der Praxis kommen zwei Arten des Maklervertrages, und zwar der **Alleinauftrag** und der **Allgemeinauftrag,** vor.

Der **Alleinauftrag** schließt aus, dass der Auftraggeber parallel andere Makler einschalten und selbst tätig werden kann. Der Ausschluss des Eigenverkaufs ist allerdings in der Rechtsprechung umstritten. Der Alleinauftrag ist stets befristet und nach spätestens sechs Monaten kündbar (vgl. den Mustervertrag in Abb. 11).

Nach § 34 des Gesetzes gegen Wettbewerbsbeschränkungen ist eine Beschränkung, andere gewerbliche Leistungen von Dritten zu beziehen, nur in der gesetzlichen Schriftform zulässig, dazu gehört der Alleinauftrag an einen Makler. Dasselbe gilt für die Verlängerung eines Alleinauftrages. Bei Nichteinhaltung dieser Form gilt im Zweifel die ortübliche Provision, da dem Makler ein Anspruch nach § 354 HGB zusteht. Zum Inhalt eines Maklervertrags gehört häufig auch eine Vielzahl von Allgemeinen Geschäftsbedingungen (AGB), die der Inhaltskontrolle des Bürgerlichen Gesetzbuchs unterliegen.

Vorbemerkung:

Die Firma Kunz-Immobilien ist Mitglied im Immobilien Verband Deutschland (IVD). Der Abschluss eines Maklervertrages setzt ein besonderes Vertrauensverhältnis zwischen Auftraggeber und Makler voraus. Zum Schutze dieses Vertrauensverhältnisses hat der IVD seine Mitglieder durch Satzung in besonderer Weise zu ordnungsgemäßem Geschäftsgebaren verpflichtet. Wer einen IVD-Makler beauftragt, kann sich bei Unklarheiten in allen das Auftragsverhältnis betreffenden Fragen an die zuständigen Bezirks- oder Landesverbände des IVD wenden.

Zwischen *Frau Clara Clausen* in *A-Stadt* – Auftraggeber – und Firma *Kunz-Immobilien* in *A-Stadt* – Makler – werden folgende Vereinbarungen getroffen:

1. Vertragsobjekt

a) Gegenstand des Vertrages ist folgendes Objekt:
Reihenhaus, Blumenstraße 36, A-Stadt

b) Der Auftraggeber ist Alleineigentümer dieses Objektes.

c) Das Vertragsobjekt soll veräußert werden, wobei der höchstmögliche Preis, mindestens jedoch ein Preis von *180 000* € erzielt werden soll.

2. Tätigkeit des Maklers

a) Der Makler wird mit der Vermittlung eines Kaufvertragsabschlusses bezüglich des Vertragsobjektes beauftragt. Der Auftrag wird als **Alleinauftrag** erteilt.

b) Der Makler ist berechtigt, auch für den Käufer gegen Entgelt tätig zu werden, hat jedoch eine etwaige Interessenkollision dem Auftraggeber unverzüglich mitzuteilen.

3. Vertragsdauer, Kündigung

a) Der Vertrag läuft vom *15. 4. 20..* bis *15. 10. 20..*
Für diese Zeit wird dem Makler das Objekt fest an die Hand gegeben. Wird er nicht unter Einhaltung einer Monatsfrist gekündigt, verlängert er sich stillschweigend jeweils um ein Vierteljahr.

b) Das Recht zur fristlosen Kündigung aus wichtigem Grund bleibt unberührt.

c) Eine Kündigung ist nur wirksam, wenn sie schriftlich erfolgt.

4. Pflichten des Maklers

a) Der Makler hat den Auftrag mit der Sorgfalt eines ordentlichen Kaufmanns wahrzunehmen. Er hat den Auftraggeber über den Stand seiner Bemühungen laufend zu unterrichten.

b) Alle Tatsachen, die dem Makler im Zusammenhang mit dem Auftrag zur Kenntnis gelangen, hat er vertraulich zu behandeln.

c) Der Makler hat insbesondere
(Unerwünschtes bitte streichen)
– eine Wertschätzung zu fertigen
– ein Angebotsexposé auszuarbeiten
– im Rahmen der Werbung dieses Angebots zu inserieren
– bei den zuständigen Bausparkassen das Angebot anzuzeigen
– beim Bildschirmfernsehen das Angebot anzuzeigen
– mit den Interessenten eine Reservierung abzuschließen
– ggf. das Grundbuch und die Bauakte einzusehen

5. Rechte und Pflichten des Auftraggebers

a) Der Auftraggeber ist berechtigt, jederzeit an einen eigenen Interessenten zu verkaufen; die Dienste anderer Makler zur Förderung der Verkaufsbestrebungen darf er nicht in Anspruch nehmen.

b) Der Auftraggeber wird dem Makler unverzüglich alle erforderlichen Unterlagen, die zur Bearbeitung des Auftrags benötigt werden, übergeben, ihm alle notwendigen Informationen erteilen und ihn bei seinen Verkaufsbemühungen in jeder Weise unterstützen.

c) Falls dem Auftraggeber ein ihm durch den Makler nachgewiesener Interessent bereits bekannt ist, hat er dies dem Makler unverzüglich mitzuteilen, widrigenfalls er sich auf eine solche Kenntnis nicht berufen kann.

d) Vom Abschluss des Kaufvertrages zwischen dem Auftraggeber und einem Interessenten ist der Makler unter Übermittlung einer beglaubigten Abschrift des Vertrages unverzüglich zu benachrichtigen. Diese Verpflichtung besteht für den Auftraggeber auch dann, wenn der Abschluss nicht auf die Tätigkeit des Maklers zurückzuführen ist.

e) Der Auftraggeber verpflichtet sich, alle Mitteilungen des Maklers an ihn vertraulich zu behandeln und sie nicht an Dritte weiterzugeben.

6. Vergütungsanspruch des Maklers

a) Für den Nachweis eines Käufers über das Vertragsobjekt erhält der Makler eine Verkäuferprovision in Höhe von 3,0 % zuzüglich der geltenden Umsatzsteuer. Die Provision errechnet sich aus dem Gesamtkaufpreis einschließlich etwaiger dem Auftraggeber oder Dritten zugute kommender Nebenleistungen des Käufers.

Die Provision wird mit dem Abschluss des Kaufvertrages fällig.

b) Aufwendungen werden dem Makler nur erstattet gemäß § 652 BGB für Auslagen und Kosten einschließlich Lohnkosten, falls der Auftraggeber seine Verkaufsabsicht während der Auftragslaufzeit aufgibt.

7. Einschaltung weiterer Makler

a) Der Makler ist berechtigt, weitere Makler mit der Bearbeitung des Auftrages zu befassen.

b) Zusätzliche Kosten dürfen hierdurch dem Auftraggeber nicht entstehen.

8. Schlussbestimmungen

Abänderungen oder Ergänzungen dieses Vertrages sind nur wirksam, wenn sie schriftlich vereinbart werden.

A-Stadt, den ……..

Auftraggeber	*Makler*
Clara Clausen	Kunz-Immobilien

Abb. 11: Muster eines Verkäufer-Maklervertrags (Alleinauftrag)

Der Makler kann in der Regel auch für die andere Seite tätig werden und mit dieser eine Honorarvereinbarung treffen, sofern dies in der Vereinbarung mit dem ersten Auftraggeber nicht ausgeschlossen wird.

Der **Allgemeinauftrag** stellt dem Auftraggeber frei, andere Makler parallel einzuschalten oder selbst tätig zu werden. Auch hier wird meist vereinbart, dass der Makler auch für die andere Seite tätig werden kann und damit berechtigt ist, auch mit dem Käufer eine Honorarvereinbarung zu treffen. Der Allgemeinauftrag wird meist auf eine bestimmte Frist fest abgeschlossen und ist nach Ablauf dieser Frist kündbar.

Bei beiden Vertragsarten wird meist ein Aufwandsersatz für die Fälle vereinbart, dass der Verkäufer insbesondere

a) seine Verkaufsabsicht aufgibt,

b) die Konditionen erschwert (z. B. höherer Preis),

c) keine Vertretungsmacht besitzt.

Reservierungsvereinbarung: Eine Reservierungsvereinbarung ermöglicht es dem Auftraggeber, den Kauf einer attraktiven Immobilie über mehrere Tage oder Wochen hinweg in Ruhe abzuwägen oder vorzubereiten. Während der vereinbarten Zeit hat er die Gewissheit, dass ihm kein anderer die Immobilie „wegschnappt". Der Makler erhält auf der anderen Seite eine von der Vermittlung unabhängig gestellte Vergütung, die regelmäßig bei Zustandekommen eines Kaufvertrages auf die Provision angerechnet wird. Die vereinbarte Vergütung ist ein gewisser Ausgleich für die Bindung des Maklers, der während der Reservierungszeit keinen anderen Interessenten bedienen kann und dem deshalb eventuell das Geschäft entgeht. Rechtlich gelten Vergütungen bis etwa 10 % der Provision aus einem Alleinauftrag als noch angemessen.

Beispiel für eine Reservierungsvereinbarung

Zwischen den nachfolgend bezeichneten Auftraggebern

N. N.
als Kaufinteressent bezeichnet und
N. N.
als Makler bezeichnet,
kommt folgende Reservierungsvereinbarung zustande:

1. Erwerbsabsicht des Kaufinteressenten
Der Kaufinteressent hat als Auftraggeber des Maklers von diesem folgendes Kaufobjekt angeboten bekommen:

(Beschreibung des Objekts lt. Exposé)

Aufgrund der erfolgten Besichtigung des Objekts, der vom Makler gegebenen Informationen über das Objekt und der ausgehandelten Vertragsbedingungen erklärt der Kaufinteressent seine Absicht, das Kaufobjekt erwerben zu wollen.

2. Kaufobjektreservierung
Der Makler verpflichtet sich, vom Tage der Reservierung an bis zum (Terminangabe)

a) während der Dauer der Reservierung keine weiteren Kaufverhandlungen mit anderen Interessenten zu führen,
b) dem Verkäufer unverzüglich die Reservierung des Objekts für den Kaufinteressenten mitzuteilen und ihn um Vormerkung und Berücksichtigung des Kaufinteressenten zu bitten.

Es besteht jedoch Klarheit darüber, dass diese Reservierungsvereinbarung zwischen dem Kaufinteressenten und dem Makler den Verkäufer nicht bindet.

3. Reservierungsgebühr
Der Kaufinteressent bezahlt an den Makler eine einmalige Reservierungsgebühr in Höhe von ...€ (einschließlich Umsatzsteuer). Sie ist zur sofortigen Zahlung fällig.
Die Reservierungsgebühr dient der pauschalen Abdeckung
a) des Reservierungsrisikos des Maklers (eintretende Verringerung der Erfolgschancen durch Verhandlungsverzicht mit anderen Kaufinteressenten; Zwischenverkauf ohne Maklerbeteiligung),
b) der Mehrbelastung an Aufwendungen und Arbeitszeit, die durch die erforderlich werdende Neubearbeitung des Verkäuferauftrags eintritt für den Fall, dass der Kaufinteressent den beabsichtigten Kaufvertrag nicht abschließt.
Die Reservierungsgebühr wird auf die im Falle des Abschlusses des beabsichtigten notariellen Vertrags zu zahlende Käuferprovision voll in Anrechnung gebracht. Bei Abschluss eines Kaufvertrags verpflichtet sich der Kaufinteressent zur Zahlung einer Vermittlungsprovision von ... % zuzüglich gesetzlicher Umsatzsteuer.
Der Makler ist jedoch berechtigt, die ohne sein Zutun eingehenden Kaufangebote an den Verkäufer weiterzuleiten.

Provisionsvereinbarung: Bei beiden Vertragsarten wird jeweils eine Vermittlungsgebühr (Provision) vereinbart. Sie richtet sich nach den örtlichen Gegebenheiten und beträgt zwischen 2 und 4 % aus dem vereinbarten Kaufpreis zzgl. Mehrwertsteuer aus der Provision. Im Falle eines erfolgreichen Objektnachweises bzw. einer erfolgreichen Objektvermittlung kann der Makler z. B. folgende Provisionsrechnung stellen:

3 % Nachweis-/Vermittlungsprovision aus Kaufpreis	
in Höhe von 300 000 €	= € 9 000,00
zzgl. 19 % Mehrwertsteuer	= € 1 710,00
Gesamtbetrag	= € 10 710,00

Die vereinbarte Provision wird mit Abschluss des Kaufvertrages fällig. Diese Provisionsrechnung kann der Makler – sofern vereinbart – gegenüber dem Verkäufer und gegenüber dem Käufer stellen.

In der Praxis kommt es durchaus vor, dass ein Makler einen Verkaufsauftrag für ein Objekt hat und ein anderer Makler von einem Kunden mit dem Nachweis bzw. mit der Vermittlung eines entsprechenden Objektes beauftragt ist. In derartigen Fällen arbeiten die

Makler zusammen und treffen untereinander für den Erfolgsfall eine Provisionsabsprache, meist auf „Metabasis", d.h. dass sie sich die Verkäufer- und Käuferprovision teilen oder dass dem einen die Verkäufer- und dem andern die Käuferprovision zusteht. Diese Absprachen entsprechen einem „Untermaklervertrag".

Damit der Provisionsanspruch des Maklers wirksam wird, müssen also folgende Voraussetzungen erfüllt werden:

- Ein Maklervertrag ist zustande gekommen.
- Der Makler muss eine Nachweis- oder Vermittlungsleistung erbracht haben.
- Ein Kaufvertrag über die Immobilie muss rechtswirksam abgeschlossen worden sein.
- Die Tätigkeit des Maklers muss ursächlich für das Zustandekommen dieses Vertrages gewesen sein.
- Kenntnis von der Maklertätigkeit bei der provisionspflichtigen Vertragspartei.

Ortsübliche Provisionen: Die Angaben sind nur Richtwerte, Einzelheiten können über die Landesverbände der Maklerverbände nachgefragt werden.

Angaben nur für Grundstückskäufe (bebaute und unbebaute Objekte) ohne Umsatzsteuer

Baden-Württemberg:	3 % vom Käufer und Verkäufer
Bayern:	3 % vom Käufer und Verkäufer
Berlin:	6 % nur vom Käufer
Bremen:	5 % auf den Kaufpreis
Hamburg:	2,5 % vom Käufer und Verkäufer
Hessen:	5 % vom Kaufpreis
Niedersachsen:	3 % vom Käufer und Verkäufer
Nordrhein-Westfalen:	3 % vom Käufer und Verkäufer
Rheinland-Pfalz, Saarland:	3–6 % vom Kaufpreis, davon vom Käufer 3–5 %
Schleswig-Holstein:	2 % vom Verkäufer, 3 % vom Käufer
Mecklenburg-Vorpommern:	3 % vom Käufer und Verkäufer
Sachsen:	3 % vom Käufer und Verkäufer
Thüringen:	3 % vom Käufer und Verkäufer

Ein Maklervertrag kommt noch nicht zustande, wenn jemand nur aufgrund einer Anzeige unverbindliche Auskünfte einholt. Ein Indiz für den Abschlusswillen ist es aber, wenn man sich als Kaufinteressent ein Exposé vom Makler zusenden lässt. Wer als Verkäufer dem Makler das Objekt „fest an die Hand" gibt, erklärt damit, einen Alleinauftrag abschließen zu wollen.

Die Reaktion eines Interessenten auf eine Zeitungsanzeige oder ein unverlangt zugesandtes Exposé beispielsweise mit der Bitte um einen Besichtigungstermin oder nähere Angaben wie Lage, Anschrift usw. bewirkt in der Regel den Abschluss eines Maklervertrages mit Provisionspflicht beim Zustandekommen eines Vertrages.

Da der Beruf des Maklers keinen gesetzlich vorgeschriebenen Ausbildungsweg und -inhalt erfordert, ist es für den Laien oft nicht leicht, „die Spreu vom Weizen zu trennen". Deshalb erscheint es sinnvoll, bei der Auswahl die folgenden Kriterien zugrunde zu legen (nach Capital).

Anforderungen an einen guten Makler

Allgemeine Mindestanforderung:

- Der Makler ist hauptberuflich tätig und fachlich versiert.

Der Verkäufer sollte vom Makler unbedingt verlangen:

- Eingehende Besichtigung des Objektes erfolgt durch den Makler selbst.
- Er nimmt Einsicht in alle Unterlagen: Baupläne, Grundbuch, Teilungserklärung, Mietverträge, Nebenkostenabrechnungen.
- Er begründet die Berechnung des Verkaufswertes ausführlich.
- Er führt den Nachweis einer Vermögens-Haftpflichtversicherung.
- Bei zu hohen Preisvorstellungen des Verkäufers, z. B. mehr als 130 % des üblichen Preises, sollte der Makler die Annahme des Auftrags verweigern.
- Eine Provision wird nur bei erfolgreichem Abschluss fällig, Verzicht auf Vereinbarung einer Aufwandsentschädigung.

Der **Käufer** sollte vom Makler unbedingt verlangen:

- Auf eine Vereinbarung zur Kostentragung ohne Vertrag soll verzichtet werden.
- Der Makler ist neutral, d. h. mit dem Verkäufer nicht wirtschaftlich verbunden.

Weitere **positive Merkmale** für einen guten Makler sind:

- Der Makler ist Mitglied in dem Maklerverband (IVD):
  Immobilienverband Deutschland IVD Bundesverband e. V.
  Postanschrift:
  IVD Bund e. V.
  Littenstraße 10
  10170 Berlin
  Fon 0 30/27 57 26-0
  Fax 0 30/27 57 26-49
  Internet: www.ivd.net
  eMail: info@ivd.net
  Dieser Verband ist durch Zusammenschluss der beiden Maklerverbände Ring Deutscher Makler (RDM) und Verband Deutscher Makler (VDM) entstanden.
- Der Makler hat einen Bürobetrieb und ist zu den üblichen Geschäftszeiten erreichbar.

Aus der **Sicht des Verkäufers:**

- Auf Anfrage gibt die Hausbank des Maklers positive Auskunft.
- Der Makler sollte Schlüssel für ein leer stehendes Objekt nicht aus der Hand geben und bei Besichtigungen persönlich anwesend sein.
- Ein Alleinauftrag sollte auf längstens drei Monate abgeschlossen werden und keine automatische Verlängerungsklausel enthalten.

Aus der **Sicht des Käufers:**

- Der Makler erfasst den Kundenwunsch ausführlich.
- Alle wesentlichen Unterlagen sind inhaltlich vorhanden.
- Der Makler erläutert die Berechnung der Wohnfläche und eventueller Nutzflächen.
- Der Makler ist bei Besichtigungen dabei und weist auch auf Nachteile und Mängel hin.
- Der Makler nimmt am Notartermin teil.

Weitere **wünschenswerte Merkmale** für einen guten Makler sind:

- Er weist getätigte Abschlüsse der letzten zwei Jahre nach.
- Er ist aus Zeitungsanzeigen bekannt.
- Er stimmt ein Verkäufer-Exposé vor Herausgabe mit dem Auftraggeber ab.

Hinweise im Umgang mit Immobilienmaklern:

- Prüfen Sie die Mitgliedschaft im IVD.
- Vereinbaren Sie die Höhe der Provision.

- Kontaktieren sie zunächst nur mit einem Makler (Gefahr der mehrfachen Provisionspflicht).
- Ein Maklervertrag entsteht bereits mit genauer Nachfrage nach Einzelheiten eines im Exposé beschriebenen Objekts.
- Informieren Sie den Makler sofort, wenn Ihnen das Objekt bereits als verkäuflich bekannt ist.
- Geben Sie Maklerangebote nicht weiter.
- Zahlen Sie Maklerprovision erst nach Abschluss des notariellen Vertrags.
- Besondere Vorsicht bei Angeboten mehrerer Makler (Doppelangebote) für dasselbe Objekt!

2.3 Erwerb vom Bauträger

Beispiel: Thorsten Müller hat in A-Stadt im Angebot der Bauträger-GmbH eine neu erstellte Eigentumswohnung gefunden, die ihm zusagen würde. Allerdings ist das Gebäude erst fundamentiert. Es wird sicher noch einige Monate dauern, bis man einziehen kann. Die Bauträger-GmbH bietet einen Sonderpreis an, wenn noch vor Abschluss der Rohbauarbeiten gekauft wird. Thorsten Müller hat mit dem Einzug noch etwas Zeit und will das günstige Angebot wahrnehmen, andererseits aber auch sicher sein, dass der Vertrag später nicht auf irgendeine Weise „platzt" und er finanziell geschädigt würde.

Ein Bauträger konzipiert Bauvorhaben und führt diese in eigenem Namen und auf eigene Rechnung durch. Die Objekte, z. B. Eigentumswohnungen oder Reiheneigenheime, veräußert er meist „schlüsselfertig" zu einem Festpreis an die Käufer. Häufig treten Makler auch als Bauträger auf. Eine dem Bauträger ähnliche Funktion haben Baubetreuer. Der Bauträger möchte zu einem möglichst frühen Zeitpunkt Käufer finden und Zahlungen auf den Kaufpreis erhalten, um seine Finanzierungskosten möglichst gering zu halten. Auf der anderen Seite möchte der Käufer zu seiner Sicherheit erst nach lastenfreier Übereignung und vertragsgemäßer Fertigstellung des Objektes zahlen.

Zum Schutz der Käufer wurde entsprechend der Gewerbeordnung eine Verordnung über die Pflichten der Makler, Darlehens- und Anlagevermittler, Bauträger und Baubetreuer, die **Makler- und Bauträ-**

gerverordnung, erlassen. Die Vorschriften dieser Verordnung sind für Nichtbanken zwingend, können also nicht durch Vertrag oder Allgemeine Geschäftsbedingungen zuungunsten des Käufers abgeändert werden! Zur Sicherung der Käufer darf der Bauträger Gelder des Käufers erst annehmen, wenn folgende Voraussetzungen erfüllt sind:

1. Für das Objekt muss eine Baugenehmigung vorliegen.
2. Ein gültiger und nicht widerrufbarer Kaufvertrag muss abgeschlossen worden sein.
3. Für den Käufer muss eine Auflassungsvormerkung im Grundbuch eingetragen werden bzw. beantragt sein. Ist der Bauträger noch nicht Eigentümer, hat er entsprechende Ansprüche abzutreten.
4. Wenn der verkaufte Grundbesitz noch mit Grundpfandrechten belastet ist, muss der Käufer mit der Zahlung davon freigestellt werden.
5. Der Bauträger wird ermächtigt, Abschlagszahlungen entsprechend dem Bauablauf entgegenzunehmen oder sich dazu ermächtigen zu lassen.

Die Teilbeträge können aus nachfolgenden Prozentsätzen zusammengesetzt werden:

(1) Nach Beginn der Erdarbeiten 30 % der Vertragssumme in den Fällen, in denen Eigentum an einem Grundstück übertragen werden soll, oder 20 % der Vertragssumme, wenn ein Erbbaurecht bestellt oder übertragen werden soll.

(2) Von der restlichen Vertragssumme (bei 70 %)
40 % nach Rohbaufeststellung, einschließlich Zimmerarbeiten,
8 % für die Herstellung der Dachflächen und Dachrinnen,
3 % für die Rohinstallation der Heizungsanlagen,
3 % für die Rohinstallation der Elektroanlagen,
3 % für die Rohinstallation der Sanitäranlagen,
10 % für den Fenstereinbau, einschließlich Verglasung,
6 % für den Innenputz, ausgenommen Beiputzarbeiten,
3 % für den Estrich,
4 % für die Fliesenarbeiten im Sanitätsbereich,
12 % nach Bezugsfertigkeit und Zug um Zug gegen Besitzübergabe,
3 % für die Fassadenarbeiten,
5 % nach vollständiger Fertigstellung.

Sofern einzelne der unter 2. genannten Leistungen nicht anfallen, wird der jeweilige Prozentsatz anteilig auf die übrigen Raten verteilt. Die möglichen Raten müssen auf bis zu 7 Raten zusammengefasst werden.

Der gesamte Kaufpreis darf vor diesen Ereignissen nur entgegengenommen werden, wenn eine Bürgschaft einer Bank zur Sicherung der etwaigen Rückzahlungsansprüche vorliegt. In diesem Fall sollte der Käufer auf Aushändigung der Bürgschaftsurkunde Zug um Zug mit der ersten Zahlung achten. Eine so gesicherte Vorauszahlung wird eventuell mit Kaufpreisrabatten „belohnt".

Beispiel: Thorsten Müller schließt mit der Bauträger-GmbH einen Kaufvertrag ab. Gegen eine Bankbürgschaft zahlt er den Kaufpreis sofort in voller Höhe, weil er die Finanzierungsmittel bereits abrufen kann. Er erhält so einen günstigen Kaufpreis.

2.4 Bauordnung und Baurecht

Beispiel: Thorsten Müller hat in einer kleinen Nachbargemeinde von A-Stadt ein seiner Meinung nach ideales Grundstück gefunden. Der Verkäufer meint, dass mit der Erschließung bald begonnen würde. Familie Müller hat bereits bestimmte Vorstellungen von ihrem zukünftigen Heim: zwei Stockwerke soll es haben, damit die Eltern mit einziehen können, große Fenster, Wintergarten, Terrasse usw. Ihre Freunde teilen die Begeisterung, meinen aber, Müllers sollten doch erst einmal den Bebauungsplan der Gegend einsehen. Als Herr Müller im Rathaus nachfragt, erklärt man ihm, dass es erst einen Flächennutzungsplan gebe. Bis er bauen könne, dauere es noch einige Zeit.

Eigentum bedeutet zwar grundsätzlich freies Verfügungsrecht über eine Sache, bei Grundstücken ist dieses Recht aber stark eingeschränkt. Der Staat möchte eine geordnete Besiedelung des Landes und lässt deshalb die Errichtung von Gebäuden nur unter bestimmten Voraussetzungen zu.

Das Bauplanungsrecht enthält die wesentlichen Bestimmungen darüber, ob ein Grundstück überhaupt bebaut werden kann. Anstatt sich zuerst mit der Frage zu befassen, wie das Wunschhaus im Einzelnen aussehen soll, muss zuallererst geprüft werden, ob das Traumgrundstück mit der Superaussicht überhaupt und wenn, wie bebaut werden kann. Am Anfang jeder Baumaßnahme steht die Frage, ob auf dem Traumgrundstück überhaupt gebaut werden darf.

Das **Baugesetzbuch** gibt den rechtlichen Rahmen für die staatlichen Eingriffe in das Bauwesen. Es regelt zunächst, ob und unter welchen Voraussetzungen überhaupt Grundstücke bebaut werden dürfen und gibt dann den Ländern und Städten weitere Bedingungen vor, unter denen sie Bauvorhaben genehmigen können.

Inhalt des Baugesetzbuchs (BauGB)

Erstes Kapitel: Allgemeines Städtebaurecht §§ 1–135 c

Erster Teil:	Bauleitplanung
Zweiter Teil:	Sicherung der Bauleitplanung
Dritter Teil:	Regelung der baulichen und sonstigen Nutzung; Entschädigung
Vierter Teil:	Bodenordnung
Fünfter Teil:	Enteignung
Sechster Teil:	Erschließung
Siebter Teil:	Maßnahmen für den Naturschutz

Zweites Kapitel: Besonderes Städtebaurecht §§ 136–191

Erster Teil:	Städtebauliche Sanierungsmaßnahmen
Zweiter Teil:	Städtebauliche Entwicklungsmaßnahmen
Dritter Teil:	Stadtumbau
Vierter Teil:	Soziale Stadt
Fünfter Teil:	Private Initiativen
Sechster Teil:	Erhaltungssatzung und städtebauliche Gebote
Siebter Teil:	Sozialplan und Härteausgleich
Achter Teil:	Miet- und Pachtverhältnisse
Neunter Teil:	Städtebauliche Maßnahmen im Zusammenhang mit Maßnahmen zur Verbesserung der Agrarstruktur

Drittes Kapitel: Sonstige Vorschriften §§ 192–232

Erster Teil:	Wertermittlung
Zweiter Teil:	Allgemeine Vorschriften; Zuständigkeiten; Verwaltungsverfahren; Planerhaltung
Dritter Teil:	Verfahren vor den Kammern (Senaten) für Baulandsachen

Viertes Kapitel: Überleitungs- und Schlussvorschriften §§ 233–247

Die Novellierung des Baugesetzbuchs mit Wirkung vom 1. 1.2007 beruht auf einer Anpassung an EU-Regelungen. Sie sollte zu einem Abbau der Bürokratie und einer Zunahme an Rechtssicherheit führen, insbesondere zur Erleichterung von Planungsvorhaben der Innenentwicklung. Eine den Grundstücksverkehr belastende Genehmigungspflicht zur Teilung von Grundstücken ist bereits 2004 entfallen. Das europaweit eingeführte Instrument der Umweltprüfung ist ebenfalls seit 2004 in allen Bauleitplänen nutzbar gemacht und vollständig in die bestehenden Verfahrensschritte der Bauleitplanung integriert werden.

Das öffentliche Baurecht beruht auf drei Säulen:

- Bauplanungsrecht: Baugesetzbuch und Baunutzungsverordnung,
  - Bebauungsplangebiete (§ 30 BauGB),
  - unbeplanter Innenbereich (§ 34 BauGB),
  - Außenbereich (§ 35 BauGB).
- Bauordnungsrecht: Bauordnungen der Bundesländer,
- Sondervorschriften wie Denkmalschutzgesetze, Immissionsschutzgesetze.

Das Naturschutzrecht spielt in erster Linie bei Aufstellung der Bauleitpläne eine Rolle. Für den Bauherrn werden die Vorschriften auf folgenden Ebenen spürbar:

- Im Rahmen eines qualifizierten Bebauungsplans haben sie keine direkte Bedeutung; über den Plan hinausgehende erschwerende Auflagen sind nicht zulässig.
- Im unbeplanten Innenbereich nach § 34 BauGB kommen ebenfalls keine zusätzlichen naturschutzrechtlichen Auflagen und Erschwernisse in Frage (Vereinfachtes Verfahren zur Aufstellung von Bauleitplänen gem. § 13 und 13a BauGB).
- Im Außenbereich sind auf das Bauvorhaben naturschutzrechtliche Eingriffsvorschriften voll anzuwenden. Außenbereichsvorhaben sind regelmäßig als Eingriff in Natur und Landschaft zu werten. Naturschutzbehörden können entsprechende Vorschriften für die Ausführung des Bauvorhabens machen. Im Außenbereich zulässige Vorhaben wie z.B. landwirtschaftliche Betriebe werden auch **privilegierte Vorhaben** genannt.

In den einzelnen Bundesländern gilt jeweils die dort erlassene **Landesbauordnung,** in den neuen Bundesländern das **Gesetz über die Bauordnung.** Entsprechend können sich die Länder an eine Musterbauordnung halten. Hieraus ergeben sich beispielsweise Vorschriften wie:

- Bebauung des Grundstücks: Abstandsflächen, Anordnung der baulichen Anlagen,
- bauliche Anlagen: Gestaltung, Standsicherheit, Wärme-, Schallschutz, Brandschutz, Verkehrssicherheit, haustechnische Anlagen, Stellplätze und Garagen,
- die am Bau Beteiligten (Bauherr, Bauleiter, Baurechtsbehörden) und die Verwaltungsverfahren (Baugenehmigungserfahren, Bauvoranfrage).

Obwohl gerade für private Wohnungsbauten die Vorschriften heute größeren Gestaltungsspielraum lassen, können manche Pläne des Bauherrn oft nicht verwirklicht werden. Über die rechtlichen Rahmenbedingungen muss man sich grundsätzlich im Klaren sein, damit man später keine Enttäuschungen und materiellen Verluste hinnehmen muss. Es ist dem Bauinteressenten dringend zu raten, sich rechtzeitig vor der eigenen Planung bei der zuständigen Gemeinde und Baurechtsbehörde über etwaige Einschränkungen zu erkundigen.

Unter welchen Voraussetzungen wird ein Grundstück bebaubar?

Die Nutzung und Verwertbarkeit eines Grundstücks ist abhängig von dem Willen einer Gemeinde, wie die in ihrem Bereich liegenden Grundstücke genutzt werden sollen. Dieser Wille überlagert das Recht auf freie Verfügung des Privateigentums. Grundstücke können zur rein landwirtschaftlichen oder gewerblichen Nutzung, nur für den Wohnungsbau oder für eine gemischte Bebauung freigegeben werden. Für Baumaßnahmen ist die **Bauleitplanung** der Gemeinde maßgebend.

Die **Bauleitplanung** einer Gemeinde enthält im Wesentlichen

- Flächennutzungsplan,
- Bebauungsplan, vorhabenbezogener Bebauungsplan
- Vorhaben- und Erschließungsplan,
- Städtebauliche Sanierungssatzung, Entwicklungssatzung oder Erhaltungssatzung.

Bei der Aufstellung eines Bebauungsplan sind auch zu berücksichtigen:
- Veränderungssperren,
- Zurückstellung von Baugesuchen,
- Eintragung von Vorkaufsrechten.

Nach der Aufstellung können wirksam werden:
- Vorkaufsrecht der Gemeinde,
- Baugebote,
- Umlegungsvorschriften,
- Enteignung.

Der Umweltschutz wurde in der Bauleitplanung verstärkt. So ist es insbesondere Aufgabe der Bauleitpläne, eine dem Wohl der Allgemeinheit entsprechende sozial gerechte Bodennutzung zu gewährleisten und dazu beizutragen, die Umwelt zu schützen.

Als erste Stufe wird ein **Flächennutzungsplan** erstellt. Dieser ist ein so genannter vorbereitender Bauleitplan. In ihm werden das Gemeindegebiet und die beabsichtigte städtebauliche Entwicklung oder Bodennutzung festgelegt. Die Grundstücke werden als landwirtschaftliche und gewerbliche Flächen, Flächen für Wohnungsnutzung, für öffentliche Anlagen und für Verkehr gekennzeichnet. Ein Flächennutzungsplan gibt Bürgern keine Rechte und Pflichten, er kann deshalb nicht mit Rechtsmitteln angegriffen werden.

Beispiel: Thorsten Müller ersieht aus dem Flächennutzungsplan der Gemeinde, dass sein „Traumgrundstück" als Wohnbaufläche (= Bauerwartungsland im Sinne des § 4 Wertermittlungsverodnung) vorgesehen ist. Eine Anbindungsstraße ist in der Nähe vorgesehen. Wenn Thorsten Müller dieses Grundstück in der Hoffnung kauft, dort später bauen zu können, kann er aus dem Nutzungsplan kein Recht ableiten. Im Bebauungsplan kann die Straße auch über sein Grundstück geplant werden.

Der **Bebauungsplan** in einer Gemeinde konkretisiert im beplanten Bereich die Darstellungen eines Flächennutzungsplanes, der für das gesamte Gemeindegebiet gilt, nach Art, Maß der baulichen Nutzung, örtlichen Verkehrsflächen und überbaubarer Grundstücksfläche. Er ist auf kleinere Gebiete der Gemeinde beschränkt und legt die Flächenaufteilung im Einzelnen fest. Er enthält detaillierte Bestimmungen über Höhenentwicklung, Dichte der Bebauung und sonstige Nutzung. Der Bebauungsplan ist eine verbindliche Rechtsnorm und als solche die Basis, auf der Grundstücksgeschäfte abgeschlossen und Einzelbauvorhaben abgewickelt werden.

Wenn der Bebauungsplan bereits die beschriebenen Mindestvoraussetzungen enthält (§ 30 Abs. 1 Baugesetzbuch), spricht man von einem **qualifizierten Bebauungsplan.** Die baurechtliche Zulässigkeit des Bauvorhabens richtet sich dann ausschließlich nach diesem Bebauungsplan.

Ein **qualifizierter Bebauungsplan** muss mindestens enthalten:

- Art und Maß der baulichen Nutzung,
- überbaubare Grundstücksflächen,
- örtliche Verkehrsflächen.

Ein Bauvorhaben ist dann zulässig, wenn es den Festsetzungen des Bebauungsplans nicht widerspricht oder aber einzelne Abweichungen im Wege einer Ausnahme oder Befreiung zugelassen werden können. Bei der Frage, ob ein Grundstück bebaubar ist, sollte also als erstes geprüft werden, ob ein qualifizierter Bebauungsplan vorliegt. Ein solcher ist bei der Gemeinde für jedermann einsehbar (vgl. Abb. 12).

Beispiel: Im Bebauungsplan für das von Thorsten Müller erworbene Grundstück wird die Geschosszahl auf ein Vollgeschoss beschränkt. Der geplante zweigeschossige Ausbau wird sicher nicht genehmigt werden.

- **Bauerwartungsland** ist Land, mit dessen Bebaubarkeit in naher Zukunft mit großer Wahrscheinlichkeit zu erwarten ist. Es gilt als objektives Bauerwartungsland, wenn die Fläche bereits im gemeindlichen Flächennutzungsplan als Baufläche dargestellt ist. (Vgl. § 4 Abs. 2 der Wertermittlungsverordnung des Bundes)
- **Rohbauland** sind bebaubare, aber noch nicht erschlossene Flächen. Die Erschließung des Baulandes kann nach Lage, Form und Größe für eine bauliche Nutzung noch unzureichend gestaltet sein. Der Begriff ist in § 4 Abs. 3 der Wertermittlungsverordnung des Bundes gesetzlich definiert. Im Unterschied zum Bauerwartungsland steht der eigentlichen Baureife aber nicht mehr viel entgegen. Beim Bruttorohbauland ist lediglich der Bebauungsplan rechtsverbindlich, während beim Nettorohbauland die Flächen für die Erschließungsanlage bereits übereignet worden sind.

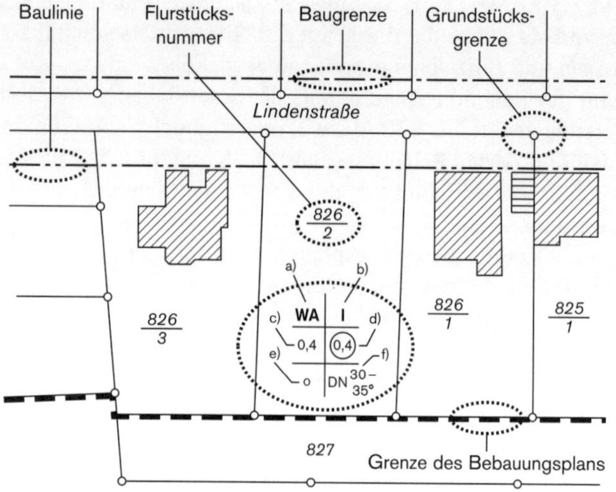

Abb. 12: So lesen Sie einen Bebauungsplan (Quelle: Mosaik, Bausparkasse Schwäbisch Hall).

- **Baureifes Land** (Bauplatz) oder Bauland sind ausreichend erschlossene bebaubare Flächen. Einer Bebauung dürfen keine Hindernisse mehr entgegenstehen.
- **Erschließung** bedeutet, dass ein Grundstück baureif gemacht wird durch Anschluss an das Straßennetz, Energie, Wasser und Entwässerung. Auf die Anlieger können bis zu 90 % der Kosten übertragen werden.

Wegen eines teilweise enteignungsgleichen Eingriffs ist für die Aufstellung eines Bebauungsplanes ein Verfahren festgelegt, das die Anhörung und Klage durch Bürger zulässt.

Typische Kennzeichnungen von Baugebieten im Bebauungsplan sind (vgl. Baunutzungsverordnung und Planzeichenverordnung):

Im Flächennutzungsplan:

W = Wohnbaufläche

G = Gewerbliche Bauflächen
M = Mischbauflächen (aus Wohn- und Gewerbefläche)

Im Bebauungsplan:
WA Allgemeine Wohngebiete (zulässig sind allgemein zur Versorgung notwendige Läden und Handwerksbetriebe, sowie Anlagen für kirchliche und soziale Zwecke)
WR Reine Wohnbiete (zulässig sind Wohngebäude, nur ausnahmsweise auch Läden und nicht störende Handwerksbetriebe zur Deckung des täglichen Bedarfs sowie Anlagen für soziale Zwecke)
WB Besondere Wohngebiete (insbes. Mischgebiete in Altstadtbereichen)
WS Kleinsiedlungsgebiete
MD Dorfgebiete
MI Mischgebiete
MK Kerngebiete
GE Gewerbegebiete
GI Industriegebiete
SO Sondergebiete

Die **Nutzungsschablone des Bebauungsplans** gibt weiterhin folgende Aussagen:

Eine GRZ **(Grundflächenzahl)** von 0,4 bedeutet, dass höchstens 40 % der Grundstücksfläche bebaut werden dürfen.

Eine GFZ **(Geschossflächenzahl)** von 0,8 bedeutet, dass die Fläche aller Vollgeschosse höchstens 80 % der Grundstücksfläche betragen darf. Die Anzahl der Vollgeschosse kann zusätzlich vorgeschrieben werden.

Bei einer offenen **Bauweise** (Buchstabe „o“) müssen Einzelhäuser, Doppelhäuser oder Reihenhäuser gebaut werden, die eine Gesamtlänge von 50 m nicht überschreiten dürfen und die Abstandsflächen nach den jeweiligen Landesbauordnungen eingehalten werden. Bei einer geschlossenen Bauweise (Buchstabe „g“) müssen die seitlichen Außenwände der Gebäude so auf die Grenze gebaut werden, dass sich die Wände der Häuser berühren.

Auf einer **Baulinie** muss zwingend mit einer Seite des Gebäudes gebaut werden.

Eine **Baugrenze** darf mit dem Gebäude nicht überschritten werden. Zusätzlich werden üblicherweise Dachneigung, Art der Dacheindeckung, die Hauptfirstrichtung oder auch Bepflanzungsvorschriften festgesetzt.

Beispiel: Das von Thorsten Müller gekaufte Grundstück liegt in einem Gebiet mit Kennzeichnung „WA". Er muss damit rechnen, dass auf dem Nachbargrundstück ein Ladengeschäft mit entsprechendem Verkehrsaufkommen und Andienungslärm eröffnet wird.

Auszug aus einem Bebauungsplan (textliche Festsetzungen)

1. Art der baulichen Nutzung

Das Bauland im räumlichen Geltungsbereich des Bebauungsplans wird als reines Wohngebiet gemäß § 3 Baunutzungsverordnung festgesetzt.

2. Maß der baulichen Nutzung
   a) Für die Gebäude innerhalb der Erschließungsstraße werden zwei Vollgeschosse zwingend vorgeschrieben. Die zulässige Geschossflächenzahl wird hier auf 0,6 festgesetzt.
   b) Die Gebäude außerhalb der Erschließungsstraße dürfen nur mit einem Vollgeschoss errichtet werden. Die zulässige Grundflächenzahl wird auf 0,4 festgesetzt.

3. Garagen, Stellplätze

Garagen und Stellplätze dürfen nur innerhalb der überbaubaren Grundstücksflächen errichtet werden.

4. Einfriedungen
   a) Die Grundstücke sind mit Holzzäunen einzufrieden.
   b) Die Zäune dürfen nicht höher als 1 m sein.

5. Anpflanzungen von Bäumen

Die festgesetzten Anpflanzungen sind spätestens ein Jahr nach Fertigstellung des Wohngebäudes vorzunehmen.

6. Äußere Gestaltung der Gebäude
   a) Zulässig sind Satteldächer mit einer Dachneigung von 30°–45° ohne Kniestock
   b) Grelle Farben sind unzulässig.
   c) Die Dächer von Garagen und Nebengebäuden sind entweder in das Dach des Hauptgebäudes einzubeziehen oder als Satteldächer auszubilden. Dachdeckung in gedeckten Rottönen.
   d) Kniestöcke sind nicht erlaubt.

Zur Feststellung der möglichen Nutzung werden im Bebauungsplan ferner angegeben:

Verhältnis der Grundstücksfläche zur Geschossfläche = Geschossflächenzahl (GFZ); zur bebauten Grundfläche = Grundflächenzahl (GRZ), Baumasse in m^3 = Baumassenzahl (BMZ).

So wurde mit der letzten Änderung der **Baunutzungsverordnung** der Dachgeschoss- und Souterrain-Ausbau erleichtert, weil künftig die Geschossfläche in Nichtvollgeschossen nicht mehr auf die im Bebauungsplan festgesetzte maximale Geschossfläche angerechnet wird.

Unter bestimmten Voraussetzungen können einer freien Gestaltung und Planung eines Bauwerkes weitere Hindernisse entgegenstehen:

- **Denkmalschutz:** Bei Umbauten denkmalgeschützter Gebäude kann die Baumaßnahme nur in Übereinstimmung oder mit Absprache der Denkmalschutzbehörden genehmigt werden.
- **Bauordnungsrecht:** Auf Länderebene können die Rechte zu den Grundstücksnachbarn geregelt werden, zum Beispiel die Bestimmung, dass Fenster 3 m von der Grenze entfernt sein müssen o. Ä.
- **Baulasten:** Länder können in ihrer Landesbauordnung so genannte Baulasten festlegen. Dies sind Einschränkungen in der Nutzung von Grundstücken, die sich aus einem öffentlich-rechtlichen Verhältnis heraus ergeben und deshalb nicht im Grundbuch in Abteilung II eingetragen werden müssen. So kann z. B. einem Grundstück die Pflicht auferlegt werden, dass es als Stellplatz gelten soll.

Während bei einer Grundbucheintragung diese durch Vereinbarung wieder geändert werden kann, ist dies nach einer Eintragung der Baulast in das so genannte **Baulastenbuch** nur über die untere Baurechtsbehörde möglich, ohne dass seitens der Grundstückseigentümer ein Rechtsanspruch darauf besteht. Eine Baulast wird insbesondere als Einschränkung der Nutzung eines Grundstücks eingetragen, wenn damit die Einhaltung von baurechtlichen Vorschriften bei einem Nachbargrundstück erleichtert wird. So kann ein Bebauungsverbot als Baulast eingetragen werden, wenn mit dem Nachbargebäude sonst nicht der erforderliche Gebäudeabstand eingehalten werden würde. Ein Bauherr sollte bei der Gemeinde nachfragen, ob auf dem vorgesehenen Baugrundstück eine Baulast ruht. Baulasten sind nicht aus dem Grundbuch ersichtlich.

Vorhabenbezogener Bebauungsplan: Die Instrumente „Vorhaben- und Erschließungsplan" und „städtebaulicher Vertrag" sollen durch kooperatives Handeln von Investoren und Gemeinde dazu beitragen, zügig die baurechtlichen Grundlagen für Investitionen im Bausektor zu schaffen.

Der vorhabenbezogene Bebauungsplan ist nichts anderes als ein auf ein konkretes Vorhaben bezogener Bebauungsplan. Der Unterschied zum Angebots-Bebauungsplan liegt darin, dass der Vorhabenträger einen Antrag auf Einleitung des Bebauungsplanverfahrens auf der Grundlage seines konkreten Vorhabens stellt und sich zugleich verpflichtet, das Projekt innerhalb einer bestimmten Frist auf seine Kosten einschließlich der Planungs- und Erschließungskosten durchzuführen.

Gegenstand des vorhabenbezogenen Bebauungsplans können Wohnbauvorhaben wie gewerbliche Vorhaben sein. Im Unterschied zum Bebauungsplan ist dieser Plan immer auf ein konkret vorgestelltes Bauvorhaben gerichtet. Zur Durchführung des Vorhabens müssen drei Voraussetzungen erfüllt werden:

- Ein Vorhabenträger erstellt einen Vorhaben- und Erschließungsplan. Beispielsweise plant ein Bauträger, ein nicht mehr genutztes Kasernengebäude mit Nebengebäuden in ein Objekt mit Eigentumswohnungen umzuwandeln. Er erstellt dazu mit einem Architekten eine konkrete, das gesamte Gebiet umfassende Planung.
- Zwischen der Gemeinde und dem Vorhabenträger wird ein Durchführungsvertrag abgeschlossen, in dem sich dieser verpflichtet, das Vorhaben innerhalb bestimmter Fristen durchzuführen sowie die Planungs- und Erschließungskosten ganz oder teilweise zu übernehmen.
- Die Gemeinde beschließt das Vorhaben mit einer baurechtsbegründenden Satzung und ermöglicht dadurch dessen Zulässigkeit.

Der vorhabenbezogene Bebauungsplan schafft anstelle eines Angebots-Bebauungsplanes Baurecht. Zu ihm gehören der vorhabenbezogene Bebauungsplan, der Vorhaben- und Erschließungsplan und der Durchführungsvertrag.

Wann darf der Bauherr mit dem Bau beginnen? Auch wenn ein Bebauungsplan eine Bebauung grundsätzlich zulässt, darf der Eigentümer nicht ohne weitere Prüfung eines Antrags eine Baumaßnahme beginnen. Dazu muss von der zuständigen Behörde ein Verwaltungsverfahren durchgeführt werden.

Aus dem von Art. 14 Grundgesetz geschützten Eigentum an einem Grundstück folgt das grundsätzliche Recht auf Baufreiheit. Dieses Recht kann aber zum Schutz Dritter eingeschränkt werden. Verantwortlich für die Einhaltung von Bauvorschriften sind der Bauherr, der Entwurfsverfasser und der ausführende Unternehmer.

Der Behördenaufbau ist je nach Bundesland zwei- oder dreistufig:

- oberste Bauaufsichtsbehörde ist das zuständige Ministerium,
- obere und höhere Bauaufsichtsbehörden sind die Bezirksregierungen bzw. die Regierungspräsidien,
- untere Bauaufsichtsbehörden sind das Landratsamt, kreisfreie Städte und Große Kreisstädte.

Die Bauaufsichtsbehörden wachen über die Errichtung, die Änderung, den Abbruch, die Nutzungsänderung und die Instandhaltung der baulichen Anlagen insoweit, als sie öffentlich-rechtlichen Vorschriften entsprechen müssen. Sie haben entsprechende Anordnungen zu treffen.

Bei genehmigungspflichtigen Vorhaben bzw. wenn eine Genehmigung im Anzeigeverfahren gewünscht wird, sind folgende Stufen zu durchlaufen:

- Bauantrag,
- Mitwirkung der Gemeinde,
- Beteiligung weiterer Behörden (z. B. Denkmalamt, Wasserschutzbehörde),
- Nachbarbeteiligung.

Die Baugenehmigung ist ein Verwaltungsakt. Erst wenn sie vorliegt, darf mit dem Bau begonnen werden, unabhängig von etwaigen privaten Rechtsbeziehungen. Formelle Vorschriften sind in den Landesbauordnungen (vgl. beispielsweise Baden-Württemberg) zu finden.

Das Verfahren zur Erlangung einer **Baugenehmigung** wird in der Regel von dem den Bau betreuenden Architekten beantragt. Der

Bauherr wird aber eventuell bereits vom Architekten auf Probleme mit der Genehmigung hingewiesen, die er letztlich selbst mit den Behörden „ausfechten“ muss, insbesondere wenn die Planung nicht eindeutig mit dem Bebauungsplan oder anderen Vorschriften übereinstimmt. Den grundsätzlichen Ablauf des Verfahrens zu kennen, erspart dem Bauherrn eventuell die Enttäuschung über einen verzögerten Beginn des Baus!

Bei **Fertighäusern** kann die Genehmigung durch eine allgemeine **Typengenehmigung** erleichtert werden. Fragen Sie bei Kaufverhandlungen danach!

Wenn Probleme wegen abweichender Planung abzusehen sind, kann ein **Vorbescheid** beantragt werden.

Die Beteiligung der Nachbarn ist nicht in allen Bundesländern Pflicht. Sind diese schriftlich mit einer bestimmten Bebauung einverstanden, können sie später nicht mehr Einwendungen wegen Verletzung ihrer Rechte vorbringen.

Bei Familienwohnheimen ist nach den heutigen Vorschriften die Baugenehmigung sofort zu erteilen, wenn die vorgelegten Pläne dem Bebauungsplan entsprechen, auch wenn ein Nachbar Einspruch einlegt, sofern er nicht in seinen Rechten verletzt wird.

Landesbauordnungen: Die Vorschriften über das Baugenehmigungsverfahren finden sich in den jeweiligen Landesbauordnungen der Länder. In allen Ländern bestehen für den Bau von Wohngebäuden Erleichterungen. Man spricht dabei entweder vom **Anzeigeverfahren**, vom **Kenntnisgabeverfahren** oder vom **Vereinfachten Baugenehmigungsverfahren**. Unter diese Verfahren fallen regelmäßig Wohngebäude geringer Höhe, die entsprechend einem **qualifizierten Bebauungsplan** errichtet werden. Meistens kann nach Ablauf einer Frist von zwei Wochen nach erfolgter Anzeige mit dem Bau begonnen werden. Allerdings haben Bauherren dann die Verantwortung dafür, dass der Bau vorschriftsmäßig errichtet wird. Viele gehen deshalb lieber den „sicheren“ Weg über eine förmliche Baugenehmigung.

Auszug aus der Landesbauordnung von Baden-Württemberg

§ 4 Bebauung der Grundstücke

(1) Gebäude dürfen nur errichtet werden, wenn das Grundstück in angemessener Breite an einer befahrbaren öffentlichen Verkehrsfläche liegt oder eine befahrene, öffentlich-rechtliche gesicherte Zufahrt zu einer befahrbaren öffentlichen Verkehrsfläche hat; bei Wohnwegen kann auf die Befahrbarkeit verzichtet werden, wenn keine Bedenken wegen des Brandschutzes bestehen.

Allgemeine Anforderungen an die Bauausführung

§ 11 Gestaltung

(1) Bauliche Anlagen sind mit ihrer Umgebung so in Einklang zu bringen, dass sie das Straßen-, Orts- oder Landschaftsbild nicht verunstalten oder deren beabsichtigte Gestaltung nicht beeinträchtigen. Auf Kultur- und Naturdenkmale und auf erhaltenswerte Eigenarten der Umgebung ist Rücksicht zu nehmen.

§ 12 Baustelle

(1) Baustellen sind so einzurichten, dass die baulichen Anlagen ordnungsgemäß errichtet oder abgebrochen werden können und Gefahren oder vermeidbare erhebliche Belästigungen nicht entstehen.

(3) Bei der Ausführung genehmigungspflichtiger Vorhaben hat der Bauherr an der Baustelle den von der Baurechtsbehörde nach § 59 Abs. 1 erteilten Baufreigabeschein anzubringen. Der Bauherr hat in den Baufreigabeschein Namen, Anschrift und Rufnummer der Unternehmer für die Rohbauarbeiten spätestens bei Baubeginn einzutragen; dies gilt nicht, wenn an der Baustelle ein besonderes Schild angebracht ist, das diese Angaben enthält. Der Baufreigabeschein muss dauerhaft, leicht lesbar und von der öffentlichen Verkehrsfläche aus sichtbar angebracht sein.

Einzelne Räume, Wohnungen und besondere Anlagen

§ 34 Aufenthaltsräume

(1) Aufenthaltsräume müssen eine für ihre Nutzung ausreichende Grundfläche haben. Die lichte Höhe muss mindestens betragen:

1. 2,2 m über mindestens der Hälfte ihrer Grundfläche, wenn die Aufenthaltsräume ganz oder überwiegend im Dachraum liegen...
2. 2,3 m in allen anderen Fällen.

§ 35 Wohnungen

(2) Jede Wohnung muss einen eigenen abschließbaren Zugang unmittelbar vom Freien, von einem Treppenraum oder von einem anderen Vorraum haben...

(3) Jede Wohnung muss eine Küche oder Kochnische haben. Fensterlose Küchen oder Kochnischen sind zulässig, wenn sie für sich lüftbar sind.

(4) Für jede Wohnung muss ein Abstellraum zur Verfügung stehen.

§ 42 Bauherr

(1) Der Bauherr hat zur Vorbereitung, Überwachung und Ausführung eines genehmigungspflichtigen oder kenntnisgabepflichtigen Bauvorhabens einen geeigneten Planverfasser, geeignete Unternehmer und nach Maßgabe des Absatzes 3 einen geeigneten Bauleiter zu bestellen. Dem Bauherrn obliegen die nach den öffentlich-rechtlichen Vorschriften erforderlichen Anzeigen an die Baurechtsbehörde.

§ 43 Planverfasser

(1) Der Planverfasser ist dafür verantwortlich, dass sein Entwurf den öffentlich-rechtlichen Vorschriften entspricht. Zum Entwurf gehören die Bauvorlagen und die Ausführungsplanung ...

§ 45 Bauleiter

(1) Der Bauleiter hat darüber zu wachen, dass die Ausführung den öffentlich-rechtlichen Vorschriften und den Entwürfen des Planverfassers entspricht. Er hat im Rahmen dieser Aufgabe auf den sicheren bautechnischen Betrieb der Baustelle, insbesondere auf das gefahrlose Ineinandergreifen der Arbeiten der Unternehmer zu achten; die Verantwortlichkeit der Unternehmer bleibt unberührt. Verstöße, denen nicht abgeholfen wird, hat er unverzüglich der Baurechtsbehörde mitzuteilen.

§ 47 Aufgaben und Befugnisse der Baurechtsbehörden

Die Baurechtsbehörden haben darauf zu achten, dass die baurechtlichen Vorschriften sowie die anderen öffentlich-rechtlichen Vorschriften über die Errichtung und den Abbruch von Anlagen und Einrichtungen im Sinne des § 1 eingehalten und die auf Grund dieser Vorschriften erlassenen Anordnungen befolgt werden. Sie haben zur Wahrnehmung dieser Aufgaben diejenigen Maßnahmen zu treffen, die nach pflichtgemäßem Ermessen erforderlich sind.

§ 50 Verfahrensfreie Vorhaben

(2) Die Nutzungsänderung ist verfahrensfrei, wenn

1. für die neue Nutzung keine anderen oder weiter gehenden Anforderungen gelten als für die bisherige Nutzung oder

2. durch die neue Nutzung zusätzlicher Wohnraum in Wohngebäuden geringer Höhe im Innenbereich geschaffen wird.

§ 51 Kenntnisgabeverfahren

(1) Das Kenntnisgabeverfahren wird durchgeführt bei der Errichtung von

1. Wohngebäuden, ausgenommen Hochhäusern,

2. landwirtschaftllichen Betriebsgebäuden auch mit Wohnteil bis zu drei Geschossen,

3. Gebäuden ohne Aufenthaltsräume bis zu 100 m^2 Grundfläche und bis zu drei Geschossen,

4. eingeschossigen Gebäuden ohne Aufenthaltsräume bis zu 250 m^2 Grundfläche,

5. Stellplätzen und Garagen für die Gebäude nach Nummer 1 bis 4,

6. Nebenanlagen im Sinne des § 14 Baunutzungsverordnung (BauNVO) für die Gebäude nach Nummer 1 bis 4, soweit die Vorhaben nicht bereits nach § 50 verfahrensfrei sind und die Voraussetzungen des Absatzes 2 vorliegen.

(2) Die Vorhaben nach Absatz 1 müssen liegen

1. innerhalb des Geltungsbereichs eines Bebauungsplans im Sinne des § 30 Abs. 1 BauGB, der nach dem 29. 6. 1961 rechtsverbindlich geworden ist, oder im Geltungsbereich einer Satzung nach § 7 des Maßnahmengesetzes zum Baugesetzbuch und

2. außerhalb des Geltungsbereichs einer Veränderungssperre im Sinne des § 14 BauGB.

(4) Kenntnisgabepflichtige Verfahren müssen ebenso wie genehmigungspflichtige Vorhaben den öffentlich-rechtlichen Vorschriften entsprechen.

§ 52 Bauvorlagen und Bauantrag

(1) Alle für die Durchführung des Baugenehmigungsverfahrens oder des Kenntnisgabeverfahrens erforderlichen Unterlagen (Bauvorlagen) und Anträge auf Abweichungen, Ausnahmen und Befreiungen sind bei der Gemeinde einzureichen. Bei genehmigungspflichtigen Vorhaben ist zusammen mit den Bauvorlagen der schriftliche Antrag auf Baugenehmigung (Bauantrag) einzureichen.

(2) Der Bauantrag ist vom Bauherrn und vom Planverfasser, die Bauvorlagen sind vom Planverfasser zu unterschreiben.

§ 55 Benachrichtigung der Angrenzer

(1) Die Gemeinde benachrichtigt die Eigentümer angrenzender Grundstücke (Angrenzer) von dem Bauantrag. Die Benachrichtigung ist nicht erforderlich bei Angrenzern, die

1. eine schriftliche Zustimmungserklärung abgegeben oder die Bauvorlagen unterschrieben haben oder

2. durch das Vorhaben offensichtlich nicht berührt werden ...

(2) Einwendungen sind innerhalb von zwei Wochen nach Zustellung der Benachrichtigung bei der Gemeinde schriftlich oder zur Niederschrift vorzubringen ...

(3) Bei Vorhaben im Kenntnisgabeverfahren gilt Absatz 1 entsprechend. Die Gemeinde hat die Angrenzer innerhalb von fünf Arbeitstagen ab dem Eingang

der Bauvorlagen zu benachrichtigen. Bedenken können innerhalb von zwei Wochen nach Zugang der Benachrichtigung bei der Gemeinde vorgebracht werden.

§ 58 Baugenehmigung

(1) Die Baugenehmigung ist zu erteilen, wenn dem genehmigungspflichtigen Vorhaben keine von der Baurechtsbehörde zu prüfenden öffentlich-rechtlichen Vorschriften entgegenstehen...

§ 59 Baubeginn

(1) Mit der Ausführung genehmigungspflichtiger Vorhaben darf erst nach Erteilung des Baufreigabescheins begonnen werden. Der Baufreigabeschein ist zu erteilen, wenn die in der Baugenehmigung für den Baubeginn enthaltenen Auflagen und Bedingungen erfüllt sind. Enthält die Baugenehmigung keine solchen Auflagen oder Bedingungen, so ist der Baufreigabeschein mit der Baugenehmigung zu erteilen.

Der schnelle Weg zu einer Baugenehmigung

Wesentlich ist die Auswahl eines fachkundigen Entwurfsverfassers, der von vornherein eine genehmigungsfähige Planung erarbeitet. Architekten und Bauingenieure sind von ihrer Ausbildung her für diese Aufgabe besonders geeignet.

- Die Nachbarschaftsunterschriften sind rechtzeitig vor Stellung des Bauantrages einzuholen. Bemühen Sie sich um die Zustimmung aller Nachbarn.
- Reichen Sie den Bauantrag mit vollständigen Unterlagen ein. Unvollständige Bauanträge sind in der Praxis die häufigste Ursache für längere Bearbeitungszeiten.
- Wenn Sie im Rahmen des sozialen Wohnungsbaues bauen wollen, so sollten Sie bereits mit dem Bauantrag auch Ihren Förderungsantrag einreichen. Um Umplanungen wegen des Förderungsrechts zu vermeiden, sollten Sie schon den Vorentwurf Ihres Bauplanes mit der Bewilligungsstelle besprechen. In jedem Fall dürfen sie erst mit dem Bau beginnen, wenn der Förderungsantrag genehmigt ist oder die Bewilligungsstelle dem vorzeitigen Baubeginn zustimmt.
- Bemühen Sie sich, Ihren Bauantrag rechtzeitig vor der nächsten Sitzung des Gemeinderats bzw. des Bauausschusses einzureichen. Dies ist vor allem bei längeren sitzungsfreien Perioden in der Ferienzeit bedeutsam.
- Machen Sie bei problematischen Bauvorhaben von der Möglichkeit der Bauvoranfrage Gebrauch.

- Vermeiden Sie nach Möglichkeit Planungen, für die Sie eine Ausnahme oder Befreiung brauchen (zusätzliche Zustimmungserfordernisse!)
- Nutzen Sie die Möglichkeit eines nach Landesrecht evtl. zulässigen beschleunigten Baugenehmigungsverfahrens.

(Quelle: Starthilfe für Bauherren, Bayerisches Staatsministerium des Innern)

Gegen einen Ablehnungsbescheid zum Bauantrag kann geklagt werden. Unter Umständen sind die höheren Baurechtsbehörden einzuschalten. Abbildung 13 (S. 114) fasst die erforderlichen Schritte vor Beginn des Baus zusammen. Abbildung 14 (S. 115) informiert über die Hierarchie der Baurechtsbehörden.

Den unteren Bauaufsichtsbehörden obliegt der eigentliche Vollzug der Aufgaben der Bauaufsicht. Die höheren Bauaufsichtsbehörden üben im Wesentlichen die Rechts- und Fachaufsicht aus und sind Widerspruchsbehörden. Die obersten Behörden sind für die Maßnahmen zuständig, die im ganzen Land einheitlich geregelt und durchgeführt werden sollen. Sofern Gemeinden nicht die Funktion einer unteren Bauaufsichtsbehörde direkt wahrnehmen, sind Zusagen der Gemeinde beispielsweise über eine Art der Bebaubarkeit für die Aufsichtsbehörde nicht bindend!

Bei Gebäuden mit höchstens zwei Wohnungen entfällt die Prüfung der Vorschriften über Statik, Brand-, Wärme- und Schallschutz. Neben den Architekten sind auch Ingenieure „bauvorlageberechtigt".

Die Umwandlung in Wohnungs- und Teileigentum wird in Gebieten, für die eine Erhaltungssatzung in Form einer Milieuschutzsatzung erlassen worden ist, erheblich erschwert. Durch § 172 BauGB werden die Landesregierungen ermächtigt, dort durch Verordnung mit einer Geltungsdauer von höchstens fünf Jahren zu bestimmen, dass eine Umwandlung der Genehmigung bedarf. Ausnahmetatbestände liegen unter anderem vor, wenn sich der Eigentümer verpflichtet, innerhalb von sieben Jahren die umgewandelte Wohnung nur an Mieter zu veräußern, oder das Gebäude im Zeitpunkt des Antrags auf Umwandlung nicht zu Wohnzwecken genutzt wird. Dasselbe gilt, wenn die Eigentumswohnung von Familienangehörigen erworben und genutzt werden soll oder mit der Modernisierung auf den durchschnittlichen Wohnungsstandard angestrebt wird.

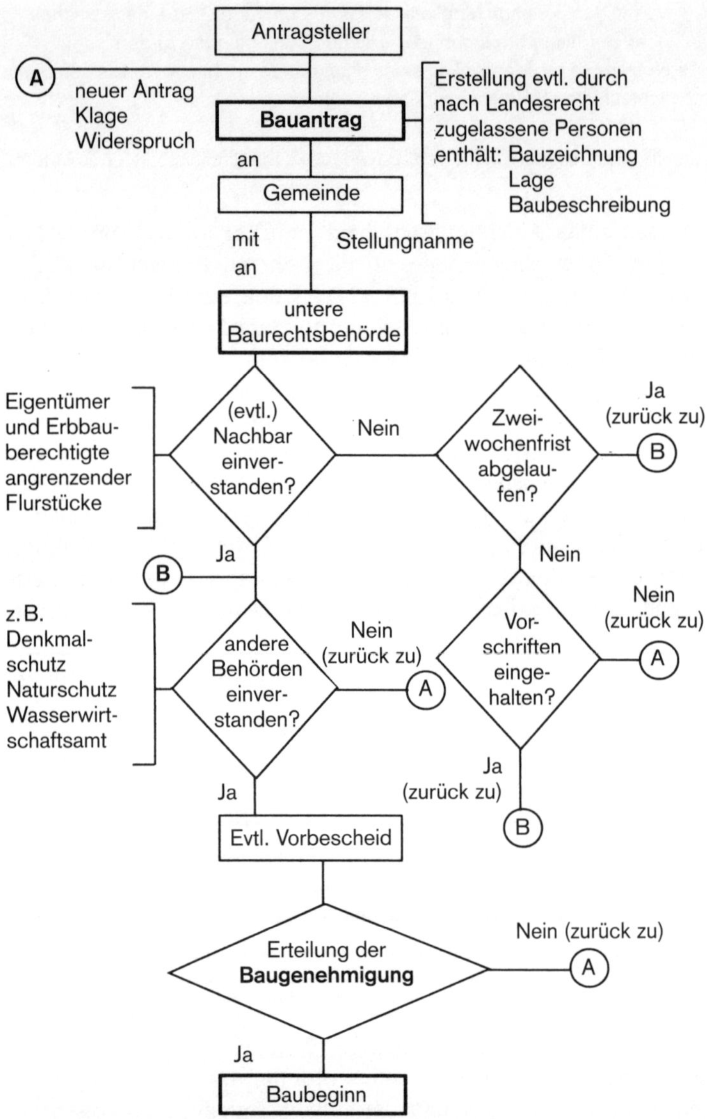

Abb. 13: Von der Antragstellung zur Baugenehmigung

Ministerien der Länder	Oberste Baurechtsbehörde
Regierungspräsidien	Höhere Baurechtsbehörde
Städte, Gemeinden und Verwaltungsverbände mit mehr als 8000 Einwohnern	Untere Baurechtsbehörde
Landratsamt bei Gemeinden und Verwaltungsverbänden mit weniger als 8000 Einwohnern (Ansprechpartner bleibt die Gemeinde)	

Abb. 14: Hierarchie der Baurechtsbehörden (z. B. für den Widerspruchsfall)

Das Vorkaufsrecht der Gemeinde kann die Abwicklung des Kaufvertrags verzögern. Wegen der Einschaltung der Gutachterausschüsse bleiben die Grundstückskaufverträge unter Umständen lange Zeit in der Schwebe. Das hat nachteilige Auswirkungen für die Beleihung und damit für die Baufinanzierung.

Auszug Baugesetzbuch:

§ 1 Aufgabe, Begriff und Grundsätze der Bauleitplanung

(1) Aufgabe der Bauleitplanung ist es, die bauliche sonstige Nutzung der Grundstücke in der Gemeinde nach Maßgabe dieses Gesetzbuchs vorzubereiten und zu leiten.

(2) Bauleitpläne sind der Flächennutzungsplan (vorbereitender Bauleitplan) und der Bebauungsplan (verbindlicher Bebauungsplan).

(3) Die Gemeinden haben die Bauleitpläne aufzustellen, sobald und soweit es für die städtebauliche Entwicklung und Ordnung erforderlich ist. Auf die Aufstellung von Bauleitplänen und städtebaulichen Satzungen besteht kein Anspruch; ein Anspruch kann auch nicht durch Vertrag begründet werden.

(4) Die Bauleitpläne sind den Zielen der Raumordnung anzupassen.

(5) Die Bauleitpläne sollen eine nachhaltige städtebauliche Entwicklung, die

die sozialen, wirtschaftlichen und umweltschützenden Anforderungen auch in Verantwortung gegenüber künftigen Generationen miteinander in Einklang bringt, und eine dem Wohl der Allgemeinheit entsprechende sozialgerechte Bodennutzung gewährleisten. Sie sollen dazu beitragen, eine menschenwürdige Umwelt zu sichern und die natürlichen Lebensgrundlagen zu schützen und zu entwickeln sowie die städtebauliche Gestalt und das Orts- und Landschaftsbild baukulturell zu erhalten und zu entwickeln.

§ 1 a, Ergänzende Vorschriften zum Umweltschutz

(1) Bei der Aufstellung der Bauleitpläne sind die nachfolgenden Vorschriften zum Umweltschutz anzuwenden. ...

§ 5 Inhalt des Flächennutzungsplans

(1) Im Flächennutzungsplan ist für das ganze Gemeindegebiet die sich aus der beabsichtigten städtebaulichen Entwicklung ergebende Art der Bodennutzung nach den voraussehbaren Bedürfnissen der Gemeinde in den Grundzügen darzustellen...

(2) Im Flächennutzungsplan können insbesondere dargestellt werden:

1. die für die Bebauung vorgesehenen Flächen nach der allgemeinen Art ihrer baulichen Nutzung (Bauflächen), nach der besonderen Art ihrer baulichen Nutzung (Baugebiete) sowie nach dem allgemeinen Maß der baulichen Nutzung...
2. die Ausstattung des Gemeindegebiets mit Einrichtungen und Anlagen zur Versorgung mit Gütern und Dienstleistungen des öffentlichen und privaten Bereichs...
3. die Flächen für den überörtlichen Verkehr und für die örtlichen Hauptverkehrszüge;
4. die Flächen für Versorgungsanlagen...
5. die Grünflächen...
6. die Flächen für Nutzungsbeschränkungen...
7. die Wasserflächen...
8. die Flächen für Aufschüttungen...
9. a) die Flächen für die Landwirtschaft und
   b) Wald
10. die Flächen für Maßnahmen zum Schutz, zur Pflege und zur Entwicklung von Boden, Natur und Landschaft.

§ 8 Zweck des Bebauungsplans

(1) Der Bebauungsplan enthält die rechtsverbindlichen Festsetzungen für die städtebauliche Ordnung. Er bildet die Grundlage für weitere, zum Vollzug dieses Gesetzbuchs erforderliche Maßnahmen.

(2) Bebauungspläne sind aus dem Flächennutzungsplan zu entwickeln. Ein

Flächennutzungsplan ist nicht erforderlich, wenn der Bebauungsplan ausreicht, um die städtebauliche Entwicklung zu ordnen.

§ 9 Inhalt des Bebauungsplans

(1) Im Bebauungsplan können aus städtebaulichen Gründen festgesetzt werden:

1. die Art und das Maß der baulichen Nutzung;
2. die Bauweise, die überbaubaren und die nicht überbaubaren Grundstücksflächen sowie die Stellung der baulichen Anlagen;

2a. vom Bauordnungsrecht abweichende Maße der Tiefe der Abstandsflächen;

3. für die Größe, Breite und Tiefe der Baugrundstücke Mindestmaße und aus Gründen des sparsamen und schonenden Umgangs mit Grund und Boden für Wohnbaugrundstücke für Höchstmaße;
4. die Flächen für Nebenanlagen ...
5. die Flächen für den Gemeinbedarf sowie für Sport- und Spielanlagen;
6. die höchstzulässige Zahl der Wohnungen in Wohngebäuden;

...

§ 11 Städtebaulicher Vertrag

(1) Die Gemeinde kann städtebauliche Verträge schließen. Gegenstände eines städtebaulichen Vertrags können insbesondere sein;

1. die Vorbereitung oder Durchführung städtebaulicher Maßnahmen durch den Vertragspartner auf eigene Kosten ...

§ 12 Vorhaben- und Erschließungsplan

(1) Die Gemeinde kann durch einen vorhabenbezogenen Bebauungsplan die Zulässigkeit von Vorhaben bestimmen, wenn der Vorhabenträger auf der Grundlage eines mit der Gemeinde abgestimmten Plans zur Durchführung der Vorhaben und der Erschließungsmaßnahmen (Vorhaben- und Erschließungsplan) bereit und in der Lage ist und sich zur Durchführung innerhalb einer bestimmten Frist und zur Tragung der Planungs- und Erschließungskosten ganz oder teilweise vor dem Beschluss nach § 10 Abs. 1 verpflichtet (Durchführungsvertrag) ...

§ 13 Vereinfachtes Verfahren

(1) Werden durch die Änderung oder Ergänzung eines Bauleitplans die Grundzüge der Planung nicht berührt oder wird durch die Aufstellung eines Bebauungsplans in einem Gebiet nach § 34 der sich aus der vorhandenen Eigenart der näheren Umgebung ergebende Zulässigkeitsmaßstab nicht wesentlich verändert oder enthält er lediglich Festsetzungen nach § 9 Abs. 2a, kann die Gemeinde das vereinfachte Verfahren anwenden, wenn

1. die Zulässigkeit von Vorhaben, die einer Pflicht zur Durchführung einer Umweltverträglichkeitsprüfung nach Anlage 1 zum Gesetz über die Umweltverträglichkeitsprüfung oder nach Landesrecht unterliegen, nicht vorbereitet oder begründet wird und
2. keine Anhaltspunkte für eine Beeinträchtigung der in § 1 Abs. 6 Nr. 7 Buchstabe b genannten Schutzgüter bestehen.

(2) Im vereinfachten Verfahren kann
1. von der frühzeitigen Unterrichtung und Erörterung nach § 3 Abs. 1 und § 4 Abs. 1 abgesehen werden,
2. der betroffenen Öffentlichkeit Gelegenheit zur Stellungnahme innerhalb angemessener Frist gegeben oder wahlweise die Auslegung nach § 3 Abs. 2 durchgeführt werden,
3. den berührten Behörden und sonstigen Trägern öffentlicher Belange Gelegenheit zur Stellungnahme innerhalb angemessener Frist gegeben oder wahlweise die Beteiligung nach § 4 Abs. 2 durchgeführt werden.

§ 13a Bebauungspläne der Innenentwicklung

(1) Ein Bebauungsplan für die Wiedernutzbarmachung von Flächen, die Nachverdichtung oder andere Maßnahmen der Innenentwicklung (Bebauungsplan der Innenentwicklung) kann im beschleunigten Verfahren aufgestellt werden. Der Bebauungsplan darf im beschleunigten Verfahren nur aufgestellt werden, wenn in ihm eine zulässige Grundfläche im Sinne des § 19 Abs. 2 der Baunutzungsverordnung oder eine Größe der Grundfläche festgesetzt wird von insgesamt
1. weniger als 20.000 Quadratmetern, wobei die Grundflächen mehrerer Bebauungspläne, die in einem engen sachlichen, räumlichen und zeitlichen Zusammenhang aufgestellt werden, mitzurechnen sind, oder
2. 20.000 Quadratmetern bis weniger als 70.000 Quadratmetern, wenn auf Grund einer überschlägigen Prüfung unter Berücksichtigung der in Anlage 2 dieses Gesetzes genannten Kriterien die Einschätzung erlangt wird, dass der Bebauungsplan voraussichtlich keine erheblichen Umweltauswirkungen hat, die nach § 2 Abs. 4 Satz 4 in der Abwägung zu berücksichtigen wären (Vorprüfung des Einzelfalls); die Behörden und sonstigen Träger öffentlicher Belange, deren Aufgabenbereiche durch die Planung berührt werden können, sind an der Vorprüfung des Einzelfalls zu beteiligen.

Wird in einem Bebauungsplan weder eine zulässige Grundfläche noch eine Größe der Grundfläche festgesetzt, ist bei Anwendung des Satzes 2 die Fläche maßgeblich, die bei Durchführung des Bebauungsplans voraussichtlich versiegelt wird. Das beschleunigte Verfahren ist ausgeschlossen, wenn durch den Bebauungsplan die Zulässigkeit von Vorhaben begründet wird, die einer Pflicht zur Durchführung einer Umweltverträglichkeitsprüfung nach dem Gesetz über die Umweltverträglichkeitsprüfung oder nach Landesrecht unterliegen. Das beschleunigte Verfahren ist auch ausgeschlossen, wenn Anhaltspunkte für eine Beeinträchtigung der in § 1 Abs. 6 Nr. 7 Buchstabe b genannten Schutzgüter bestehen.

(2) Im beschleunigten Verfahren

1. gelten die Vorschriften des vereinfachten Verfahrens nach § 13 Abs. 2 und 3 Satz 1 entsprechend;
2. kann ein Bebauungsplan, der von Darstellungen des Flächennutzungsplans abweicht, auch aufgestellt werden, bevor der Flächennutzungsplan geändert oder ergänzt ist; die geordnete städtebauliche Entwicklung des Gemeindegebiets darf nicht beeinträchtigt werden; der Flächennutzungsplan ist im Wege der Berichtigung anzupassen;
3. soll einem Bedarf an Investitionen zur Erhaltung, Sicherung und Schaffung von Arbeitsplätzen, zur Versorgung der Bevölkerung mit Wohnraum oder zur Verwirklichung von Infrastrukturvorhaben in der Abwägung in angemessener Weise Rechnung getragen werden;
4. gelten in den Fällen des Absatzes 1 Satz 2 Nr. 1 Eingriffe, die auf Grund der Aufstellung des Bebauungsplans zu erwarten sind, als im Sinne des § 1a Abs. 3 Satz 5 vor der planerischen Entscheidung erfolgt oder zulässig.

(3) Bei Aufstellung eines Bebauungsplans im beschleunigten Verfahren ist ortsüblich bekannt zu machen,

1. dass der Bebauungsplan im beschleunigten Verfahren ohne Durchführung einer Umweltprüfung nach § 2 Abs. 4 aufgestellt werden soll, in den Fällen des Absatzes 1 Satz 2 Nr. 2 einschließlich der hierfür wesentlichen Gründe, und
2. wo sich die Öffentlichkeit über die allgemeinen Ziele und Zwecke sowie die wesentlichen Auswirkungen der Planung unterrichten kann und dass sich die Öffentlichkeit innerhalb einer bestimmten Frist zur Planung äußern kann, sofern keine frühzeitige Unterrichtung und Erörterung im Sinne des § 3 Abs. 1 stattfindet.

§ 14 Veränderungssperre

(1) Ist ein Beschluss über die Aufstellung eines Bebauungsplans gefasst, kann die Gemeinde zur Sicherung der Planung für den künftigen Planbereich eine Veränderungssperre mit dem Inhalt beschließen, dass

1. Vorhaben im Sinne des § 29 nicht durchgeführt oder bauliche Anlagen nicht beseitigt werden dürfen;
2. erhebliche oder wesentlich wertsteigernde Veränderungen von Grundstücken und baulichen Anlagen, deren Veränderungen nicht genehmi-

gungs-, zustimmungs- oder anzeigepflichtig sind, nicht vorgenommen werden dürfen.

§ 24 Allgemeines Vorkaufsrecht

(1) Der Gemeinde steht ein Vorkaufsrecht zu beim Kauf von Grundstücken

1. im Geltungsbereich eines Bebauungsplans, soweit es sich um Flächen handelt, für die nach dem Bebauungsplan eine Nutzung für öffentliche Zwecke oder für Flächen oder Maßnahmen zum Ausgleich im Sinne des § 1 a Abs. 3 festgesetzt ist,
2. in einem Umlegungsgebiet,
3. in einem förmlich festgelegten Sanierungsgebiet und städtebaulichen Entwicklungsbereich,
4. im Geltungsbereich einer Satzung zur Sicherung von Durchführungsmaßnahmen des Stadtumbaus und einer Erhaltungssatzung,
5. im Geltungsbereich eines Flächennutzungsplans, soweit es sich um unbebaute Flächen im Außenbereich handelt, für die nach dem Flächennutzungsplan eine Nutzung als Wohnbaufläche oder Wohngebiet dargestellt ist,
6. in Gebieten, die nach §§ 30, 33 oder 34 Abs. 2 vorwiegend mit Wohngebäuden bebaut werden können, soweit die Grundstücke unbebaut sind, sowie
7. in Gebieten, die zum Zweck des vorbeugenden Hochwasserschutzes von Bebauung freizuhalten sind, insbesondere in Überschwemmungsgebieten.

§ 30 Zulässigkeit von Vorhaben im Geltungsbereich eines Bebauungsplans

(1) Im Geltungsbereich eines Bebauungsplans, der allein oder gemeinsam mit sonstigen baurechtlichen Vorschriften mindestens Festsetzungen über die Art und das Maß der baulichen Nutzung, die überbaubaren Grundstücksflächen und die örtlichen Verkehrsflächen enthält, ist ein Vorhaben zulässig, wenn es diesen Festsetzungen nicht widerspricht und die Erschließung gesichert ist.

(2) Im Geltungsbereich eines vorhabenbezogenen Bebauungsplans nach § 12 ist ein Vorhaben zulässig, wenn es dem Bebauungsplan nicht widerspricht und die Erschließung gesichert ist.

(3) Im Geltungsbereich eines Bebauungsplans, der die Voraussetzungen des Absatzes 1 nicht erfüllt (einfacher Bebauungsplan), richtet sich die Zulässigkeit von Vorhaben im Übrigen nach § 34 oder § 35.

§ 34 Zulässigkeit von Vorhaben innerhalb der im Zusammenhang bebauten Ortsteile

(1) Innerhalb der im Zusammenhang bebauten Ortsteile ist ein Vorhaben zulässig, wenn es sich nach Art und Maß der baulichen Nutzung, der Bauweise und der Grundstücksfläche, die überbaut werden soll, in die Eigenart der näheren Umgebung einfügt und die Erschließung gesichert ist. Die Anforderungen an gesunde Wohn- und Arbeitsverhältnisse müssen gewahrt bleiben; das Ortsbild darf nicht beeinträchtigt werden.

(3a) Vom Erfordernis des Einfügens in die Eigenart der näheren Umgebung nach Absatz 1 Satz 1 kann im Einzelfall abgewichen werden, wenn die Abweichung

1. der Erweiterung, Änderung, Nutzungsänderung oder Erneuerung eines zulässigerweise errichteten Gewerbe- oder Handwerksbetriebs oder der Erweiterung, Änderung oder Erneuerung einer zulässigerweise errichteten baulichen Anlage zu Wohnzwecken dient,
2. städtebaulich vertretbar ist und
3. auch unter Würdigung nachbarlicher Interessen mit den öffentlichen Belangen vereinbar ist.

Satz 1 findet keine Anwendung auf Einzelhandelsbetriebe, die die verbrauchernahe Versorgung der Bevölkerung beeinträchtigen oder schädliche Auswirkungen auf zentrale Versorgungsbereiche in der Gemeinde oder in anderen Gemeinden haben können.

§ 35 Bauen im Außenbereich

(1) Im Außenbereich ist ein Vorhaben nur zulässig, wenn öffentliche Belange nicht entgegenstehen, die ausreichende Erschließung gesichert ist und wenn es

1. einem land- oder forstwirtschaftlichen Betrieb dient und nur einen untergeordneten Teil der Betriebsfläche einnimmt,

...

§ 136 Städtebauliche Sanierungsmaßnahmen

(2) Städtebauliche Sanierungsmaßnahmen sind Maßnahmen, durch die ein Gebiet zur Behebung städtebaulicher Missstände wesentlich verbessert oder umgestaltet wird. Städtebauliche Missstände liegen vor, wenn

1. das Gebiet nach seiner vorhandenen Bebauung oder nach seiner sonstigen Beschaffenheit den allgemeinen Anforderungen an gesunde Wohn- und Arbeitsverhältnisse oder an die Sicherheit der in ihm wohnenden oder arbeitenden Menschen nicht entspricht oder
2. das Gebiet in der Erfüllung der Aufgaben erheblich beeinträchtigt ist, die ihm nach seiner Lage und Funktion obliegen.

§ 142 Sanierungssatzung

(1) Die Gemeinde kann ein Gebiet, in dem eine städtebauliche Sanierungsmaßnahme durchgeführt werden soll, durch Beschluss förmlich als Sanierungsgebiet festlegen (förmlich festgelegtes Sanierungsgebiet) . . .

§ 144 Genehmigungspflichtige Vorhaben und Rechtsvorgänge

(1) Im förmlich festgelegten Sanierungsgebiet bedürfen der schriftlichen Genehmigung der Gemeinde

1. die in § 14 Abs. 1 bezeichneten Vorhaben und sonstigen Maßnahmen;
2. Vereinbarungen, durch die ein schuldrechtliches Vertragsverhältnis über den Gebrauch oder die Nutzung eines Grundstücks, Gebäudes oder Gebäudeteils auf bestimmte Zeit von mehr als einem Jahr eingegangen oder verlängert wird.

(2) Im förmlich festgelegten Sanierungsgebiet bedürfen der schriftlichen Genehmigung der Gemeinde

1. die rechtsgeschäftliche Veräußerung eines Grundstücks und die Bestellung und Veräußerung eines Erbbaurechts;

. . .

4. die Begründung, Änderung oder Aufhebung einer Baulast;
5. die Teilung eines Grundstücks.

§ 165 Städtebauliche Entwicklungsmaßnahmen

(2) Mit städtebaulichen Entwicklungsmaßnahmen nach Absatz 1 sollen Ortsteile und andere Teile des Gemeindegebiets entsprechend ihrer besonderen Bedeutung für die städtebauliche Entwicklung und Ordnung der Gemeinde oder entsprechend der angestrebten Entwicklung des Landesgebiets oder der Region erstmalig entwickelt oder im Rahmen einer städtebaulichen Neuordnung eine neuen Entwicklung zugeführt werden.

§ 172 Erhaltung baulicher Anlagen und der Eigenart von Gebieten (Erhaltungssatzung)

(1) Die Gemeinde kann in einem Bebauungsplan oder durch eine sonstige Satzung Gebiete bezeichnen, in denen

1. zur Erhaltung der städtebaulichen Eigenart des Gebiets auf Grund seiner städtebaulichen Gestalt (Absatz 3),
2. zur Erhaltung der Zusammensetzung der Wohnbevölkerung (Absatz 4) oder
3. bei städtebaulichen Umstrukturierungen (Absatz 5)

der Rückbau, die Änderung oder die Nutzungsänderung baulicher Anlagen der Genehmigung bedürfen . . . .

(3) In den Fällen des Absatzes 1 Satz 1 Nr. 1 darf die Genehmigung nur versagt werden, wenn die bauliche Anlage allein oder im Zusammenhang mit an-

deren baulichen Anlagen das Ortsbild, die Stadtgestalt oder das Landschaftsbild prägt oder sonst von städtebaulicher, insbesondere geschichtlicher oder künstlerischer Bedeutung ist. Die Genehmigung zur Errichtung der baulichen Anlage darf nur versagt werden, wenn die städtebauliche Gestalt des Gebiets durch die beabsichtigte bauliche Anlage beeinträchtigt wird.

(4) In den Fällen des Absatzes 1 Nr. 2 und Satz 4 darf die Genehmigung nur versagt werden, wenn die Zusammensetzung der Wohnbevölkerung aus besonderen städtebaulichen Gründen erhalten werden soll. Sie ist auch zu erteilen, wenn auch unter Berücksichtigung des Gemeinwohls die Erhaltung der baulichen Anlage oder ein Absehen von der Begründung von Sondereigentum wirtschaftlich nicht mehr zumutbar ist. Die Genehmigung ist ferner zu erteilen, wenn

1. die Änderung einer baulichen Anlage der Herstellung des zeitgemäßen Ausstattungszustands einer durchschnittlichen Wohnung unter Berücksichtigung der bauordnungsrechtlichen Mindestanforderungen dient,

...

3. das Wohnungseigentum oder Teileigentum zur eigenen Nutzung an Familienangehörige des Eigentümers veräußert werden soll,
6. sich der Eigentümer verpflichtet, innerhalb von sieben Jahren ab der Begründung von Wohnungseigentum Wohnungen nur an die Mieter zu veräußern; ...

§ 176 Baugebot

(1) Im Geltungsbereich eines Bebauungsplans kann die Gemeinde den Eigentümer durch Bescheid verpflichten, innerhalb einer zu bestimmenden angemessenen Frist

1. sein Grundstück entsprechend den Festsetzungen des Bebauungsplans zu bebauen oder
2. ein vorhandenes Gebäude oder eine vorhandene sonstige bauliche Anlage den Festsetzungen des Bebauungsplans anzupassen.

§ 192 Gutachterausschuss

(1) Zur Ermittlung von Grundstückswerten und für sonstige Wertermittlungen werden selbstständige, unabhängige Gutachterausschüsse gebildet.

§ 194 Verkehrswert

Der Verkehrswert (Marktwert) wird durch den Preis bestimmt, der in dem Zeitpunkt, auf den sich die Ermittlung bezieht, im gewöhnlichen Geschäftsverkehr nach den rechtlichen Gegebenheiten und tatsächlichen Eigenschaften, der sonstigen Beschaffenheit und der Lage des Grundstücks oder des sonstigen Gegenstands der Wertermittlung ohne Rücksicht auf ungewöhnliche oder persönliche Verhältnisse zu erzielen wäre.

§ 195 Kaufpreissammlung

(1) Zur Führung der Kaufpreissammlung ist jeder Vertrag, durch den sich jemand verpflichtet, Eigentum an einem Grundstück gegen Entgelt, auch im Wege des Tausches, zu übertragen oder ein Erbbaurecht zu begründen, von der beurkundenden Stelle in Abschrift dem Gutachterausschuss zu übersenden...

§ 196 Bodenrichtwerte

(1) Auf Grund der Kaufpreissammlung sind für jedes Gemeindegebiet durchschnittliche Lagewerte für den Boden unter Berücksichtigung des unterschiedlichen Entwicklungszustands, mindestens jedoch für erschließungsbeitragspflichtiges oder erschließungsbeitragsfreies Bauland, zu ermitteln (Bodenrichtwerte). In bebauten Gebieten sind Bodenrichtwerte mit dem Wert zu ermitteln, der sich ergeben würde, wenn der Boden unbebaut wäre. ...

Auszug: Bodenrichtwerte und Preisspiegel

Überwiegend zweigeschossiger Wohnungsbau, GFZ bis 1,0
Kaufpreise in €/m² Grundstücksfläche
Baul. Nutzbarkeit

Wohnlage	bis 250m²	bis 600m²	bis 1000m²	>1000m²
Einfamilienhaus				
bevorzugt	–	–	947–1185	570
gut	–	–	399	–
mittel	474–570	498–542	–	–
Reiheneigenheim*)				
bevorzugt	–	630	–	–
Wohnlage	bis 250m²	bis 600m²	bis1000m²	>1000m²
gut	368–748	448–870	428–580	697
mittel	358–695	344–660	528	471–660
Mehrfamilienhaus				
bevorzugt	–	761	–	858–1091
gut	–	730–871	532–750	530–691
mittel	417	453–625	370–585	460–548

Abb. 15: Auszug aus den Bodenrichtwerten einer süddeutschen Großstadt

* Große Grundstücke zur späteren Bebauung mit Reiheneigenheimen

Genehmigungsverfahren in den Bundesländern (Auszug)

Baden-Württemberg Kenntnisgabeverfahren: Gilt für den Bau von Wohngebäuden. Bauherr informiert Bauaufsichtsbehörde über das Vorhaben. Zwei Wochen nach bestätigtem Eingang der Anzeige kann er mit dem Bau beginnen. Baubehörde kann das Bauvorhaben nur innerhalb der Zwei-Wochen-Frist beanstanden.

Bayern Genehmigungsfreistellung bei Gebäuden im Geltungsbereich eines Bebauungsplans und bei Einhaltung der entsprechenden Festsetzungen. Vereinfachtes Genehmigungsverfahren in anderen Fällen, ausgenommen bei Sonderbauten, z. B. Hochhäusern.

Berlin Freistellung von der Baugenehmigungspflicht: Gilt für Wohngebäude mit bis zu zwei Wohnungen und zwei Vollgeschossen.

Brandenburg Anzeigeverfahren: Gilt für den Bau von Wohngebäuden mit geringer Höhe (zu den Voraussetzungen siehe Bayern). Der Bau muss innerhalb eines Bebauungs-, Vorhabens- und Erschließungsplans errichtet werden.

Bremen Vereinfachtes Baugenehmigungsverfahren: Gilt für Wohngebäude mit geringer Höhe (bis zu drei Wohnebenen, zu den Voraussetzungen siehe Bayern). Die zuständige Behörde muss innerhalb von drei Monaten über den Bauantrag entscheiden. Danach gilt das Vorhaben automatisch als genehmigt. Die Baubehörde prüft nur hinsichtlich der zulässigen Grenzabstände sowie der erforderlichen Kinderspiel- und Stellplätze.

Hamburg Gilt für Wohngebäude mit geringer Höhe. Voraussetzungen:
1. Bis zu drei Geschosse, in denen sich nicht mehr als zwei Wohnungen befinden sowie
2. das Gebäude muss im Rahmen eines qualifizierten Bebauungsplans errichtet werden. Mit dem Bau darf zwei Wochen nach bestätigtem Eingang der Bauanzeige begonnen werden.

Hessen Vereinfachtes Baugenehmigungsverfahren: Gilt für Wohngebäude bis zu vier Geschossen. Die zuständige Behörde muss innerhalb von drei Monaten über den Bauantrag entscheiden. Eine Fristverlängerung um zwei weitere Monate ist nur bei Vorliegen eines wichtigen Grundes möglich. Danach gilt das Vorhaben automatisch als genehmigt. Die Baubehörde prüft nur die Einhaltung des Bauplanungs-, Bauneben- und Ortsbaurechts sowie die zulässigen Grenzabstände und die erforderliche Zahl der Stellplätze.

Mecklenburg-Vorpommern Anzeigeverfahren: Gilt für Wohngebäude mit geringer Höhe (zu den Voraussetzungen siehe Bayern) und nicht mehr als zwei Wohnungen.

Niedersachsen Anzeigeverfahren: Gilt für Wohngebäude mit geringer Höhe (zu den Voraussetzungen siehe Bayern) im Geltungsbereich eines Bebauungsplans. Die Baubehörde prüft lediglich die Einhaltung der zulässigen Grenzabstände, der Vorschriften des Wärmeschutzes, die erlaubte Grund- und Geschossfläche sowie die Baumasse.

Nordrhein-Westfalen Anzeigeverfahren: Gilt für Wohngebäude bis zur Hochhausgrenze (22 Meter) im Geltungsbereich eines Bebauungsplans. Vor Beginn des Bauvorhabens muss der Bauherr die Bauunterlagen bei der zuständigen Behörde einreichen. Mit dem Bau darf nach Ablauf eines Monats nach bestätigtem Eingang begonnen werden. In Gebieten ohne Bebauungsplan wird ein vereinfachtes Baugenehmigungsverfahren mit einer Bearbeitungsdauer von höchstens sechs Wochen eingeführt.

Rheinland-Pfalz Anzeigeverfahren: Gilt für Wohngebäude mit geringer Höhe (bis zu drei Geschossen, zu den Voraussetzungen siehe Bayern) im Geltungsbereich eines Bebauungsplanes.

Saarland Anzeigeverfahren: Gilt für Wohn-, Verwaltungs- und Bürogebäude bis zu drei Geschossen im Geltungsbereich eines qualifizierten Bebauungsplans. Für Bauvorhaben außerhalb eines Bebauungsplans wird ein vereinfachtes Genehmigungsverfahren mit einer Bearbeitungsdauer von höchstens drei Monaten eingeführt. Mit dem Bau darf nach Ablauf einer Frist von zwei Wochen nach bestätigtem Eingang der Anzeige begonnen werden.

Sachsen Anzeigeverfahren: Gilt für die Errichtung von Wohngebäuden mit geringer Höhe (zu den Voraussetzungen siehe Bayern) im Geltungsbereich eines Bebauungs-, Vorhabens- oder Erschließungsplans. Die Baubehörde ist verpflichtet, den Eingang der Bauanzeige innerhalb von fünf Werktagen zu bestätigen.

Sachsen-Anhalt Vereinfachtes Baugenehmigungsverfahren: Gilt für die Errichtung von Wohngebäuden mit nicht mehr als drei Geschossen über dem Keller im Geltungsbereich eines Bebauungs-, Vorhabens- oder Erschließungsplans. Es gilt eine Bearbeitungszeit von höchstens zehn Arbeitstagen. Übergangsweise ist vom 1. 9. 1994 bis zum 28. 2. 1995 die doppelte Bearbeitungsdauer von 20 Arbeitstagen vorgesehen. Nach Ablauf der Genehmigungsfrist gilt die Baugenehmigung als erteilt.

Schleswig-Holstein Vereinfachtes Baugenehmigungsverfahren: Gilt für Wohngebäude mit geringer Höhe im Geltungsbereich eines Bebauungsplans. Die Behörde prüft lediglich, ob die bauplanungsrechtlichen Vorschriften eingehalten werden.

Thüringen Anzeigeverfahren: Gilt für Wohngebäude bis zu drei Geschossen mit geringer Höhe (zu den Voraussetzungen siehe Bayern) im Geltungsbereich eines Bebauungsplans. Nach Ablauf einer Frist von vier Wochen nach bestätigtem Eingang der Bauanzeige darf mit dem Vorhaben begonnen werden.

2.5 Energieeinsparverordnung

Die seit 2002 gültige und 2007 neu gefasste „Verordnung über energiesparenden Wärmeschutz und energiesparende Anlagentechnik bei Gebäuden (**Energieeinsparverordnung** – EnEV) hat die frühere Wärmeschutzverordnung und die Heizungsanlagenverordnung zusammengeführt, zugleich aber auch eine ganz neue Denkweise in die Bauplanung eingeführt: Erstmals wird eine ganzheitliche energetische Betrachtung verlangt, die Gebäudehülle und Anlagentechnik einbezieht. Begrenzt wird der zulässige Jahres-Primärenergieverbrauch des Gebäudes.

Die Anforderungen der EnEV richten sich in erster Linie an Neubauten. Das mit Abstand größte Potenzial zur Energieeinsparung bietet jedoch der Gebäudebestand. Deshalb stellt die EnEV auch hier entsprechende Forderungen. Sie betreffen sowohl das Gebäude als auch die Anlagentechnik. Dabei ergeben sich allerdings Einschränkungen, insbesondere durch zwei Bedingungen.

(1) Eine konkrete Verpflichtung zum Handeln enthält die EnEV vor allem für die Eigentümer von Mehrfamilienhäusern, für **Ein- und Zweifamilienhäuser** bestehen Ausnahmeregelungen wie folgt: Für Wohngebäude mit einer oder zwei Wohnungen, von denen eine am 1. Februar 2002 vom Eigentümer selbst bewohnt war, sind die Nachrüstung für die Heizung, die Leitungen und Armaturen sowie die Wärmedämmung der obersten Geschossdecke erst zwei Jahre nach einem Eigentumsübergang zu erfüllen, frühestens zum 31. Dezember 2006 bzw. bei nach dem 1. 11. 1996 mit einem neuen Brenner nachgerüsteten Heizungsanlagen frühestens zum 31. Dezember 2008. Der Eigentumsübergang kann durch Verkauf, Erbfolge, vorweggenommene Erbfolge oder Schenkung eintreten. Beim Verkauf trifft die Verpflichtung den Käufer. Erwerber also aufgepasst! Innerhalb von zwei

Jahren ist nachzurüsten. Die erforderlichen Maßnahmen sind bei der Kaufentscheidung einzukalkulieren. Der Kaufpreis ist entsprechend niedriger anzusetzen!

(2) Andere Anforderungen gelten nur bedingt, weil dabei das so genannte **Wirtschaftlichkeitsgebot** zu berücksichtigen ist.
Bei der Erweiterung von beheizten Gebäuden mit mindestens 30 m³ in einem Raum oder Raumteil sind für den erweiterten Teil des Gebäudes die für Neubauten geltenden Vorschriften über neu zu errichtende Gebäude einzuhalten. Dies erfordert eine Jahresprimärenergiebedarfsrechnung. Werden Gebäude mit normalen Innentemperaturen auf diese Weise wesentlich geändert, ist ein Energiebedarfsausweis wie bei Neubauten auszustellen.

Allgemein gelten folgende Anforderungen:

Einbau neuer Wärmeerzeuger: Der Austausch veralteter Wärmeerzeuger, die mit hohen Verlusten arbeiten, gehört zu den wirksamsten Energiesparmaßnahmen. Er kann die Umweltbelastung durch heizungsbedingte Emissionen deutlich verringern und gleichzeitig die Betriebskosten nachhaltig senken. Öl- und Gas-Heizkessel, die vor dem 1. 10. 1978 eingebaut wurden, mussten bis zum 31. 12. 2006 außer Betrieb genommen werden. Dies gilt nicht für Anlagen, die bereits über Brennwert- oder Niedertemperaturkessel verfügen oder deren Nennleistung weniger als 4 Kilowatt oder mehr als 400 Kilowatt beträgt.

Unabhängig von der EnEV, die den Austausch von Wärmeerzeugern bestimmten Alters verlangt, gelten nach wie vor die Anforderungen der Bundes-Immissionsschutzverordnung (BImSchV). Sie legt Abgasverlust-Grenzwerte für neue oder wesentlich geänderte Gas- und Ölfeuerungsanlagen fest. So müssen ab 1. 11. 2004 folgende Grenzwerte laut Prüfprotokoll des Schornsteinfegers eingehalten werden:

Nennwärmeleistung des Heizkessels (in kW)

- über 4 bis 25 maximal 12 %
- über 25 bis 50 maximal 11 %
- über 50 maximal 10 %

Diese Grenzwerte sind häufig nur mit neuen Wärmeerzeugern zu erreichen.

Dämmung von Rohrleitungen: Die Eigentümer von bestehenden Gebäuden mussten gleichzeitig ungedämmte zugängliche Wärmeverteilungs- und Warmwasserleitungen und Armaturen, die sich in beheizten Gebäuden befinden, bis zum 31. 12. 2006 nachträglich gegen Wärmeverluste dämmen. Dies gilt auch, wenn keine Nachrüstung der Heizungsanlage vorgeschrieben ist. Die Anforderungen sind im Anhang 5 der EnEV festgelegt.

EU-Heizkesselrichtlinie: Neue Heizungen, die in ein bestehendes Gebäude eingebaut werden, müssen die Bestimmungen der EU-Heizkesselrichtlinie erfüllen. Dazu gehört z. B.

- In der Regel sind Niedertemperatur- oder Brennwertkessel zu verwenden.
- Die Heizungen müssen außentemperaturgesteuert sein.
- Umwälzpumpen müssen sich in drei Stufen selbstständig anpassen.
- Zirkulationspumpen zur Warmwasserversorgung müssen sich selbstständig ein- und ausschalten können.
- Heizungs- und Warmwasserleitungen sind nach den Anforderungen der EnEV zu dämmen.

Maßnahmen bei der Sanierung von Gebäuden: Insbesondere bei einer Sanierung oder Erweiterung von Gebäuden sind unter anderem folgende Maßnahmen zu treffen, die in erster Linie der Verbesserung des Wärmeschutzes dienen:

- Erneuerung des Außenputzes bei einer bestehenden Wand mit hohem k-Wert
- Erneuerung der Ausfachungen in Fachwerkwänden
- Erneuerung der Verglasung von Fenstern oder Fenstertüren
- Einbau zusätzlicher Vor- oder Innenfenster
- Einbau von Feuchtigkeitssperren oder Drainagen im Kellerbereich
- neue Fußbodenaufbauten
- Dämmung oberster Geschossdecken

Allerdings gelten die Vorschriften nicht, wenn der Nachweis erbracht wird, dass entsprechende Werte für Neubauten um nicht mehr als 40 % überschritten werden.

Abschnitt 3 EnEV. Bestehende Gebäude und Anlagen

§ 9 Änderung von Gebäuden. (1) [1]Änderungen im Sinne der Anlage 3 Nr. 1 bis 6 bei beheizten oder gekühlten Räumen von Gebäuden sind so auszuführen, dass

1. geänderte Wohngebäude insgesamt die jeweiligen Höchstwerte des Jahres-Primärenergiebedarfs und des spezifischen, auf die wärmeübertragende Umfassungsfläche bezogenen Transmissionswärmeverlusts nach § 3 Abs. 1,
2. geänderte Nichtwohngebäude insgesamt den Jahres-Primärenergiebedarf des Referenzgebäudes nach § 4 Abs. 1 und den spezifischen, auf die wärmeübertragende Umfassungsfläche bezogenen Höchstwert des Transmissionswärmetransferkoeffizienten nach § 4 Abs. 2

um nicht mehr als 40 vom Hundert überschreiten, wenn nicht nach Absatz 3 verfahren werden soll. [2]In den in § 3 Abs. 3 und § 4 Abs. 4 genannten Fällen sind nur die Anforderungen nach Absatz 3 einzuhalten.

(2) [1]Bei Anwendung des Absatzes 1 sind die in § 3 Abs. 2 sowie in § 4 Abs. 3 angegebenen Berechnungsverfahren nach Maßgabe der Sätze 2 und 3 entsprechend anzuwenden. [2]Soweit

1. Angaben zu geometrischen Abmessungen von Gebäuden fehlen, können diese durch vereinfachtes Aufmaß ermittelt werden;
2. energetische Kennwerte für bestehende Bauteile und Anlagenkomponenten nicht vorliegen, können gesicherte Erfahrungswerte für Bauteile und Anlagenkomponenten vergleichbarer Altersklassen verwendet werden;

hierbei können anerkannte Regeln der Technik verwendet werden; die Einhaltung solcher Regeln wird vermutet, soweit Vereinfachungen für die Datenaufnahme und die Ermittlung der energetischen Eigenschaften sowie gesicherte Erfahrungswerte verwendet werden, die vom Bundesministerium für Verkehr, Bau und Stadtentwicklung im Einvernehmen mit dem Bundesministerium für Wirtschaft und Technologie im Bundesanzeiger bekannt gemacht worden sind. [3]Bei Anwendung der Verfahren nach § 3 Abs. 2 sind die Randbedingungen und Maßgaben nach Anlage 3 Nr. 8 zu beachten.

(3) Die Anforderungen des Absatzes 1 gelten als erfüllt, wenn die in Anlage 3 festgelegten Wärmedurchgangskoeffizienten der betroffenen Außenbauteile nicht überschritten werden.

(4) Die Absätze 1 und 3 sind nicht anzuwenden auf Änderungen, die

1. bei Außenwänden, außen liegenden Fenstern, Fenstertüren und Dachflächenfenstern weniger als 20 vom Hundert der Bauteilflächen gleicher Orientierung im Sinne der Anlage 1 Tabelle 2 Zeile 4 Spalte 3 oder

2. bei anderen Außenbauteilen weniger als 20 vom Hundert der jeweiligen Bauteilfläche betreffen.

(5) Bei der Erweiterung und dem Ausbau eines Gebäudes um beheizte oder gekühlte Räume mit zusammenhängend mindestens 15 und höchstens 50 Quadratmetern Nutzfläche sind die betroffenen Außenbauteile so auszuführen, dass die in Anlage 3 festgelegten Wärmedurchgangskoeffizienten nicht überschritten werden.

(6) [1]Ist in Fällen des Absatzes 5 die hinzukommende zusammenhängende Nutzfläche größer als 50 Quadratmeter, sind die betroffenen Außenbauteile so auszuführen, dass der neue Gebäudeteil die Vorschriften für zu errichtende Gebäude nach § 3 oder § 4 einhält. [2]Abweichend von Satz 1 hat der neue Gebäudeteil beim Ausbau von Dachraum und anderen bisher nicht beheizten oder gekühlten Räumen bei Wohngebäuden nur den in § 3 Abs. 3 Satz 2, bei Nichtwohngebäuden nur den in § 4 Abs. 4 Satz 2 genannten Höchstwert einzuhalten.

Energieausweis (Energiepass)

Der nach der EnEV notwendige Energieausweis gibt mit einem bestimmten Energiekennwert überschlägig Auskunft über die Energieeffizienz eines Gebäudes. Die Energieeffizienz kann entweder als Energiebedarf des Gebäudes oder aber als Energiekennwert auf der Grundlage des gemessenen tatsächlichen Energieverbrauchs angegeben werden. Das Papier gibt einen Überblick über den Dämmstandard und die Heiztechnik eines Gebäudes und dokumentiert dessen Energiebedarf. Außerdem soll der Pass Sanierungsempfehlungen geben, wie der Eigentümer den Energieverbrauch des Gebäudes senken kann. Damit können Käufer und Mieter abschätzen, wie hoch die Heizkosten sein werden und Angebote miteinander vergleichen.

Unter **Energiebedarf** versteht man hauptsächlich die zum Heizen und für Warmwasser auf der Grundlage von Berechnungen benötigte Energie des Gebäudes. Dabei werden z. B. die individuellen Gewohnheiten der Bewohner und die Lage des Gebäudes in Deutschland nicht berücksichtigt. Zur Errechnung des Energiebedarfs werden die energetische Qualität vor allem der Außenwände und des Dachs sowie der technischen Anlagen wie Heizkessel und der Anlagen für die Erwärmung des Wassers berücksichtigt. Die im Energieausweis angegebenen Werte beziehen sich auf das ganze Gebäude. Für einzelne Wohnungen lässt die Angabe keinen genauen Rückschluss zu. Viel wichtiger ist, dass der Energiebedarfswert – gerade weil er frei von individuellen und subjektiven Verhältnissen errechnet wird – keinerlei Rückschlüsse auf den konkreten Energieverbrauch eines einzelnen Haushalts erlaubt, auch nicht auf die Energiekosten.

Unter dem **Energieverbrauchskennwert** versteht man einen Wert, der aus dem tatsächlichen Energieverbrauch der letzten Jahre (gedacht ist an drei Jahre) ermittelt wird. Sodann werden, sofern sie das übliche Maß deutlich übersteigen, Wohnungsleerstände im Gebäude rechnerisch berücksichtigt und eine sog. Witterungsbereinigung des Verbrauchswertes vorgenommen. Mit der Witterungsbereinigung soll der ermittelte Energieverbrauch auf ein durchschnittliches Klima der letzten Jahre bezogen werden; damit wird der Einfluss von außergewöhnlichen Wetterverhältnissen wie besonders warmen oder kühlen Wintern sowie regionalen Unterschieden ausgeglichen. Grundsätzlich erlaubt auch der Energieverbrauchskennwert – wie auch der Energieausweis auf der Grundlage des berechneten Bedarfs – keine Rückschlüsse auf den tatsächlichen Energieverbrauch oder die Energiekosten des einzelnen Haushalts.

Auf vier Seiten des Energieausweises sind die wichtigsten Daten aufgeführt. Der Pass bewertet zum einen die ökologische Qualität des gesamten Heizsystems. Öl hat zum Beispiel einen höheren Primärenergiebedarf als Holzpellets. Zum anderen führt das Papier auf einer Farbskala den tatsächlichen Verbrauch in Kilowattstunden pro Quadratmeter Wohnfläche und Jahr auf. Ein Beispiel: Ein Altbau verbraucht pro Quadratmeter Wohnfläche und Jahr 28 Liter Heizöl. Ein Liter Heizöl entspricht – ebenso wie ein Kubikmeter Erdgas – rund 10 Kilowattstunden Energie. Im Energiepass steht demzufolge 280 Kilowattstunden pro Quadratmeter Wohnfläche und Jahr (abgekürzt 280 kWh/m^2 a). Eine Tabelle ordnet die Werte verschiedenen Energiestandards zu, von Grün für extrem sparsam bis Dunkelrot für sehr verschwenderisch.

Wer ist zur Vorlage verpflichtet?

Bei „wesentlichen Umbauten“, also bei Komplettsanierungen, die zum Beispiel die Dämmung von Außenwänden und Dach sowie den Einbau neuer Fenster vorsehen, ist bereits nach der geltenden Energieeinsparverordnung ein Energiebedarfsausweis Pflicht. Bei kleineren Umbauten, die mehr als 20 Prozent eines Bauteils betreffen, müssen zwar die Dämmstandards der Energiesparverordnung eingehalten werden, ein Energieausweis ist aber nicht notwendig.

Bei Verkauf, Vermietung, Verpachtung und Leasing ist dem Käufer oder Mieter der Energiepass „zugänglich zu machen". Der Verkäufer oder Vermieter muss nicht von sich aus einen Energiepass vorlegen, sondern nur auf Verlangen. Diese Pflicht gilt ab dem 1. Juli 2008 für Wohngebäude, die vor 1966 gebaut wurden, ab dem 1. Jan. 2009 für alle Wohngebäude. Ab Januar 2009 müssen auch für Nichtwohngebäude Energiepässe ausgestellt werden. Mieter und Käufer sollten nachfragen, ob die Daten anhand des Energiebedarfs berechnet wurden oder nur auf dem Verbrauch der bisherigen Nutzer beruht.

Sind weder Verkauf noch Neuvermietung geplant, braucht der Eigentümer auch künftig keinen Energiepass. Wer also im Eigenheim wohnt und daran nichts ändern will, muss nichts unternehmen.

Die Kosten handeln Eigentümer und Berater frei aus. Für den bedarfsorientierten Pass beträgt das Honorar etwa 300,– Euro, bei großen Gebäuden auch mehr. Stellt der Hauseigentümer die Daten selbst zusammen, zahlt er etwa 150,– bis 200,– Euro. Die anhand der Verbrauchswerte berechnete Variante ist günstiger. Im Gespräch sind je nach Anbieter etwa 30,– bis 100,– Euro je Gebäude.

Alle Energieausweise für Bestandsgebäude, auch die, die vor dem 1. Januar 2008 ausgestellt wurden, haben eine **Gültigkeitsdauer von zehn Jahren**.

Für Wohngebäude mit bis zu vier Wohneinheiten, die auf der Grundlage der Wärmeschutzverordnung 1978 oder später errichtet wurden, besteht Wahlfreiheit zwischen **bedarfs- und verbrauchsorientiertem** Ausweis. Für Wohngebäude mit bis zu vier Wohneinheiten, die vor Geltung der Wärmeschutzverordnung 1978 errichtet wurden, ist der bedarfsorientierte Energieausweis zu verwenden. Eine Ausnahme gilt für Wohngebäude aus dieser Zeit, die entweder schon bei der Baufertigstellung den energetischen Stand der ersten Wärmeschutzverordnung von 1978 aufwiesen oder durch Modernisierungsmaßnahmen auf diesen Stand gebracht wurden. In diesen

Fällen besteht ebenfalls Wahlfreiheit. Im Jahr 2007 gilt als Übergangsfrist Wahlfreiheit der Verfahren.

Beispiele für den Energiepass (Quelle: dena) finden sich im Anhang (S. 357 ff.).

Auszüge aus der EnEV 2007:

§ 16 Ausstellung und Verwendung von Energieausweisen. (1) Wird ein Gebäude errichtet oder geändert und werden im Zusammenhang mit der Änderung die nach § 9 Abs. 2 erforderlichen Berechnungen durchgeführt, hat der Bauherr sicherzustellen, dass ihm, wenn er zugleich Eigentümer des künftigen oder vorhandenen Gebäudes ist, oder dem Eigentümer des Gebäudes ein Energieausweis unter Zugrundelegung der energetischen Eigenschaften des fertig gestellten oder geänderten Gebäudes gemäß den §§ 17 und 18 ausgestellt wird. Wird das beheizte oder gekühlte Volumen eines Gebäudes um mehr als die Hälfte erweitert und werden dabei Berechnungen nach § 3 Abs. 2 oder 5 Satz 2 oder § 4 Abs. 3 für das gesamte Gebäude durchgeführt, ist Satz 1 entsprechend anzuwenden. Der Eigentümer hat den Energieausweis der nach Landesrecht zuständigen Behörde auf Verlangen vorzulegen.

(2) Soll ein mit einem Gebäude bebautes Grundstück, ein grundstücksgleiches Recht an einem bebauten Grundstück, selbstständiges Eigentum an einem Gebäude oder Wohnungs- oder Teileigentum verkauft werden, hat der Verkäufer dem Kaufinteressenten einen Energieausweis gemäß § 17 sowie § 18 oder § 19 zugänglich zu machen. Satz 1 gilt entsprechend für den Eigentümer, Vermieter, Verpächter und Leasinggeber bei der Vermietung, der Verpachtung oder beim Leasing eines Gebäudes, einer Wohnung oder einer sonstigen selbstständigen Nutzungseinheit.

(3) Für Gebäude mit mehr als 1000 m^2 Nettogrundfläche, in denen Behörden und sonstige Einrichtungen für eine große Anzahl von Menschen öffentliche Dienstleistungen erbringen und die deshalb von diesen Menschen häufig aufgesucht werden, sind Energieausweise nach dem Muster des Anhangs 7 auszustellen. Der Eigentümer hat den Energieausweis nach dem Muster des Anhangs 7 an einer für die Öffentlichkeit gut sichtbaren Stelle auszuhängen; der Aushang kann auch nach dem Muster des Anhangs 8 oder 9 vorgenommen werden.

(4) Auf kleine Gebäude im Sinne des § 8 Satz 2, die frei stehen, sind die Vorschriften dieses Abschnitts nicht anzuwenden.

§ 17 Grundsätze des Energieausweises. (1) Der Aussteller hat Energieausweise nach § 16 auf der Grundlage des berechneten Energiebedarfs oder des gemessenen Energieverbrauchs nach Maßgabe der nachfolgenden Absätze sowie der §§ 18 und 19 auszustellen. Es ist zulässig, sowohl den Energiebedarf als auch den Energieverbrauch anzugeben.

(2) Energieausweise dürfen in den Fällen des § 16 Abs. 1 nur auf der Grundlage des Energiebedarfs ausgestellt werden. In den Fällen des § 16 Abs. 2 sind ab dem 1. Januar 2008 Energieausweise für Wohngebäude, die weniger als fünf Wohnungen haben und für die der Bauantrag vor dem 1. November 1977 gestellt worden ist, auf der Grundlage des Energiebedarfs auszustellen; dies gilt nicht, wenn das Wohngebäude

1. schon bei der Baufertigstellung das Anforderungsniveau der Wärmeschutzverordnung vom 11. August 1977 (BGBl. I S. 1554) einhielt oder
2. durch spätere Änderungen mindestens auf das in Nummer 1 bezeichnete Anforderungsniveau gebracht worden ist.

Bei der Ermittlung der energetischen Eigenschaften des Wohngebäudes gemäß Satz 2 Halbsatz 2 dürfen § 9 Abs. 2 Satz 2 und 3 sowie § 18 Abs. 2 Satz 3 angewendet werden.

(3) Energieausweise werden für Gebäude ausgestellt. Sie sind für Teile von Gebäuden auszustellen, wenn die Gebäudeteile nach § 22 getrennt zu behandeln sind.

(4) Energieausweise müssen nach Inhalt und Aufbau den Mustern in den Anhängen 6 bis 9 entsprechen; sie sind vom Aussteller unter Angabe von Name, Anschrift und Berufsbezeichnung eigenhändig zu unterschreiben. Zusätzliche Angaben können beigefügt werden.

(5) Energieausweise sind für eine Gültigkeitsdauer von zehn Jahren auszustellen. Eine Verlängerung der Gültigkeitsdauer ist nicht zulässig. Ein Energieausweis wird ungültig, wenn nach § 16 Abs. 1 für das Gebäude ein neuer Energieausweis ausgestellt werden muss.

§ 18 Ausstellung auf der Grundlage des Energiebedarfs. (1) Werden Energieausweise für zu errichtende Gebäude auf der Grundlage des berechneten Energiebedarfs ausgestellt, sind die wesentlichen Ergebnisse der nach den §§ 3 und 4 erforderlichen Berechnungen in den Energieausweisen anzugeben, soweit ihre Angabe für Energiebedarfswerte in den Mustern vorgesehen ist. Ferner sind die weiteren in den Mustern der Anhänge 6 bis 8 verlangten Angaben zu machen, es sei denn, sie sind als freiwillig gekennzeichnet.

(2) Werden Energieausweise für bestehende Gebäude auf der Grundlage des berechneten Energiebedarfs ausgestellt, sind die wesentlichen Ergebnisse der erforderlichen Berechnungen in den Energieausweisen anzugeben, soweit ihre Angabe für Energiebedarfswerte in den Mustern der Anhänge 6 bis 8 vorgesehen ist. Auf die Berechnungen nach Satz 1 ist § 9 Abs. 2 ent-

sprechend anzuwenden. Der Eigentümer kann die erforderlichen Gebäudedaten bereitstellen; der Aussteller darf diese seinen Berechnungen nicht zu Grunde legen, soweit sie begründeten Anlass zu Zweifeln an ihrer Richtigkeit geben. Das Bundesministerium für Verkehr, Bau und Stadtentwicklung und das Bundesministerium für Wirtschaft und Technologie können für die Gebäudedaten nach Satz 3 Halbsatz 1 das Muster eines Erhebungsbogens herausgeben und im Bundesanzeiger bekannt machen. Absatz 1 Satz 2 ist entsprechend anzuwenden.

§ 19 Ausstellung auf der Grundlage des Energieverbrauchs. (1) Werden Energieausweise für bestehende Gebäude auf der Grundlage des gemessenen Energieverbrauchs ausgestellt, ist der witterungsbereinigte Energieverbrauch (Energieverbrauchskennwert) zu ermitteln und nach den Mustern der Anhänge 6, 7 und 9 anzugeben. § 18 Abs. 1 Satz 2 ist entsprechend anzuwenden. Auf die Bereitstellung der erforderlichen Gebäude- einschließlich Verbrauchsdaten durch den Eigentümer und deren Verwendung durch den Aussteller ist § 18 Abs. 2 Satz 3 entsprechend anzuwenden.

(2) Die witterungsbereinigten Energieverbräuche sind

1. bei Wohngebäuden für Heizung und zentrale Warmwasserbereitung in Kilowattstunden pro Jahr und Quadratmeter Gebäudenutzfläche,
2. bei Nichtwohngebäuden für Heizung, Warmwasserbereitung, Kühlung, Lüftung und eingebaute Beleuchtung in Kilowattstunden pro Jahr und Quadratmeter Nettogrundfläche

anzugeben. Die Gebäudenutzfläche darf bei Wohngebäuden mit bis zu zwei Wohneinheiten mit beheiztem Keller pauschal mit dem 1,35-fachen Wert der Wohnfläche, bei sonstigen Wohngebäuden mit dem 1,2-fachen Wert der Wohnfläche angesetzt werden.

(3) Zur Ermittlung von Energieverbrauchskennwerten sind Energieverbrauchsdaten zu verwenden, die

1. im Rahmen der Abrechnung von Heizkosten nach der Heizkostenverordnung für das gesamte Gebäude für mindestens drei aufeinander folgende Abrechnungsperioden,
2. auf Grund anderer geeigneter Verbrauchsdaten wie z. B. der Abrechnung des Energielieferanten für mindestens drei aufeinander folgende Abrechnungsperioden

ermittelt worden sind; dabei sind längere Leerstände rechnerisch angemessen zu berücksichtigen. Der Energieverbrauchskennwert ergibt sich aus dem Durchschnitt der einzelnen Abrechnungsperioden. Zur Ermittlung der Energieverbrauchskennwerte und zur Witterungsbereinigung des Energieverbrauchs ist ein den anerkannten Regeln der Technik entsprechendes Verfahren anzuwenden. Bei der Ermittlung von Energieverbrauchskennwerten können Vereinfachungen verwendet werden, die vom Bundesministerium für Verkehr, Bau und Stadtentwicklung im Einvernehmen mit dem Bundesministerium für Wirtschaft und Technologie im Bundesanzeiger bekannt gemacht worden sind.

(4) Als Vergleichsmaßstab für Energieverbrauchskennwerte von Nichtwohngebäuden nach Absatz 2 sind die vom Bundesministerium für Verkehr, Bau und Stadtentwicklung im Einvernehmen mit dem Bundesministerium für Wirtschaft und Technologie im Bundesanzeiger bekannt gemachten Vergleichswerte zu verwenden.

§ 20 Empfehlungen für die Verbesserung der Energieeffizienz. (1) Sind Maßnahmen für kostengünstige Verbesserungen der energetischen Eigenschaften des Gebäudes (Energieeffizienz) möglich, hat der Aussteller des Energieausweises dem Eigentümer anlässlich der Ausstellung eines Energieausweises entsprechende, begleitende Empfehlungen in Form von kurz gefassten fachlichen Hinweisen auszustellen (Modernisierungsempfehlungen). Dabei kann ergänzend auf weiterführende Hinweise in Veröffentlichungen des Bundesministeriums für Verkehr, Bau und Stadtentwicklung im Einvernehmen mit dem Bundesministerium für Wirtschaft und Technologie oder von ihnen beauftragter Dritter Bezug genommen werden. § 18 Abs. 2 Satz 3 sowie § 9 Abs. 2 Satz 2 und 3 sind entsprechend anzuwenden. Sind Modernisierungsempfehlungen nicht möglich, hat der Aussteller dies dem Eigentümer anlässlich der Ausstellung des Energieausweises mitzuteilen.

(2) Die Darstellung von Modernisierungsempfehlungen und die Erklärung gemäß Absatz 1 Satz 4 müssen nach Inhalt und Aufbau dem Muster in Anhang 10 entsprechen; anstelle einer solchen Darstellung darf auch eine Prüfliste verwendet werden, die vom Bundesministerium für Verkehr, Bau und Stadtentwicklung im Einvernehmen mit dem Bundesministerium für Wirtschaft und Technologie im Bundesanzeiger unter Bezugnahme auf diese Vorschrift bekannt gemacht worden ist. § 17 Abs. 4 Satz 1 Halbsatz 2 und Satz 2 sowie § 16 Abs. 1 Satz 3 sind entsprechend anzuwenden.

(3) Die Modernisierungsempfehlungen sind dem Energieausweis beizufügen.

§ 21 Ausstellungsberechtigung für bestehende Gebäude. (1) Zur Ausstellung von Energieausweisen für bestehende Gebäude nach § 16 Abs. 2 und 3 und von Modernisierungsempfehlungen im Sinne des § 20 sind nur berechtigt

1. Absolventen von Diplom-, Bachelor- oder Masterstudiengängen an Universitäten, Hochschulen oder Fachhochschulen in den Bereichen Architektur, Hochbau, Bauingenieurwesen, Gebäudetechnik, Bauphysik, Maschinenbau oder Elektrotechnik,

2. Absolventen im Sinne der Nummer 1 im Bereich Architektur der Fachrichtung Innenarchitektur,
3. Handwerksmeister, deren wesentliche Tätigkeit die Bereiche von Bauhandwerk, Heizungsbau, Installation oder Schornsteinfegerwesen umfasst, und Handwerker, die berechtigt sind, ein solches Handwerk ohne Meistertitel selbstständig auszuüben,
4. staatlich anerkannte oder geprüfte Techniker in den Bereichen Hochbau, Bauingenieurwesen oder Gebäudetechnik,

wenn sie mindestens eine der Voraussetzungen des Absatzes 2 erfüllen. Die Ausstellungsberechtigung nach Satz 1 Nr. 2 bis 4 in Verbindung mit Absatz 2 bezieht sich nur auf Energieausweise für bestehende Wohngebäude einschließlich Modernisierungsempfehlungen im Sinne des § 20.

(2) Voraussetzungen für die Ausstellungsberechtigung nach Absatz 1 sind

1. während des Studiums ein Ausbildungsschwerpunkt im Bereich des energiesparenden Bauens oder nach einem Studium ohne einen solchen Schwerpunkt eine mindestens zweijährige Berufserfahrung in wesentlichen bau- oder anlagentechnischen Tätigkeitsbereichen des Hochbaus oder
2. eine erfolgreiche Fortbildung im Bereich des energiesparenden Bauens, die den wesentlichen Inhalten des Anhangs 11 entspricht, oder
3. eine nicht auf bestimmte Gewerke beschränkte Berechtigung nach bauordnungsrechtlichen Vorschriften der Länder zur Unterzeichnung von Bauvorlagen; ist die Bauvorlageberechtigung für zu errichtende Gebäude nach Landesrecht auf bestimmte Gebäudeklassen beschränkt, beschränkt sich die Ausstellungsberechtigung nach Absatz 1 auf Wohngebäude der entsprechenden Gebäudeklassen.

(3) § 12 Abs. 5 Satz 2 ist auf Ausbildungen im Sinne des Absatzes 1 entsprechend anzuwenden.

In **Baden-Württemberg** ist seit 1. April 2008 das **Erneuerbare-Wärme-Gesetz (EWärmeG)** in Kraft. Zweck dieses Gesetzes ist es, im Interesse des Klima- und Umweltschutzes den Einsatz von erneuerbaren Energien zu Zwecken der Wärmeversorgung in Baden-Württemberg zu steigern, die hierfür notwendigen Technologien weiter auszubauen und dadurch die Nachhaltigkeit der Energieversorgung zu verbessern.

Erneuerbare Energien im Sinne des EWärmeG sind die Solarthermie, Geothermie, Biomasse einschließlich Biogas und Bioöl im Sinne der Biomasseverordnung sowie die Nutzung von Umweltwärme einschließlich Abwärme durch Wärmepumpen. Dabei können sowohl Anlagen zur Erzeugung von Raumwärme als auch zur Bereitung von Warmwasser eingesetzt werden.

Bei neu zu errichtenden Wohngebäuden müssen mindestens 20 Prozent des jährlichen Wärmebedarfs durch erneuerbare Energien gedeckt werden. Bei Wohngebäuden, für die ab dem 1. April 2008 der Bauantrag gestellt oder beim Kenntnisgabeverfahren die Bauvorlagen erstmalig eingereicht wurden, sowie bei allen bis dahin errichteten Wohngebäuden müssen ab dem 1. Januar 2010 mindestens 10 Prozent des jährlichen Wärmebedarfs durch erneuerbare Energien gedeckt werden, wenn ein Austausch der Heizanlage erfolgt.

Auf Bundesebene sind mit dem **Erneuerbare-Energien-Wäremegesetz (EEWärmeG)** ähnliche, aber nicht so strenge Vorgaben wie in Baden-Württemberg vorgesehen. Nach dem Gesetzentwurf können Maßnahmen für die Heizung, Warmwasserbereitung und Erzeugung von Kühl- und Prozesswärme gefördert werden, insbesondere die Errichtung oder Erweiterung von

1. solarthermischen Anlagen,
2. Anlagen zur Nutzung von Biomasse,
3. Anlagen zur Nutzung von Geothermie und Umweltwärme sowie
4. Nahwärmenetzen, Speichern und Übergabestationen für Wärmenutzer, wenn sie auch aus Anlagen nach den Nummern 1 bis 3 gespeist werden.

Die Vorschriften des Gesetzes haben das Ziel, dazu beizutragen, den Anteil Erneuerbarer Energien für die oben genannten Zwecke bis zum Jahr 2020 auf 14 Prozent zu erhöhen.

2.6 Architekt und Architektenvertrag

Beispiel: Thorsten Müller möchte nach erfolgreichem Grundstückserwerb endlich seinen Traum vom eigenen Haus verwirklichen. Sein Grundstück liegt an einem Hang und ist schwierig zu bebauen, da Stützmaßnahmen erforderlich sind. Herr Müller legt auch Wert auf individuelle Gestaltung und eine „persönliche Note" des Hauses. Aus diesem Grunde lässt er sich von einem Architekten einen Vorentwurf machen.

Ein Architekt plant Bauvorhaben und sorgt für ihre Durchführung. Er ist einerseits Gestalter mit „künstlerischem Interesse" und andererseits Konstrukteur nach technischen Regeln. Neben diesen Hauptleistungen nimmt der Architekt dem Bauwilligen die Ausschreibung, Bauleitung und Abrechnung ab.

Aufgaben („Leistungsbild") und Honorar des Architekten ergeben sich aus der Honorarordnung für Architekten und Ingenieure (HOAI). Es empfiehlt sich stets, einen Architektenvertrag abzuschließen und dabei die Leistungen und das Honorar genau zu fixieren. Über die Honorarfrage muss mit dem Architekten bereits am Anfang offen gesprochen werden.

Beispiel: Thorsten Müller vereinbart bereits im Vorgespräch mit dem Architekten, dass die Entwurfsplanung, die ja erst zur Auftragsvergabe führen soll, noch nichts kosten soll. Allerdings darf Herr Müller beim Scheitern der weiteren Verhandlungen den Entwurf nicht anderweitig verwenden. Ohne eine solche Vereinbarung über die Kostenfreiheit könnte der Architekt u. U. ein Honorar abrechnen.

Honorarordnung für Architekten und Ingenieure (Auszug)

§ 4 Vereinbarungen des Honorars

(1) Das Honorar richtet sich nach der schriftlichen Vereinbarung, die die Vertragsparteien bei Auftragserteilung im Rahmen der durch diese Verordnung festgesetzten Mindest- und Höchstsätze treffen.

(2) Die in dieser Verordnung festgesetzten Mindestsätze können durch schriftliche Vereinbarung in Ausnahmefällen unterschritten werden.

(3) Die in dieser Verordnung festgesetzten Höchstsätze dürfen nur bei außergewöhnlichen oder ungewöhnlich lange dauernden Leistungen durch schriftliche Vereinbarung überschritten werden...

(4) Sofern nicht bei Auftragserteilung etwas anderes schriftlich vereinbart worden ist, gelten die jeweiligen Mindestsätze als vereinbart.

§ 4 a Abweichende Honorarermittlung

Die Vertragsparteien können... schriftlich bei Auftragserteilung vereinbaren, dass das Honorar auf der Grundlage einer nachprüfbaren Ermittlung der voraussichtlichen Herstellungskosten nach Kostenberechnungen oder nach Kostenanschlag berechnet wird.

§ 11 Honorarzonen für Leistungen bei Gebäuden

3. Honorarzone III:

Gebäude mit durchschnittlichen Planungsanforderungen, das heißt mit
- durchschnittlichen Anforderungen an die Einbindung in die Umgebung,
- mehreren einfachen Funktionsbereichen,

- durchschnittlichen gestalterischen Anforderungen,
- normalen oder gebräuchlichen Konstruktionen,
- durchschnittlicher technischer Gebäudeausrüstung,
- durchschnittlichem normalem Ausbau.

(das sind)
Wohnhäuser, Wohnheime und Heime mit durchschnittlicher Ausstattung.

§ 15 Leistungsbild Objektplanung für Gebäude und Freianlagen

	Bewertung der Grundleistungen in v. H. der Honorare bei Gebäuden
1. Grundlagenermittlung Ermitteln der Voraussetzungen zur Lösung der Bauaufgabe durch die Planung	3
2. Vorplanung (Projekt- und Planungsvorbereitung) Erarbeiten der wesentlichen Teile einer Lösung der Planungsaufgabe	7
3. Entwurfsplanung (System- und Integrationsplanung) Erarbeiten der endgültigen Lösung der Planungsaufgabe	11
4. Genehmigungsplanung Erarbeiten und Einreichen der Vorlagen für die erforderlichen Genehmigungen und Zustimmungen	6
5. Ausführungsplanung Erarbeiten und Darstellen der ausführungsreifen Planungslösung	25
6. Vorbereitung der Vergabe Ermitteln der Massen und Aufstellen von Leistungsverzeichnissen	10
7. Mitwirkung bei der Vergabe Ermitteln der Kosten und Mitwirkung bei der Auftragsvergabe	4
8. Objektüberwachung (Bauüberwachung) Überwachen der Ausführung des Objekts; Objektübergabe; Kostenkontrolle	31
9. Objektbetreuung und Dokumentation Überwachen der Beseitigung von Mängeln innerhalb der Gewährleistungsfristen und Dokumentation des Gesamtergebnisses	3
	100

§ 16 Honorartafel (Auszug)

Anrechenbare Kosten	Zone III von	€	bis
30 000	3 497		4 498
40 000	4 647		5 968
50 000	5 780		7 413
100 000	11 311		14 360
200 000	21 586		26 792
300 000	30 650		37 642
400 000	38 127		47 432
500 000	44 243		55 876
1 000 000	79 193		99 682

§ 9 Umsatzsteuer

Die Umsatzsteuer für die Leistung des Auftragnehmers ist in den nach dieser Honorarordnung berechneten Honoraren und in den nach § 7 berechneten Nebenkosten nicht enthalten.

Verhandeln über das Architektenhonorar: Die HOAI ist eine preisrechtliche Vorschrift, die Höchst- und Mindestsätze der Planervergütung festlegt. Sie hat als Ziel ein ausgewogenes Preis-Leistungs-Verhältnis, wobei die Höchstsätze den Bauherrn vor überhöhten Honoraren schützen und den Architekten unter Vermeidung eines ruinösen Preiswettbewerbs eine auskömmliche und kostendeckende Vergütung sichern soll. Die Berufsbezeichnung „Architekt" ist nach den einschlägigen Landesgesetzen geschützt und darf nur von Mitgliedern der Architektenkammern geführt werden. Nur die Vergütung von Architekten ist in der HOAI geregelt. Allerdings ist sie nach der Rechtsprechung auf alle Leistungserbringer anzuwenden, unabhängig von der beruflichen Qualifikation. Der Architekt ist nicht verpflichtet, den Bauherrn über die Höhe seines Honorars aufzuklären, es sei denn, der Bauherr fragt ausdrücklich nach den voraussichtlichen Kosten, hat erkennbar völlig falsche Vorstellungen über die Höhe der diesbezüglich anfallenden Kosten, oder der Architekt weiß um das Vorliegen eines besonders günstigen Konkurrenzangebots. Ist der Planer nicht Mitglied der Architektenkammer, muss er dies dem Bauherrn bereits bei den ersten Vertragsverhandlungen zu erkennen geben. So haben Kammermitglieder immer eine ausreichende Berufshaftpflichtversicherung.

Die in den HOAI festgelegten Mindestsätze dürfen nur in Ausnahmefällen unterschritten werden, z. B. bei engen verwandtschaftlichen Beziehungen zwischen den Vertragsparteien. Die Höchstsätze dürfen nur bei außergewöhnlichen oder ungewöhnlich lange dauernden Leistungen durch schriftliche Vereinbarung überschritten werden. Innerhalb der Mindest- und Höchstsätze sind die Vertragsparteien bei der Honorarvereinbarung frei. Abmachungen müssen aber in der gesetzlichen Schriftform erfolgen, sonst gilt der jeweilige Mindestsatz.

Pauschale Honorarvereinbarung ist möglich: Die Vertragsparteien können abweichend von der in der Vereinbarung vorgeschriebenen Honorarermittlung schriftlich bei Auftragserteilung vereinbaren, dass das Honorar auf der Grundlage einer nachprüfbaren Ermittlung der voraussichtlichen Herstellungskosten nach Kostenberechnung oder nach Kostenanschlag berechnet wird. Soweit auf Veranlassung des Auftraggebers Mehrleistungen des Auftragnehmers erforderlich werden, sind diese Mehrleistungen zusätzlich zu honorieren. Eine Pauschalvereinbarung ist nur wirksam, wenn der Rahmen der HOAI nicht gesprengt wird. Vor allem wegen Mindestsatzunterschreitung stellt sich eine solche Vereinbarung zumeist als unwirksam heraus, was die Anwendung der Mindestsätze zur Folge hat.

Beispiel: Thorsten Müller schätzt mit dem Architekten die reinen Baukosten für sein Haus auf 400 000 €. Wegen der besonderen Gestaltungen und Wünsche lässt sich der Architekt nur auf die Mitte des Honorars, also auf 42 780 € ein. Dazu kommt die Umsatzsteuer. Allerdings konnte er ein Festhonorar vereinbaren, so dass zusätzliche Kostensteigerungen nicht auch noch das Architektenhonorar steigern. Weiterhin verzichtet Thorsten Müller auf Punkt 9 des Leistungsbildes (Objektbetreuung und Dokumentation), so dass er nochmals 1283 € zuzügl. Umsatzsteuer einspart.

Vorzeitige Kündigung eines Architektenvertrages: Bei einer Kündigung des Architektenvertrages kann dieser nach der neueren Rechtsprechung grundsätzlich nur Vergütung für die erbrachten Teilleistungen und nicht das Gesamthonorar verlangen. Nach bisheriger Rechtsprechung konnte ein Architekt pauschal 60 % des

Honorars für nicht erbrachte Leistungen verlangen, wenn für die Kündigung kein wichtiger Grund vorlag. Dies wurde mit zwei Urteilen des BGH aufgegeben (AZ VII 219/94 v. 8. 2. 1996 und AZ VII ZR 250/94 v. 10. 10. 1996). Der Architekt muss in diesem Fall genau nachweisen, was er durch die Kündigung gerade durch die Nichtausführung des konkreten Vertrages erspart habe. Eine Vereinbarung über eine pauschale Entschädigung im Architektenvertrag verstößt gegen das AGB-Gesetz. Die Anwendung des Urteils kann in einem konkreten Fall den Bauherrn entlasten, ihn eventuell aber auch mehr belasten, wenn der Architekt die entsprechenden Nachweise schlüssig erbringt.

Planerische Leistungen haben selbstverständlich auch bei Fertighäusern, Eigentumswohnungen und im Falle des Erwerbs vom Bauträger Kosten verursacht, die in den Preis eingerechnet worden sind. Durch geschickte Ausschreibung kann der Architekt auch helfen, Kosten einzusparen.

Vor Baubeginn sollte von dem Architekten eine schriftliche, detaillierte Kostenschätzung erstellt und als Kostenrahmen festgelegt werden. Diese ist häufig auch Grundlage bei der Finanzierungsplanung (vgl. Kap. 4).

Die Kostenkontrolle (durch Vergleich der Kostenberechnung mit der Kostenschätzung) sowie die Überprüfung der bauausführenden Unternehmen gehört zu den Grundleistungen der Architektentätigkeit.

2.7 Bausteine bis zum Einzug

Wohnungskauf

Angebot einholen

↓

Finanzrahmen abstecken

↓

Qualität und Preis vergleichen

↓

Reservierungsvereinbarung treffen

↓

Finanzierungsangebote einholen

↓

Teilungserklärung, Gemeinschafts-, Hausordnung, Verwaltervertrag und Beschlüsse der Eigentümerversammlung prüfen

↓

Gebäude durch Sachverständigen prüfen lassen

↓

Finanzierungsverträge abschließen

↓

Kaufvertrag beim Notar schließen

↓

Evtl. Auflassungsvormerkung im Grundbuch durch Notar beantragen

↓

Evtl. erste Kaufpreiszahlung

↓

Nach Sicherstellung Restkaufpreis zahlen.
Evtl. ca. 5 % als Sicherheit zurückbehalten

↓

Einzug

Abb. 16: Bausteine für den Wohnungskauf (Quelle: Deutsche Bank AG)

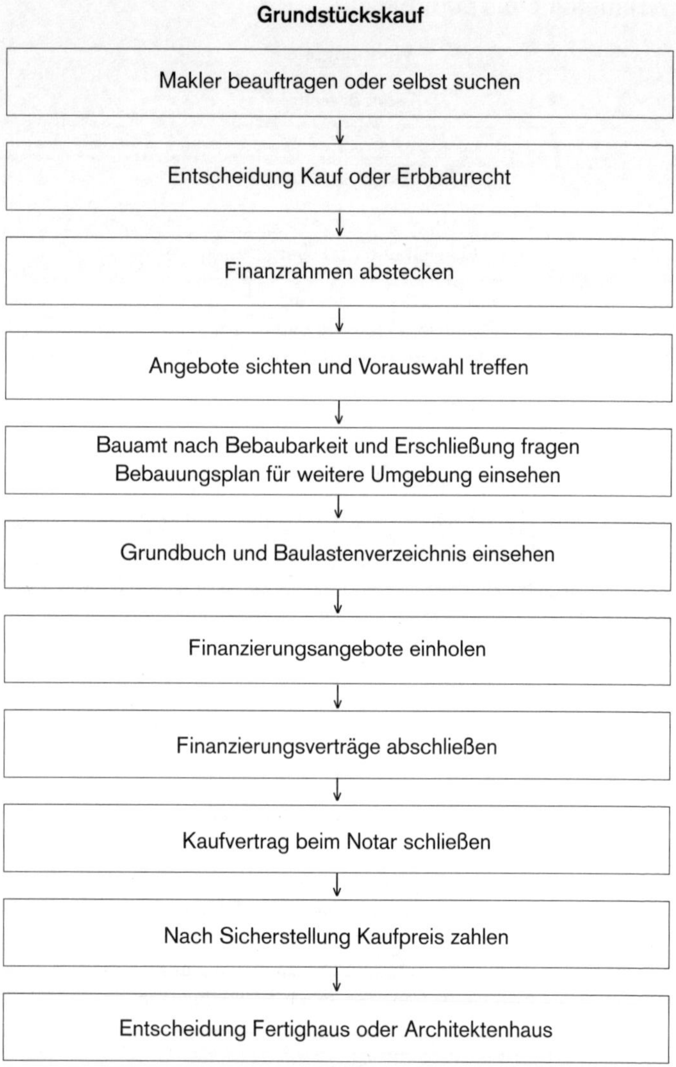

Abb. 17: Bausteine für den Grundstückskauf (Quelle: Deutsche Bank AG)

Hauskauf

Makler beauftragen oder selbst suchen

↓

Finanzrahmen abstecken

↓

Qualität und Preise der Angebote vergleichen

↓

Modernisierungspläne mit Bauamt abstimmen

↓

Grundbuch

↓

(Amtsgericht/Grundbuchamt) und Baulastenverzeichnis
(Bauamt der Gemeinde) einsehen

↓

Gebäude durch Sachverständigen schätzen lassen

↓

Finanzierungsangebote einholen

↓

Finanzierungsverträge abschließen

↓

Kaufvertrag beim Notar schließen

↓

Evtl. Auflassungsvormerkung im Grundbuch durch Notar beantragen

↓

Evtl. erste Kaufpreiszahlung
Nach Sicherstellung Restkaufpreis zahlen

↓

Evtl. ca. 5 % als Sicherheit zurückbehalten

↓

bei Modernisierung:
– Architekt für Umbau oder Modernisierung beauftragen
– Architekt meldet beim Bauamt, macht Ausschreibung und vergibt Aufträge
– Durchführung der Modernisierungsarbeiten

↓

Mängelbeseitigung

↓

Einzug

Abb. 18: Bausteine für den Hauskauf (Quelle: Deutsche Bank AG)

Fertighaus

Preis und Qualität verschiedener Anbieter prüfen

↓

Finanzrahmen abstecken

↓

Bauunterlagen anfordern

↓

Finanzierungsangebote einholen

↓

Finanzierungsverträge abschließen

↓

Bauvoranfrage bei Behörden stellen

↓

Baugenehmigung einholen

↓

Erschließungsarbeiten beantragen

↓

Kellerfertigstellung bezahlen

↓

Nach Aufbau durch Fertighaushersteller Bau abnehmen
Mängel feststellen und beseitigen lassen

↓

Nach Bauabnahme durch Behörde
Kaufpreis evtl. nach Abzug von 5 % Sicherheit bezahlen

↓

Einzug

Abb. 19: Bausteine für den Erwerb eines Fertighauses Quelle: Deutsche Bank AG

Architektenhaus

Architekt auswählen und Bauwünsche besprechen

↓

Finanzrahmen abstecken

↓

Architektenvertrag mit Vorentwurf abschließen

↓

Bauvoranfrage an Bauamt richten

↓

Finanzierungsangebote einholen

↓

Finanzierungsverträge abschließen
Endgültigen Architektenvertrag schließen

↓

Nach Vorarbeit durch Architekt Baugenehmigung beantragen

↓

Bauaufträge vergeben

↓

Versicherungen abschließen

↓

Teilzahlungen entsprechend Baufortschritt leisten

↓

Rohbauabnahme durch Behörde

↓

Richtfest

↓

Endabnahme durch Behörde

↓

Schlußrechnung an Architekt begleichen

↓

Bauabnahme, Mängelfeststellung und -beseitigung, Restbaukosten evtl. abzüglich 5 % Sicherheit zahlen

↓

Einzug

Abb. 20: Bausteine für den Erwerb eines Architektenhauses (Quelle: Deutsche Bank AG

3. Steuern und Wohneigentum

Wohneigentum ist bei einigen Steuerarten mit einer Vergünstigung verknüpft. Die Überlegung, ob sich der Erwerb von Grundeigentum lohnt, kann deshalb nur unter Berücksichtigung der steuerlichen Situation angestellt werden.

3.1 Grundlagen des Einkommensteuerrechts

Die Einkommensteuer und die Lohnsteuer als ihre Sonderform gehören zu den „einträglichsten" Steuerarten des Staates und belasten den Steuerzahler sichtbar direkt. Den „Bauwilligen" begleiten die Vorschriften der Einkommensteuer in jeder Phase, sei es in der Ansparphase durch Besteuerung der Kapitalerträge oder durch Vorteile beim Bausparen. Schließlich gibt es bei Veräußerung durch Privatpersonen meistens die Steuerfreiheit des Veräußerungsgewinns. Kenntnisse über die Struktur des Einkommensteuerrechts und die Auswirkungen von Wohneigentum auf diese Steuerart sind für eine Entscheidung notwendig. Die detaillierte Anwendung der Vorschrift in Einzelfällen und die Beratung über das Ausfüllen der Formblätter müssen Spezialwerken überlassen bleiben. Rechtsgrundlagen sind neben der Abgabenordnung das Einkommensteuergesetz und die Einkommen- und Lohnsteuerdurchführungsverordnung.

Wer muss Einkommensteuer oder Lohnsteuer bezahlen? Unbeschränkt einkommensteuerpflichtig ist, wer seinen Wohnsitz oder ständigen Aufenthalt in Deutschland hat. Dabei spielen Alter, Geschlecht, Familienstand oder Staatsangehörigkeit ebenso wie die Geschäftsfähigkeit keine Rolle. Ein sechs Monate altes Kind, das ein vermietetes Haus geerbt hat, ist selbstständig steuerpflichtig wie sein Vater, der nur Arbeitslohn bezieht und für dieses Kind bei der Lohnsteuer eine Vergünstigung erhält. Grundsätzlich ist also auch innerhalb einer Familie jedes Familienmitglied selbstständig steuerpflichtig, Ehegatten können aber eine gemeinsame Veranlagung wählen, was regelmäßig steuerlich günstiger ist. Die selbstständige Besteuerung kann gerade bei Kindern durch Vermögensübertragung auf diese zur Verteilung des Einkommens und damit zu einer Steuerersparnis führen.

Wer unbeschränkt steuerpflichtig ist, muss seine gesamten Einkünfte im Inland versteuern, auch soweit diese im Ausland erzielt werden; wer beispielsweise in Spanien seine Ferienwohnung vermietet hat, muss die Einkünfte daraus in Deutschland versteuern! Unter Umständen ist aber ein Doppelbesteuerungsabkommen mit dem Staat, in dem die ausländischen Einkünfte erzielt werden, zu beachten; darin wird u. a. geregelt, bei welchem Fiskus ausländische Einkünfte zu versteuern sind, um doppelte Steuern zu vermeiden.

Wer im Ausland wohnt, ist beschränkt steuerpflichtig, das heißt im Inland nur mit den hier erzielten Einkünften.

Kapitalertragsteuer: Auf Zinsen muss bis Ende 2008 grundsätzlich eine Steuervorauszahlung in Höhe von 30 % zuzüglich 5,5 % Solidaritätszuschlag, also 31,65 % insgesamt, entrichtet werden. Diese entfällt bei Bausparverträgen mit einer Verzinsung von 1 % und weniger oder bei Gewährung einer Wohnungsbauprämie.

Ab 2009 werden auf Kapitalerträge jeder Art 25 % zuzüglich Solidaritätszuschlag und Kirchensteuer, also ca. 27,25 %, als Abgeltungsteuer, die wie ein Höchstsatz wirkt, erhoben.

Wie wird die Steuer abgeführt? Die Einkommensteuerschuld wird immer aus dem gesamten Jahreseinkommen nachträglich berechnet. Bei der **Lohnsteuer** als einer Quellensteuer muss der Arbeitgeber vor der Auszahlung des Lohnes an den Arbeitnehmer unter Verwendung vorgeschriebener Tabellen einen Teil des Lohnes als Steuervorauszahlung einbehalten. Welche Tabelle verwendet wird, hängt vom Zahlungsrhythmus (täglich, wöchentlich, monatlich) und von anderen Merkmalen der Besteuerung ab, die auf der Lohnsteuerkarte nach „Steuerklassen" eingetragen sind. Man kann allgemein sagen, dass diejenigen Arbeitnehmer, die regelmäßige Arbeitseinkünfte beim gleichen Arbeitgeber erzielen und steuerlich nur die allgemein zustehenden Vergünstigungen beanspruchen können, ihre Einkommensteuerschuld mit der Lohnsteuerzahlung abgegolten haben. Für Vermieter von Wohneigentum können unter Umständen im Voraus entsprechende **Freibeträge** auf der Lohnsteuerkarte eingetragen werden, die die Steuervorauszahlung mindern. In jedem Fall kann aber im Rahmen einer **Antragsveranlagung** (Formular „Einkommensteuererklärung") eine nachträgliche Berücksichtigung erfolgen.

Wer kein Arbeitsentgelt erhält oder wer als Arbeitnehmer mehr als 410 € andere Einkünfte hat, muss eine Einkommensteuererklärung abgeben, wenn er erkennt, dass für ihn Einkommensteuer anfallen würde (Pflichtveranlagung). Aus der Einkommensteuerschuld des Vorjahres werden Vorauszahlungen auf die Einkommensteuerschuld des laufenden Jahres zum 10. 3., 10. 6., 10. 9. und 10. 12. verlangt. Diese können also zusätzlich neben dem laufenden Lohnsteuerabzug bei Arbeitnehmern verlangt werden. Die Vorauszahlungen und die einbehaltene Lohn- und Zinsabschlagsteuer werden mit der ermittelten Einkommensteuerschuld verrechnet. Zu viel erhobene Vorauszahlungen werden erstattet.

Welche Einkünfte müssen versteuert werden? Im Einkommensteuergesetz ist in den §§ 2 und 3 grundsätzlich festgelegt, welche Einnahmen steuerpflichtig sind. Der Steuerpflicht unterliegen:

(1) **Einkünfte aus Land- und Forstwirtschaft**

(2) **Einkünfte aus Gewerbebetrieb:** Für Immobilienerwerber kann diese Einkunftsart in Frage kommen, wenn sie beispielsweise an einem entsprechend konstruierten geschlossenen Immobilienfonds beteiligt sind oder wenn Gewinne aus einem gewerblichen Grundstückshandel angefallen sind. Dies liegt dann vor, wenn innerhalb von fünf Jahren mehr als drei Grundstücksobjekte erworben oder errichtet und veräußert wurden. („Drei-Objekt-Grenze" laut Erlass des Bundesfinanzministeriums von 1990.) Neben der Einkommensteuer unterliegen die Gewinne dann auch der Gewerbesteuer.

(3) **Einkünfte aus selbstständiger Arbeit:** Dies sind in erster Linie die Einkünfte der freien Berufe.

Bei diesen drei Einkunftsarten werden die Einkünfte aus dem **Gewinn** ermittelt. Wenn der Steuerpflichtige gesetzlich nicht zur Buchführung verpflichtet ist, kann der Gewinn als Überschuss der Betriebseinnahmen über die Betriebsausgaben angesetzt werden.

Die weiteren vier Einkunftsarten werden als Überschuss der Einnahmen über die Werbungskosten definiert, wobei gilt: **Einnahmen** sind alle Güter, die in Geld oder Geldeswert bestehen und dem Steuerpflichtigen im Rahmen der entsprechenden Einkunftsart zufließen.

Werbungskosten sind Aufwendungen zur Erwerbung, Sicherung und Erhaltung der Einnahmen.

(4) **Einkünfte aus nichtselbstständiger Arbeit:** Hierzu gehören in erster Linie Gehälter, Löhne und Sonderzahlungen an Arbeitnehmer.

(5) **Einkünfte aus Kapitalvermögen:** Hierher gehören z. B. die Einkünfte aus offenen Immobilienfonds. Steuerfrei sind 801,00 € jährlich je Person.

(6) **Einkünfte aus Vermietung und Verpachtung:** Dies ist die Einkunftsart, die beim Erwerb von nicht selbstgenutztem Wohnungseigentum maßgeblich ist.

(7) **Sonstige Einkünfte im Sinne des § 22 EStG:** Dies sind Einkünfte aus wiederkehrenden Bezügen, also insbesondere Renten, und Spekulationsgewinne i. S. d. § 23 EStG.

Spekulationsgeschäfte liegen vor, wenn bei Grundstücken und grundstücksähnlichen Rechten der Zeitraum zwischen Anschaffung und Veräußerung durch Privatpersonen nicht mehr als zehn Jahre beträgt. Für die Zehnjahresfrist ist immer der Tag des schuldrechtlichen Verpflichtungsgeschäftes maßgebend, also der Zeitpunkt des notariellen Vertragsabschlusses oder des Zuschlages in der Zwangsversteigerung, nicht der Zeitpunkt der Grundbucheintragung oder Übergabe. Der Spekulationsgewinn ist der Unterschied zwischen dem Veräußerungspreis einerseits und den Anschaffungs- oder Herstellungskosten und den Werbungskosten andererseits; Abschreibungen werden dem Gewinn zugerechnet. Gewinne aus Spekulationsgeschäften bleiben steuerfrei, wenn der aus Spekulationsgeschäften erzielte Gesamtgewinn im Kalenderjahr weniger als 600 € betragen hat. Diese Grenze ist kein Freibetrag und kann nicht abgezogen werden. Ein Spekulationsgewinn ist aber nicht zu versteuern bei der Veräußerung von Wohneigentum, das von Anfang an oder mindestens seit zwei Jahren selbst genutzt worden ist.

Beispiel: Familie Müller erwarb am 25. 8. 2003 eine Eigentumswohnung zum Kaufpreis von 145 000 €. Da Herr Müller ein sehr günstiges Stellenangebot in einer entfernteren Gegend annahm, verkauften Müllers ihre selbst genutzte Wohnung am 31. 3. 2008 zum Preis von 180 000 € und erwarben im neuen Wohnort ein anderes Objekt. Obwohl zwischen Anschaffung und Veräußerung weniger als zehn Jahre liegen, ist der Gewinn von 35 000 € steuerfrei. Hätte es sich um eine vermietete Wohnung gehandelt, wäre dies steuerpflichtig.

Wurde ein Gebäude neu errichtet und verkauft es der Bauherr innerhalb von zehn Jahren zu einem über den Herstellungskosten liegenden Preis, kann als Spekulationsgewinn lediglich eine Werterhöhung beim Grundstück gelten. Wenn der Haus- oder Grundbesitz geerbt worden ist, gilt für die Berechnung der Spekulationsfrist der Zeitpunkt, zu dem der Erblasser das Objekt angeschafft hatte.

Was nicht im Katalog der Einkunftsarten aufgeführt ist, unterliegt nicht der Besteuerung durch die Einkommensteuer, so der Veräußerungsgewinn außerhalb der Spekulationsfrist bei Privatvermögen oder der Vermögenszuwachs aus Schenkung und Erbschaft. Mit der Schenkung- beziehungsweise Erbschaftsteuer (vgl. Kap. 3.4) ist alles abgegolten.

Verlustausgleich führt zu Steuerersparnis: Nicht die als Geld oder in Geldeswert zufließenden Einnahmen und auch nicht die sich daraus zu errechnenden Einkünfte sind für die Besteuerung maßgebend, sondern erst das „zu versteuernde Einkommen“. Dieses wird unter Berücksichtigung von bestimmten steuerlichen Tatbeständen und Besonderheiten nach einem durch das EStG festgelegten Schema ermittelt. Mit jedem Formularsatz für die Steuererklärung wird in der Anlage ein Rechenschema beigelegt, aus dem der Steuerpflichtige seine individuelle Steuerschuld errechnen kann. Das folgende Schema zeigt nur den grundsätzlichen Aufbau, der für ein Verständnis der in Zusammenhang mit Wohneigentum geltenden Besonderheiten notwendig ist.

Wie die Einkünfte nach den sieben Einkunftsarten grundsätzlich berechnet werden, wurde bereits oben beschrieben. Bei den ersten drei Einkunftsarten kann selbstverständlich auch ein Verlust entstehen, während bei den Überschusseinkünften auch ein negativer

Betrag (sog. negative Einkünfte) entstehen kann, soweit die nachgewiesenen Abzugsbeträge höher als die Einnahmen sind. Pauschal abziehbare Werbungskosten können nicht zu einem negativen Wert in der entsprechenden Einkunftsart führen. Positive und negative Einkünfte eines Steuerpflichtigen werden zusammengerechnet **(vertikaler Verlustausgleich).** Gerade diese Möglichkeit kann bei Vermietung von Wohnraum zu einer Steuerersparnis führen, da bei den meisten Objekten in den ersten Jahren negative Einkünfte aus Vermietung und Verpachtung entstehen, die mit anderen positiven Einkünften, beispielsweise aus nichtselbstständiger Arbeit, verrechnet werden können. Die Möglichkeit zum Verlustausgleich ist aber begrenzt: Innerhalb derselben Einkunftsart können negative Einkünfte bis zur Höhe der positiven Einkünfte unbeschränkt verrechnet werden. Zwischen den einzelnen Einkunftsarten ist der Verlustausgleich auf 51 500 EUR (bei Alleinstehenden) bzw. 103 000 EUR (bei Verheirateten) begrenzt. Darüber hinaus können negative Einkünfte nur noch bis zur Hälfte der verbleibenden Summe der positiven Einkünfte berücksichtigt werden. Nicht ausgeglichene Verluste gehen in den Verlustabzug nach § 10 d EStG ein, sind also nicht verloren (Verlustrücktrag bzw. Verlustvortrag)

Summe der Einkünfte (aus den sieben Einkunftsarten)
– Altersentlastungsbetrag

= **Gesamtbetrag der Einkünfte**
– Sonderausgaben
– außergewöhnliche Belastungen

= **Einkommen**
– Erziehungsfreibetrag
– Kinderfreibetrag

= zu versteuerndes Einkommen
–> Anwendung des Einkommensteuertarifs
= tarifliche Einkommensteuer
– Steuerermäßigung für Parteispenden
= **festzusetzende Einkommensteuer**
– einbehaltene Lohnsteuer bzw. geleistete Vorauszahlungen
= zu zahlende Einkommensteuer

Einkommensteuertarif und Steuerersparnis: Maßgeblich für die Berechnung der Steuerhöhe ist zunächst der **Grundtarif.** Dieser Tarif berücksichtigt die unterschiedliche Leistungsfähigkeit der Steuerpflichtigen, indem er die „Steuerschraube" umso kräftiger anzieht, je höher das Einkommen ist; die Steuerschuld wächst nicht nur linear mit zunehmendem zu versteuernden Einkommen, sondern auch relativ, das heißt, der Prozentsatz steigt über einen größeren Bereich hinweg laufend an. Die Entlastung durch bestimmte steuerliche Vergünstigungen ist deshalb umgekehrt umso größer, je höher das zu versteuernde Einkommen vorher war. Den exakten Betrag einer Steuerminderung kann man deshalb nur unter Berücksichtigung aller Einkünfte eines Steuerpflichtigen und unter konkreter Verwendung einer Steuertabelle ermitteln.

Der Grundtarif (für 2008) ist in folgende Zonen gegliedert:

- **Nullzone:** Bis zu einem zu versteuernden Einkommen von 7664 €, dem so genannten Grundfreibetrag, wird keine Steuer berechnet. Wer mit seinem „zu versteuernden Einkommen" in diesem Bereich liegt, braucht keine Einkommensteuererklärung abzugeben und erhält gegebenenfalls alle vorausbezahlten oder im Voraus abgezogenen Beträge wieder zurück.

Beispiel: Der 5-jährige Jens Müller hat von seinem kinderlos gebliebenen Patenonkel dessen Eigentumswohnung geerbt. Die Wohnung ist für monatlich 500 € vermietet. Nach Berücksichtigung der Werbungskosten und der Sonderausgabenpauschalen ergäbe sich für Jens, der sonst keine Einkünfte hat, ein zu versteuerndes Einkommen innerhalb des Grundfreibetrages. Die Eltern von Jens brauchen für diesen keine Einkommensteuererklärung abzugeben; die Mieteinnahmen bleiben steuerfrei.

- **Die Progressionszone:** In der so genannten Progressionszone liegende Einkommensteile werden mit einem ansteigenden (progressiven) Steuersatz besteuert. Er wird aus der im Gesetz angegebenen Formel in die Tabelle umgesetzt. Die Durchschnittsbesteuerung ist immer geringer als der Steuersatz des Grundtarifs, da dieser immer nur die weiteren Beträge mit dem entsprechenden Prozentsatz erfasst. Man nennt die Prozentsätze des Grundtarifs deshalb auch **„Grenzsteuersatz"** oder **„Spitzensteuersatz"**. Dieser steigt bis zum Einkommen von 52 151 € von 15 auf 42 %.

- **Die oberen Proportionalzonen:** Von 52 152 € an werden die Einkommensbeträge mit 42 % besteuert, von 250 001 € an mit 45 %.

Seit 1998 erhöht sich die Steuer um den Solidaritätszuschlag von 5,5 %. Für die Ermittlung einer Steuerersparnis durch Verminderung des Einkommens ist auch die Kirchensteuer zu berücksichtigen.

Berechnung der Steuer für 2008 nach § 32 a EStG:

Die tarifliche Einkommensteuer bemisst sich nach dem zu versteuernden Einkommen. Sie beträgt jeweils in Euro für zu versteuernde Einkommen

1. bis 7664 € (Grundfreibetrag): 0;
2. von 7665 € bis 12 739 €: $(883{,}74 \cdot y + 1500) \cdot y$;
3. von 12 740 € bis 52 151 €: $(228{,}74 \cdot z + 2397) \cdot z + 989$;
4. von 52 152 € bis 250 000 €: $0{,}42 \cdot x - 7914$;
5. von 250 001 € an: $0{,}45 \cdot x - 15\,414$.

„y" ist ein Zehntausendstel des 7664 € Euro übersteigenden Teils des nach Absatz 2 ermittelten zu versteuernden Einkommens.

„z" ist ein Zehntausendstel des 12 739 € Euro übersteigenden Teils des nach Absatz 2 ermittelten zu versteuernden Einkommens.

„x" ist das abgerundete zu versteuernde Einkommen.

Splitting: Es kommt bei Eheleuten, die die gemeinsame Steuerveranlagung gewählt haben, zur Anwendung. Die Eheschließung bringt dann eine Milderung der Belastung aus der Progression, wenn die Eheleute unterschiedliche Einkünfte haben. Die Steuerhöhe könnte auch aus dem Grundtarif abgelesen werden, wenn die Einkünfte der Eheleute zusammengerechnet und die Hälfte des sich dann ergebenden zu versteuernden Einkommens auf den Grundtarif angewendet wird; der sich dann ergebende Steuerbetrag ist schließlich wieder zu verdoppeln.

3.2 Förderung der Wohnraumbeschaffung

3.2.1 Eigengenutzter Wohnraum

Altersvorsorge-Eigenheimbeitrag

Wer einen Altersvorsorgevertrag („Riester-Rente") abgeschlossen hat, kann aus diesem Vertrag nach den in § 92 a EStG geltenden Regelungen angesammelte Beträge zur Finanzierung von zu eigenen Wohnzweckenden dienenden Wohnung einsetzen. Ob dies sinnvoll ist, hängt davon ab, ob die vorhandenen Guthaben in den Altersvorsorgeanlagen dies zulassen.

§ 92 a EStG Verwendung für eine eigenen Wohnzwecken dienende Wohnung im eigenen Haus. (1) Der Zulageberechtigte kann das in einem Altersvorsorgevertrag gebildete und nach § 10 a oder diesem Abschnitt geförderte Kapital in Höhe von insgesamt mindestens 10 000 € unmittelbar für die Anschaffung oder Herstellung einer zu eigenen Wohnzwecken dienenden Wohnung in einem im Inland belegenen eigenen Haus oder einer im Inland belegenen, zu eigenen Wohnzwecken dienenden, eigenen Eigentumswohnung verwenden (Altersvorsorge-Eigenheimbetrag). Insgesamt dürfen höchstens 50 000 € nach Satz 1 verwendet werden.

(2) Der Zulageberechtigte hat den Altersvorsorge-Eigenheimbetrag bis zur Vollendung seines 65. Lebensjahres beginnend mit dem zweiten auf das Jahr der Verwendung folgenden Jahr auf einen von ihm im Zeitpunkt der Verwendung zu bestimmenden Altersvorsorgevertrag in monatlich gleichen Raten jeweils am ersten Tag eines Monats zurückzuzahlen. Zahlungen auf diesen Altersvorsorgevertrag gelten bis zur Höhe dieser Monatsraten als zu Erfüllung der Rückzahlungsverpflichtung geleistet. Eine darüber hinausgehende Rückzahlung ist zulässig. Als Zeitpunkt der Verwendung im Sinne des Satzes 1 gilt der Zeitpunkt der Auszahlung des Altersvorsorge-Eigenheimbetrags …

Eigenheimrente („Wohn-Riester")

2008 wurde das Eigenheimrentengesetz beschlossen, um die eigenen vier Wände, sofern sie selbst genutzt werden, in die Altersvorsorge besser einzubinden. Danach gelten die Regelungen der Riester-Förderung auch für den Erwerb oder den Bau selbst genutzter Wohnimmobilien. Mit den Riester-Zulagen wird also auch der Kauf, der Bau oder die Entschuldung einer Wohnung oder eines Hauses belohnt. Damit gehören Darlehensverträge für die Anschaffung und den Bau von Immobilien und Genossenschaftsanteilen künftig zu den begünstigten Anlageprodukten. Allerdings nur, wenn die Wohnung selbst genutzt wird.

Die Beträge sind in der Sparphase wie bei allen Riester-Produkten steuerfrei. Erst in der Auszahlungsphase werden die Leistungen besteuert. Wann die Auszahlungsphase beginnt, wird bei Vertragsschluss vereinbart. Sie muss aber zwischen dem 60. und 68. Lebensjahr liegen. Da das Einkommen dann zumeist geringer ist, fällt der individuelle Steuersatz niedriger aus.

Bei der Versteuerung gibt es zwei Möglichkeiten: Wer die Steuerschuld auf einen Schlag begleicht, versteuert nur noch 70 statt 100 Prozent des geförderten Kapitals. Förderberechtigte können sich aber auch für die nachgelagerte Besteuerung entscheiden. Dann wird das geförderte Kapital über einen längeren Zeitraum (bis zu 25 Jahre) verteilt besteuert. Von der persönlichen Situation des Steuerpflichtigen hängt ab, ob in diesem Fall überhaupt eine Steuer zu zahlen ist.

Das Eigenheim-Rentenmodell sieht zwei Förderansätze vor:

(1) Wer „riestert" und sich eine Immobilie anschaffen möchte, kann sein bis dahin angespartes Vermögen vollständig oder bis zu 75 % (bis 2009 bei Guthaben ab 10.000 EUR) dafür verwenden. Dasselbe gilt für den Erwerb von Genossenschaftsanteilen. Eine solche „Entnahme" ist auch möglich, um damit eine selbst genutzte Wohnimmobilie zu entschulden. Allerdings erst dann, wenn der Riester-Vertrag zur Auszahlung kommt.

(2) Der staatliche Riester-Bonus kann auch zur Tilgung eines Baudarlehens verwendet werden. Mit anderen Worten: Die staatlichen Zuschüsse fließen nicht in die Sparrate eines Riester-Vertrages, sondern in die Darlehenstilgung. Die Tilgungsbeiträge für Immobilienkredite werden steuerlich genauso behandelt wie die Sparbeiträge für die Altersvorsorge.

Die nachgelagerte Besteuerung in der Auszahlungsphase wird in beiden Fällen durch die Bildung eines „Wohnförderkontos" gewährleistet. Auf diesem „Konto" werden die in der Immobilie gebundenen steuerlich geförderten Beiträge erfasst. Sie bilden die Grundlage für die spätere Versteuerung, die mit der vertraglich festgelegten Auszahlungsphase im Alter beginnt.

Mit der Eigenheimrente wird auch die Wohnungsbauprämie neu geregelt. Wohnungsbauprämien werden künftig nur noch gewährt, wenn das Kapital tatsächlich in Wohnimmobilien investiert wird. Sie dürfen auch nach Ablauf der Sperrfrist von sieben Jahren nicht mehr für andere Zwecke verwendet werden, ausgenommen für Vertragsabschlüsse bis zum Alter von 25 Jahren. Das Wohnungsbauprämiengesetz wird damit auf die Anschaffung von Wohneigentum ausgerichtet.

Für unter 21-Jährige, die einen sozialversicherungspflichtigen Arbeitsplatz haben oder als Beamte tätig sind, gibt es künftig einen weiteren Anreiz: Sie bekommen einen Berufseinsteigerbonus von einmalig 100 Euro, wenn sie fürs Alter vorsorgen.

Die Bausparkassen bieten einen speziellen Riester-Bausparvertrag anbieten, durch den das Bausparen und Riester-Förderung kombiniert werden. Mit Riester-Rentenpolicen, -Fonds und -Banksparplänen gäbe es damit vier Riester-Produkte.

3.2.2 Steuervorteile bei Vermietung

Wenn eine Immobilie vermietet wird, kann der Eigentümer zeitlich unbegrenzt für beliebig viele Objekte Steuervorteile beanspruchen.

Die Vermietung einer Wohnung führt zu Einkünften aus Vermietung und Verpachtung im Sinne des § 21 EStG. Als Überschusseinkünfte werden diese grundsätzlich wie folgt festgestellt:

Einnahmen (Miete und evtl. verrechnete Nebenkosten) ./. Werbungskosten = Einkünfte aus Vermietung und Verpachtung

Die Einkünfte können positiv („Gewinn") oder negativ („Verlust") sein. Wegen der Möglichkeit des vertikalen Verlustausgleichs ist es oft ein Ziel, über den Erwerb einer Immobilie zu negativen Einkünften zu kommen und diese mit anderen positiven Einkünften zum Zwecke der Steuerersparnis zu verrechnen.

Während die Einnahmen in der Regel klar ersichtlich sind, richtet sich das Augenmerk des Steuerzahlers in erster Linie auf die Gestaltung der Werbungskosten. Je höher die Werbungskosten im Verhältnis zu den Einnahmen sind, umso größer sind die Möglichkeiten der Steuerersparnis. Da den Werbungskosten häufig Ausgaben entgegenstehen, wird es nie das Ziel sein, diese zu steigern, beispielsweise durch hohe Zinszahlungen, denn der Staat ist an der Deckung dieser Kosten ja nur mit dem persönlichen Steuersatz des Eigentümers „beteiligt". Interessant ist aber vor allem die Möglichkeit, Werbungskosten auszuweisen, denen keine laufenden Ausgaben gegenüberstehen, das sind die so genannten Gebäudeabschreibungen.

Werbungskosten bei Vermietung: Als Werbungskosten gelten alle Aufwendungen, die zur Erzielung von Einnahmen anfallen. Neben den unten gesondert behandelten Abschreibungen zählen dazu beispielsweise:

Kosten der laufenden Instandhaltung und Renovierung:
- Pflege und Reinigung der Gartenanlagen,
- Ersatz von Grünpflanzen,
- Hausbeleuchtung, z. B. für Hausflure und Außenlampen,
- Erhaltungsaufwand: das sind alle Reparaturkosten einschließlich Schönheitsreparaturen, aber auch gewisse Erneuerungen und Verbesserungen, beispielsweise Erneuerung von Anstrichen, Renovierung der sanitären Anlagen, Dacheindeckung, Ersatz eines Fahrstuhles, Kosten für Kabelanschluss, Instandhaltung der Heizungsanlage, Erneuerung des Fußbodens. Bei größeren Erhaltungsaufwendungen kann der Steuerpflichtige wählen, ob er sie auf 2 bis 5 Jahre verteilen will. In den ersten drei Jahren nach Bezug werden Erhaltungsaufwendungen nur bis zu 15 % der Herstellungskosten anerkannt, sonst werden diese als anschaffungsnaher Aufwand den Herstellungskosten zugerechnet,
- vergebliche Aufwendungen für Fahrten und Verpflegung auf der Suche nach einem zu kaufenden Objekt,
- Abstandszahlungen an Mieter; Bauwesen- und Bauhaftpflichtversicherung,
- Grundsteuer auf das Grundstück.

Nebenkosten: Das sind alle in Zusammenhang mit der Nutzung stehenden Kosten wie
- Hausversicherungen,
- Heizungskosten,
- Hausverwaltung einschließlich Telefon- und Portoaufwendungen,
- Grundbesitzervereinsbeiträge, Hausmeister, Grundbesitzabgaben wie Grundsteuern, Entwässerungs- und Kanalbenutzungsgebühren, Straßenreinigungs- und Müllabfuhrgebühren,
- Maklergebühr für die Vermittlung neuer Mieter.

Nachträgliche Straßenbaukostenbeiträge, die eine Gemeinde für die bauliche Veränderung der Gehwege zur Schaffung einer Fußgängerzone oder verkehrsberuhigten Zone erhebt, können als Werbungskosten abgesetzt werden (Urteil BFH IX R 109/90 v. 22. 3. 94).

Finanzierungskosten: Finanzierungskosten gelten als Werbungskosten, wenn sie in Zusammenhang mit dem erstmaligen Erwerb, dem Ausbau oder der Renovierung stehen. Dazu gehören beispielsweise

- Schuldzinsen, vorausgezahlte Schuldzinsen bis zu einem Jahr,
- Damnum (maximal 5 % auf fünf Jahre Laufzeit)
- Geldbeschaffungskosten: Grundbuchkosten, Schätzungsgebühren, Gebühren für Hypothekenvermittlung, Bürgschaftsgebühren, Bereitstellungsgebühren für Bankkredite, Notariatsgebühren für Grundschuldbestellung, Fahrtkosten zu Verhandlungen mit den Kreditinstituten, damit verbundene Porto-, Telefon- und Fahrtkosten,
- Bausparabschlussgebühren, wenn der Bausparvertrag von Anfang an in die Finanzierungsplanung für ein Objekt einbezogen wird.

Bei **Erbbauberechtigten** gelten Erbbauzinsen und etwa zu zahlende Erschließungskosten nicht als Anschaffungskosten des Grundstücks. Anstatt sie aber jährlich als Werbungskosten geltend zu machen, können sie nach einem Urteil des Bundesfinanzhofs (AZ IX R 65/02) auch sofort insgesamt abgesetzt werden, wenn der Erbbaurechtsvertrag die Zahlung in einer Summe enthält.

Kosten des Vertragsabschlusses müssen als Anschaffungskosten des Erbbaurechts auf die Laufzeit des Erbbaurechts verteilt werden und können nur anteilig auf die Zeit vor dem Einzug als Vorkosten geltend gemacht werden.

Werbungskosten können in dem Jahr abgezogen werden, in dem sie beim Steuerpflichtigen abgeflossen sind. Abgeflossen sind Beträge

- bei Barzahlung im Zeitpunkt der Bargeldübergabe,
- bei Überweisung, wenn der Auftrag bei der Bank des Steuerpflichtigen eingegangen ist und bei ausreichender Deckung ausgeführt werden konnte,
- bei Scheckzahlung, wenn der Scheck übergeben oder abgesandt worden ist.

Anschaffungs- bzw. Herstellungskosten als Abschreibungsgrundlage: Die Anschaffungs- und Herstellungskosten sind die Grundlage für die Berechnung der Abschreibung. Für den Wohnungseigentümer wird es in der Regel günstiger sein, wenn er seine Aufwendungen sofort als Werbungskosten geltend machen kann, anstatt sie über die Abschreibung verteilen zu müssen.

Anschaffungskosten sind alle Aufwendungen, die im Falle des Erwerbs von einem Dritten anfallen. Sie setzen sich zusammen aus dem Kaufpreis und den Nebenkosten wie Besichtigungskosten, Maklergebühren, Notar- und Grundbuchgebühren (für den Kaufvertrag und die Auflassung, nicht für die Finanzierung!) und der Grunderwerbsteuer. Wenn ein bebautes Grundstück oder eine Eigentumswohnung angeschafft wird, ist der Kaufpreis nach dem Verhältnis der Verkehrswerte auf den nicht abschreibbaren Grund und Boden und das abschreibbare Gebäude aufzuteilen.

Herstellungskosten hat derjenige, der ein Bauvorhaben selbstständig durchführt. Dazu gehören sämtliche Aufwendungen, die zur gebrauchsfähigen Errichtung eines Gebäudes aufgewandt werden. **Bauherr** eines Gebäudes ist, wer auf eigene Rechnung und Gefahr ein Gebäude baut oder errichten lässt und das Baugeschehen „beherrscht“. Wer eine von einem Bauträger zu erstellende Eigentumswohnung oder ein noch zu erstellendes Gebäude erwirbt, ist nicht Bauherr, sondern **Kaufanwärter.** Auf die Berechnung der Abschreibung hat diese Abgrenzung aber keinen Einfluss.

Zu den **Herstellungskosten** gehören beispielsweise:

- Aufwendungen für die Handwerker,
- Kosten für Architekten,
- Baustatiker und Baugenehmigung,
- Anschlusskosten an die Versorgungsnetze,
- Kosten für Einbauten, die wesentliche Bestandteile werden, z. B. Einbauschränke als Zwischenwände,
- Heizungsanlagen,
- Küchenspülen, Herde, Öfen,
- Fahrtkosten mit PKW bei Baustellen- oder Handwerkerbesuch,
- Richtfestkosten,
- Alarmanlagen,

- Einfriedungen und so genannte lebende Umzäunungen sowie Wegebefestigungen.

Zu den Herstellungskosten gehören nach § 6 Abs. 1 Nr. 1 a EStG auch Aufwendungen für Instandsetzungs- und Modernisierungsmaßnahmen, die innerhalb von drei Jahren nach der Anschaffung des Gebäudes durchgeführt werden, wenn die Aufwendungen ohne die Umsatzsteuer 15 Prozent der Anschaffungskosten des Gebäudes (anschaffungsnahe Aufwendungen) übersteigen.

Nicht zu den Herstellungskosten des Gebäudes, sondern zu den **Anschaffungskosten** von Grund und Boden gehören beispielsweise:
- Straßenanliegerbeiträge und Erschließungsbeiträge,
- Kanalanschlussgebühren.

Auch wenn bereits Vorhandenes erneuert wird, kann ein **Herstellungsaufwand** vorliegen, nämlich immer dann, wenn
- das Gebäude in seiner Substanz wesentlich vermehrt wird,
- das Gebäude in seinem Wesen verändert wird,
- das Gebäude über den bisherigen Zustand hinaus wesentlich verbessert wird.

Grünanlagen als gärtnerische Gestaltung der Grundstücksfläche, die die Mieter mitbenutzen dürfen, stellen ein selbstständiges Wirtschaftsgut dar, das regelmäßig mit jährlich 10 % abgeschrieben werden kann.

Der Bauherr kann die Herstellungskosten nach folgendem Schema ermitteln:

Summe aller mit der Errichtung angefallenen Aufwendungen (Rechnungen, Belege usw.)
./. Werbungskosten zurechenbare Aufwendungen
./. Anschaffungskosten des Grund und Bodens
./. nicht abschreibungsfähige Kosten der privaten Lebensführung (z. B. Küchenmöbel o. Ä.)
./. selbstständig abschreibbare Herstellkosten (z. B. Grünanlage oder Sanierungsaufwand)
= abschreibungsfähige Herstellkosten des Gebäudes

Absetzung für Abnutzung (AfA)

§ 7 EStG (Auszug) Absetzung für Abnutzung oder Substanzverringerung. Bei Wirtschaftsgütern, deren Verwendung oder Nutzung durch den Steuerpflichtigen zur Erzielung von Einkünften sich erfahrungsgemäß auf einen Zeitraum von mehr als einem Jahr erstreckt, ist jeweils für ein Jahr der Teil der Anschaffungs- oder Herstellungskosten abzusetzen, der bei gleichmäßiger Verteilung dieser Kosten auf die Gesamtdauer der Verwendung oder Nutzung auf ein Jahr entfällt (Absetzung für Abnutzung in gleichen Jahresbeträgen).

Einem Wohngebäude wird regelmäßig eine „Lebensdauer" von über 100 Jahren zugerechnet. Jedes Jahr wird das Gebäude mehr abgenutzt. Diese Tatsache wird in der Betriebsbuchhaltung als „Abschreibung" erfasst. Im Steuerrecht gibt es diesen Begriff nicht, obwohl man ihn im Rahmen der Steuererleichterungen mit Wohneigentum häufig verwendet. Das Steuerrecht spricht von **„Absetzung für Abnutzung" (= AfA)** und rechnet diese zu den Werbungskosten bei den Einkünften aus Vermietung und Verpachtung. Die Nutzungsdauer im Steuerrecht wird wesentlich kürzer als in Wirklichkeit angenommen; die Höhe der AfA richtet sich deshalb nach den Möglichkeiten des Einkommensteuerrechts und nicht nach der tatsächlichen Wertminderung. In Sonderfällen, z. B. bei einem Gebäudeabbruch, können auch Absetzungen für außergewöhnliche Abnutzung in Betracht kommen. Welche AfA-Art gewählt wird, hängt – sofern überhaupt eine Wahlmöglichkeit besteht – vom erwarteten Einkommensverlauf ab. Bei der Wahl einer erhöhten Abschreibung wird in Kauf genommen, dass späteren Einnahmen geringere Werbungskosten aus Abschreibung entgegenstehen. Der Hauptvorteil einer höheren Abschreibung liegt also in einer Art Zinsvorteil, da rein rechnerisch später mehr Steuern gezahlt werden müssten. Andererseits kann das Objekt später nach Ausnutzung der Abschreibungsmöglichkeit verkauft und ein anderes erworben werden, und schließlich sind später die Erhaltungsaufwendungen höher. Aus diesem Grunde würden die meisten Erwerber den höchstmöglichen Abschreibungssatz wählen.

AfA kann geltend machen, wer das Gebäude zur Erzielung von Einkünften aus Vermietung und Verpachtung einsetzt. Die AfA beginnt mit der Anschaffung oder Herstellung des Gebäudes. Entscheidend ist, dass es bewohnbar ist, nicht, ob es schon bezahlt oder bereits vermietet ist. Bemessungsgrundlage für die AfA sind die Herstellungs- oder Anschaffungskosten. Der Steuerpflichtige ist grundsätzlich an die einmal gewählte Abschreibungsart gebunden.

Die Höhe der zulässigen AfA im Jahr der Anschaffung bzw. Veräußerung ist bei den einzelnen nachfolgend näher beschriebenen AfA-Methoden unterschiedlich geregelt:

Lineare Abschreibungen nach § 7 Abs. 4 EStG: Diese Art der Abschreibung kann jeder Erwerber eines neuen oder gebrauchten Gebäudes, das er nicht selbst nutzt, beanspruchen. Der Abschreibungssatz bleibt gleich, weshalb man auch von „linearer" Abschreibung spricht.

Abschreibungssätze:
2,5 % bei Fertigstellung vor dem 1. 1. 1925,
2,0 % bei Fertigstellung nach dem 31. 12. 1924.

Beispiel: Malte Müller erwirbt ein gebrauchtes 2-Familien-Haus (Baujahr 1932) in einem Stadtrandgebiet zum Kaufpreis von 200 000 € am 15.10. Die Gebühren betragen insgesamt 2000 €. Der Wert des Grund und Bodens wird mit 30 000 € angesetzt. Renovierungsmaßnahmen sind im ersten Jahr mit 15 000 € durchgeführt worden. Das Gebäude konnte in dieser Zeit noch nicht vermietet werden. Die Einkünfte aus Vermietung und Verpachtung ergeben sich im ersten Jahr wie folgt:

Wert des Gebäudes	170 000,00 €
anteilige Gebühren	1700,00 €
Anschaffungskosten	171 700,00 €
2 % AfA linear für 3 Monate	858,50 €
Erhaltungsaufwand (unter 15 %)	15 000,00 €
Sonstige Werbungskosten	200,00 €
Einkünfte (Verlust)	16 058,50 €

Bei einem Spitzensteuersatz von 35 % ergibt das eine Steuerersparnis durch Verrechnung mit anderen Einkünften von über 5620 €.

EStG § 7 Absetzung für Abnutzung oder Substanzverringerung. (1) Bei Wirtschaftsgütern, deren Verwendung oder Nutzung durch den Steuerpflichtigen zur Erzielung von Einkünften sich erfahrungsgemäß auf einen Zeitraum von mehr als einem Jahr erstreckt, ist jeweils für ein Jahr der Teil der Anschaffungs- oder Herstellungskosten abzusetzen, der bei gleichmäßiger Verteilung dieser Kosten auf die Gesamtdauer der Verwendung oder Nutzung auf ein Jahr entfällt (Absetzung für Abnutzung in gleichen Jahresbeträgen). Die Absetzung bemisst sich hierbei nach der betriebsgewöhnlichen Nutzungsdauer des Wirtschaftsguts … Im Jahr der Anschaffung oder Herstellung des Wirtschaftsguts vermindert sich für dieses Jahr der Absetzungsbetrag nach Satz 1 um jeweils ein Zwölftel für jeden vollen Monat, der dem Monat der Anschaffung oder Herstellung vorangeht.

(4) Bei Gebäuden sind abweichend von Absatz 1 als Absetzung für Abnutzung die folgenden Beträge bis zur vollen Absetzung abzuziehen:

1. bei Gebäuden, soweit sie zu einem Betriebsvermögen gehören und nicht Wohnzwecken dienen und für die der Bauantrag nach dem 31. März 1985 gestellt worden ist, jährlich 3 vom Hundert,
2. bei Gebäuden, soweit sie die Voraussetzungen der Nummer 1 nicht erfüllen und die nach
   a) dem 31. Dezember 1924 fertiggestellt worden sind, jährlich 2 vom Hundert,
   b) vor dem 1. Januar 1925 fertiggestellt worden sind, jährlich 2,5 vom Hundert

der Anschaffungs- oder Herstellungskosten; Absatz 1 Satz 5 gilt entsprechend. Beträgt die tatsächliche Nutzungsdauer eines Gebäudes in den Fällen des Satzes 1 Nr. 1 weniger als 33 Jahre, in den Fällen des Satzes 1 Nr. 2 Buchstabe a weniger als 50 Jahre, in den Fällen des Satzes 1 Nr. 2 Buchstabe b weniger als 40 Jahre, so können an Stelle der Absetzungen nach Satz 1 die der tatsächlichen Nutzungsdauer entsprechenden Absetzungen für Abnutzung vorgenommen werden. Absatz 1 letzter Satz bleibt unberührt …

Verbilligte Vermietung: Wenn eine Wohnung zu „billig" vermietet wird, fallen die staatlichen Förderungen teilweise weg. Nach § 21 Abs. 2 EStG können bei einer Vermietung zu mindestens 56 % der ortsüblichen Marktmiete noch alle steuerlichen Vorteile geltend gemacht werden. Aus diesem Grunde kann es sich steuerlich „lohnen", an Personen verbilligt zu vermieten, denen man die Wohnung eventuell auch unentgeltlich zur Verfügung gestellt hätte. Wird eine Wohnung unentgeltlich zur Verfügung gestellt oder beträgt die Miete nur bis zu 10 % der ortsüblichen Marktmiete, wird die Wohnung als „Konsumgut" behandelt, was jede steuerliche Förderung ausschließt. Bei einer Vermietung zu einer Marktmiete unterhalb der 56 %-Grenze können die Werbungskosten nur anteilig geltend gemacht werden: Empfohlen wird aber häufig, eine etwas höhere Miete, z. B. mindestens 75 %, zu verrechnen, damit die Investition als langfristig ertragshaltig gilt.

Beispiel:

Werbungskosten	6000 €
Örtliche Marktmiete	400 €
a) Verbilligte Miete	225 €
keine Einschränkung Werbungskostenansatz	6000 €
b) Verbilligte Miete	180 €
Werbungskostenansatz:	(6000·225)/400 = 3375 €

Die verbilligte Vermietung lohnt sich nur so lange, als die Werbungskosten höher als die Mieteinnahmen sind.

Geltendmachung der Werbungskosten: Der Vermieter von Wohnraum muss zur Erlangung der Steuervorteile eine Einkommensteuererklärung abgeben und die Anlage V (Vermietung und Verpachtung) mit den zugehörenden Teilen entsprechend ausfüllen. Einen pauschalen Freibetrag ohne Nachweis auf der Lohnsteuerkarte gibt es für negative Einkünfte aus Vermietung und Verpachtung nicht.

Folgen teilweiser Selbstnutzung: Für selbstgenutzten Wohnraum gibt es keine Einkünfte aus Vermietung und Verpachtung. Die entsprechende Förderung ist auf die Eigenheimzulage beschränkt. Wird ein Haus teilweise selbstgenutzt und zum anderen Teil vermietet, muss eine der Wohnfläche entsprechende Aufteilung vorgenommen werden. Gesondert behandelt werden dann wiederum Räume, die gewerblich oder beruflich genutzt werden (Arbeitszimmer).

Renovierung durch den Mieter: Herstellungsaufwand liegt i. d. R. dann vor, wenn nach Fertigstellung etwas Neues, was bisher nicht vorhanden war, eingefügt wird, z. B. Wintergarten, Markise, Balkon, Fahrstuhl, Einbau einer Sanitärzelle, Errichtung einer Fertiggarage.

Einzelmaßnahmen bis 4000 € netto sofort absetzbar: Einzelne Baumaßnahmen bis zum Nettorechnungsbetrag von 4000 € können von der Finanzverwaltung auf Antrag als Erhaltungsaufwand behandelt werden. Durch „geschickte“ Verteilung von Einzelmaßnahmen kann auf diese Weise eine Behandlung als Herstellungskosten vermieden werden (R 157 Abs. 3 EStR 2003).

3.3 Grunderwerbsteuer und Grundsteuer

Beim Umsatz inländischer bebauter und unbebauter Grundstücke ist der Staat mit 3,5 % des umgesetzten Wertes „dabei"! Dem Umsatz wird regelmäßig ein Kaufvertrag zugrunde liegen. Von der Steuer werden aber auch andere Vorgänge erfasst wie die Auflassung, wenn ihr kein Rechtsgeschäft vorausgegangen ist, das den Anspruch auf Übereignung begründet; ferner das Meistgebot in der Zwangsversteigerung, ein Vertrag zur Begründung eines Erbbaurechts, ein Tauschvertrag oder ein Erwerb aufgrund eines Vorkaufrechts.

Der Grundstücksbegriff im Grunderwerbsteuerrecht entspricht dem Begriff des Grundstücks im Sinne des Bürgerlichen Rechts, das heißt, zum Grund und Boden gehören noch die wesentlichen Bestandteile, nicht dagegen das Zubehör; nicht dazugerechnet werden aber Maschinen, die zu einer Betriebsanlage gehören. Wie Grundstücke werden auch Wohnungseigentum, Erbbaurechte und Gebäude auf fremdem Grund und Boden behandelt.

Bemessungsgrundlage: Die Steuer von 3,5 % wird grundsätzlich aus dem Wert der so genannten Gegenleistung berechnet. Als Gegenleistung gelten insbesondere der Kaufpreis zuzüglich etwaiger sonstiger Leistungen, die der Erwerber als Entgelt für den Erwerb des Grundstücks gewährt oder übernimmt; dazu können beispielsweise die übernommenen Kosten der Vermessung oder die vom Verkäufer geschuldete und vom Käufer übernommene Maklergebühr gehören. Wer Bauherr ist, braucht die Grunderwerbsteuer nur von dem erworbenen Grundstück zu entrichten. Wer aber vom Bauträger das fertige Haus oder die Eigentumswohnung kauft, muss die Steuer vom Gesamtpreis zahlen. Auch bei den so genannten Bauherrenmodellen ist dies kaum zu umgehen, wenn ein enger Zusammenhang zwischen Grundstückskauf- und Gebäudeerrichtungsvertrag besteht.

Die Grunderwerbsteuer gehört zu den Anschaffungskosten eines Grundstücks.

Befreiung von der Grunderwerbsteuer: Im Wesentlichen sind nur folgende Vorgänge von der Steuer befreit:

- Erwerbe mit Kaufpreisen bis zu 2556 € („Bagatellfälle"),
- Grundstückserwerb durch Erbschaft und Grundstücksschenkungen unter Lebenden. In diesen Fällen greift die Erbschaft- oder Schenkungsteuer ein,
- Erwerb eines zum Nachlass gehörenden Grundstücks durch Miterben oder deren Ehegatten zur Teilung des Nachlasses,
- Grundstückserwerbe durch den Ehegatten, den früheren Ehegatten des Veräußerers oder durch Personen, die mit dem Veräußerer in gerader Linie verwandt sind oder durch deren Ehegatten.

Daneben bestehen Erstattungsmöglichkeiten bei Rückgängigmachung des Erwerbsvorganges innerhalb von zwei Jahren oder bei Nichtigkeit des Erwerbsvorgangs unter bestimmten Voraussetzungen. Die früher mögliche Steuerbefreiung für steuerbegünstigte Wohnungen gibt es nicht mehr.

Entrichtung der Grunderwerbsteuer: Beim Grundstückskauf sind Käufer und Verkäufer für die Entrichtung der Steuer gesamtschuldnerisch verantwortlich. Im notariellen Kaufvertrag wird jedoch meistens vereinbart, dass der Käufer die Grunderwerbsteuer zu bezahlen hat. Dies ist aber nur eine interne Regelung zwischen den Vertragspartnern. Das Grundbuchamt trägt die Eigentumsänderung erst dann in das Grundbuch ein, wenn das Finanzamt eine Unbedenklichkeitsbescheinigung nach Bezahlung der Grunderwerbsteuer oder Sicherung des Steueranspruchs vorgelegt hat.

Die Grundsteuerpflicht entsteht mit der Rechtswirksamkeit des Abschlusses des Kaufvertrages. Sie wird einen Monat nach Bekanntgabe des Steuerbescheids fällig.

Alle Gerichte, Behörden und Notare haben dem zuständigen Finanzamt die von ihnen beurkundeten Rechtsvorgänge über ein im Inland gelegenes Grundstück anzuzeigen.

Grundsteuerpflicht: Die Grundsteuer ist eine weitgehend von den persönlichen Verhältnissen des Eigentümers unabhängige so genannte Realsteuer auf den Grundbesitz, also auf unbebaute und bebaute Grundstücke, Wohnungseigentum, Teileigentum, Erbbaurechte und Betriebsgrundstücke. Die Steuer fließt den Gemeinden zu, die mittels der Hebesätze in bestimmten Grenzen ein eigenes Recht zur Bestimmung der Steuerhöhe haben. Gesetzliche Grundlagen sind das Grundsteuergesetz von 1973 und die Grundsteuer-Richtlinien von 1978.

Der Erhebung der Grundsteuer gehen drei Verfahren vor:

(1) Das Einheitswertverfahren zur Feststellung des Einheitswertes,
(2) das Steuermessbetragsverfahren zur Festsetzung des Grundsteuermessbetrages in Abhängigkeit von der Art der Grundstücksnutzung,
(3) das Veranlagungsverfahren zur Festsetzung und Erhebung der Grundsteuer durch die Gemeinde.

Die ersten beiden Verfahren werden vom Finanzamt durchgeführt.

Eine allgemeine, für alle Grundstücke durchgeführte Feststellung bezeichnet man als **Hauptfeststellung**. Eine solche wurde letztmals im Gebiet der alten Bundesländer auf den 1. 1. 1964 durchgeführt. Eine Nachfeststellung wird durchgeführt, wenn ein Grundstück neu gebildet worden ist; eine Artfortschreibung wird durchgeführt, wenn sich die Grundstücksart geändert hat, beispielsweise wenn ein unbebautes Grundstück bebaut worden ist.

In den ostdeutschen Bundesländern sind bei Mietwohnungen und Einfamilienhäusern die auf den 1. 1. 1935 festgestellten Einheitswerte grundsätzlich maßgebend. Bei einer Nachfeststellung ab 1. 1. 1992 für die Erbschaft-, Gewerbe- und Grunderwerbsteuer wird von einem Vielfachen der Jahresrohmiete zum 1. 1. 1935 ausgegangen, bei Einfamilienhäusern beispielsweise von 250 %. Im Bewertungsgesetz ist die Art der Wertermittlung festgelegt. Regelmäßig ist das **Ertragswertverfahren** bei der Ermittlung des Einheitswertes anzuwenden. Der Grundstückswert, welcher den Bodenwert, den Gebäudewert und den Wert der Außenanlagen umfasst, ist durch Anwendung eines Vervielfältigers auf die Jahresrohmiete zu ermitteln. Die Jahresrohmiete ist das Gesamtentgelt, welches ein Mieter für die Benutzung des Grundstücks für ein Jahr entrichtet oder üblicherweise zu entrichten hätte. Es gelten die Wertverhältnisse zum

Hauptfeststellungszeitpunkt. Dabei wird von den Finanzämtern ein Mietspiegel verwendet. Das Sachwertverfahren ist bei Ein- und Zweifamilienhäusern anzuwenden, wenn sie sich durch besondere Gestaltung oder Ausstattung wesentlich von den im Ertragswertverfahren zu bewertenden Häusern unterscheiden.

Höhe der Grundsteuer

Neben dem Einheitswert sind die Steuermesszahlen derzeit wie folgt maßgeblich:

	v. T. = Promille
Land- und forstwirtschaftliche Betriebe	6,0 v. T.
Unbebaute Grundstücke	3,5 v. T.
Einfamilienhausgrundstücke für die ersten 38346,89 € des Einheitswertes	2,6 v. T.
für den Rest des Einheitswertes	3,5 v. T.
Zweifamilienhäuser	3,1 v. T.
Andere bebaute Grundstücke einschließlich Wohnungseigentum	3,5 v. T.

Die Hebesätze der Gemeinden liegen etwa zwischen 230 und 300 %. Die Grundsteuer wird aus den drei Faktoren wie folgt berechnet:
Einheitswert × Steuermesszahl × Hebesatz = jährliche Grundsteuer

Beispiel:

Einheitswert eines Einfamilienhauses	62 300,00 €;
Steuermesszahl 2,6 v. T. = Steuermessbetrag	161,98 €;
Hebesatz der Gemeinde 230 % = jährliche Grundsteuer	372,55 €

Steuerschuldner ist der Eigentümer, beim Erbbaurecht der Erbbauberechtigte. Miteigentümer haften als Gesamtschuldner. Die Steuer ist in vierteljährlichen Raten zum 15. 2., 15. 5., 15. 8. und 15. 11. zu entrichten.

Bei vermietetem Wohnraum gehört die Grundsteuer zu den umlagefähigen Mietnebenkosten und zählt zu den Werbungskosten. Bei Eigennutzung kann die Grundsteuer bis zum Bezugstag als Vorkosten wie Sonderausgaben abgezogen werden.

3.4 Erbschaft- und Schenkungsteuer

Die Erbschaft- und Schenkungsteuer hat folgende Struktur:

Die Bewertung bebauter Grundstücke erfolgt nach dem **Ertragswertverfahren**. Ab Inkrafttreten der voraussichtlich ab 2009 vorgesehenen Regelung[1] gilt hier grundsätzlich der danach ermittelte Verkehrswert. Soweit die Immobilie vermietet ist, wird vom Verkehrswert ein Bewertungsabschlag von 10 % vorgenommen. Durch die seit 2008 erhöhten Freibeträge in der Steuerklasse I soll aber das Familienvermögen in Form des Einfamilienhauses weitgehend frei von Erbschaftsteuer bleiben.

Steuerklassen bei der Erbschaftsteuer

Erbe bzw. Beschenkter	Steuerklasse
Ehegatte; Kinder; Stiefkinder; Enkel, deren Eltern verstorben sind; Enkel/Urenkel, deren Eltern noch leben; Eltern, Großeltern und Urgroßeltern im Erbfall	I
Eltern, Großeltern und Urgroßeltern im Schenkungsfall; Geschwister; Neffen; Nichten; Stiefeltern; Schwiegerkinder; Schwiegereltern, geschiedener Ehegatte	II
Lebensgefährten und alle übrigen	III

Erbschaftsteuer-Tarif 2008

Erwerb einschließl. €	v. H.-Satz in den Steuerklassen I	II	III
75000	7	30	30
300000	11	30	30
600000	15	30	30
6000000	19	30	30
13000000	23	50	50
26000000	27	50	50
und darüber	30	50	50

Persönliche Erbschaftsteuer-Freibeträge (€)

Ehegatte	500 000
Kind; Stiefkind; Enkel, wenn Eltern verstorben	400 000

1 Das Gesetzgebungsverfahren war zum Zeitpunkt der Drucklegung noch nicht abgeschlossen.

Enkel; Urenkel	200 000
Dazu kommt ein sachlicher Freibetrag für Hausrat von 41.000 € und 12.000 € für andere Gegenstände.	
Eltern und Großeltern im Erbfall	
Eltern und Großeltern bei Schenkung; Geschwister; Neffen; Nichten; geschiedener Ehegatte	20 000
Alle Übrigen	
Versorgungsfreibetrag des Ehegatten	
Versorgungsfreibetrag der Kinder (je nach Alter)	

Da die Freibeträge für Schenkung bzw. Erbschaft alle zehn Jahre zur Verfügung stehen, kann eine vorweggenommene Erbfolge bzw. das vorzeitige Übertragen von Vermögenswerten im Zehnjahresrhythmus sinnvoll sein. Durch unmittelbare Übertragung größerer Vermögen von den Großeltern auf die Enkel kann ein Erb- oder Schenkungsfall vermieden und damit im Ergebnis Erbschaft- bzw. Schenkungsteuer erspart werden.

3.5 Ergänzende steuerliche Vorschriften

Bauabzugsteuer

Durch das „Gesetz zur Eindämmung illegaler Beschäftigung im Baugewerbe" ist für Bauherren und Bauunternehmen zusätzliche Verwaltungsarbeit notwendig. Ziel des Gesetzes ist in erster Linie die Bekämpfung der Schwarzarbeit im Baugewerbe, insbesondere durch ausländische Bauunternehmen. Die Vorschrift ist in das Einkommensteuergesetz unter den §§ 48 bis 48 d eingefügt worden. Bei Nichtbeachtung der Vorschriften drohen Bauherren nur schwer überschaubare Haftungsrisiken. Als Auftraggeber von Bauleistungen können sie der sogenannten „Bauabzugsteuer" unterliegen. Empfänger von Bauleistungen werden grundsätzlich verpflichtet, fünfzehn Prozent der zu erbringenden Gegenleistung, also in der Regel des Rechnungsbetrags, einzubehalten und vorab an das Finanzamt abzuführen. Der abgezogene Betrag kann von der Rechnung des Bauunternehmers abgezogen werden. Der Leistungsempfänger, also der Bauherr, haftet für die Bauabzugsteuer.

Die Bauabzugsteuerverpflichtung fällt in folgenden Fällen nicht an:

- Es handelt sich um Bauleistungen an selbstgenutzten Eigenheimen und Eigentumswohnungen. Betroffen sind also nur juristische Personen des öffentlichen Rechts und alle Unternehmen im Sinne des § 2 UStG, auch wenn sie nicht umsatzsteuerpflichtig sind.
- Private Auftraggeber, die umsatzsteuerfreie Umsätze aus Vermietung und Verpachtung erzielen, sind bis zu einer Freigrenze (sog. Bagatellgrenze) von 15 000 € je Auftragnehmer für alle Aufträge während eines Jahres befreit.
- Für alle Aufträge gibt es eine Freigrenze von 5000 € für alle Aufträge während eines Jahres an einen Auftragnehmer.
- Das Bauunternehmen legt eine Freistellungsbescheinigung des Finanzamts vor; eine solche wird bei Vorliegen bestimmter Voraussetzungen auch für ausländische Unternehmen, die in Deutschland arbeiten, erteilt. Die Bedingungen zur Erlangung einer Freistellung sind im Gesetz festgelegt. Der Gültigkeitszeitraum für die Bescheinigung ist auf diesen angegeben, er beträgt längstens drei Jahre. Die Bescheinigung ist vor der Leistungserbringung vorzulegen. Die Vorlage einer Ablichtung genügt, wenn die Bescheinigung nicht auf eine bestimmte Bauleistung beschränkt ist.

Bauleistungen im Sinne dieser Regelung sind entsprechend der Baubetriebe-Verordnung alle Leistungen, die der Herstellung, Instandsetzung, Instandhaltung, Änderung oder Beseitigung von Bauwerken dienen. Planungsleistungen von selbstständigen Architekten gehören nicht dazu. Einzelheiten zur Abwicklung der Abzugsteuer sind auch über http://www.finanzamt.de abzufragen.

Steuervergünstigung für haushaltsnahe Dienstleistungen (§ 35 a EStG)

Für haushaltsnahe Dienstleistungen, die in einem inländischen Haushalt des Steuerpflichtigen erbracht werden, kann eine Ermäßigung der Einkommensteuer von 20 % der Aufwendungen bis max. 600 € im Rahmen der Einkommensteuererklärung beantragt werden.

Zu den haushaltsnahen Dienstleistungen gehören nur Tätigkeiten, die gewöhnlich durch Mitglieder des privaten Haushalts erledigt werden und in regelmäßigen Abständen anfallen. Bei einem zu eigenen Wohnzwecken genutzten Gebäude bzw. einer eigen genutzten Wohnung des Steuerpflichtigen sind begünstigt

- Schönheitsreparaturen und Ausbesserungsarbeiten, die durch einen selbstständigen Handwerker ausgeführt werden,
- sonstige Dienstleistungen am Gebäude und Grundstück.

Als **Schönheitsreparaturen** gelten beispielsweise das Tapezieren, Anstreichen der Wände und Decken, das Streichen der Fußböden, der Heizkörper einschließlich Heizungsrohre, der Innentüren sowie der Fenster und Außentüren von innen. Außerdem rechnen hierzu die bei Malerarbeiten übliche Beseitigung der Wand- und Deckenrisse sowie der durch Dübel, Schrauben und Nägel entstandenen Löcher. Ebenso zählen dazu das Reinigen von Teppichböden, nicht aber dessen Erneuerung.

Nur Aufwendungen für kleinere **Ausbesserungsarbeiten** in einem dem Mieter vergleichbaren Umfang können berücksichtigt werden. Hierzu zählt nur das Beheben kleiner Schäden an den Installationsgegenständen für Elektrizität, Wasser und Gas, den Heizungs- und Kocheinrichtungen, den Fenster- und Türverschlüssen sowie den Verschlussvorrichtungen von Fensterläden.

Als begünstigte **sonstige Dienstleistungen** gelten beispielsweise:

- Gartenpflegearbeiten durch einen selbstständigen Gärtner,
- die Tätigkeit eines selbstständigen Fensterputzers,
- Hausmeisterarbeiten durch ein Dienstleistungsunternehmen (z. B. Schneeräumen).

Tätigkeiten, die üblicherweise den Einsatz eines Fachmanns erfordern, wie z. B. Elektro- und Wasserinstallationen, Arbeiten an der Heizungsanlage, Fliesenlegearbeiten, Arbeiten am Dach oder das Fällen von Bäumen gehören nicht zu den haushaltsnahen Dienstleistungen. Ebenfalls nicht begünstigt sind Aufwendungen, die zu Herstellungskosten für den Grund und Boden oder das Gebäude führen

Bei Wohnungseigentümergemeinschaften kommt eine Inanspruchnahme der Steuerermäßigung dann nicht in Betracht, wenn die Arbeiten das Gemeinschaftseigentum betreffen. Nicht begünstigt sind auch Aufwendungen für das verwendete Material oder sonstige in diesem Zusammenhang gelieferte Waren.

Die Steuerermäßigung ist unabhängig vom persönlichen Steuersatz. Sie beträgt 20 % der bezahlten Aufwendungen für die Dienstleistung, höchstens 600 € jährlich. Dies bedeutet, dass insgesamt Aufwendungen von maximal 3000 € jährlich gefördert werden.

Um eine Steuerermäßigung zu erhalten, sind die Aufwendungen durch Vorlage der Rechnung des beauftragten Unternehmens mit aussagekräftigen Angaben über die erbrachte Dienstleistung, z. B. durch Aufschlüsselung von Material- und Lohnkosten, und des Kontoauszugs mit Abbuchung des Rechnungsbetrags oder einer entsprechenden Bescheinigung des Kreditinstituts nachzuweisen. Achtung: Bargeschäfte mit oder ohne Rechnung sind nicht begünstigt!

Steuervorteile bei Sanierungsobjekten und Denkmalen

Eigennutzung: Beim selbstgenutzten Baudenkmal wird nicht zwischen Erhaltungsaufwand und Herstellungskosten unterschieden. Nach § 10 f EStG können Aufwendungen für Baudenkmale und für Gebäude in Sanierungsgebieten bzw. städtebaulichen Entwicklungsbereichen auch bei Verwendung zu eigenen Wohnzwecken zehnmal mit je 9 % jährlich wie Sonderausgaben abgesetzt werden.

Absetzbar ist grundsätzlich nur der Aufwand abzüglich der öffentlichen Zuwendungen. Für jede Person gilt die Beschränkung auf je ein Objekt!

Die Objektbeschränkung bedeutet, dass ein Steuerpflichtiger die Abzugsbeträge nur für ein Gebäude in Anspruch nehmen kann, Eheleute insgesamt für zwei Objekte. Der Objektverbrauch nach § 10 e EStG wird auf § 10 f EStG nicht angerechnet, umgekehrt gilt das Gleiche. Nicht jede einzelne Baumaßnahme an einem Gebäude führt zum Objektverbrauch. Es können durchaus mehrere Maßnahmen an einem Gebäude begünstigt werden, auch wenn sie zeitlich nacheinander durchgeführt werden. Unter die Objektbeschränkung fallen nur die Baumaßnahmen an einem anderen Gebäude.

Liebhaberobjekte: Dient das unter Denkmalschutz stehende Gebäude weder der Erzielung von Einkünften, z. B. als Liebhaberobjekt, noch eigenen Wohnzwecken, können die Aufwendungen zur Erhaltung im Kalenderjahr des Abschlusses der Maßnahme und in den 9 folgenden Kalenderjahren nach § 10 g EStG jeweils bis zu 10 % wie Sonderausgaben abgezogen werden, soweit sie öffentliche oder private Zuwendungen oder etwaige erzielte Einnahmen aus dem Gebäude übersteigen. Für die Förderung dieser schutzwürdigen Kulturgüter gelten folgende Bedingungen:

- Die Aufwendungen dürfen weder Betriebsausgaben noch Werbungskosten sein.
- Das Gebäude oder der Gebäudeteil darf nicht zu eigenen Wohnzwecken genutzt werden.
- Die Eigenschaft als Kulturdenkmal ist nachzuweisen.
- Die Erhaltungsaufwendungen müssen im Einvernehmen mit dem Landesdenkmalamt gemacht werden.
- Die Notwendigkeit der Erhaltungsaufwendungen ist nachzuweisen.

§ 10 f Steuerbegünstigung für zu eigenen Wohnzwecken genutzte Baudenkmale und Gebäude in Sanierungsgebieten und städtebaulichen Entwicklungsbereichen. (1) Der Steuerpflichtige kann Aufwendungen an einem eigenen Gebäude im Kalenderjahr des Abschlusses der Baumaßnahme und in den neun folgenden Kalenderjahren jeweils bis zu 9 vom Hundert wie Sonderausgaben abziehen, wenn die Voraussetzungen des § 7 h oder des § 7 i vorliegen. Dies gilt nur, soweit er das Gebäude in dem jeweiligen Kalenderjahr zu eigenen Wohnzwecken nutzt und die Aufwendungen nicht in die Bemessungsgrundlage nach § 10 e oder dem Eigenheimzulagengesetz einbezogen hat. Für Zeiträume, für die der Steuerpflichtige erhöhte Absetzungen von Aufwendungen nach § 7 h oder § 7 i abgezogen hat, kann er für diese Aufwendungen keine Abzugsbeträge nach Satz 1 in Anspruch nehmen. Eine Nutzung zu eigenen Wohnzwecken liegt auch vor, wenn Teile einer zu eigenen Wohnzwecken genutzten Wohnung unentgeltlich zu Wohnzwecken überlassen werden.

(2) Der Steuerpflichtige kann Erhaltungsaufwand, der an einem eigenen Gebäude entsteht und nicht zu den Betriebsausgaben oder Werbungskosten gehört, im Kalenderjahr des Abschlusses der Maßnahme und in den neun folgenden Kalenderjahren jeweils bis zu 9 vom Hundert wie Sonderausgaben abziehen, wenn die Voraussetzungen des § 11 a Abs. 1 in Verbindung mit

§ 7 h Abs. 2 oder des § 11 b Satz 1 oder 2 in Verbindung mit § 7 i Abs. 1 Satz 2 und Abs. 2 vorliegen. Dies gilt nur, soweit der Steuerpflichtige das Gebäude in dem jeweiligen Kalenderjahr zu eigenen Wohnzwecken nutzt und diese Aufwendungen nicht nach § 10 e Abs. 6 oder § 10 i abgezogen hat. Soweit der Steuerpflichtige das Gebäude während des Verteilungszeitraums zur Einkunftserzielung nutzt, ist der noch nicht berücksichtigte Teil des Erhaltungsaufwands im Jahr des Übergangs zur Einkunftserzielung wie Sonderausgaben abzuziehen. Absatz 1 Satz 4 ist entsprechend anzuwenden.

...

§ 10 g EStG (Auszug). **Steuerbegünstigung für schutzwürdige Kulturgüter, die weder zur Einkunftserzielung noch zu eigenen Wohnzwecken genutzt werden.** (1) Der Steuerpflichtige kann Aufwendungen für Herstellungs- und Erhaltungsmaßnahmen an eigenen schutzwürdigen Kulturgütern im Inland, soweit sie öffentliche oder private Zuwendungen oder etwaige aus diesen Kulturgütern erzielte Einnahmen übersteigen, im Kalenderjahr des Abschlusses der Maßnahme und in den neun folgenden Kalenderjahren jeweils bis zu 9 vom Hundert wie Sonderausgaben abziehen. Kulturgüter im Sinne des Satzes 1 sind

1. Gebäude oder Gebäudeteile, die nach den jeweiligen landesrechtlichen Vorschriften ein Baudenkmal sind,
2. Gebäude oder Gebäudeteile, die für sich allein nicht die Voraussetzungen für ein Baudenkmal erfüllen, aber Teil einer nach den jeweiligen landesrechtlichen Vorschriften als Einheit geschützten Gebäudegruppe oder Gesamtanlage sind,
3. gärtnerische, bauliche und sonstige Anlagen, die keine Gebäude oder Gebäudeteile und nach den jeweiligen landesrechtlichen Vorschriften unter Schutz gestellt sind, ...

wenn sie in einem den Verhältnissen entsprechenden Umfang der wissenschaftlichen Forschung oder der Öffentlichkeit zugänglich gemacht werden, es sei denn, dem Zugang stehen zwingende Gründe des Denkmal- oder Archivschutzes entgegen. Die Maßnahmen müssen nach Maßgabe der geltenden Bestimmungen der Denkmal- und Archivpflege erforderlich und in Abstimmung mit der in Absatz 3 genannten Stelle durchgeführt worden sein; ...

(2) Die Abzugsbeträge nach Absatz 1 Satz 1 kann der Steuerpflichtige nur in Anspruch nehmen, soweit er die schutzwürdigen Kulturgüter im jeweiligen Kalenderjahr weder zur Erzielung von Einkünften im Sinne des § 2 noch Gebäude oder Gebäudeteile zu eigenen Wohnzwecken nutzt und die Aufwendungen nicht nach § 10 e Abs. 5 oder § 10 h Satz 3 oder § 10 i abgezogen hat ...

(3) Der Steuerpflichtige kann den Abzug vornehmen, wenn er durch eine

Bescheinigung der nach Landesrecht zuständigen oder von der Landesregierung bestimmten Stelle die Voraussetzungen des Absatzes 1 für das Kulturgut und für die Erforderlichkeit der Aufwendungen nachweist. Hat eine der für Denkmal- oder Archivpflege zuständigen Behörde ihm Zuschüsse gewährt, so hat die Bescheinigung auch deren Höhe zu enthalten; werden ihm solche Zuschüsse nach Ausstellung der Bescheinigung gewährt, so ist diese entsprechend zu ändern.

(4) Die Absätze 1 bis 3 sind auf Gebäudeteile, die selbstständige unbewegliche Wirtschaftsgüter sind, sowie auf Eigentumswohnungen und im Teileigentum stehende Räume entsprechend anzuwenden. § 10 e Abs. 7 gilt sinngemäß.

Lohnsteuerzahler können sich die Steuerbegünstigung nach § 10 f EStG bereits vor Anschaffung bzw. Abschluss der begünstigten Maßnahme als Freibetrag auf der Lohnsteuerkarte eintragen lassen, wenn sie nachweisen oder glaubhaft machen, dass die Anschaffung bzw. der Abschluss der Maßnahme sowie die Selbstnutzung noch im gleichen Kalenderjahr erfolgen werden.

Vermietung

Diese Kosten werden gefördert:

Herstellungskosten: Wer eine Vorliebe für alte Häuser hat, kann ein unrenoviertes Baudenkmal bzw. Sanierungsobjekt erwerben und nach dem Kauf die geförderten Arbeiten in eigener Regie durchführen lassen. Dann besteht die Möglichkeit, die Herstellungskosten für die genannten Baumaßnahmen auf 12 Jahre verteilt abzuschreiben.

Anschaffungskosten: Man kann aber auch ein bereits renoviertes Baudenkmal/Sanierungsgebäude erwerben, an dem die genannten Baumaßnahmen noch vorgenommen werden müssen. Dann erhält man die speziellen Steuervorteile allerdings nur für den Teil der Anschaffungskosten, der auf die nach Abschluss des Kaufvertrags durchgeführten Baumaßnahmen entfällt. Diese Kosten können über 12 Jahre verteilt abgesetzt werden.

Erhaltungsaufwand: Besitzt man ein Baudenkmal oder Sanierungsobjekt schon länger, dann gehören die Aufwendungen für die genannten Baumaßnahmen im Regelfall zum Erhaltungsaufwand.

Folgende Baumaßnahmen werden gefördert:

Bei Sanierungsgebäuden (§ 7 h EStG): Modernisierungs- und Instandsetzungsmaßnahmen im Sinne des § 177 Baugesetzbuch (Missstände beseitigen oder Mängel beheben) und Maßnahmen, die der Erhaltung, Erneuerung und funktionsgerechten Verwendung eines geschichtlich, künstlerisch oder städtebaulich bedeutenden Gebäudes dienen.

Bei Baudenkmälern (§ 7 i EStG): Baumaßnahmen, die nach Art und Umfang zur Erhaltung des Gebäudes als Baudenkmal oder zu seiner sinnvollen Nutzung erforderlich sind.

Beim Ensemble (§ 7 i EStG): Hier geht es um Gebäude oder Gebäudeteile, die selbst keine Baudenkmäler sind, die aber zu einer Gebäudegruppe oder Gesamtanlage (Ensemble) gehören. Gefördert werden Baumaßnahmen, die nach Art und Umfang erforderlich sind, um das schützenswerte äußere Erscheinungsbild der Gebäudegruppe oder Gesamtanlage zu erhalten.

Altbaurenovierung: Aufwendungen für die Instandsetzung oder Modernisierung von Gebäuden nach Ablauf von drei Jahren seit dem Erwerb sind grundsätzlich sofort als Werbungskosten anrechenbar, wenn diese Maßnahmen nur dazu dienen, das Gebäude in einem ordnungsgemäßen Zustand entsprechend seinem ursprünglichen Stand zu erhalten oder diesen Zustand in zeitgemäßer Form wiederherzustellen. Wird durch die Instandsetzung oder Modernisierung gleichzeitig der Wert des Gebäudes erhöht, so ist dies so lange unschädlich, wie das Gebäude lediglich den zentralen Wohnkomfort erhält, den es ursprünglich besessen, aber durch den technischen Fortschritt und die Veränderung der Lebensgewohnheiten verloren hatte. Nur wenn die Arbeiten den Gebrauchswert im ganzen deutlich erhöhen und über eine zeitgemäße Erneuerung hinausgehen, zählen sie insgesamt zu Herstellungskosten.

Sanierung: Erhöhte Absetzungen sind bei Gebäuden in Sanierungsgebieten und städtebaulichen Entwicklungsbereichen nach § 7 h EStG möglich. Sie betragen im Jahr der Fertigstellung und in den folgenden 7 Jahren jeweils 9 %, in den folgenden vier Jahren 7 %

der begünstigten Aufwendungen. Mindestens muss die lineare Abschreibung in Anspruch genommen werden.

Begünstigt ist die Durchführung von

- Modernisierungs- und Instandsetzungsmaßnahmen i. S. des § 177 Baugesetzbuches,
- Maßnahmen, die der Erhaltung eines Gebäudes dienen, das wegen seiner geschichtlichen, künstlerischen oder städtebaulichen Bedeutung erhalten bleiben soll, und zu deren Durchführung sich der Eigentümer neben bestimmten Modernisierungsmaßnahmen verpflichtet hat.

Notwendig ist ein Instandsetzungs- oder Modernisierungsgebot der Gemeinde nach § 177 Baugesetzbuch bzw. eine vertragliche Vereinbarung mit der Gemeinde. Freiwillige Maßnahmen werden nicht von der Regelung erfasst! Es gibt keine Sonderabschreibung nach § 7 h EStG bei Neuerrichtung nach Gebäudeabbruch.

Bescheinigungsverfahren für die Anwendung des § 7 h EStG

Es wird von Seiten der Behörde geprüft,

- ob das Gebäude in einem förmlich festgelegten Sanierungsgebiet oder städtebaulichen Entwicklungsbereich liegt,
- ob Modernisierungs- und Instandsetzungsmaßnahmen im Sinne des § 7 h Abs. 1 Satz 1 und 2 EStG durchgeführt worden sind,
- in welcher Höhe Aufwendungen, die die vorstehenden Voraussetzungen erfüllen, angefallen sind,
- ob und ggf. in welcher Höhe Zuschüsse aus den Sanierungs- oder Entwicklungsfördermitteln gezahlt werden oder worden sind,
- ob nach dem Ausstellen einer Bescheinigung Zuschüsse aus öffentlichen Mitteln durch eine der für Sanierungsgebiete oder städtebauliche Entwicklungsbereiche zuständigen Behörde gezahlt werden.

Im Steuerrecht werden anstelle der Begriffe Modernisierung und Instandsetzung die Begriffe Herstellungsaufwand und Erhaltungsaufwand verwendet. Während nur ein Teil der baulichen Maßnahmen, die Modernisierung sind, unter den steuerrechtlichen Begriff des Herstellungsaufwandes fallen, rechnen die Instandsetzung und Instandhaltung sowie ein Teil der Modernisierung lediglich zum Erhaltungsaufwand.

Zum Erhaltungsaufwand rechnen die Maßnahmen, die das Grundstück im ordnungsgemäßen Zustand erhalten sollten und regelmäßig in ungefähr gleicher Höhe wiederkehren und im Allgemeinen durch die gewöhnliche Nutzung des Grundstücks veranlasst werden.

Die bauliche Umgestaltung eines vorhandenen Gebäudes kann grundsätzlich nicht als Herstellung eines neuen Gebäudes angesehen werden, solange das Gebäude in seiner wesentlichen Substanz nicht beeinträchtigt wird. Der grundlegende Umbau eines Gebäudes steht nur dann einem Neubau gleich, wenn die neu eingefügten Gebäudeteile dem Gesamtgebäude das bautechnische Gepräge eines neuen Gebäudes verleihen. Das ist insbesondere der Fall, wenn verbrauchte Teile ersetzt werden, die für die Nutzungsdauer des Gebäudes bestimmend sind, wie z. B. Fundamente, tragende Außen- und Innenwände, Geschossdecken und die Dachkonstruktion.

Je höher die Sanierungskosten im Verhältnis zum Kaufpreis sind, desto günstiger schneidet die Investition beim Fiskus ab. Denn nur die Sanierung wird vom Finanzamt „vergoldet“, nicht aber der eigentliche Erwerb. Die Rechnungen für die Sanierung müssen später als der Kaufvertrag datiert sein, sonst erkennt sie das Finanzamt nicht an.

Baudenkmale nach § 7 i EStG

§ 7 i Erhöhte Absetzungen bei Baudenkmalen. (1) Bei einem im Inland belegenen Gebäude, das nach den jeweiligen landesrechtlichen Vorschriften ein Baudenkmal ist, kann der Steuerpflichtige abweichend von § 7 Abs. 4 und 5 im Jahr der Herstellung und in den folgenden sieben Jahren jeweils bis zu 9 vom Hundert und in den folgenden vier Jahren jeweils bis zu 7 vom Hundert der Herstellungskosten für Baumaßnahmen, die nach Art und Umfang zur Erhaltung des Gebäudes als Baudenkmal oder zu seiner sinnvollen Nutzung erforderlich sind, absetzen. Eine sinnvolle Nutzung ist nur anzunehmen, wenn das Gebäude in der Weise genutzt wird, dass die Erhaltung der schützenswerten Substanz des Gebäudes auf die Dauer gewährleistet ist. Bei einem im Inland belegenen Gebäudeteil, das nach den jeweiligen landesrechtlichen Vorschriften ein Baudenkmal ist, sind die Sätze 1 und 2 entsprechend anzuwenden. Bei einem im Inland belegenen Gebäude oder Gebäudeteil, das für sich allein nicht die Voraussetzungen für ein Baudenkmal erfüllt, aber Teil einer Gebäudegruppe oder Gesamtanlage ist, die nach den jeweiligen landesrechtlichen Vorschriften als Einheit geschützt ist, kann der Steuerpflichtige die erhöhten Absetzungen von den Herstellungskosten für Baumaßnahmen vornehmen, die nach Art und Umfang zur Erhaltung des schützenswerten äußeren Erscheinungsbildes der Gebäudegruppe oder Gesamtanlage erforderlich sind. Der Steuerpflichtige kann die erhöhten Absetzungen im Jahr des Abschlusses der Baumaßnahme und in den folgenden elf Jahren auch für Anschaffungskosten in Anspruch nehmen, die auf Baumaßnahmen im Sinne der Sätze 1 bis 4 entfallen, soweit diese nach dem rechtswirksamen Abschluss eines obligatorischen Erwerbsvertrags oder eines gleichstehenden Rechtsakts durchgeführt worden sind. Die Baumaßnahmen müssen in Abstimmung mit der in Absatz 2 bezeichneten Stelle durchgeführt worden sein. Die erhöhten Absetzungen können nur in Anspruch genommen werden, soweit die Herstellungs- oder Anschaffungskosten nicht durch Zuschüsse aus öffentlichen Kassen gedeckt sind. § 7 h Abs. 1 Satz 5 ist entsprechend anzuwenden.

(2) Der Steuerpflichtige kann die erhöhten Absetzungen nur in Anspruch nehmen, wenn er durch eine Bescheinigung der nach Landesrecht zuständigen oder von der Landesregierung bestimmten Stelle die Voraussetzungen des Absatzes 1 für das Gebäude oder Gebäudeteil und für die Erforderlichkeit der Aufwendungen nachweist. Hat eine der für Denkmalschutz oder Denkmalpflege zuständigen Behörden ihm Zuschüsse gewährt, so hat die Bescheinigung auch deren Höhe zu enthalten; werden ihm solche Zuschüsse nach Ausstellung der Bescheinigung gewährt, so ist diese entsprechend zu ändern.

Bei vermieteten Baudenkmalen muss man zwischen Herstellungskosten und Erhaltungsaufwand unterscheiden. Zum Erhaltungsaufwand zählen z. B. die Kosten für die laufende Instandsetzung. Der Herstellungsaufwand kann nach 7 i und 11 b anstelle der sonst üblichen AfA wie bei Gebäuden im Sanierungsgebiet verteilt werden. Das Gebäude oder der Gebäudeteil muss als Baudenkmal nach landesrechtlichen Vorschriften gelten, d. h. die Baumaßnahmen müssen erforderlich sein zur

- Erhaltung des Gebäudes oder Gebäudeteils als Baudenkmal oder zu seiner sinnvollen Nutzung,
- oder zur Erhaltung des schützenswerten äußeren Erscheinungsbildes der Gebäudegruppe oder Gesamtanlage,
- soweit die Arbeiten vor Beginn und bei Planungsänderungen vor Beginn der geänderten Vorhaben mit der Bescheinigungsbehörde abgestimmt waren.

Es gilt ebenfalls ein Bescheinigungsverfahren nach landesrechtlichen Vorschriften. Die Sonderabschreibung beträgt innerhalb der ersten acht Jahre 9 %, dann vier Jahre noch 7 % der begünstigten Aufwendungen. Nach dieser Vorschrift sind nicht Aufwendungen für einzelne Baumaßnahmen, sondern nur die Herstellungskosten des Gebäudes insgesamt nach seiner Fertigstellung zur Bewohnung begünstigt; Teil-Herstellungskosten werden also nicht berücksichtigt.

Der Erhaltungsaufwand kann entsprechend der persönlichen Steuersituation verteilt werden.

Verteilung der Kosten auf 2–5 Jahre

§ 11 a EStG (Auszug). **Sonderbehandlung von Erhaltungsaufwand bei Gebäuden in Sanierungsgebieten und städtebaulichen Entwicklungsbereichen.** (1) Der Steuerpflichtige kann durch Zuschüsse aus Sanierungs- oder Entwicklungsförderungsmitteln nicht gedeckten Erhaltungsaufwand für Maßnahmen im Sinne des § 177 des Baugesetzbuchs an einem im Inland belegenen Gebäude in einem förmlich festgelegten Sanierungsgebiet oder städtebaulichen Entwicklungsbereich auf zwei bis fünf Jahre gleichmäßig verteilen.

§ 11 b Erhaltungsaufwand bei Baudenkmalen. Der Steuerpflichtige kann durch Zuschüsse aus öffentlichen Kassen nicht gedeckten Erhaltungsaufwand für ein im Inland belegenes Gebäude oder Gebäudeteil, das nach den jeweiligen landesrechtlichen Vorschriften ein Baudenkmal ist, auf zwei bis fünf Jahre gleichmäßig verteilen, soweit die Aufwendungen nach Art und Umfang zur Erhaltung des Gebäudes oder Gebäudeteils als Baudenkmal oder zu seiner sinnvollen Nutzung erforderlich und die Maßnahmen in Abstimmung mit der in § 71 Abs. 2 bezeichneten Stelle vorgenommen worden sind …

Das Wahlrecht, ob und auf wie viel Jahre die Aufwendungen verteilt werden, wird in der Steuererklärung des Jahres ausgeübt, in dem die Erhaltungsaufwendungen geleistet worden sind. Eine Änderung in einem späteren Jahr ist nicht mehr möglich. Vor dieser Entscheidung müssen die Einkommen und der Grenzsteuersatz der nächsten Jahre geschätzt werden.

Steuerlich interessant ist es also, ein preisgünstig gekauftes Baudenkmal teuer zu renovieren.

Reduzierte Steuern anderer Art

Eine Grundsteuerbefreiung kann beantragt werden, wenn die Bewirtschaftungskosten die Einnahmen aus der Immobilie übersteigen.

4. Beschaffung finanzieller Mittel

Die Aufwendungen für erworbenes Wohneigentum gehören oft zu den größten Ausgaben, die jemand in seinem Leben tätigt. Sie sind deshalb einer der markantesten Punkte im „Lebensplan" der Vermögensbildung und gehören sorgfältig und rechtzeitig geplant. Wenn drei von vier Deutschen nach Umfragen Wohneigentum erwerben wollen, denken sie schon lange vor der konkreten Umsetzung ihres Wunsches daran und beziehen diesen Wunsch in ihre Lebensplanung mit ein. Nur die wenigsten werden es schaffen, Wohneigentum völlig mit eigenen Mitteln zur gewünschten Zeit erwerben zu können. Es wird deshalb als ganz normal angesehen, dass mit dem Erwerb von Wohneigentum Fremdmittel von nicht unbeträchtlichem Umfang aufgenommen werden. Wer möchte schon warten, bis er endlich seine Wünsche verwirklichen kann? „Sparen" und „Abzahlen" sind die Begleiter auf dem Weg zum Wohneigentum.

4.1 Ansparphase

Wer Wohneigentum erwirbt, braucht erst einmal eigene Mittel. In der Verschuldungsphase muss ein erheblicher Teil des verfügbaren Einkommens für den Schuldendienst „abgezweigt" werden. Dies fällt sicher umso leichter, je mehr dies von Anfang an „geübt" worden ist. Wer mit dem Erwachsenwerden nicht mehr nur auf kurzfristige Wünsche, sondern auf längerfristige Ziele hin spart, hat noch meistens 10 oder 15 Jahre bis zur Verwirklichung des Wunsches auf Wohneigentum. So weit dieses Ziel auch entfernt sein mag, es kann bei der Form des Sparens mit ins Kalkül gezogen werden; dabei wird sich mancher doch offenhalten wollen, wie er letztlich sein gespartes Vermögen verwenden will. Auch wer ein Vermögen nicht erst ersparen muss, sondern erbt, wird bei der Verwendung des Geerbten die Möglichkeit des Erwerbs von Wohneigentum nicht außer Acht lassen wollen.

Welche Ziele möchte man mit dem Sparen erreichen? Sparen im volkswirtschaftlichen Sinne bedeutet „Verzicht auf Konsum", das heißt, man arbeitet, erhält dafür Einkommen, und verzichtet darauf, Teile dieses Einkommens sofort zu verbrauchen. Einen solchen Verzicht wird man freiwillig nur leisten wollen, wenn man dafür später etwas bekommt. Das ursprüngliche Sparmotiv ist also immer die Erwartung, sich später einen Ausgabenwunsch erfüllen zu können; wenn man ihn sich nicht selbst erfüllen kann, sollen dies eventuell die Erben können. Das Sparen auf Wohneigentum hin hat diese natürliche Zielgerichtetheit in sich. Häufig kann man aber noch gar nicht sagen, welche Wünsche man später erfüllen will oder wofür man die angesparte „Kaufkraft" verwenden muss. Eigenes Vermögen macht frei und unabhängig für alle unvorhergesehenen Fälle. Also ist auch das Sparen für „Notfälle" in gewisser Weise zweckgerichtet. Dieses Motiv dürfte das zweitstärkste sein. Dazu gehört auch die „Vorsorge" für das Alter. Wie oben schon gezeigt wurde, ist der Erwerb von Wohneigentum hier einer der geeignetsten Wege dazu.

Welche Rahmenbedingungen muss eine Sparform erfüllen? Wenn der Sparer sein „Erspartes" später verwenden will, muss es seinen Wert behalten haben. Die Erhaltung des Geldwertes als solchem ist von volkswirtschaftlichen Rahmenbedingungen abhängig. Steigende Preise vermindern den Geldwert. Dies gilt erst recht bei Wohneigentum.

Beispiel: Wenn eine Wohneinheit heute 200 000 € kosten würde und die Baupreise jährlich um drei Prozent steigen, müsste ein Sparer jedes Jahr 6 000 €, also monatlich 500 €, nur zum Ausgleich der Preissteigerung sparen!

Je früher also Wohneigentum erworben werden kann, umso mehr kann man der drohenden Inflation entgehen.

Das Sparen im „Sparstrumpf" braucht man heute niemandem mehr auszureden. Man spart ertragbringend und legt die Mittel zins- oder gewinnbringend an. Ein Sparziel kann nur erreicht werden, wenn der Sparer seine eingesetzten Mittel vereinbarungsgemäß zurückerhält. Die **Sicherheit** der Sparform muss also gewährleistet sein. Je „geldnaher" die Ersparnis angelegt wird, umso eher kann sie wieder zu Bargeld gemacht werden und damit zur gewünschten Ausgabe bereitstehen. Wer auf einem Sparkonto spart, kommt schneller an die gewünschte Summe heran als wer sich an einem geschlossenen Immobilienfonds beteiligt. Die **Verfügbarkeit** oder Liquidität ist ein weiterer Gesichtspunkt, der bei einer zielgerichteten Geldanlage beachtet werden muss. Zum Ausgleich für seinen Konsumverzicht und für die drohende Geldentwertung möchte jeder Sparer, dass sein Vermögen sich von selbst vermehrt. Das ist möglich durch Zinsen, andere ausgeschüttete Erträge oder durch Wertzuwachs. Beim Kontensparen steht der Zins, bei der Immobilienanlage der Wertzuwachs im Vordergrund. Dabei muss immer die **steuerliche Situation** im Auge behalten werden. Die aus dem Ertragszuwachs im Verhältnis zum eingesetzten Kapital errechnete **Rentabilität** ist ein weiterer Eckpfeiler des „magischen Dreiecks" der Geldanlage (vgl. Abb. 21).

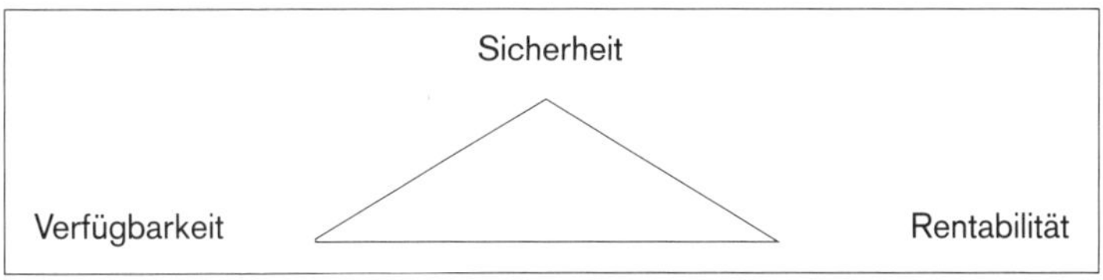

Abb. 21: Das „magische Dreieck" der Geldanlage

Diese Ziele sollen optimal aufeinander abgestimmt werden. Sie widersprechen sich nicht völlig, können aber in der Zielverfolgung nicht einseitig angestrebt werden: Wer die höchste Rentabilität will, muss Einschränkungen in der Verfügbarkeit und ein höheres Risiko in Kauf nehmen.

Wir wollen die Geldanlagen in der Sparphase des Erwerbs von Wohneigentum unter Berücksichtigung dieser Rahmenbedingungen zeigen, ohne dabei das Sparziel aus dem Auge zu verlieren.

Insbesondere in Zusammenhang mit der langfristigen Lebensplanung unter Einbeziehung des Immobilienerwerbs sollte sich jeder einmal eine gewisse Struktur seiner Ziele vor Augen führen, z. B. mit folgenden Punkten:

- Kinderwunsch
- Berufsausbildung/Weiterbildung

- Berufliche Aufstiegschancen
- Geplanter Arbeitswechsel
- Zukunftschancen Arbeitsplatz
- Sicherung des derzeitigen Einkommens
- Berufstätigkeit aller Familienmitglieder
- Reservepositionen im Vermögen (Erbschaft, Fälligkeit von Lebensversicherungen)
- Langfristige Immobilienplanung (Kauf, Renovierung, Kapitalanlage)

4.1.1 Banksparen

Wer spart, wird sicher bald und schon in frühester Jugend mit einem Kreditinstitut, also einer Bank oder Sparkasse in Kontakt kommen. Diese Institutionen bieten den breitesten Fächer an Geldanlagemöglichkeiten. Es gilt aber, hier das bedarfsgerechteste Produkt aus der Vielfalt herauszufinden.

Wer bei einem deutschen Kreditinstitut Geld anlegt, kann absolut sicher sein, dass er seine Einlage nicht wegen Zahlungsunfähigkeit des Kreditinstituts verlieren wird. Banken und Sparkassen haben ein bewährtes System der gegenseitigen Einlagensicherung geschaffen. Die Wertbeständigkeit von Beteiligungen, z. B. in Form von Aktien oder Immobilien, kann eine Bank, die den Erwerb vermittelt hat, natürlich nicht garantieren.

Die traditionelle Grundform des Sparens ist die **Spareinlage** oder das Sparen mit dem „Sparbuch". Der Sparer kann auch hier schon mit kleinsten Beträgen beginnen. Das Sparbuch gibt eine laufende und klare Übersicht über den Stand des Sparguthabens. Die Banken bieten die verschiedensten Sparformen an. Je größer der angelegte Betrag und je länger die Bindungsdauer bis zur Rückzahlung, umso höher ist meistens der Zinssatz. Das Sparen auf einem Sparkonto mit dreimonatiger Kündigungsfrist ohne Sondervereinbarung wird am geringsten verzinst. Ein solches Konto dient allenfalls dazu, um kleinere Beträge für kurzfristige Zwecke zur Verfügung zu haben, weniger aber für längerfristige Ziele. Einen höheren Zins bieten die Banken bei regelmäßigem Sparen im Rahmen eines so genannten **Sparvertrages.** Wer beispielsweise sechs Jahre lang monatlich einen bestimmten Betrag einzahlt, kann am Ende der Laufzeit oft noch eine Prämie **(Bonus),** beispielsweise von 15 % auf den eingezahlten Betrag, erhalten. Wer bereits im Rahmen eines Bausparvertrages spart und noch Sparbeträge zusätzlich gut verzinslich ansammeln will, dem kann diese Form durchaus empfohlen werden. Der Bonus gilt im Jahr der Gutschrift als zu versteuernde Zinseinnahme.

Wenn ein größerer Betrag zur Verfügung steht, beispielsweise ab 1500 €, bieten die Banken für diesen Betrag bei einer längerfristigen Anlage, meistens ab mindestens einem Jahr, bereits ganz ansehnliche Zinsen. Oft ist der Zinssatz steigend, ähnlich wie bei der Geldanlage in Bundesschatzbriefen. Wenn auf eine vorzeitige Kündigungsmöglichkeit verzichtet wird, kann die Anlage in **Sparbriefen** ab vier Jahren Laufzeit empfohlen werden. Dies sollten Bauwillige nur wählen, wenn sie sicher wissen, dass der Betrag nicht vor Ablauf dieser Zeit benötigt wird. Die Zinsbesteuerung kann durch **abgezinste Sparbriefe** eventuell gezielt auf das Jahr verschoben werden, in dem durch Wohnungserwerb der persönliche Steuersatz sinken wird. Dies kommt dann infrage, wenn der erwartete Grenzsteuersatz geringer als 25 % (Abgeltungsteuer) ist.

Eine Anlage in **Wertpapieren** wird nur in Frage kommen, wenn der Erwerb von Wohnungseigentum noch in weiter Ferne steht. Beteiligungswerte wie Aktien sind hier relativ ungeeignet, weil deren Kurs eventuell gerade dann ungünstig ist, wenn Geld benötigt wird. Für festverzinsliche Wertpapiere, zum Beispiel Bundesanleihen, gilt, dass sie zwar höher verzinslich sind, dass sich dieser Mehrzins aber wegen der Spesen und Verwahrungsgebühren nur bei längerfristiger Anlage über mehrere Jahre lohnt. Bei einem Verkauf vor Fälligkeit ist auch mit einem gewissen Kursrisiko zu rechnen. Wenn ein Erwerbszeitpunkt für Wohnungseigentum schon in etwa feststeht, sollten solche Wertpapiere erworben werden, die in dem vorgesehenen Zeitraum fällig werden.

Für **Festgelder** ab etwa 5000 € zahlen die Banken bereits bei einer Anlage für nur einen Monat höhere Zinsen. Für Bauwillige dürfte diese Anlageform eher dann in Frage kommen, wenn schon Geldmittel zur Verfügung stehen, aber noch nicht vom Bauablauf oder Kaufvertrag her ausgegeben werden müssen. Alternativ werden heute schon häufig auf so genannten **Tagesgeldkonten** ebenfalls vergleichbare Zinsen gezahlt. Über die Guthaben auf solchen Konten kann jederzeit verfügt werden, was im Rahmen von Bauprojekten, z. B. für einen Grundstückserwerb, durchaus attraktiv sein kann. Direktbanken machen hier sehr günstige Angebote, insbesondere wenn das Konto online geführt wird.

Anteile an **Geldmarktfonds** sind für eine kurz- bis mittelfristige Anlage von künftigen Baugeldern für eine mittelfristige Ansparplanung geeignet. Sie können regelmäßig ab etwa 10 000 € erworben werden. Die Verzinsung liegt knapp unter dem üblichen Geldmarktzins. Die Anteile können jederzeit zurückgegeben werden. Es sollten bei einer Anlagefrist unter zwei Jahren möglichst nur Anteile ohne Ausgabeaufschlag erworben werden („no-load-fonds"), da sonst die Rendite erheblich reduziert wird. Die Rendite wird durch eventuelle Depotgebühren eingeschränkt. Fragen Sie danach! Anteile an Geldmarktfonds bieten alle Banken an.

Allgemeine staatliche Sparförderungen außerhalb des Bausparens sind bei allen allgemeinen Sparformen derzeit nicht mehr zu erlangen. Die Anlage von tariflich vereinbarten Vermögenswirksamen Leistungen des Arbeitgebers ist aber auf Sparverträge bei Banken bei Verzicht auf Arbeitnehmersparzulage möglich.

4.1.2 Bausparen und Bausparförderung

„Vermögen bilden durch Bausparen" ist eine häufig gebrauchte Werbeaussage der Bausparkassen. In dem Begriff „Bausparen" steckt einmal das „Sparen" und zum anderen „Bauen". Das Bausparen ist also eine Sparform, die besonders darauf eingestellt ist, dass das ersparte Vermögen später für Bauzwecke eingesetzt werden kann. Bereits an dieser Stelle muss aber gesagt werden, dass Sparmittel aus dem Bausparen nicht unbedingt für Bauzwecke eingesetzt werden müssen. Mit dem Sparen bei einer Bausparkasse sichert sich der Sparer nur die mit einem Bauspardarlehen verbundenen Vorteile.

Das Sparen bei einer Bausparkasse kommt den Anforderungen eines kontinuierlichen Vermögensaufbaus zum Zweck des Erwerbs von Wohneigentum wirtschaftlich, organisatorisch und rechtlich in besonderer Weise entgegen. Die Grundidee besteht darin, dass jemand, der kontinuierlich über mehrere Jahre hinweg gespart hat, ein Anrecht auf eine bestimmte Darlehensform für den Erwerb von Wohneigentum erhält. Ein Großteil der Bausparer verfolgt dieses Ziel, das damit für alle erreichbar wird. Selbstverständlich kann ein Sparer auch in anderen Sparformen sparen, und er wird für Bauzwecke wohl jederzeit ein Darlehen erhalten können; unter Umständen kann dies für ihn sogar wirtschaftlich günstiger sein, wenn er durch das Glück einer besonderen gesamtwirtschaftlichen Zinskonstellation begünstigt wurde.

Das Bauspargeschäft „funktioniert" im Grunde gleich wie das moderne Geschäft aller Geschäftsbanken: Sehr viele Einleger stellen ihre Einlagen kurz-, mittel- oder langfristig zur Verfügung. Aus diesem „Topf" können die Banken entsprechende Darlehen geben. Da beispielsweise bei Spareinlagen die Sparer nicht alle auf einmal von ihrem Kündigungsrecht Gebrauch machen, können die Banken aus formal kurzfristig zur Verfügung gestellten Mitteln auch längerfristige Darlehen geben. Dieses Grundprinzip, dass in der Weise Darlehen gegeben werden können, wie die Spareinlagen tatsächlich zur Verfügung gestellt werden, gilt auch für die Bausparkassen. Bei diesen ist aber der Zusammenhang zwischen den aufgebrachten Mitteln und den zu vergebenen Darlehen durch die gesetzlichen Bestimmungen wesentlich enger. Die aufgebrachten Mittel werden als **„Zuteilungsmasse"** bezeichnet, aus der die Darlehen gegeben werden können. Da im Ablauf eines Bausparvertrages aus Sparern Darlehensnehmer werden, soweit neue Sparer dazukommen, kann man die Bausparer auch als eine Art Solidargemeinschaft bezeichnen; man spricht auch vom **„Bausparkollektiv"**.

Welchen rechtlichen Rahmen hat das Bausparen? Bausparkassen gelten als Kreditinstitute mit besonderen Aufgaben. Als solche unterliegen sie der vollen Aufsicht durch die Bundesanstalt für Finanzdienstleistungsaufsicht (BaFin). Die Einlagen bei Bausparkassen sind bei allen Bausparkassen gesetzlich im Rahmen der EU-Vorschriften des Einlagensicherungsgesetzes bis zu 20.000 € gesichert. Seit Bestehen der deutschen Bausparkassen hat es aber noch nie Probleme mit der Bauspareinlagensicherung gegeben. Durch die

Vorschriften des **Bausparkassengesetzes** sind noch weitere umfassende Sicherheitsvorschriften gegeben. Dieses Gesetz regelt allgemein für den Betrieb der Bausparkassen:

- Rechtsform, Prüfung und Aufsicht,
- zulässige Geschäftsarten und Zweckbindung der Bausparmittel (Darlehen sind schwerpunktmäßig für die „wohnwirtschaftliche Verwendung" vorgesehen),
- Rahmen für Allgemeine Geschäftsgrundsätze und Allgemeine Bedingungen für Bausparverträge.

Das Bausparkassengesetz wird ergänzt durch die **Bausparkassenverordnung.**

Allgemeine Geschäftsgrundsätze enthalten institutsbezogene Grundlagen des Geschäftsbetriebs der Bausparkassen und die bausparmathematischen Grundlagen der Tarife.

Die **Allgemeinen Bausparbedingungen** sind die vorformulierten Vertragsbedingungen für den Geschäftsverkehr der Bausparkasse mit Bausparern in der Spar- wie in der Darlehensphase. Sie unterliegen auch den Kontrollnormen des Gesetzes über die Allgemeinen Geschäftsbedingungen. Die vom Aufsichtsamt genehmigten Bedingungen sind allen Verträgen zugrunde zu legen.

In Deutschland sind zurzeit 26 Bausparkassen tätig, 11 haben eine öffentlich-rechtliche und 15 die Rechtsform der Aktiengesellschaft. Selbst wenn eine Bausparkasse praktisch unter der „Firma" einer Bank auftritt, ist sie doch rechtlich getrennt; bei den öffentlich-rechtlichen Bausparkassen der Landesbank ist eine organisatorische Trennung vorgesehen. Während die privaten Bausparkassen im gesamten Bundesgebiet tätig sind, sind die Geschäftsgebiete der öffentlichen Bausparkassen innerhalb der Sparkassenorganisation regional begrenzt. Die Angebote der Bausparkassen sind umfassend über die jeweilige Internetadresse (vgl. auch Anhang) abrufbar.

Wie läuft das typische Bausparen ab? Bausparen gliedert sich in drei Phasen, nämlich die Sparphase, die Zuteilungs- und die Darlehensphase.

In der **Sparphase** vereinbart der Bausparer mit der Bausparkasse eine bestimmte, feste Vertragssumme, die so genannte **Bausparsum-**

me, und zahlt regelmäßige Sparbeiträge ein. Das Guthaben wird je nach Vertragsart mit einem im Voraus vereinbarten Zinssatz verzinst, meistens zwischen 0,5 und 4 %. Staatliche Vergünstigungen (siehe unten) können, sofern die Bedingungen vorliegen, zusätzlich beansprucht werden. Wenn auch mit dem Sparen ein Darlehensanspruch zu einem bereits bei Vertragsabschluss vereinbarten Zinssatz erworben wird, muss das Sparguthaben letztlich keineswegs für wohnwirtschaftliche Maßnahmen verwendet werden. Man kann auch sagen, Bausparen ist Sparen, bei dem unter Umständen staatliche Zulagen zu erhalten sind und das zu einem Darlehen für wohnwirtschaftliche Zwecke berechtigt.

Voraussetzung dafür, dass der Bausparer über einen Betrag in Höhe der Vertragssumme verfügen kann, ist die so genannte **Zuteilung.** Sie kann frühestens erfolgen, wenn die verlangte Mindestansparung von 40 oder 50 % erreicht und im Rahmen des Kollektivs genügend Mittel zur Verfügung stehen, was mit der so genannten Zielbewertungszahl ausgedrückt wird (vgl. Kap. 4.2.3.2).

Mit der Zuteilung kann die **Darlehensphase** beginnen. Der Bausparer erhält ein Darlehen zu einem bei Vertragsbeginn fest vereinbarten Zins und mit grundsätzlich regelmäßigem Tilgungsbeitrag.

Welchen Inhalt hat ein Bausparvertrag? „Zweck des Bausparvertrages ist die Erlangung eines unkündbaren, in der Regel zweitrangig zu sichernden Tilgungsdarlehens (Bauspardarlehen) aufgrund planmäßiger Sparleistungen nach Maßgabe der Allgemeinen Bedingungen“, heißt es im § 1 der üblichen Bausparverträge.

Der Bausparer verpflichtet sich bei zahlreichen Bausparverträgen mit dem Vertragsabschluss zur Entrichtung einer **Abschlussgebühr** zwischen 1 und 1,6 % der Bausparsumme. Die Gebühr ist aber nicht sofort zu zahlen; lediglich die Einzahlungen werden zunächst auf die Gebühr verrechnet. Bei einigen Bausparkassen wird die Gebühr wieder zur Verfügung gestellt, wenn später kein Darlehen beansprucht wird. Der Regelsparbeitrag ist tarifabhängig; bei den Standardtarifen beträgt er meistens 4‰ der Bausparsumme, also 4 € auf 1000 € Bausparsumme. Die Einzahlung auf den Bausparvertrag ist eine so genannte „Naturalobligation“, die von der Bausparkasse nicht eingeklagt wird. Der Sparer ist im Grunde genommen in der

Höhe seiner Sparzahlungen frei. Wenn er aber in Höhe des Regelsparbeitrages einzahlt, kann er mit einem regelmäßigen Vertragsablauf rechnen; beispielsweise mit einer Auffüllung auf das zur Zuteilung notwendige Mindestsparguthaben und darauf folgender Zuteilung in etwa 7 bis 8 Jahren.

Die Bausparsumme legt Sparziel und den Anspruch auf ein etwaiges Darlehen fest. Sie ist Grundlage für die Abschlussgebühr, den Regelsparbeitrag und den Tilgungsbeitrag bei Beanspruchung eines Darlehens. Die Bausparsumme ist quasi der „Mittelpunkt" der Vertragsbeziehungen.

Beispiel: Ein Tarif sieht ein Mindestsparguthaben von 40 %, einen Regelsparbeitrag von 4‰, einen Tilgungsbeitrag einschließlich Zinsen von 6 ‰ und eine Abschlussgebühr von 1 % vor. Guthabenzins 3 %, Darlehenszins 5 %. Daraus ergibt sich folgender Regelverlauf: Ein Bausparer schließt einen Vertrag über 50 000 € ab. Dem Bausparkonto wird zunächst die Gebühr von 500 € belastet. Der Sparer leistet Regelsparbeiträge von monatlich 200 €. Das Sparguthaben wachse mit Zinsen nach gut 7 Jahren auf 20 500 € an. Wird der Vertrag jetzt zugeteilt, so kann der Bausparer mit einem Darlehen von 29 500 € rechnen. Der Tilgungsbeitrag, der Zins und Tilgung enthält, würde 300 € pro Monat ausmachen. Ist der Vertrag noch nicht zuteilungsreif, weil dies die Zuteilungsmasse noch nicht erlaubt, kann die Leistung des Regelsparbeitrags ausgesetzt werden. Weitere Einzahlungen erhöhen zwar die Zuteilungschancen, verringern aber bei vielen Tarifen entsprechend den Darlehensanspruch.

Achten Sie auf Klauseln, die Ihnen die Abschlussgebühr zurückerstatten, wenn Sie kein Darlehen beanspruchen. Die Rendite nur des Guthabens schrumpft sonst gewaltig!

Die bezahlte Abschlussgebühr gehört zu den mit Wohnungsbauprämie geförderten Bausparbeiträgen. Bei Vermietung und Verpachtung des Objekts kann die Gebühr als Werbungskosten geltend gemacht werden, wenn der Bausparvertrag in direktem Zusammenhang mit einer Finanzierung abgeschlossen worden ist.

Ein für den Bausparvertrag vom Bausparer bestimmter **Bevollmächtigter** ist berechtigt, im Namen des Bausparers oder dessen Erben Verfügungen zu treffen. Er kann z. B. den Vertrag im Namen der Erben kündigen, die Zuteilung annehmen oder Zahlungen aus dem

Bausparvertrag entgegennehmen oder leisten. Der Bevollmächtigte ist verfügungs- aber nicht anspruchsberechtigt. Die Vollmacht gilt regelmäßig über den Tod des Bausparers hinaus. Sie kann vom Bausparer oder dessen Erben jederzeit widerrufen werden.

Durch den **Vertrag zugunsten Dritter** zwischen Bausparer und Bausparkasse wird festgelegt, dass der Dritte beim Eintritt bestimmter Voraussetzungen, z. B. der Zuteilung, unmittelbar den Anspruch auf die Leistungen aus dem Bausparvertrag hat. Insbesondere im Falle des Todes des Bausparers gehen alle Rechte auf den Begünstigten über, ohne dass diese in den Nachlass des Bausparers fallen.

Welcher Tarif und welche Bausparsumme sind zu empfehlen?
Die Bausparkassen bieten jeweils unterschiedliche Tarife, d. h. Vertragsbedingungen an. Als Bausparer sollte man von Anfang an möglichst einen solchen Tarif wählen, der am ehesten zu den schon bekannten Zielvorstellungen passt. Bei der Wahl der passenden Tarifvariante hilft der Berater der Bausparkasse. Man kann drei Hauptgruppen von Tarifarten unterscheiden:

Standard-Tarif: Dieser Tarif ist auf eine mittlere Spar- und Tilgungsbelastung abgestellt. Er ist für alle sinnvoll, deren Geldbedarf mittelfristig ist und die daran denken, einmal den Erwerb von Wohnungseigentum mit Bausparmitteln zu finanzieren. Die gesamte Dauer des regulären Ablaufs eines solchen Tarifs liegt bei etwa 20 Jahren, nämlich etwa 8 Jahre Ansparzeit und 12 Jahre Rückzahlungszeit.

Schnelltarif: Bei dieser Tarifvariante ist die gesamte Vertragsdauer kürzer, das heißt, es wird schneller angespart, schneller zugeteilt, aber auch schneller zurückgezahlt. Er kommt für Modernisierer, für relativ kleine Bausparsummen oder für Bauwillige in Frage, die rasch ein Bauspardarlehen wollen und hohe Spar- und Tilgungsleistungen erbringen wollen und können.

Hochzins-/Langzeittarif: Alle, die noch keine konkrete Verwendung für frei werdende Bausparmittel sehen, werden zunächst einen Tarif wählen, bei dem der Guthabenzins höher (Hochzinstarif) und die Einzahlungsfristen länger sind. Das sind besonders Berufsanfänger, die ihre Vermögenswirksamen Leistungen auf den Bausparvertrag einzahlen, oder auch Umschulder, die längerfristig ihre Bankdarlehen ablösen wollen.

Von einem **Optionstarif** spricht man dann, wenn der Bausparer während der Vertragslaufzeit andere Zins-, Spar- und Rückzahlungsbedingungen wählen kann. Beispielsweise kann er nachträglich auf die höhere Verzinsung verzichten und damit eine schnellere Zuteilung erhalten. Manche Bausparkassen bieten nur solche sehr flexible Varianten an.

Die Bausparsumme sollte sich einerseits nach den Ansparmöglichkeiten, andererseits nach dem vielleicht schon absehbaren Darlehensbedarf richten. Wird die Bausparsumme so hoch gewählt, dass nicht mindestens der Regelsparbeitrag erbracht werden kann, muss der Bausparer zu lange auf die Zuteilung warten. Verzichtet er dann ganz auf ein Darlehen, muss er bei manchen Bausparkassen die Abschlussgebühr auf die gesamte nicht benötigte Bausparsumme entrichten. Ist die Bausparsumme zu niedrig, wird eventuell ein Darlehensanspruch „verschenkt", wenn der Vertrag über die Mindestsparsumme hinaus angespart wird oder der Bausparvertrag und damit das Darlehen schon vor der Konkretisierung eines Bauvorhabens zugeteilt werden würden. Besser ist es, mit kleineren Bausparsummen zu beginnen und evtl. erst später bei Bedarf oder Hinausschieben der Bauabsicht zu erhöhen.

Neben dem Darlehensbedarf spielt auch der Zeitpunkt eine Rolle, zu dem Baugelder benötigt werden. Es ist immer günstiger, etwa zu der Zeit den Mindestsparbeitrag eingezahlt zu haben, zu dem das Bauvorhaben beginnt. Eine noch nicht erteilte Zuteilung kann dann leicht überbrückt werden. Die Berater der Bausparkassen können hier bei der Berechnung in Abhängigkeit von den Zielvorstellungen behilflich sein. Es ist eher zu empfehlen, mehrere Bausparverträge abzuschließen als einen Bausparvertrag über eine relativ große Summe – allerdings fallen unter Umständen Kontoführungsgebühren für jeden einzelnen Bausparvertrag an.

Ändern sich während der Vertragslaufzeit die Zielvorstellungen, kann auch bei Bausparverträgen, die ursprünglich kein Optionsrecht haben, der Vertrag geändert werden durch Zusammenlegung, Erhöhung oder Herabsetzung. Ein Tarifwechsel mit der Absicht, eine bessere Zuteilung zu Lasten anderer Bausparer zu erhalten, ist allerdings nicht möglich.

Beispiel: Monatlicher Sparbeitrag 200 €

Bausparsumme in Abhängigkeit von der Sparzeit:

Sparzeit	Bausparguthaben in € ohne Wohnungsbauprämie	angemessene Bausparsumme (Standardtarif) in €
5 Jahre	12 760	31 000
6 Jahre	15 510	38 000
7 Jahre	18 320	45 000
8 Jahre	21 200	53 000
9 Jahre	24 160	60 000
10 Jahre	27 200	67 000

Tarifvarianten mit gleichbleibenden Zahlungen: Beispielsweise werden gleichbleibend 4 Promille der Bausparsumme für Sparen und Tilgungsbeitrag verlangt. Diese Bausparvariante mit einer über die gesamte Laufzeit konstant niedrigen Rate trägt dazu bei, dass Kunden mit mittlerem oder niedrigerem Einkommen die Vorteile des Bausparvertrags in größerem Umfang als bisher nutzen können. Solche Angebote gibt es bei mehreren Bausparkassen. Fragen Sie danach!

Entscheidungstableau für die Tarifwahl
von Bewertungsziffer 1 = „trifft nicht zu"
bis zu Bewertungsziffer 5 = „trifft voll zu"

Tarifmerkmal	Standardtarif	Schnelltarif	Hochzinstarif
hoher Guthabenzins	3	3	5
niedriger Darlehenszins	2	2	1
schnelle Zuteilung	4	5	1
kurze Tilgungszeit	3	3	4
niedrige Tilgungshöhe	3	1	1

Vertragsänderungen beim Bausparen: Bei einigen Bauspartarifen gibt es bereits von Anfang an eine Flexibilität bei der Vertragsgestaltung. So gibt ein Optionstarif die Möglichkeit, innerhalb bestimmter Verzinsungsvarianten zu wählen. Bei Ausnutzung dieser Wahlmöglichkeiten genügt die einseitige Erklärung des Bausparers an die Bausparkasse. Das Bausparen ist aber insoweit generell flexibel, als bei allen Bausparkassen die Möglichkeit einer zweiseitigen

Vertragsänderung besteht. Die Zustimmung der Bausparkasse ist regelmäßig auch deshalb erforderlich, weil bei einer Anpassung geprüft werden muss, ob ein Bausparer sich nicht Vorteile zu Lasten der Sparergemeinschaft verschaffen will. Bei einer Vertragsänderung wird der Bausparer regelmäßig mit einer Gebühr, meistens einer Pauschale, belastet. Diese kann vorher erfragt oder der Gebührenübersicht entnommen werden. Folgende Vertragsänderungen und ihre Motive sind üblich:

Teilung des Bausparvertrags: Gründe für eine Teilung können sein:
- Der Bausparvertrag soll an mehrere Personen übertragen werden; der Bausparer will nur einen Teil der Bausparsumme wohnwirtschaftlich verwenden.
- Die Teilung kann „symmetrisch" vorgenommen werden. Dabei wird das Guthaben genau im Verhältnis der Bausparsumme auf die Verträge aufgeteilt. Die Bewertungszahl der Teilverträge entspricht dann genau der Zahl für den bisherigen Vertrag.

Beispiel: Bausparsumme (Mindestsparguthaben (50 %) bisher: 90 000 €, Guthaben 30 000 €. Der Vertrag soll auf zwei Personen so aufgeteilt werden, dass A 2/3 und B 1/3 der Bausparsumme erhalten. Dies ergibt folgende Teilung:
- Bausparvertrag A: Bausparsumme 60 000 €, Guthaben 20 000 €;
- Bausparvertrag B: Bausparsumme 30 000 €, Guthaben 10 000 €.

Wenn der Bausparer nur einen Teil der Summe wohnwirtschaftlich verwenden will, ist eine „asymmetrische" Teilung sinnvoll, bei der ein Vertrag möglichst bis zum Mindestguthaben aufgefüllt wird, damit er schneller zugeteilt bzw. für einen Zwischenkredit verwendet werden kann.

Beispiel: Bausparsumme bisher: 90 000 €, Guthaben 30 000 €.
Der Bausparer benötigt für die Reparatur eines Flachdachs 40 000 €. Folgende Aufteilung wäre dann sinnvoll:
- Bausparvertrag A: Bausparsumme 40 000 €, Guthaben 20 000 €; dieser Vertrag erfüllt dann die Bedingungen für eine Zuteilung oder Zwischenfinanzierung und muss nicht mehr bespart werden. Regelmäßig ist eine Sperrzeit zu beachten.
- Bausparvertrag B: Bausparsumme 50 000 €, Guthaben 10 000 €; dieser Vertrag wird unter Berücksichtigung der geringeren Bausparsum-

me weiter regelmäßig bespart. Die Zuteilungsaussichten haben sich selbstverständlich verschlechtert.

Ermäßigung der Bausparsumme. Wenn abzusehen ist, dass die Erreichung des Bausparguthabens in der geplanten Zeit kaum mehr möglich ist, oder wenn aus anderen Gründen eine schnellere Zuteilung gewünscht wird, kann die Bausparsumme selbstverständlich herabgesetzt werden. Bei Erhaltung des Guthabens verbessert dies die Zuteilung.

Beispiel: Bausparsumme bisher: 90 000 €, Guthaben 30 000 €. Der Bausparer möchte sofort das Mindestguthaben erreichen. Der Vertrag wird dann auf 60 000 € herabgesetzt. In die Überlegung muss allerdings einbezogen werden, dass bei den meisten Bausparverträgen die Abschlussgebühr für den herabgesetzten Betrag ersatzlos verfällt.

Erhöhung der Bausparsumme: Wenn mit einem Bausparvertrag mit relativ geringer Bausparsumme angefangen worden ist, kann es sich herausstellen, dass sich die Sparzeit bis zur Realisierung eines Bauwunsches verlängert und sich das Sparziel eventuell zusätzlich erhöht. In einer solchen Situation ist es nicht sinnvoll, mehr als das notwendige Mindestsparguthaben auf einem Vertrag zu sparen, weil sich dann zwar die Zuteilungsaussicht verbessert, der Darlehensanspruch aber vermindert. Einer Vertragserhöhung wird eine Bausparkasse deshalb immer zustimmen. Aus dem Erhöhungsbeitrag wird dann regelmäßig die Abschlussgebühr belastet. Die Zuteilungsaussicht vermindert sich. Die Vertragserhöhung entspricht bauspartechnisch dem Abschluss eines weiteren Vertrags bei gleichzeitiger Zusammenlegung.

Zusammenlegung von Bausparverträgen: Eine Zusammenlegung von Bausparverträgen ist dann sinnvoll, wenn für ein Bauvorhaben mehrere Verträge verwendet werden sollen, die aber unterschiedlich hohe Besparungen aufweisen. Grundsätzlich können nur Verträge des gleichen Tarifs und der gleichen Tarifvariante zusammengelegt werden.

Generell kann man sagen, dass eine Vertragsänderung an sich nicht erforderlich ist, wenn die Bausparsumme und der Tarif von Anfang an bedarfsgerecht gewählt worden sind. Nur wenn sich die äußeren Bedingungen unvorhersehbar ändern, wird von der Möglichkeit der Vertragsänderung Gebrauch gemacht werden.

Wie fördert der Staat das Bausparen? Die besonderen Funktionen des Bausparens bei der Schaffung von Wohneigentum werden bereits in der Ansparphase vom Staat in verschiedener Weise gefördert:

Vermögenswirksame Leistungen: Arbeitnehmer können ihre Vermögenswirksamen Leistungen von jährlich höchstens 470 € auf einem Bausparvertrag anlegen. Wenn sie die Grenze des zu versteuernden Einkommens von 17 900 € (35 800 € bei Eheleuten) nicht überschreiten, erhalten sie nach Ablauf der Bindungsfrist von sieben Jahren über eine Antragsveranlagung 9 % Arbeitnehmersparzulage auf die vom Arbeitgeber eingezahlten Beträge. Ein alleinstehender Arbeitnehmer kann bis zu einem Bruttoeinkommen von rund 22 000 € noch die Förderung erhalten; dies ist im Einzelfall entsprechend dem Antrag auf Gewährung der Sparzulage zu prüfen. Häufig übernimmt der Arbeitgeber im Rahmen der Tarifverträge die ganze oder einen Teil der Sparleistung. Aus eigenen Mitteln kann der nicht tarifliche Anteil bis auf 470 € aufgefüllt werden. Dies wird beim Arbeitgeber beantragt. Auch Minderjährige, die Arbeitslohn beziehen, können auf diese Weise bereits selbstständig eine Sparförderung erhalten. Sparbeiträge für Vermögenswirksame Leistungen können auch aus dem Lohn für Gelegenheitsarbeiten erbracht werden. Die Einzahlung auf Bausparverträge ist die einzige vom Staat geförderte Anlagemöglichkeit im Rahmen der Vermögenswirksamen Leistung, bei der keinerlei Kursrisiko besteht.

Das 5. Vermögensbildungsgesetz gilt für Arbeiter, Angestellte, Beamte und Richter, Zeit- und Berufssoldaten, Auszubildende, Teilzeitbeschäftigte, Aushilfen, Heimarbeiter.

Beantragung der Arbeitnehmersparzulage: Der Bausparer muss die Zulage mit einer von der Bausparkasse ausgestellten Bescheinigung beim zuständigen Finanzamt anfordern.

Auszahlung: Festsetzung durch das Finanzamt und Auszahlung nach Ablauf der Bindungsfrist, Zuteilung des Bausparvertrags oder bei vorzeiter, unschädlicher Verfügung.

Wohnungsbauprämie: Jeder, der Einzahlungen auf einen Bausparvertrag leistet, kann ab dem 16. Lebensjahr auf die Sparbeiträge und die Zinsen Wohnungsbauprämie in Höhe von 8,8 % aus jährlich höchstens 512 € erhalten, wenn er folgende Einkommensgrenzen im Jahr der Anlage nicht überschreitet:

- allein stehende 25 600 € zu versteuerndes Einkommen,
- Verheiratete 51 200 € zu versteuerndes Einkommen.

Verheiratete bilden eine so genannte Höchstbetragsgemeinschaft, sie können gemeinsam nur bis zu 1024 € je Jahr prämienbegünstigt sparen. Die Sparbeiträge müssen auf einen Bausparvertrag eingezahlt werden, der seit Vertragsabschluss insgesamt mindestens sieben Jahre besteht (Bindungsfrist). Nach Ablauf der Bindungsfrist können die Beträge prämienunschädlich für jeden Zweck verwendet werden. Die Vermögenswirksamen Leistungen werden auf die begünstigten Höchstgrenzen der Wohnungsbauprämie nicht angerechnet.

Die Wohnungsbauprämie wird nur auf Antrag gewährt. Der Antrag muss nach Ablauf des Sparjahres auf einem amtlich vorgeschriebenen Vordruck gestellt werden, den die Bausparkasse ihren Bausparern zur Verfügung stellt. Die Prämie kann bei der Bausparkasse bis zum Ablauf des zweiten Kalenderjahres beantragt werden, das auf das Sparjahr folgt. Die Bausparkasse ermittelt nach § 4 a Wohnungsbauprämiengesetz, ob und in welcher Höhe ein Prämienanspruch besteht. Das Ergebnis teilt sie dem Bausparer regelmäßig zusammen mit dem Jahreskontoauszug mit. Nach Ablauf der Bindungsfrist oder bei vorzeitig prämienunschädlich fälligen Wohnungsbauprämien zieht die Bausparkasse die Prämie zugunsten des Bausparers beim Finanzamt ein. Der Bausparer erklärt in dem Antrag auf Wohnungsbauprämie, dass sein Einkommen innerhalb der Einkommensgrenzen liegt. Die Bausparkasse hat die für die Überprüfung des Prämienanspruchs erforderlichen Daten an eine von den Bundesländern errichtete Zentralstelle zu übermitteln. Ergibt die Überprüfung dort, dass der Prämienanspruch nicht oder in anderer Höhe besteht, teilt die Zentralstelle dies dem Bausparer mit. Wird der Bausparkasse bekannt, dass der Prämienanspruch ganz oder teilweise nicht besteht oder weggefallen ist, muss sie das Ermittlungsergebnis aufheben oder ändern. Zu Unrecht gutgeschriebene oder ausgezahlte Prämien muss die Bausparkasse zurückfordern.

Lohnt sich Bausparen? Für Empfänger von Wohnungsbauprämie und Arbeitnehmersparzulage wird sich Bausparen auch in der Sparphase immer lohnen. Man denke nur an folgende Rechnung für einen jungen Arbeitnehmer:

Beispiel:

eigener Sparbeitrag VL	150 €
Tarifliche vermögenswirksame Leistung	320 €
Prämienbegünstigte Einzahlung auf Bausparvertrag	512 €

Neben der Verzinsung, die bei einem Langzeittarif beispielsweise immerhin bei 4 % liegt, können jährlich 87,36 € zusätzliche Förderung bei einem Einsatz von eigenen Mitteln in Höhe von 662 € erhalten werden! Für die Wohnungsbauprämie von jährlich 45,06 € und die Arbeitnehmer-Sparzulage von jährlich 42,30 € gilt dies nur rechnerisch, da sie dem Bausparkonto erst nach Ablauf der 7-jährigen Bindungsfrist bzw. nach Zuteilung des Bausparvertrages und wohnungswirtschaftlicher Mittelverwendung gutgeschrieben wird.

Wer die Absicht hat, später einmal Wohneigentum zu erwerben, wird um den Abschluss eines Bausparvertrages nicht herum kommen. Dieser ermöglicht eine günstige nachrangige Sicherheit (vgl. Kap. 4.2.3). Das zinsgünstige Darlehen wird aber unter Umständen mit einem entgangenen Zinsertrag in den Sparjahren einhergehen. Ob es dann besser gewesen wäre, bei einer Bank zu sparen und ein Darlehen am Kapitalmarkt aufzunehmen, kann eigentlich nur im Nachhinein exakt berechnet werden. Auch bei Bankdarlehen mit langer Laufzeit ist meistens höchstens eine 10-jährige Zinsfestschreibung zu erhalten! Welcher Zins am Ende einer solchen Festschreibung zu zahlen ist, kann nicht im Voraus festgestellt werden. Man kann sagen, dass ein entgangener Sparzins in der Sparphase die Prämie für die Zinssicherheit des Bauspardarlehens in der Darlehensphase darstellt. Da der Abschluss eines Bausparvertrages in die Zukunft gerichtet ist, gibt er eben diese Sicherheit in der Zukunft. Die Bausparmittel sind auch in jeder Finanzierungsplanung der „ruhende Pol".

Wer sich allerdings zum konkreten Erwerb von Wohneigentum

entschließt, ohne vorher einen Bausparvertrag abgeschlossen zu haben, muss genau rechnen. Mit einer Soforteinzahlung des Mindestsparbeitrages kann man zwar in etwa vier Jahren mit einer Zuteilung der Bausparsumme rechnen, eine Garantie dafür gibt es aber nicht. Hier kann es sich durchaus lohnen, nur ein Bankdarlehen zu nehmen, das mit entsprechender Zinsfestschreibung ausgestattet ist. Am Ende bleibt aber doch in allen Vergleichsrechnungen die Unsicherheit über die zukünftige Zinsgestaltung einer Anschlussfinanzierung. Der unstreitige Vorteil des Bausparens kommt letztlich nur dem langjährigen Dauersparer zugute.

Auch wer selbst keine konkreten Bauabsichten hat, kann die Vorteile des Bausparens für **„Angehörige“** im Sinne des § 15 der Abgabenordnung sichern: sei es die Verlobte, seien es die Eltern, Kinder oder Neffen. Innerhalb der näheren Verwandtschaft und Schwägerschaft kann ein Bausparvertrag mit allen Rechten auch vor Zuteilung für wohnungswirtschaftliche Zwecke verwendet werden. So können Eltern einen Vertrag auf ihre Kinder abschließen, über den diese die Wohnungsbauprämie erhalten. Wollen die Eltern dann ihr Haus renovieren, kann der Vertrag auf sie übertragen werden. Oder die Großeltern erhalten durch die geringe Rentenbesteuerung Wohnungsbauprämie, schließen einen Bausparvertrag ab und verwenden diesen entweder für die Renovierung des eigenen Hauses, für den Einkauf in ein Seniorenheim, oder sie übertragen ihn dem Sohn oder der Tochter, die sie in ihrem Neubau aufnehmen.

Mit einem Bausparvertrag bleibt man beweglich. Die Sparrate wird nicht erzwungen, ein Bauspardarlehen kann jederzeit, zum Beispiel nach einer Erbschaft, ohne Kündigungsfristen zurückgezahlt werden. Abbildung 22 gibt einen Überblick über die „Angehörigen“ eines Bausparers nach § 15 Abgabenordnung.

Mit einem Bausparvertrag kann der künftige Bauherr seine Finanzierung schon heute gegen ein höheres Zinsniveau in der Zukunft absichern. Je konkreter die Ziele des Bausparers, desto stärker überwiegen die finanziellen Vorteile der klassischen Tarife. Wird ein Bausparvertrag erst abgeschlossen, wenn bereits konkrete Bauabsichten bestehen, sind genaue Vergleiche über die Gesamtlaufzeit einer Finanzierung notwendig. Die entsprechenden Daten können von jeder Bausparkasse über die EDV ausgegeben werden.

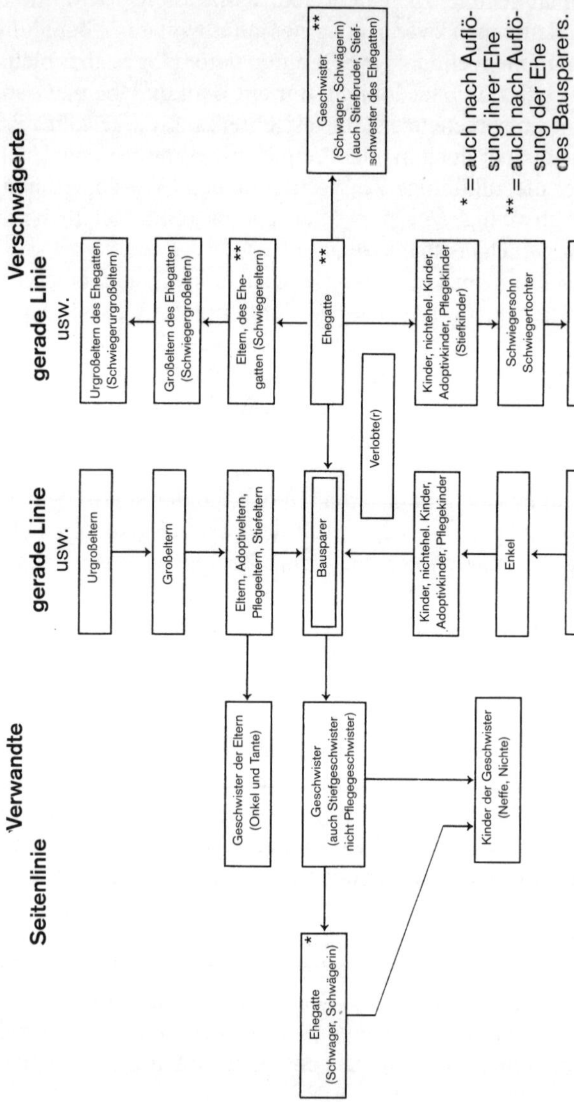

Abb.22: Bausparen für „Angehörige nach § 15 AO“

4.1.3 Lebensversicherung

Eine gemischte Lebensversicherung für den Todes- und Erlebensfall entspricht zum größten Teil einem Ansparvorgang mit Versicherung des Sparzieles. Wird beispielsweise von einem 30-Jährigen eine Lebensversicherung über 100 000 € mit Auszahlung bei Erreichung des 65. Lebensjahres abgeschlossen, so zahlt die Versicherung nach Abschluss des Vertrages im Todesfall vor dem 65. Lebensjahr mindestens die Vertragssumme aus. Die vom Versicherten zu zahlende Prämie enthält einen Sparanteil, der letztlich zu mindestens 100 000 € führen soll, einen Risikoanteil und einen Kostenanteil. Für das ersparte Guthaben muss die Versicherung den so genannten Rechnungszins, der im Tarif festgelegt ist (Neuverträge 2008 bei 2,25 %), erwirtschaften. Regelmäßig wird aber eine höhere Rendite als der rechnungsmäßige Zins erzielt. Zusätzlich können die Risiken und Kosten günstiger als kalkuliert verlaufen. Aus diesem Grunde steigt das so genannte Deckungskapital, nämlich der Kapitalanteil der Versicherung umso schneller, je länger der Vertrag schon gelaufen ist. Dies ergibt sich auch aus dem Zinseszinseffekt. Mit 65 Jahren kann der Versicherungssparer etwa mit einer Auszahlung der doppelten Versicherungssumme rechnen. Denselben Effekt könnte er letztlich auch erzielen, wenn er bei einer Bank sparen und zusätzlich eine reine Todesfallversicherung abschließen würde. Das Sparen über eine Lebensversicherung hat einen kleinen Vorteil, da die Erträge aus der Lebensversicherung bei mindestens 12-jähriger Laufzeit und Auszahlung ab dem 60. Lebensjahr dann nur zu Hälfte steuerpflichtig sind.

Das wachsende Bewusstsein der Bevölkerung um die Notwendigkeit eigenverantwortlicher Altersvorsorge hat dazu geführt, dass die Bürger in den zurückliegenden Jahren in immer größerer Zahl Lebensversicherungen abgeschlossen haben, und das mit immer höheren Summen.

Für eine Familie gehört ein Risikoschutz für den Todesfall des Haupteinkommensbeziehers fast zum Standard einer geordneten Finanzierung. Besteht bereits eine Lebensversicherung, so kann diese in die Berechnung selbstverständlich mit einbezogen werden.

Die Verbindung der Lebensversicherungen mit der Baufinanzierung geht aber über den Risikoschutz hinaus. Lebensversicherungen mischen und streuen ihre Vermögensanlagen in möglichst sicheren Werten. Dazu gehört auch, dass sie selbst Hypothekarkredite geben. Sie finanzieren also Neubauten sowie Kauf, Renovierung und Modernisierung von wohnwirtschaftlich und gewerblich genutzten Immobilien (vgl. Kap. 4.2.3.3). Die Beleihungshöhe geht dabei im erststelligen Rahmen bis zu etwa 50 %; ein höherer Beleihungssatz muss regelmäßig mit einem „Zinszuschlag“ erkauft werden. Wer also aus anderen allgemeinen Motiven heraus bereits eine Lebensversicherung abgeschlossen hat oder abschließen will, kann dabei berücksichtigen, dass er den Kapitalwert dieser Versicherung wie eine Einlage bei einer Bank oder wie ein Bausparguthaben als Grundlage für eine Baufinanzierung durch die Versicherungsgesellschaft verwenden kann. Bestehen schon konkrete Bauabsichten, muss genau durchgerechnet werden, ob sich der Abschluss einer Lebensversicherung lohnt, wenn man nur das Darlehen der Lebensversicherung erhalten will. Dies erscheint umso eher der Fall, wenn das Wohneigentum vermietet wird.

4.2 Baufinanzierung

Finanzieren heißt, Mittel für den vorgesehenen Zweck zu beschaffen. Zweck des Erwerbs von Wohneigentum ist der, dass man es bewohnen und auch lebenslang behalten, letztlich auch vererben kann. Die Finanzierungsmittel für Bauzwecke müssen also so gestaltet sein, dass sie außer dem reinen Erwerb auch den dauerhaften Besitz ermöglichen. Bevor sich der Erwerber um Einzelheiten der Finanzmittelbeschaffung kümmert, sollte er prüfen, ob er die allgemeinen Grundsätze einer Baufinanzierung einhalten kann.

4.2.1 Grundsätze der „klassischen“ Baufinanzierung

Der „Angelpunkt“ der Baufinanzierung ist eigentlich weniger das Problem, von wem und zu welchen formalen Bedingungen die erforderlichen Mittel beschafft werden können, sondern die Zeit, für die die Mittel zur Verfügung stehen, und die Wege, wie sie bei Bedarf wieder an den Geldgeber zurückgeführt werden. In diesem Bereich stecken die Hauptrisiken der Finanzierung von Wohneigentum.

Welche Risiken können den Eigentümer von Wohnraum treffen?

- **Zerstörung und Beschädigung** des Bauwerkes kann weitgehend durch Vorsorge und der trotzdem eingetretene Schaden durch eine geeignete Sachversicherung gedeckt werden (vgl. Kap. 5.3). **Wertänderungen des Bauwerkes** sind vom Eigentümer nicht beeinflussbar, sofern sie von der gesamtwirtschaftlichen Entwicklung getragen werden (Konjunktur, Arbeitslosigkeit, Wanderungsbewegungen usw.), sie sind allenfalls beeinflussbar, soweit sie individuell von der Lage des Grundstücks und der Bauweise abhängig sind. Je allgemeiner eine Wohneinheit durch Anpassung und kleinere bauliche Veränderungen nutzbar ist, desto geringer ist das Risiko einer Wertminderung. Wer sein ganzes Leben lang die Wohneinheit selbst nutzen will, für den gibt es keine Auswirkungen bei Wertänderungen. Auch Wertsteigerungen verbessern die finanzielle Lage nicht direkt, weil die Wohneinheit ja nicht veräußert werden soll. Erst bei einer durch persönliche Veränderungen notwendig gewordenen Veräußerung spielt die Wertänderung eine Rolle.
- **Mietpreisänderungen** entscheiden letztlich darüber, ob sich der Erwerb von Wohneigentum langfristig gelohnt hat. Diese Entwicklung kann der Eigentümer selbst nicht beeinflussen.
- **Zinsänderungen** beeinflussen die Wirtschaftlichkeit einer Finanzierung ganz erheblich. Selbst wenn ausschließlich eigene Mittel zur Finanzierung verwendet werden, entgehen dem Eigentümer ja die Zinsen für eine anderweitige Geldanlage. Zinsen für aufgenommene Fremdmittel werden im Rahmen eines Finanzierungszeitraums von 25 bis 30 Jahren sicher schwanken und damit meistens die monatliche Belastung oder die Dauer der Gesamtbelastung beeinflussen. Hier gilt es, durch entsprechende „Risikostreuung“ den Schwankungen entgegenzuwirken. Der Erwerber von Wohneigentum muss sich auch darüber klar werden, wie er die Zinsänderungsrisiken tatsächlich vermeidet und wo er sie nur hinausschiebt.

Mögliche Änderungen im **persönlichen Bereich** sind für Erwerber von Wohneigentum in das Kalkül mit einzubeziehen: das Einkommen kann schwanken; der Arbeitsplatz kann verloren gehen; Krankheit und Unfall können die wirtschaftliche Existenz des Eigentümers und seiner Familie bedrohen; Ehepartner trennen sich; erfreulichere Anlässe wären Kinder, die aber eventuell die Erwerbsmöglichkeiten einschränken können. In der Regel gehen Erwerber von Wohneigentum davon aus, dass Risiken der erwähnten Art vorerst nicht eintreten werden. Teilweise können ihre wirtschaftlichen Folgen durch passende Versicherungen, z. B. Risiko-Lebens- oder Berufsunfähigkeitsversicherung, gemildert werden. Oft ist es so, dass vorhandenes Wohneigentum hilft, Risiken im persönlichen Bereich eher zu tragen.

Welchen Anforderungen sollte eine Finanzierung genügen? Eine Baufinanzierung wird dann optimal sein,

- wenn sie den Erwerb des Wohneigentums sichert; das bedeutet, dass nicht schon von Anfang an „Deckungslücken" auftreten dürfen;
- wenn die Mittel für den Erwerb rechtzeitig zur Verfügung stehen, so dass von der Beschaffung der Mittel her keine Störungen im Bauablauf oder in der Erfüllung des Kaufvertrages auftreten;
- wenn die Finanzierung so gestaltet ist, dass die Belastungen für den Eigentümer langfristig tragbar sind.

Für eine optimale Finanzierung müssen die Grundpfeiler der Finanzierung in einem alle Bereiche berücksichtigenden Verhältnis stehen. Kein Bereich darf dabei vernachlässigt werden (vgl. Abb. 23).

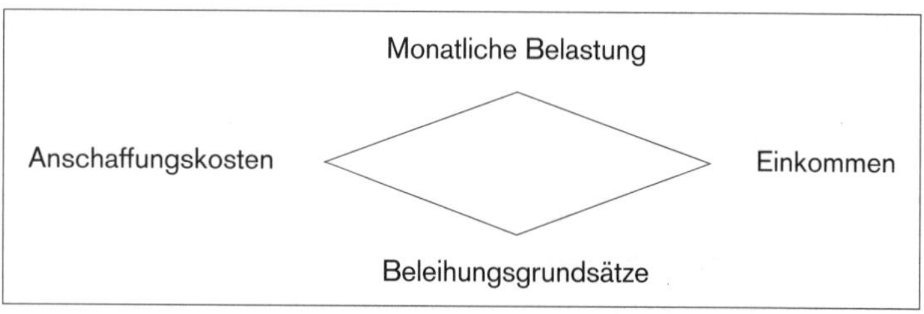

Abb. 23: Die bei der Finanzierung von Wohneigentum zu berücksichtigenden Bereiche

Wer ein Bauvorhaben gänzlich mit **Eigenmitteln** finanzieren kann, braucht selbstverständlich wenig Überlegungen in Bezug auf einen Finanzierungsplan anzustellen, allenfalls diese, ob die Mittel wirklich ausreichen oder nicht eventuell – zumindest teilweise – für andere Zwecke noch gebraucht werden. So könnte es dem Erwerber durchaus passieren, dass er alle vorhandenen Eigenmittel für den Erwerb verwendet, sich dann aber für einen notwendig werdenden Möbel- oder Autokauf teure Anschaffungsdarlehen beschaffen muss, weil er die Aufnahme billigerer Baukredite nicht für erforderlich hielt!

Regelmäßig werden aber für Bauzwecke **Fremdmittel** aufgenommen. Diese müssen dem Kapitalgeber nebst Zinsen zurückgezahlt werden. Wird die Wohnungseinheit nicht vermietet, sondern selbst bewohnt, kann die Rückzahlung nur aus dem laufenden Einkommen der Eigentümer stammen. Die Sicherheit des Einkommens und dessen voraussichtliche Entwicklung spielen also bei der Baufinanzierung eine maßgebliche Rolle.

Die errechnete monatliche Belastung ist auf das Einkommen abzustimmen. Hier gibt es Erfahrungswerte, die auch von den Geldgebern, seien es Banken oder der Staat bei Zuschüssen, beachtet werden:

- Für den notwendigen Lebensunterhalt sollten möglichst je erwachsener Person 500 € und je Kind 200 € zur freien Verfügung bleiben!
- Die Belastung aus einem Bauvorhaben sollte höchstens ca. 40 % des monatlichen Familiennettoeinkommens ausmachen.

Beispiel: In der Familie Müller erhält Herr Müller ein Nettoeinkommen von monatlich 1600 €, die in Teilzeit beschäftigte Frau Müller von 800 €. Das Ehepaar hat zwei schulpflichtige Kinder. Beim Nettoeinkommen von 2400 € könnten bei dem Grenzwert von 40 % rund 960 € für die Wohnbelastung abgezweigt werden. Als Minimum sollten 2 x 500 und 2 x 200, also 1400 € übrig bleiben, was bei einer 40 % Belastung noch der Fall wäre (2400–960).

Je höher die Eigenmittel sind, umso geringer sind die Belastung und die aus dem Bauvorhaben sich ergebenden Risiken. Als weitere Grundregel kann deshalb langfristig gelten, dass mindestens

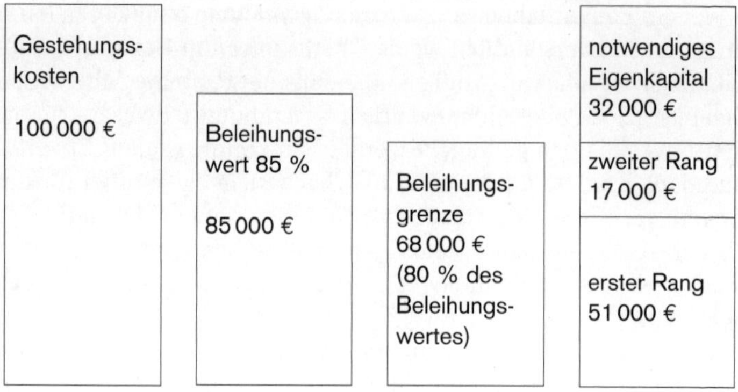

Abb. 24: Beispiel für die Finanzierung des Erwerbs von Wohneigentum für je 100 000 €

20 %, besser aber 33 % eigene Mittel für das Bauvorhaben vorhanden sein sollten.

Beispiel: Familie Müller kann eine monatliche Belastung von rund 1000 € verkraften. Als Faustregel kann man sagen, dass für je 100 € Belastung 11 500 € Fremdmittel aufgenommen werden können, das wären also 115 000 €. Mit etwa 50 000 € eigenen Mitteln wäre ein Bauvorhaben von 165 000 € problemlos realisierbar. Will Familie Müller ein Bauvorhaben von 200 000 € verwirklichen, sollte sie 85 000 € eigene Mittel haben. Sind diese nicht vorhanden, muss sie sich eben nach etwas anderem umschauen oder versuchen, die Baukosten zu senken.

Die Stellen, die Baugelder verleihen, verlassen sich in erster Linie auf den Wert des Wohneigentums. Letztlich müsste dieses verwertet werden, wenn „alle Stricke reißen“. Um hier sicherzugehen, werden bestimmte **Beleihungsgrenzen** eingehalten. Diese Beleihungsgrenzen setzen regelmäßig Eigenkapital in irgendeiner Form für die Verwirklichung eines Bauvorhabens voraus. Je näher der Bauherr mit seinen Finanzierungswünschen an die Obergrenze der Beleihung gelangt, desto teurer werden die Fremdmittel. Abbildung 24 zeigt an einem Beispiel auf, wie eine Finanzierung des Erwerbs von Wohneigentum unter Berücksichtigung der Beleihungsgrenze aussieht.

Etwa 15 % der Baukosten werden aus Vorsichtsgründen gar nicht beliehen. Von dem dann verbleibenden **Beleihungswert** gelten 60 % als erstrangig, die restlichen 20 % als nachrangig. Auch wenn eine 100 %ige Beleihung versprochen wird, ist damit nur gemeint, dass der Beleihungswert von ca. 85 % des Neuwertes zu 100 % beliehen wird. Für den Rest muss der Eigentümer selbst sorgen oder in besonderen Fällen Ersatzsicherheiten stellen.

Beispiel: Wenn Familie Müller ein Objekt mit 200 000 € erwirbt, ist der Beleihungswert etwa 170 000 €; eine Beleihung ist dann normalerweise bis zu 136 000 € üblich. Bei einer geplanten Verschuldung von 110 000 € würde dem nichts im Wege stehen.

Eine Finanzierung sollte immer **langfristig** ausgelegt sein und, soweit möglich, den gesamten Lebensplan des Erwerbers berücksichtigen. So ist insbesondere auch daran zu denken, wie die Belastung nach Wegfall beispielsweise der staatlichen Förderung aussieht. Einen seriösen Berater können Sie daran erkennen, dass er auch diesen Bereich mit Ihnen durchspricht. Als Grundregel kann auch hier gelten, dass das Wohneigentum mit Erreichen des Rentenalters schuldenfrei sein sollte.

Die vorgenannten Grundsätze sind grobe Richtlinien mit hohen Anforderungen. Viele Bauvorhaben würden von Anfang an scheitern, wenn die gesetzten hohen Ansprüche immer streng eingehalten werden müssten. Eine Abweichung ist in begründeten Fällen möglich; so kann die Belastung beispielsweise wesentlich höher angesetzt sein, wenn eine Erbschaft erwartet wird. Auch gibt es Möglichkeiten, durch entsprechende Gestaltung des Finanzierungsplanes die persönlichen Verhältnisse besser berücksichtigen zu können. Diese Möglichkeiten werden in Zusammenhang mit den folgenden Ausführungen besprochen.

Ein Ratschlag an alle, die Wohneigentum erwerben und ihre Belastbarkeit testen wollen: Berechnen Sie mit Hilfe der obigen Regeln ihre mögliche Belastbarkeit und zweigen sie einmal ein Jahr lang den entsprechenden Betrag monatlich ab! Das so Ersparte dient ja dem Aufbau von Eigenkapital. Die laufend gezahlte Miete ist dabei einzubeziehen.

Beispiel: Familie Müller zahlt 400 € Miete ohne Nebenkosten. Bei einem Nettoeinkommen von 2350 € und 2 Kindern sollte sie versuchen, 2350–1400 (Minimum) – 400 = 550 € monatlich zu sparen!

4.2.2 Direkte und indirekte Eigenmittel

Eigenmittel, in betriebswirtschaftlicher Bezeichnung Eigenkapital, werden grundsätzlich vom Eigentümer einer Wohneinheit zur Verfügung gestellt. Sie sind das Fundament jeder Baufinanzierung. Für Eigenmittel müssen keine Zinsen entrichtet werden; niemand erhebt einen Anspruch auf Rückzahlung. Wer Eigenmittel aus seinem bisherigen Einkommen geschaffen hat, hat bewiesen, dass er „sparfähig" ist und so auch eine Tilgungs- und Zinsleistung auf fremde Mittel erbringen kann. Als Eigenkapital eines Unternehmens gilt die Differenz zwischen Vermögen und Verbindlichkeiten. Als Eigenkapital im Rahmen einer Baufinanzierung kann man entsprechend die Differenz zwischen dem Herstellungs- oder Anschaffungswert und den Fremdmitteln sehen; dabei spielt es zunächst keine Rolle, ob die Eigenmittel als Bargeld oder in anderer Form zur Verfügung stehen.

Wenn die Eigenmittel nicht schon von Anfang an vorhanden sind, wird es immer vernünftiger sein, mit dem Erwerb von Wohneigentum nicht zu warten, bis dieses voll aus Eigenmitteln finanziert werden kann; dies gilt besonders beim Erwerb zur Vermietung. Wie in den allgemeinen Finanzierungsgrundsätzen aber bereits gezeigt, sollte eine Quote von mindestens 20 % Eigenmittel bei einer Baufinanzierung vorhanden sein. Oft stellen sich die Eigenmittel eines Haushalts als größer heraus, als der Bauwillige zunächst meint. Es kommt auch nicht darauf an, ob sie sofort fällig sind; allerdings sollten sie fällig gestellt werden können.

Direkte Eigenmittel sind das dem Erwerber zustehende und für Bauzwecke direkt verwendbare Eigenkapital. Dazu gehören:

- Bargeld,
- auf Sparkonten angelegtes Geld,
- Aktien, festverzinsliche Wertpapiere, Sparbriefe und solche Vermögenswerte, die sich in Bargeld umwandeln lassen oder die in voller Höhe beliehen werden können,

- Guthaben auf Bausparverträgen einschließlich gutgeschriebener Bausparprämien und Zinsen,
- der Wert des Grundstücks, wenn es bereits im Eigentum ist und dafür keine Fremdmittel aufgenommen worden sind,
- Rentenansprüche, die sich kapitalisieren lassen.

Indirekte Eigenmittel gelten aus der Sicht der beleihenden Kreditinstitute als Eigenmittel. Sie sind also noch zu den wünschenswerten 20–30 % Eigenmitteln zu rechnen, wenn und soweit sie in der Besicherung nicht den Kreditinstituten vorgehen. Man nennt sie auch „nachrangige Fremdmittel".

Dazu gehören:

- Verwandtendarlehen, die häufig ohne Besicherung und teilweise zinslos gewährt werden,
- Arbeitgeberdarlehen,
- Mittel aus öffentlicher Wohnbauförderung (vgl. Kap. 4.2.4).

Wie kann fehlendes Eigenkapital ersetzt werden? Eigenleistungen, auch als „Muskelhypotheken" bezeichnet, sind ein beliebtes Mittel, um Eigenkapital zu ersetzen. Der an den Handwerker zu zahlende Lohn ist hoch, und viele Bauwillige haben genügend Freizeit. Vielen macht es auch Freude, selbst an ihrem künftigen Zuhause Hand anlegen zu können. Die Grenzen sind durch mangelnde Erfahrung und körperliche und zeitliche Belastbarkeit gesetzt. Manche Leistungen dürfen nur von Fachhandwerkern ausgeführt werden. Häufig helfen sich Freunde auch gegenseitig. Die beliebtesten Arbeiten sind Maler-, Tapezier- und Fliesenarbeiten. Zur Abgrenzung zur Schwarzarbeit definiert das Wohnungsbaugesetz (nach § 36) die Selbsthilfe wie folgt:

„Zur Selbsthilfe gehören die Arbeitsleistungen, die zur Durchführung eines Bauvorhabens erbracht werden
(a) vom Bauherrn selbst
(b) von seinen Angehörigen
(c) von anderen unentgeltlich und auf Gegenseitigkeit."

Nach den Bestimmungen des Wohnungsbaugesetzes gilt: „Der Wert der Selbsthilfe ist mit dem Betrage als Eigenleistung anzuerkennen, der gegenüber den üblichen Kosten der Unternehmerleistung erspart wird." Die Selbsthilfe muss also vorsichtig bewertet werden, denn oft brauchen Fachhandwerker mit ihren geeigneten Maschinen weniger Arbeitsstunden. Erspart wird auch nur die reine Arbeitszeit, nicht das Material und die Kosten der notwendigen Gerätschaften. Bis beispielsweise 15 000 € als Selbsthilfe von einer Person aufgebracht sind, muss sie binnen eines Jahres sicher die ganze Freizeit in den Bau „investieren". Für steuerliche Abschreibung und die Verwendungszwecke der Bausparmittel gilt bei den selbsterbrachten Leistungen nur das Material, aber nicht die Arbeitszeit.

Senkung der Baukosten kann ebenfalls Eigenkapital ersetzen; beispielsweise wird ein Teilausbau erst später vorgenommen. Die Außenanlagen müssen allerdings in absehbarer Zeit immer erstellt werden.

Ein **Erbbaurecht** (Erbpacht) erspart die Beschaffung des ansonsten für den Erwerb eines Grundstücks erforderlichen Kapitals.

Der **Rückkaufswert** einer Lebensversicherung sollte nicht eingesetzt werden müssen, weil durch Kündigung der Versicherungsschutz oder die Schlussprämie verloren gehen. Die Versicherung ist aber beleihbar, meistens sogar von der Versicherungsgesellschaft selbst.

4.2.3 Einsatz von Fremdmitteln

Jeder Erwerber von Wohneigentum wird versuchen, seine Wünsche so früh wie möglich Wirklichkeit werden zu lassen. Anstatt zu warten und darauf zu sparen, wird mit einem erheblichen Anteil an Fremdmitteln gebaut. Der Wohneigentümer muss für die Fremdmittel zwar Zinsen bezahlen, hat aber den Vorteil, sofort in den eigenen „vier Wänden" wohnen und die erwartete Wertsteigerung seiner Immobilie „mitnehmen" zu können. Die Geldgeber möchten aus verschiedenen Gründen ihre Mittel nicht ausschließlich selbst in eine Immobilie stecken, sondern das Geld planmäßig wieder zurückerhalten. Sie vertrauen darauf, dass der Kreditnehmer während der gesamten Laufzeit die vereinbarten Zinsen und die Tilgungsleistungen erbringen kann. Da es sich meistens um langfristige Kredite handelt, möchten sie sich im Notfall an die mit ihrem Geld finanzierte Immobilie halten können.

Die Fremdmittel können dem Schuldner in verschiedenen Formen und Bezeichnungen angeboten werden, rechtlich handelt es sich immer um Darlehen im Sinne des § 488 BGB. Zu den Rechtsgrundlagen gehören die Vorschriften des BGB über Verbraucherdarlehen und die Allgemeinen Geschäftsbedingungen, die Preisangabenverordnung und, sofern es sich um gestaltungsfähiges Recht handelt, die von den Finanzierungsinstituten verwendeten Formularverträge.

Zunächst sollen die für alle Kreditformen unabhängig vom Kreditgeber geltenden Merkmale besprochen werden.

Laufzeit: Die Laufzeit ist die Zeit zwischen der Auszahlung eines Darlehens und seiner restlosen Tilgung. Bei Baudarlehen kann die Laufzeit der Hypothek bis zu 30 Jahren betragen. Nur Überbrückungs- oder Zwischenkredite haben eine Laufzeit von bis zu etwa 5 Jahren.

Werden mehrere kürzerfristige Darlehen hintereinandergeschaltet, muss der Schuldner unbedingt darauf achten, dass keine „Deckungslücke" entsteht, das heißt, dass die Auszahlung des neuen Darlehens nahtlos an die Rückzahlung des abzulösenden Darlehens anschließt.

Je länger ein Darlehen insgesamt läuft, umso höher ist der insgesamt zu zahlende Zinsenbetrag. Dieser kann zwar aus jedem Finanzierungsplan abgelesen werden, jedoch hinken die Vergleiche der gesamten zu zahlenden Zinsen. Es ist ein Unterschied, ob ein Zinsbetrag in 10, in 20 oder erst in 30 Jahren gezahlt werden muss. Je später der Termin, um so relativ geringer ist die Bedeutung der absoluten Summe. Bei einer dreißigjährigen Laufzeit macht die Summe der Zinsen oft das Doppelte des ausgezahlten Darlehens aus.

Je geringer die vereinbarte Tilgung ist, umso länger ist die Laufzeit eines Darlehens. Wenn ein Gläubiger – wie beispielsweise die Bausparkasse – ein Darlehen mit dem Vorzug kennzeichnet, man sei mit ihm schneller schuldenfrei, heißt das eben, dass man mehr und schneller abzahlen muss – mit einer entsprechenden monatlichen Belastung.

Die **Tilgung** ist die vereinbarte Form der Rückzahlung. Als **Festdarlehen** bezeichnet man ein Darlehen, das in einer Summe am

Ende der vereinbarten Laufzeit getilgt wird. Solche Darlehen kommen in Zusammenhang mit der Baufinanzierung bei Versicherungsdarlehen und Vorfinanzierungen vor. Die zu zahlenden Zinsen bleiben während der Laufzeit regelmäßig gleich hoch.

Bei einem **Annuitätendarlehen,** der Regelform in der Baufinanzierung, ist die Annuität, nämlich die jährlich zu zahlende Summe aus Zins und Tilgung bis zum Ende der Laufzeit gleich hoch. Dies ermöglicht eine übersichtliche Finanzierungsplanung. Die Tilgung wird im ersten Jahr als ein Prozentsatz aus dem Darlehen bei Auszahlung angegeben; sie erhöht sich dann jedes Jahr um die „ersparten Zinsen". Als anfängliche Tilgung werden in der Regel mindestens 1 % der Darlehenssumme pro Jahr verlangt.

Beispiel: Ein Darlehen von 100 000 € soll mit 6,5 % verzinst und im ersten Jahr mit 1 % getilgt werden.

Annuität: 6500 + 1000 = 7500 €

Bei Verrechnung der Zinsen und Tilgung am Ende des Jahres ist der Darlehensstand nach einem Jahr noch 99 000 €. Die Zinsen im zweiten Jahr sind dann nur noch 6435 statt 6500 €. Entsprechend ist die Tilgung im zweiten Jahr 1065 €. Im letzten Jahr wird die Annuität fast ausschließlich zur Tilgung verwendet. Die Gesamtlaufzeit liegt dann bei etwa 31 Jahren.

Die Annuitätenzahlung muss meistens monatlich oder vierteljährlich in gleichen Beträgen erbracht werden. Die Zinsen werden häufig von dem jeweils durch die Tilgung verminderten Kapitalstand berechnet. Die Methode, die Zinsen von dem Kapitalstand am Anfang eines Jahres oder Vierteljahres zu berechnen, ist aber nicht unzulässig, sie muss für den Kreditnehmer nur hinreichend erkennbar gemacht worden sein.

Der vereinbarte **Zinssatz** kann ein Festzinssatz sein. Der Festzins gibt Sicherheit in der Planung. Steigt das Zinsniveau, hat der Darlehensnehmer den Vorteil des sicheren niedrigeren Zinses. Fällt das Zinsniveau, vergibt der Darlehensnehmer mögliche Einsparungen in seiner Monatsbelastung. Ist ein veränderlicher Zins vereinbart, so kann ihn der Darlehensgeber einseitig unter den im Vertrag angegebenen Bedingungen ändern, das heißt herauf- oder herabsetzen. Häufig wird nach Ablauf einer Festzinsvereinbarung eine neue Vereinbarung getroffen. Wird ein Darlehen bereitgestellt und innerhalb einer vereinbarten Frist (1 bis 4 Monate) nicht abgerufen, verlangen manche Kreditgeber **Bereitstellungszinsen** bis zu 3 % p. a. aus dem Darlehensbetrag. Dies ist möglichst zu vermeiden. Vereinbaren Sie die Auszahlung des Darlehens möglichst auf Abruf!

Festlegung der Zinsbindung: Eine schwierige Entscheidung bei der Baufinanzierung ist die Festlegung der Zinsbindungsfrist. Angeboten werden beispielsweise 2, 5 oder 10 Jahre. Bei „normalem" Verlauf der Zinsstruktur ist der Zinssatz für 10 Jahre höher als für die kürzeren Fristen. Ein normales Bank- oder Versicherungsdarlehen ist nach Ablauf der Zinsbindungsfrist noch nicht abgezahlt, eine Anschlussfinanzierung ist notwendig. Diese kann bei dem ursprünglichen Geldgeber oder bei einem anderen erfolgen. Bei einem Wechsel des Geldgebers ist eine Neubestellung der Sicherheiten notwendig. Die dabei entstehenden Kosten sind bei einem Angebot zu erfragen und zu berücksichtigen. Das „Spekulationsrisiko" des Darlehensnehmers liegt darin, dass der Anschlusszinssatz nach Ablauf der ursprünglichen Zinsbindungsfrist höher als erwartet ist. Die Geldgeber spekulieren ebenso wie die Darlehensnehmer auf eine für sie günstige Zinsänderung. Deren Risiko besteht darin, dass sie sich bei einer längeren Zinsbindungsfrist teurer als erwartet refinanzieren müssen. Niemand kann voraussagen, wie die Spekulationen aufgehen. Man kann zwar vorausberechnen, ab welchem Effektivzins für die Anschlussfinanzierung die kritische Grenze erreicht wird, diese Berechnung enthält aber gleichwohl die Unsicherheit, dass der erwartete Anschlusszins eben nicht eintritt. So kann beispielsweise berechnet werden, dass bei Kosten einer fünfjährigen Zinsbindung von 6,0 % und einem Angebot für zehnjährige Bindung von 7,2 % sich die fünfjährige Frist lohnt, wenn die Anschlussfinanzierung nach 10 Jahren unter 9,11 % gelingt. Letztlich muss sich der Darlehensnehmer zwischen längerfristiger kontinuierlicher Belastung auf eventuellem höherem Niveau und günstigeren kurzfristigen Konditionen mit einem höheren Anschlusszinsrisiko entscheiden. Zu beachten ist dabei auch, dass nach längerer Frist das Zinsrisiko umso geringer wird, je mehr bereits getilgt worden ist. Nicht ungefährlich ist dabei die Vereinbarung eines relativ hohen Damnums, da dann häufig der ausbezahlte Kreditbetrag nach Ablauf der Zinsbindung noch wenig getilgt ist und das volle Zinsrisiko besteht. Es kann dann sein, dass die Belastung nach Ablauf der Zinsbindung wesentlich höher als zu Anfang ist. Wenn dann noch die staatliche Förderung ausläuft, kann dies zu einer erheblichen Gefährdung der stabilen Finanzierung führen.

Welches Zinsänderungsrisiko für ein Restdarlehen besteht für einen Darlehensschuldner bei einem Annuitätendarlehen?

Nach 10 Jahren haben Sie weniger zurückgezahlt als Sie denken: Nach Ablauf Ihrer 10-jährigen Zinsfestschreibung verbleibt noch ein Restdarlehen von 80–90 % Ihrer ursprünglichen Kreditsumme, wenn die jährliche Tilgung 1 % beträgt.

Zinssatz in % jährlich	**4,5**	**5,0**	**5,5**	**6,0**	**6,5**	**7,0**	**7,5**	**8,0**	**8,5**
1 % Tilgung jährlich									
5 Jahre	94,40	94,33	94,25	94,18	94,11	94,03	93,95	93,87	93,79
10 Jahre	87,40	87,05	86,70	86,34	85,96	85,57	85,17	84,75	84,32
15 Jahre	78,63	77,72	76,77	75,76	74,70	73,58	72,40	71,16	69,84
2 % Tilgung jährlich									
5 Jahre	88,81	88,66	88,51	88,37	88,22	88,06	87,91	87,75	87,59
10 Jahre	74,80	74,12	73,41	72,68	71,93	71,15	70,34	69,50	68,64
15 Jahre	57,26	55,45	53,54	51,52	49,41	47,17	44,81	42,32	39,70

Beispiel: Anfangsdarlehen 100.000 €, Zinssatz 8 %, Tilgung 1 %
Restschuld nach 10 Jahren = 100.000 × 84,75 % = 84.750 €

Quelle: Bausparkasse Schwäbisch-Hall

Abbildung 25 zeigt die Entwicklung der Hypothekenzinsen bei 10-jähriger Zinsbindung seit 1970. 2004 lag das Zinsniveau noch bei rund 5,5 %.

Eine außerordentliche **Kündigung** des gesamten Darlehens kann vom Darlehensgeber ausgesprochen werden, wenn der Schuldner im Rückstand oder die Sicherheit des Kredits gefährdet ist. Dann wird das ganze Darlehen fällig. Der Darlehensnehmer kann Baudarlehen regelmäßig erst kündigen, wenn eine Festzinsvereinbarung abgelaufen ist, längstens aber nach 10 Jahren Laufzeit (gem. § 609 a

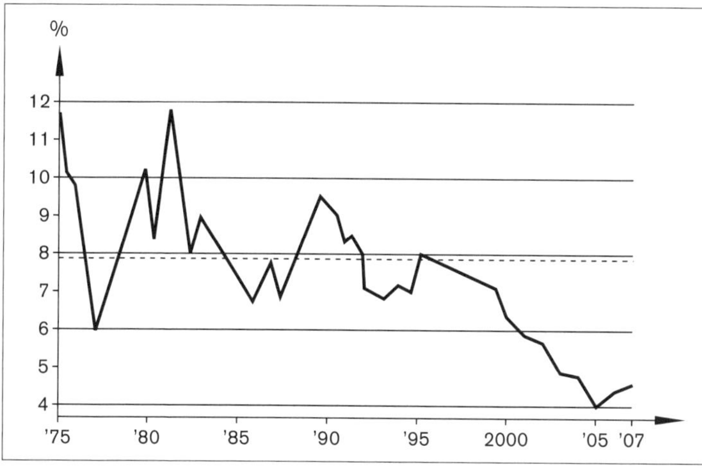

Abb. 25: Entwicklung der Hypothekarkredite mit 10-jähriger Zinsbindung und 100 % Auszahlung

BGB). Ein Darlehen mit variablem Zinssatz kann jederzeit gekündigt werden. Es ist aber zu beachten, dass jede Kündigung und eine damit verbundene Anschlussfinanzierung bei einem anderen Geldgeber wieder mit Kosten verbunden ist!

Ein **Damnum** (häufig **Disagio** genannt) ist ein vom Kreditgeber nicht ausgezahlter Darlehensbestandteil. Das Damnum ist aber zurückzuzahlen und zu verzinsen.

Beispiel: Vereinbartes Darlehen 100 000 €; bei Auszahlung zu 96 % oder 4 % Damnum werden 96 000 € ausgezahlt. Zu verzinsen und zu tilgen sind jedoch 100 000 €.

Ursprünglich war das Damnum eine pauschale Bearbeitungsgebühr, die sofort erhoben wurde. Heute hat das Damnum in erster Linie den Zweck, die monatliche Belastung niedriger zu halten, weil der berechnete Zinssatz bei Einbeziehung eines Damnums geringer wird; selbstverständlich wird dadurch die Laufzeit des Darlehens länger. Ein Damnum entspricht wirtschaftlich nichts anderem als einem gestundeten Zins und kann mit einer **Annuitätenhilfe** (vgl. S. 245) verglichen werden.

Beispiel: Bei einer zehnjährigen Laufzeit und vierteljährlicher Ratenzahlung mit sofortiger Tilgungsverrechnung ergibt sich zwischen vereinbartem Zinssatz, Auszahlungssatz und Laufzeit der in Tabelle 18 wiedergegebene rechnerische Zusammenhang für eine effektive Verzinsung von jeweils 9 %.

Zinsbindungsdauer (Jahre):	10
Vorgabe Effektivzins %:	9
Anzahl Raten pro Jahr:	4
Anzahl Zinsverrechnungen p. a.:	4
Tilgungsanrechnung sofort (n = 0, j = 1):	0
Nominalbetrag €:	100 000
Nominale Anfangstilgung % p. a.:	1

Nominalzins %	Auszahlung %	Auszahlung €	Restschuld € nach 10 Jahren	Ratenhöhe p. Termin €	Theoret. Laufzeit Jahre	Effektivzins %
8,70	100,00	100 000,00	86 122,62	2425,04	26,48	9,00
8,60	99,35	99 348,67	86 189,65	2400,00	26,91	9,00
8,40	98,09	98 091,52	86 321,88	2350,00	27,84	9,00
8,20	96,83	96 833,47	86 451,95	2300,00	28,89	9,00
8,00	95,57	95 574,51	86 579,90	2250,00	30,10	9,00
7,80	94,31	94 314,67	86 705,75	2200,00	31,51	9,00
7,60	93,05	93 053,96	86 829,53	2150,00	33,19	9,00

Wegen seines Zinscharakters muss ein Geldgeber bei vorzeitiger Rückzahlung des Darlehens zeitanteilig grundsätzlich das einbehaltene Damnum zurückvergüten. Als Ausgleich für einen Refinanzierungsschaden muss der Darlehensnehmer aber eine so genannte **Vorfälligkeitsentschädigung** entrichten. Der Geldgeber muss seinen entstandenen Schaden begründen; die Vereinbarung über die vorzeitige Vertragsauflösung ist aber in gewisser Weise Verhandlungssache, da grundsätzlich eine einseitige Kündigung während der Festzinsbindung nicht möglich ist.

Ein Disagio für Eigenheimerwerber ist im Unterschied zu einem Kapitalanleger unter steuerlichen Gesichtspunkten nicht interessant. Es kann allenfalls statt eines sonst eventuell notwendigen Annuitätenzuschussdarlehens vereinbart werden. Wenn beispielsweise die Rückzahlung aus einem zugeteilten Bauspardarlehen insgesamt zu einer hohen Belastung führt, kann hier eine Entlastung bei einem Bankdarlehen einen Ausgleich bieten. Nach Ablauf einer beispielsweise zehnjährigen Zinsbindung kann dann bei dem Bankdarlehen eine höhere Tilgung vereinbart werden. Auf das zinsgünstige Bauspardarlehen sollte auf keinen Fall nur wegen der Liquiditätsbelastung verzichtet werden.

Für Vermieter ist ein Damnum nur begrenzt zu empfehlen, weil dann später die als Werbungskosten anerkannten Zinsen geringer sind.

Bei privaten Kreditnehmern muss im Darlehensvertrag und in einem Darlehensangebot nach der Preisangabenverordnung und den BGB-Vorschriften über Verbraucherdarlehen der **effektive Jahreszins** angegeben werden. In ihm sind alle Kostenbestandteile der Kreditvergabe enthalten. Er entspricht dem Zins, der bei staffelmäßiger Verrechnung aller Zahlungen auf den ausgezahlten Kreditbetrag und jährlicher Zinsverrechnung die gezahlten Kosten decken würde.

Der Effektivzins wird von folgenden Konditionsvereinbarungen beeinflusst:
- Zinssatz
- Bereitstellungszins
- Damnum
- Tilgung: Bei Tilgung in Monatsraten ergibt sich ein höherer Effektivzins als bei Tilgung in Vierteljahres- oder Jahresraten, da mit der Rate immer auch ein Teil des Zinses gezahlt wird, die Berechnung aber Zahlung der Zinsen nachträglich am Jahresende unterstellt.
- Tilgungsverrechnung: Es ist rechtlich zulässig, beispielsweise vierteljährliche Tilgungen erst als am Jahresende geleistet zu betrachten. Diese Form wird aber nur noch selten praktiziert.
- Bearbeitungsentgelt
- Schätzgebühr für die Sicherheitenbestellung
- Beiträge zu Pflichtversicherungen und Risikolebensversicherungen
- Vermittlungsgebühr.

Nicht an den Darlehensgeber gezahlte Entgelte werden nicht eingerechnet, wie z. B. Notargebühren; sie müssen aber grundsätzlich im Kreditvertrag aufgeführt werden.

Bei langfristigen Darlehen mit einem Zinssatz, der nicht für die gesamte Laufzeit festgelegt ist, muss nur der **anfängliche** effektive Jahreszins angegeben werden; er ergibt sich aus den ursprünglich vereinbarten Konditionen. Bereits hier muss der Kreditnehmer bei Vergleichen vorsichtig sein: Manche Banken verrechnen das Damnum auf die gesamte voraussichtliche Laufzeit, also beispielsweise auf 25 Jahre, andere nur auf die Zeit einer Festzinsvereinbarung, was aber rechnerisch zu einem höheren Effektivzins führt. Die Berechnungsmethode ist vom Kreditanbieter jeweils anzugeben.

Man kann nicht empfehlen, eine Darlehensentscheidung allein vom günstigsten effektiven Jahreszins abhängig zu machen. So kommt eine monatliche Tilgungsleistung der Finanzplanung eines Haushalts mehr entgegen als eine vierteljährliche. Die am Ende des Quartals zu zahlenden Beträge würden ja doch auf einem praktisch unverzinslichen Konto angesammelt. Die Effektivzinsrechnung weist aber die monatliche Zahlung als rechnerisch schlechter aus als die vierteljährliche, obwohl sie für den Kreditnehmer wirtschaftlich zum selben Ergebnis führt.

Bei Verlängerungen einer Zinsvereinbarung muss der Gläubiger den neuen effektiven oder anfänglich effektiven Jahreszins angeben! Je länger das Darlehen schon besteht, umso höher ist bei demselben Nominalzins der Effektivzins, wenn die Annuität gleich bleibt. Grund: der Tilgungsanteil in der Rate ist viel höher als zu Beginn.

Als Geldgeber für Baufinanzierungen umwerben den Bauwilligen Geschäftsbanken und Sparkassen, Bausparkassen und Versicherungsgesellschaften. Wer von ihnen zum Zuge kommen soll, hängt teilweise bereits von früheren Vorentscheidungen ab: Wenn ein Bausparvertrag zuteilungsreif ist, wird regelmäßig das **Bauspardarlehen** beansprucht; wenn eine entsprechende Lebensversicherung schon besteht, kann es durchaus sinnvoll sein, sich ein Darlehen von einer Versicherung geben zu lassen. Völlig anders stellt sich die Entscheidung dar, wenn noch gar keine Vorentscheidungen getroffen sind und der Erwerber erst bei Aufstellung des Finanzierungsplanes einen Bausparvertrag oder einen Lebensversicherungsvertrag abschließen soll.

Häufig werden auch bestimmte Standardregeln über eine sinnvolle Kombination der Darlehensformen gegeben – letztlich können sie sich durchaus sinnvoll ergänzen.

Beispiel: Eine dieser Empfehlungen sieht so aus:

10–20 %:	direkte und indirekte Eigenmittel (ohne Bausparguthaben)
vom Rest je 40–50 %:	Bankdarlehen/Versicherungsdarlehen
40–60 %:	Bausparsumme
100 %:	Gesamtgestehungskosten

Als „Goldene Faustregel" kann man sagen: Etwa ein Viertel bis ein Drittel sollten Eigenmittel sein, der Rest sollte mit Bank-/Versicherungsdarlehen und Bauspardarlehen finanziert werden. Oder von der Beleihung aus gesehen: bis 50 % der Erwerbskosten erstrangige Bankdarlehen, bis 75 % Bausparkassendarlehen (einschließlich Bankdarlehen).

Beispiel:

Gesamtgestehungskosten	230 000 €	
Eigenmittel (ohne Bausparguthaben)	30 000 €	
Bankdarlehen	100 000 €	
Bausparmittel	100 000 €	
(darunter Guthaben	40 000 €)	
(darunter Darlehen	60 000 €)	
Eigenmittel 30 000 + 40 000 =	70 000 €	= ca. 30 %
Fremdmittel	160 000 €	= ca. 70 %

Bei einem Bausparvertrag mit 50 % Mindestbausparguthaben würden entsprechend höhere Bankdarlehen benötigt.

Fremdmittel-Höchstbetrag Selbst wenn Einkommenssteigerungen erwartet werden, gilt als Faustregel für eine „solide" Finanzierung, dass die Belastung aus den aufzunehmenden Fremdmitteln grundsätzlich nicht mehr als 40 % des längerfristig erzielbaren Nettoeinkommens betragen sollte. Dem so ermittelten Fremdmittelhöchstbetrag werden die Eigenmittel in allen Formen zugerechnet, woraus sich die Höchstgrenze für das Finanzierungsvolumen ergibt. Dies kann beispielweise wie folgt tabellarisch dargestellt werden:

Maximale Fremdmittelaufnahme bei einem monatlichen Nettoeinkommen von 3500 €

Annuität	Belastung pro Monat maximal 40 % des Nettoeinkommens	Fremdmittel maximal
6 %	1400	280 000
7 %	1400	240 000
8 %	1400	210 000
9 %	1400	186 000
10 %	1400	168 000

Kreditverkauf: Seit der Hypothekenkrise in den USA im Jahr 2007 wurde bekannt, dass auch Baukredite und die dazu gehörenden Grundschulden von deutschen Kreditinstituten an andere Gläubiger „verkauft" worden sind. Dies hat für Unruhe gesorgt. Als Folge wurde das Risikobegrenzungsgesetz vom 12. 8. 2008 verabschiedet. Es enthält u. a. folgende Maßnahmen zur Abwehr negativer Folgen eines Kreditverkaufs:

- Im Darlehensvertrag muss die Möglichkeit der Forderungsabtretung erwähnt sein (§ 492 Abs. 1a BGB).
- Eine erfolgte Abtretung ist anzuzeigen, wenn gegenüber dem Darlehensnehmer nicht der bisherige Gläubiger auftritt (§ 496 Abs. 2 BGB).
- Spätestens drei Monate vor Ende der Zinsbindung ist ein Folgeangebot zu machen (§ 492a BGB).
- Bei Immobiliardarlehensverträgen gilt ein erweiterter Kündigungsschutz bei Verzug in der Ratenzahlung (§ 498 Abs. 3 BGB).
- Einwendungen, z. B. eine teilweise Rückzahlung, können jedem Erwerber einer Sicherungsgrundschuld bei Abtretung entgegengehalten werden (§ 1192 BGB). Die Sicherungsgrundschuld kann also nicht gutgläubig erworben werden.
- Eine Sicherungsgrundschuld kann nur nach vorheriger Kündigung fällig gestellt werden (§ 1193 Abs. 2 BGB).

4.2.3.1 Bankdarlehen

Für Bauherren ist die Eröffnung eines Kontokorrentkontos als so genanntes **Bausonderkonto** zweckmäßig. Über dieses Konto können alle Zahlungen beglichen werden; die Darlehensauszahlungen können ebenfalls über dieses Konto gutgeschrieben werden. Ein Bausonderkonto bringt Übersicht und klare Trennung von den privaten Verfügungen. Für das Bausonderkonto kann ein kurzfristiger

Überziehungskredit eingeräumt werden. Die belasteten Zinsen gelten als Vorkosten. Nach Abschluss der Baumaßnahmen sollte das Konto wieder gelöscht werden, um sich unnötige Buchungsgebühren zu ersparen. Sind auf dem privaten Girokonto Guthaben, sollte mit dem Kreditinstitut dahingehend verhandelt werden, dass die Überziehungen auf dem Bausonderkonto mit den Guthaben auf dem Girokonto zinsmäßig verrechnet werden.

Private und öffentliche Geschäftsbanken haben aus ihren Kundeneinlagen neben kurzfristigen auch langfristige Mittel, die sie gerne als Baudarlehen wieder ausleihen, sei es für selbst bewohnte oder für vermietete Objekte. In der Bankpraxis unterscheiden sich diese Darlehen hauptsächlich durch die Art der Zinsbindung und die Fristigkeit:

Vorschaltdarlehen werden als mittel- bis langfristige Darlehen gegeben. Das Vorschaltdarlehen wird mit dem Ziel aufgenommen, in eine längere Darlehensform „umzusteigen", wenn die Zinssituation günstiger ist. Es wird meistens in einer Hochzinsphase mit der Erwartung später fallender Zinsen aufgenommen. Die Tilgung ist ausgesetzt, die Laufzeit auf etwa drei Jahre begrenzt. Das Darlehen wird sofort grundbuchlich gesichert; das Anschlussdarlehen wird dann von derselben Bank gegeben.

Bankvorausdarlehen haben folgende Merkmale:
- Zweck: Zwischenfinanzierung bis zur Ablösung durch Bauspardarlehen oder andere langfristige Darlehen
- Sicherung: Grundbucheintragung; bei „Verbundfinanzierung" gilt als Begünstigter meistens die an erster Rangstelle stehende Bank
- Tilgung: ausgesetzt; indirekt eventuell über Einzahlungen auf einen Bausparvertrag
- Zins: häufig feste Zinsvereinbarung
- Laufzeit: mittel- bis langfristig; in Verbindung mit der Ablösung durch neu abgeschlossene Bausparverträge gibt es Konstruktionen mit bis zu 30-jähriger Laufzeit.

Langfristige Bankdarlehen gehören zu den klassischen Elementen einer Baufinanzierung; sie sind durch folgende Merkmale gekennzeichnet:

- Zweck: langfristige Finanzierung bis zur völligen Entschuldung des Wohneigentums
- Laufzeit: 20–30 Jahre
- Sicherung: erstrangige Grundbuchabsicherung bis 60 % des Beleihungswertes
- Tilgung: Annuitätendarlehen; bei geringem Nominalzins höherer Tilgungssatz, z. B. bei 10 % Zins 1 % Tilgung, bei 6 % Zins aber 2 % Tilgung (jeweils zuzüglich ersparter Zinsen);
  der Tilgungsbeginn kann hinausgeschoben werden, um die anfängliche Belastung geringer zu halten (Tilgungsfreijahr, bis zu 10 Jahren).
  Insbesondere bei Beanspruchung von Tilgungsfreijahren kann später eine zunehmende Tilgung vorgesehen werden (Dynamisierung)
- Zins: Eine Festzinsvereinbarung wird häufig für 5 bis 10 Jahre, selten auf die gesamte Laufzeit, abgeschlossen. Gleich, ob 2, 5 oder 10 Jahre Festzinsvereinbarung, dem Schuldner bleibt das Zinsrisiko bei der Vertragsverlängerung oder Umfinanzierung mit einem anderen Geldgeber. Manche Banken bieten Vertragsvarianten an, bei denen das Zinsrisiko durch Angabe eines Mindest- und Höchstzinssatzes eingeschränkt ist; der Anfangszinssatz ist dann meistens höher oder es wird eine zusätzliche Gebühr verlangt. Man spricht wie im internationalen Finanzierungsgeschäft von so genannten **Cap-Darlehen.** Auch durch Kombination mit Bausparverträgen kann das Zinsrisiko eingeengt werden. In jedem Fall muss der Schuldner für die Verminderung des Zinsrisikos eine Risikoprämie in irgendeiner Form zahlen.

Manche Geschäftsbanken geben langfristige Baudarlehen nicht aus eigenen Mitteln, sondern vermitteln diese bei Hypothekenbanken, insbesondere dann, wenn eine 10-jährige Zinsvereinbarung gewünscht wird. Da die Hypothekenbanken regelmäßig zu dem entsprechenden Bankenverbund gehören, kann der Kredit auch hier im Rahmen einer Verbundfinanzierung abgewickelt werden. Der Kreditnehmer spart sich dann die mehrfache Einreichung von Unterlagen.

4.2.3.2 Bauspardarlehen

Mit dem Abschluss des Bausparvertrages erwirbt der Bausparer einen Rechtsanspruch auf ein unkündbares, nachrangig abgesichertes

Bauspardarlehen, das nach Zuteilung des Bausparvertrages ausgezahlt wird. Für die gesamte Laufzeit sind die Zinsen grundsätzlich fest, ihre anfängliche Höhe ist tarifabhängig; manche Tarife bieten eine Wahlmöglichkeit durch den Bausparer, wobei sich die Tilgungsdauer und/oder Darlehenshöhe ändern. Die Bauspardarlehen sind regelmäßig mit einem sich aus dem Tarif ergebenden Tilgungssatz zu tilgen. Ist ein Bausparvertrag einmal zugeteilt, sind die zu zahlenden Darlehenszinsen auch beim effektiven Jahreszins gegenüber allen anderen Kreditformen „unschlagbar". Jeder Bausparer hofft deshalb auf eine rasche Zuteilung.

Die Zuteilung ist ein Kernbegriff des Bausparsystems und bedeutet die Feststellung, dass die Voraussetzungen vorliegen für die Fälligkeit des Anspruchs des Bausparers auf die Hauptleistung aus dem Bausparvertrag, die Auszahlung der Bausparsumme, also der Rückzahlung des Bausparguthabens und der Gewährung eines unkündbaren Bauspardarlehens. Bei der Zuteilung ist die Bausparkasse streng an die Allgemeinen Bedingungen für Bausparverträge gebunden. Eine Zuteilung außerhalb der geregelten Reihenfolge, z. B. auf besonderen Wunsch des Bausparers, ist deshalb nicht möglich. Die bedingungsmäßige Zuteilung wird durch einen vom Bundesamt für das Kreditwesen bestellten Vertrauensmann überwacht.

Wovon hängt die Zuteilung ab? Bauspardarlehen werden aus der Zuteilungsmasse gewährt, die von allen Bausparern als Kollektiv aufgebracht wird. Sie setzt sich zusammen aus: Sparbeiträgen, Guthabenzinsen, Tilgungsleistungen, Wohnungsbauprämien und aufgenommenen Fremd- und Eigenmitteln der Bausparkasse. Die Zuteilungsmasse darf die Bausparkasse nur für Zwecke des Bauspargeschäftes verwenden. Vor- und Zwischenfinanzierungskredite können aus der „Trägheitsreserve" gegeben werden, welche die für die Zuteilung angesammelten, aber von den Bausparern noch nicht in Anspruch genommenen Mittel umfasst.

Die Spar- und Tilgungsleistungen aller am jeweiligen Bauspar-Kollektiv Beteiligten bestimmen den Umfang der Zuteilungsmasse. Da deren künftige Entwicklung unbekannt ist, können sich die Bausparkassen vor Zuteilung einer Bausparsumme nicht verpflichten, diese zu einem bestimmten Zeitpunkt auszuzahlen. Aussagen über Zuteilungen zu einem späteren Zeitpunkt gelten immer nur unter der Einschränkung „voraussichtlich“. Nach einem Bewertungsstichtag können natürlich konkrete Aussagen über die danach zum Zuge kommenden Bausparverträge gemacht werden.

Um in die Anwartschaft für eine Zuteilung zu kommen, gelten folgende Mindestvoraussetzungen:

- **Mindestsparguthaben:** Es liegt je nach Tarif bei 40 oder 50 % der Bausparsumme.
- **Mindestansparzeit** seit Vertragsbeginn: meist 18 Monate, aber auch 24 bis 48 Monate. Allerdings sind die realistischen Zuteilungsfristen auch bei einer sofortigen Einzahlung des Mindestsparguthabens wesentlich länger. Eine sofortige Einzahlung des Mindestsparguthabens ist nicht typisch für den Ablauf eines Bausparvertrages.

Mindestsparzeiten gibt es bei einigen Bausparkassen nicht mehr. Sie sind durch eine entsprechende Mindestbewertungszahl überflüssig geworden.

- **Mindestbewertungszahlen** wurden für neuere Tarife geschaffen. Sie sollen in Wachstumszeiten nur die Zuteilungen ermöglichen, die über der entsprechenden Zahl liegen. Die nicht zugeteilten Beträge sollen dann in Zeiten rückläufigen Neugeschäftes dazu dienen, ein zu starkes Ansteigen der Zielbewertungszahl zu verhindern. So soll ein Ausgleich zwischen „guten“ und „schlechten“ Bausparzeiten hergestellt werden.

Die Reihenfolge der Zuteilung aus der zur Verfügung stehenden Zuteilungsmasse ergibt sich aus den für jeden Bausparvertrag berechneten Bewertungszahlen. Je höher die Bewertungszahl, desto größer ist die Wahrscheinlichkeit, in die Zuteilung zu kommen.

Die **Zielbewertungszahl** ist die niedrigste noch für eine Zuteilung ausreichende Bewertungszahl. Die Bewertungszahlen werden zu bestimmten, halb-, vierteljährlichen oder monatlichen **Bewertungsstichtagen** berechnet. Die Berechnung der Bewertungszahlen erfolgt nach dem „Zeit-mal-Geld-System“. Je länger man Sparbeiträge stehen lässt und je mehr man, bezogen auf die Bausparsumme, eingezahlt hat, umso höher wird die Bewertungszahl. Deshalb kann ein Bausparer die Bewertungszahl seines Bausparvertrages individuell beeinflussen. Durch Sondersparleistungen vor den Bewertungsstichtagen kann die Wartezeit verkürzt werden.

Der Bausparkassenberater kann berechnen, wie viel eingezahlt werden muss, um möglichst in die nächste „Zuteilungsrunde“ zu kommen, vorausgesetzt, dass man die allgemeinen Zuteilungsbedingungen bereits erfüllt hat. Es ist aber zu bedenken, dass Sie mit einer Sonderzahlung über das Mindestsparguthaben hinaus bei vielen Tarifen auch den Darlehensanspruch bis zur Höhe der Bausparsumme verkürzen; bei einigen Tarifen beträgt der Darlehensanspruch immer 50 % der Bausparsumme.

Das formelle Zuteilungsverfahren ist bei den einzelnen Bausparkassen unterschiedlich geregelt. Beim **Antragsverfahren** muss der Bausparer einen Antrag auf Zuteilung stellen, woraufhin die Bausparkasse prüft, ob anhand der individuellen Bewertungszahl der Bausparvertrag zugeteilt werden kann. Beim **Befragungsverfahren** bietet die Bausparkasse dem Bausparer die Zuteilung an, die er dann beantragen kann. Beim **automatischen Zuteilungsverfahren** braucht der Bausparer nach der Zuteilung nur zu erklären, ob er diese annehmen will.

Will der Bausparer noch keine Zuteilung, beispielsweise weil die wohnungswirtschaftliche Verwendung noch nicht konkret gesichert ist, kann der Vertrag als „fortgesetzter Bausparvertrag“ fortgeführt werden; die Zuteilung kann dann jeweils zum nächsten Zuteilungstermin abgerufen werden. Verzögert sich die Verwendung, sollte eine Änderung des Tarifs überlegt werden, wenn diese nicht schon von Anfang an gegeben ist, beispielsweise durch eine Erhöhung der Bausparsumme. Die Bewertungsziffer verschlechtert sich dann natürlich wieder.

Selbstverständlich kann der Bausparer gänzlich auf das Darlehen verzichten und erhält dann das Guthaben ausgezahlt. Nach Ablauf der Bindungsfrist bleiben die Prämien – oder Steuervorteile – erhalten. Wenn nicht verzichtet wird, kann vorübergehend mindestens das Guthaben abgerufen und eventuell am Geldmarkt angelegt werden!

Ist das Bausparguthaben im Rahmen eines Bankvorausdarlehens abgetreten, so wird beim automatischen Zuteilungsverfahren das Guthaben sofort zur Deckung des Bankvorausdarlehens verwendet.

Kann der Zeitpunkt der Zuteilung garantiert werden?

Auszug aus dem Bausparkassengesetz (§ 4, Abs. 5): Bausparkassen können sich vor Zuteilung eines Bausparvertrages nicht verpflichten, die Bausparsumme zu einem bestimmten Zeitpunkt auszuzahlen.

Der Bausparer muss über das so genannte Wartezeitproblem bereits bei Abschluss des Bausparvertrages informiert werden. Ein Bausparvertrag enthält daher folgenden, mit dem Bundesaufsichtsamt für das Kreditwesen abgestimmten Hinweis:

Wartezeitrevers. Die Bausparkasse darf sich vor Zuteilung nicht verpflichten, die Bausparsumme zu einem bestimmten Zeitpunkt auszuzahlen. Die Zuteilungsreihenfolge richtet sich nach den Bausparbedingungen. Sie ist insbesondere von den Spar- und Tilgungsleistungen aller Bausparer abhängig. Die Wartezeit kann danach Schwankungen unterworfen sein.

Auch wenn der Gesetzgeber eine Wartezeitgarantie verbietet, stehen Bausparkassen im Wettbewerb um die Einhaltung von formell – unverbindlichen – Versprechungen bezüglich der Zuteilung. Eine Bausparkasse wird deshalb heute eine Geschäftspolitik der zuverlässigen Zuteilung betreiben, indem sie auf ein ausgewogenes Verhältnis der Leistungen der Bausparkasse achtet und vorübergehende Anlauf- oder Wachstumseffekte des Neugeschäfts nicht sofort dazu nutzt, ausgewogene Wartezeiten zu verkürzen. Neben der Bildung des „Fonds zur bauspartechnischen Absicherung“ gehört dazu ein möglichst hohes „Sparer-Kassen-Leistungsverhältnis“ (SKLV). Dabei muss das so genannte kollektive SKLV, das für die Summe aller Verträge gilt, letztlich den Wert 1 haben.

Die **Sparerleistung** des Vertrages ist die Summe der Guthabensalden an allen Bewertungsstichtagen der Sparphase.

Die **Kassenleistung** ergibt sich aus der Summe der erwarteten Darlehenssalden bei tariflicher Tilgung an allen Bewertungsstichtagen während der Darlehensphase.

Mit Hilfe von verschiedenen mathematischen Modellen stellen die Bausparkassen Zukunftsprognosen über den individuellen oder kollektiven Verlauf der SKLV auf und richten danach ihre Zuteilungspolitik.

Die Bausparkasse einer großen Geschäftsbank gibt auf einer so kalkulierten mathematischen Grundlage sogar eine indirekte **Zutei-**

lungsgarantie. Die Garantie wird über eine Art Versicherung erlangt, indem bei hinausgeschobener Zuteilung der Differenzbetrag zwischen der dann notwendigen Zwischenfinanzierung und dem tariflichen Darlehenszins gezahlt wird. Diese Garantie ist allerdings auch nicht kostenlos, sondern nur durch eine Gebühr zu erlangen. Letztlich bleibt deshalb für den Bausparer wieder die Unsicherheit, ob die über mehrere Jahre hinweg gezahlte Gebühr höher ist als die Zusatzkosten aus der **Zwischenfinanzierung.** Dass die Zuteilungssicherheit eine größere Rolle im Wettbewerb der Bausparkassen spielt, ist auch daran zu sehen, dass Tarife angeboten werden, bei denen der Kunde nicht nur Darlehenshöhe, Tilgungsdauer und -höhe, sondern auch den Zuteilungszeitpunkt nach einer festgelegten Wartezeit frei bestimmen kann. Die Höhe einer solchen „Wahlzuteilung" hängt allerdings vom angesparten Kapital und der Zielbewertungszahl der Bausparkasse ab.

Wie kann die Wartezeit verkürzt werden? Unabhängig von der Gesamtentwicklung der Zuteilungsmasse kann der Bausparer bei vielen Tarifvarianten schneller an sein Darlehen herankommen als ursprünglich geplant. Dies kann aber auf keinen Fall zu Lasten der anderen Bausparer im Kollektiv geschehen, sondern der Bausparer muss dann eben andere Nachteile in Kauf nehmen. Letztlich müssen seine Sparleistung und der darauf gezahlte Zins der Darlehensauszahlung und dem dafür entrichteten Zins einschließlich der bei der Bausparkasse bleibenden Zinsspanne entsprechen.

Wie oben bereits erwähnt, können Sonderzahlungen die Zuteilung beschleunigen. Wird die Bausparsumme **herabgesetzt,** so verbessert sich die Bewertungsziffer zu Lasten der Höhe des Darlehensanspruchs; ein Teil der Abschlussgebühr geht aber unter Umständen verloren. Innerhalb eines Tarifs kann ein **Teilbausparvertrag** gebildet werden. Im Unterschied zur reinen Teilung, bei der lediglich das Guthaben und der damit verbundene Darlehensanspruch in zwei sonst gleichartige Verträge aufgeteilt wird, fließt meist das ganze Bausparguthaben in den Teilbausparvertrag und erhöht dessen Zuteilungsaussichten. Der Restbausparvertrag wird praktisch als völlig neuer Vertrag, aber unter Verzicht auf eine Abschlussgebühr, weitergeführt.

Beispiel: Bausparvertrag über 100 000 €, Mindestsparguthaben 40 %, Guthaben jetzt 24 000 €. Der Bausparvertrag wird geteilt in einen Vertrag über 60 000 €, der das Mindestsparguthaben dann erfüllt, und in einen noch nicht besparten Vertrag über 40 000 €.

Optionstarife lassen häufig eine Wahl von Zins, Zuteilung und/oder Darlehenshöhe in vielen Varianten zu. Sie sind dann sinnvoll, wenn bei Vertragsabschluss noch keine konkreten Vorstellungen über einen Wohnungserwerb bestehen oder wenn sich die ursprünglichen Vorstellungen geändert haben: Es soll früher oder teurer gebaut werden usw.

Bei gleicher Guthabenverzinsung kann schneller zugeteilt werden durch:
- höheren Anspargrad,
- höheren Tilgungsbeitrag,
- Bildung einer Teilbausparsumme,

also letztlich durch eine Verkürzung des Darlehensanspruchs in Laufzeit oder Betrag.

Durch Variation im Zins kann eine Verkürzung erreicht werden bei:
- nachträglichem Verzicht auf Guthabenzinsen,
- höherem Darlehenszins bzw. höherem Disagio.

Umgekehrt kann ein höheres Darlehen oder ein geringerer Tilgungsbeitrag durch Verlängerung der Wartezeit oder Erhöhung der Darlehenszinsen erreicht werden.

Welche Merkmale hat ein Bauspardarlehen?

- **Tilgung:** Bauspardarlehen werden regelmäßig als Annuitätendarlehen gegeben. Die Tilgungsleistung ist so bemessen, dass bei einem Standardtarif das Darlehen in etwa zwölf Jahren abgezahlt ist. Bei 6‰ von der Bausparsumme als monatliche Zahlung ist die Tilgungsleistung auf das Darlehen bei 40 % Mindestsparguthaben und 5 % Zins 7 % pro Jahr. Die hohe Annuität macht zwar schnell „schuldenfrei“, erhöht aber die monatliche Belastung. Nach Abzahlung der Bauspardarlehen beginnen aber häufig die Renovierungsarbeiten, wofür dann Mittel frei werden. Bauspar- und Bankdarlehen können sich so in der Gesamtplanung ergänzen.

Von Seiten der Bausparkasse ist das Darlehen unkündbar, der Sparer seinerseits kann jederzeit kündigen.

- **Zins:** Der relativ geringe Zins ist im Tarif vorgegeben. Er entspricht nicht dem effektiven Zins, der zusätzlich angegeben wird. Generelle Vergleiche mit anderen Darlehen sind insofern zweifelhaft, weil der billige Zins des Bauspardarlehens vom Bausparer ja immer durch eine entsprechende Sparleistung „erkauft" worden ist. Ein Bereitstellungszins kann auch von Bausparkassen verlangt werden.
- **Gebühr und Damnum:** Einige Bausparkassen berechnen noch eine Darlehensgebühr von 2 bis 3 %. Diese wird auf das Darlehen aufgeschlagen, so dass immer die Differenz aus Bausparsumme und Guthaben als Darlehen zur Verfügung steht. Manchmal sehen Tarife die Möglichkeit eines Damnums (Disagio) vor, was besonders für Vermieter steuerlich interessant ist. Das Damnum wird von der Darlehenssumme abgezogen. Bausparkassen, die auf eine Darlehensgebühr verzichten, kalkulieren mit einer größeren Zinsspanne zwischen Guthaben- und Darlehenszins, so dass die Angebote nur schwer vergleichbar sind.
- **Sicherheit:** Bausparkassen begnügen sich mit nachrangiger Sicherung im Rahmen einer Beleihungsgrenze von meistens 80 % (vgl. Kap. 4.3) Bis zu 10 000 € kann die Bausparkasse auf Sicherheiten verzichten und ein solches Kleindarlehen als **Blankodarlehen** geben. Bis zur Darlehenshöhe von 15 000 € kann die Bausparkasse auf grundbuchliche Sicherung verzichten, wenn der Darlehensnehmer eine **Negativerklärung** abgibt. Darin verpflichtet er sich, eine mögliche Sicherung des Baudarlehens an dem entsprechenden Rang durch eine Grundschuld nicht durch Verkauf oder Verpfändung des als Pfandobjekt in Betracht kommenden Grundstücks zu verhindern. Bei Modernisierungsmaßnahmen sind solche Darlehen sehr beliebt.
- **Versicherung:** Wegen der nachrangigen Beleihung empfehlen viele Bausparkassen den Abschluss einer **Risiko-Lebensversicherung** in Höhe des jeweils beanspruchten Darlehens. Soweit die Bausparkassen eine Risikolebensversicherung für Bausparer zwischen 18 und 55 Jahren obligatorisch vorsehen, haben sie dem Bausparer ein Widerrufsrecht nach Beginn der Darlehensauszah-

lung eingeräumt. Von diesem Recht sollten Sie dann Gebrauch machen, wenn Sie bereits ausreichend durch bestehende Versicherungen geschützt sind. Schließlich kann auch bereits das angestrebte Mindestsparguthaben bei Vertragsabschluss versichert werden **(Ansparversicherung).** Diese Versicherungen dienen nicht der Kapitalbildung, sondern nur der Risikoabdeckung im Todesfall. Es gibt keine Kapitalausschüttung. Mit dem Eintritt des Versicherungsfalles wird das Restdarlehen getilgt. Durch laufende Abzahlungen wird das Risiko für die Versicherung immer geringer. Die Versicherungsprämien sind von Anfang an als Gruppentarife so kalkuliert, dass sie diese Risikominderung einschließen. Der Risikoschutz kann auf den Ehepartner ausgedehnt werden (verbundene Versicherung auf zwei Leben). Einige Bausparkassen zweigen die Prämie von den Regeltilgungsleistungen ab, wodurch sich die Tilgungszeit verlängert.

Auf eine Bausparversicherung können Sie dann verzichten, wenn das Risiko bereits durch eine bestehende und nicht kündbare Versicherung gedeckt ist!

Steuerlich zählen die gezahlten Versicherungsbeiträge zu den Sonderausgaben im Rahmen der Vorsorge-Höchstbeträge.

Wofür können Bauspardarlehen verwendet werden? Über ein Bausparguthaben kann sieben Jahre nach Vertragsabschluss einschließlich der gezahlten Wohnungsbauprämien beliebig verfügt werden, wenn der Bausparer bei Abschluss unter 25 Jahre war. Vor Ablauf der Bindungsfrist ist nur eine wohnungswirtschaftliche Verwendung unschädlich. Bauspardarlehen dürfen von den Bausparkassen ebenfalls nur zu wohnungswirtschaftlichen Zwecken vergeben werden. Dies sind im Wesentlichen folgende Baumaßnahmen:

- Neubau, Ausbau, Anbau, Erweiterungsbau, Umbau und Wiederaufbau von Häusern mit Wohnungen, gemischt genutzte Gebäude bis zu 50 % gewerblicher Nutzung, Garagen, Wochenend- und Ferienhaus
- Modernisierung und Instandsetzung von Wohnungen durch Eigentümer oder Mieter
- Kauf, Erbauseinandersetzung und Erwerb in der Zwangsversteigerung; auch Erwerb von Bruchteilseigentum geschlossener Im-

mobilienfonds, Altenheimwohnung, Baukostenzuschuss des Mieters

- Bauplatzerwerb
- Erschließungs- und Infrastrukturmaßnahmen in Zusammenhang mit Wohngebäuden, z. B. Kindergärten, Sportplätze usw.
- Entschuldung und Umschuldung früherer Baumaßnahmen
- Die Finanzierung ausländischer Wohnobjekte mit Bausparmitteln in Ländern der Europäischen Gemeinschaft ist möglich – allerdings wäre dies steuer- und prämienschädlich.

Die Auszahlung der Bausparsumme oder eines Zwischenkredits ist in folgenden Verwendungsfällen steuer- bzw. prämienunschädlich oder -schädlich (Quellen: LBS, Bausparkasse Schwäbisch Hall):

- **Abbruchkosten: unschädlich** im Zusammenhang mit der Errichtung eines Wohngebäudes (Neubau)
- **Abfindung:** siehe Auszahlung, Erbfolge
- **Ablösung von Verpflichtungen: unschädlich,** auch bei Teilablösungen, soweit es sich um echte Fremdmittel für den Wohnungsbau handelt. Die Zahlung laufender, rückständiger oder fällig werdender Zins- und Tilgungsbeträge ist **schädlich.** Siehe auch Dauerwohnrecht, Garagenbau-Verpflichtung, öffentliche Baudarlehen, Tilgungszuschussdarlehen
- **Alarmanlagen: unschädlich,** wenn fest installiert
- **Altenwohnheim: unschädlich** ist der Erwerb von Rechten zur dauernden Selbstnutzung von Wohnraum in Alten-, Altenpflege- oder Behinderteneinrichtungen oder -anlagen. Danach ist es ausreichend, wenn der Bewerber tatsächlich ein Wohnrecht erhält, selbst wenn es nicht dinglich abgesichert ist;
  schädlich bei Verwendung für Dienstleistungen im Heim; siehe auch Mietvorauszahlungen, Immobilienfonds
- **Anliegerbeiträge: unschädlich**
- **Anbau, Ausbau: unschädlich,** soweit wohnwirtschaftlich genutzt
- **Antenne: unschädlich** bei Neubau
- **Architektenhonorar: unschädlich**
- **Aufstocken des Hauses: unschädlich,** soweit das Aufstocken Wohnzwecken dient

- **Ausland: schädlich,** nur Wohnungsbau im Inland ist begünstigt; dies gilt nicht für Bedienstete der Europäischen Gemeinschaften und für rückkehrende Ausländer
- **Außenanlagen: unschädlich,** soweit sie im Zusammenhang mit dem Wohngebäude stehen; siehe auch Gartenanlagen
- **Außenkamin: unschädlich,** wenn direkt ans Haus gebaut
- **Außenputz: unschädlich,** soweit Verbesserung des Wohngebäudes, siehe auch Instandsetzung
- **Auszahlung:** der Geschwister bei einer vorweggenommenen Erbschaft, wenn dies eine Gegenleistung für den Eigentumserwerb am Wohngebäude darstellt, **unschädlich**
- **Badezimmer:** Einbau und Umgestaltung **unschädlich,** wenn Gebrauchswert der Wohnung nachhaltig erhöht wird
- **Balkonanbau: unschädlich**
- **Bauerwartungsland:** Erwerb **schädlich;** Ausnahme: Bebaubarkeit steht bevor. Durch Bescheinigung der Gemeinde nachzuweisen
- **Bauherren-Modell: unschädlich;** das Haus muss später einmal überwiegend zu Wohnzwecken dienen, und der Bausparer muss Eigentum daran erwerben
- **Baukostenzuschuss: unschädlich,** im Falle einer Beteiligung an der Finanzierung des Wohngebäudes bei Neubau oder Kauf gegen Überlassung einer Wohnung. Der Finanzierungsbeitrag muss sich auf mindestens fünf Jahre erstrecken
- **Baunebenkosten: unschädlich,** insbes. Prüfungs- und Genehmigungsgebühren sowie Prozesskosten im Zusammenhang mit dem Neubau bzw. Hauskauf
- **Bauplatz** (Bauland): **unschädlich,** soweit das Bauland auf den Wohnzwecken dienenden Teil des Gebäudes entfällt. Es ist unschädlich, wenn der Bausparer später seine Absicht ändert und nicht baut. Ein Hinzuerwerb von Gelände nach Fertigstellung des Gebäudes zur Vergrößerung des Gartens ist nicht begünstigt. Die Kosten des Erwerbs eines Grundstücks, auf dem der Bausparer als Erbbauberechtigter ein Wohngebäude errichtet hat, sind begünstigt
- **Behinderten-Treppenaufzug: unschädlich**
- **Breitbandkabel-Anschluss: unschädlich** bei Neubau

- **Dauerwohnrecht: unschädlich,** sofern es im Sinne des Wohnungseigentumsgesetzes eigentumsähnlich ist, d. h. im Grundbuch eingetragen, veräußerlich und zeitlich nicht begrenzt ist
- **Eigenleistung:** Eigene Arbeitskraft ist **nicht begünstigt**
- **Eigenmittelersetzung: schädlich,** wenn bei Verwendung der Bausparvertrag noch nicht zugeteilt ist, siehe auch Refinanzierung
- **Einbaumöbel: unschädlich,** wenn die Einbaumöbel wesentliche Bestandteile des Gebäudes im Sinne des BGB sind;
  schädlich bei serienmäßigen Anbaumöbeln (z. B. Anbauküche, i. d. R. auch Einbauküchen)
- **Einfriedung:** siehe Gartenzaun
- **Einstellplätze:** siehe Garagen
- **Einzahlung auf Bausparverträge im Ansparstadium: schädlich,** wenn die Bausparmittel aus einem steuerlich noch gebundenen Bausparvertrag stammen
- **Erbbaurecht** (Bestellung und Erwerb): **unschädlich** zum Erwerb des Grundstücks, auf dem der Erbbauberechtigte ein Wohnhaus errichtet hat oder zur Ablösung der Verpflichtung zur Zahlung von Erbbauzinsen
- **Erbfolge: unschädlich** sind:
  a) Verwendung durch einen Miterben zur Ablösung gesamthänderisch gebundener Anteile anderer Miterben und
  b) Zahlung an Dritte (z. B. Geschwister) im Rahmen einer vorweggenommenen Erbfolge, wenn Zahlung echte Gegenleistung für Erwerb des Wohngebäudes;
  schädlich dagegen:
  Erfüllung einer dem Erben durch letztwillige Verfügung auferlegten schuldrechtlichen Verpflichtung (Vermächtnis, Pflichtteilsanspruch) einem Dritten gegenüber zum Ausgleich dafür, dass er das Grundstück **nicht** mitgeerbt hat
- **Erbschaftsteuer: unschädlich,** soweit das Gebäude Wohnzwecken dient
- **Erweiterung:** eines bestehenden Wohnhauses zu Wohnzwecken ist **unschädlich**
- **Erschließungsbeitrag: unschädlich,** soweit das Gebäude Wohnzwecken dient
- **Etagenheizung: unschädlich**

- **Fahrstuhl: unschädlich,** auch bei Häusern mit nur zwei Wohnungen oder Häusern mit weniger als vier Stockwerken
- **Fassadenerneuerung: unschädlich,** wenn damit gleichzeitig eine Verbesserung erreicht wird
- **Fenstererneuerung: unschädlich,** wenn damit gleichzeitig eine Verbesserung erreicht wird
- **Ferienwohnung/-Haus: unschädlich,** wenn es zum dauernden Bewohnen geeignet ist und nur privat genutzt wird; gilt auch für Objekte in Ferienhausgebieten (siehe auch Wochenendhaus)
- **Finanzierungshilfe: unschädlich** für den Wohnungsbau durch andere, wenn der Bausparer oder ein Angehöriger in dem damit gebauten/gekauften Wohnhaus unverzüglich eine Wohnung überlassen bekommt; **unschädlich** auch zur Finanzierung des Wohnungsbaus eines Angehörigen im Sinne des § 15 AO
- **Garagen: unschädlich,** sofern keine gewerbliche Nutzung. Errichtung auf demselben Grundstück wie das Wohnhaus nicht notwendig, geringe Entfernung ist zulässig, siehe auch Zweitgarage
- **Garagenbauverpflichtung: unschädlich** als Ablösungsbetrag an die Gemeinde
- **Gartenanlagen: unschädlich,** soweit erstmalige Anlage des Vorgartens (nicht Nutzgarten)
- **Gartenzaun: unschädlich,** soweit lebende Umzäunungen
- **Gebühren beim Hauskauf und -bau: unschädlich**
- **Gemischtgenutzte Gebäude: unschädlich,** soweit Bausparsumme nicht höher als die Kosten des Wohnzwecken dienenden Teils des Gebäudes. Gleichgültig, ob Bau, Erwerb, Verbesserung oder Entschuldung
- **Geschäftshaus: unschädlich,** sofern der überwiegende Teil zu Wohnzwecken genutzt wird und die Bausparsumme nicht höher ist als die Kosten, die für den zu Wohnzwecken dienenden Teil anfallen
- **Grunderwerbsteuer: unschädlich,** sofern Erwerb von Bauland oder eines Wohngebäudes
- **Grundstückserwerb: unschädlich,** wenn das Grundstück als Bauland erschlossen ist oder im Bebauungsplan als bebaubar ausgewiesen ist.

- **Hausanschlusskosten: unschädlich**
- **Heizungsanlagen: unschädlich** bei Modernisierung (z. B. Umstellung auf Ölfeuerung, Gasheizung)
  schädlich dagegen reine Reparaturen
- **Immobilienfonds:** (a) **unschädlich,** wenn der Erwerber wirtschaftlicher Eigentümer der Objekte (Bruchteilseigentum) wird und die Bausparmittel unmittelbar und unverzüglich zu den begünstigten Zwecken verwendet werden
  (b) **schädlich,** wenn der Erwerber lediglich den Anteil an einer Personengesellschaft oder Kapitalgesellschaft (KG bzw. GmbH) erwirbt;
  Erwerb von Anteilen an sog. offenen Immobilienfonds (Erwerb von Mitgliedschaftsrechten)
- **Instandsetzung: unschädlich,** wenn Verbesserung des Wohngebäudes (z. B. Außenputz, Dachneudeckung, neue Fußböden). Der Bausparer muss aber Eigentümer des Wohngebäudes sein. Werden zusammen mit Instandsetzungs- (Erhaltungs-)arbeiten gleichzeitig Verbesserungen und Modernisierungen durchgeführt, ist die Verwendung insgesamt unschädlich; Aufwendungen dürfen – gemessen am Verkehrswert – nicht unerheblich sein (gilt auch bei Mietermodernisierung)
  schädlich, wenn nur Schönheitsreparaturen (z. B. übliche Tapezier- und Malerarbeiten)
- **Isolierverglasung: unschädlich**
- **Kachelöfen: unschädlich**
- **Kanalanschlussgebühren: unschädlich,** auch bei nachträglichem Anschluss (z. B. bei Altbauten)
- **Kauf:** (Erwerb) **unschädlich,** soweit Erwerb von Wohnräumen finanziert wird (siehe auch Bauplatz bzw. Neubau)
- **Kaution: unschädlich,** solange nur Verfügungsbeschränkungen oder Vollmacht und die zu sichernde Schuld noch nicht entstanden ist
- **Kellerräume:** Ausbau **unschädlich**
- **Land- und forstwirtschaftliche Gebäude: unschädlich,** soweit Kosten auf den wohnwirtschaftlich genutzten Teil der Gebäude eines Landwirts entfallen;

schädlich: andere Grundstücks- und Gebäudeteile

- **Lastenausgleichsabgabe:** s. Hypothekengewinnabgabe, Kreditgewinnabgabe und Vermögensabgabe
- **Leibrenten: unschädlich,** sofern sie in Zusammenhang mit Bau- oder Erwerbskosten eines Wohnhauses stehen; s. Rentenzahlung
- **Luftschutzräume: unschädlich**
- **Maklerprovision: unschädlich** für Erwerb von Grundstück, Wohnhaus sowie gemischt genutztem Gebäude, soweit es zum überwiegenden Teil zu Wohnzwecken genutzt wird
- **Markise: unschädlich**
- **Mietermodernisierung: unschädlich;** s. auch Instandsetzung
- **Mietkauf: unschädlich,** soweit es den Erwerb betrifft
  schädlich bei Zahlung der Kaution und der lfd. Miete
- **Mietvorauszahlungen:** s. Baukostenzuschuss
- **Miterben:** siehe Erbfolge
- **Modernisierung:** s. Instandsetzung
- **Nachtilgung: schädlich**
- **Neubau: unschädlich,** soweit Wohnräume finanziert werden
- **Nießbrauch: unschädlich,** wenn Nießbraucher wirtschaftlicher Eigentümer bzw. bei mieterähnlichem Verhältnis für Zwecke der Mietermodernisierung
- **Notariatsgebühren: unschädlich,** soweit sie auf den Wohnteil entfallen
- **Öffentliche Baudarlehen** (Ablösung): **unschädlich,** da Entschuldung; s. Ablösung von Verpflichtungen, Entschuldung
- **Parabolantennen: unschädlich** bei Neubau und Kauf
- **Parkfläche für Pkw:** siehe Garagen
- **Pergola: unschädlich,** wenn sie direkt an das Wohnhaus gebaut wird und wesentlicher Bestandteil ist
- **Raumteiler: unschädlich,** wenn wesentlicher Gebäudebestandteil
- **Refinanzierung von eingesetzten Eigenmitteln: unschädlich,** sofern Bausparvertrag im Zeitpunkt der wohnwirtschaftlichen Verwendung der Eigenmittel bereits zugeteilt ist
- **Reparaturen:** s. Instandsetzung
- **Sauna: unschädlich,** wenn wesentlicher Bestandteil des Wohngebäudes oder eines dazugehörenden Nebengebäudes
- **Schönheitsreparaturen: unschädlich** nur, wenn zugleich auch Verbesserung (s. Instandsetzung)

- **Schuldentilgung:** s. Ablösung von Verpflichtungen, Entschuldung
- **Schutzbauten: unschädlich**
- **Schwimmbäder: unschädlich,** wenn wesentlicher Bestandteil des Wohngebäudes oder eines dazugehörenden Nebengebäudes; Schwimmbecken im Freien müssen bewertungsfähige Außenanlagen sein
- **Sickergrube: unschädlich;** auch bei nachträglicher Errichtung
- **Solarheizung: unschädlich**
- **Teilablösung:** s. Ablösung von Verpflichtungen
- **Teppichboden: unschädlich,** bei Ersatz der üblichen Bodenbeläge (z. B. Linoleum, Parkett)
  schädlich, wenn lediglich die Funktion eines Teppichs übernommen wird
- **Terrasse:** als Neuanlage **unschädlich,** wenn sie sich unmittelbar an das Gebäude anschließt
- **Tiefgaragenplatz:** s. Garagen
- **Tilgungsbetrag:** s. Zins- und Tilgungsbeträge
- **Tilgungszuschussdarlehen: unschädlich**
- **Umbau:** s. Zubau
- **Umschuldung: unschädlich,** s. Entschuldung und Ablösung von Verpflichtungen
- **Umzäunung:** s. Gartenzaun
- **Verbesserung:** s. Instandsetzung
- **Vermächtnis:** s. Miterben und Erbfolge
- **Vermessungsgebühren: unschädlich**
- **Verwandtendarlehenablösen: unschädlich,** wenn das Darlehen in Verbindung mit Wohnungsbaumaßnahmen gewährt wurde
- **Voraustilgung: schädlich**
- **Wärmepumpe: unschädlich**
- **Wärmedämmungsmaßnahmen: unschädlich**
- **Warmwasseranlage:** Einbau **unschädlich**
- **Wiederaufbau: unschädlich,** soweit er Wohnraum betrifft
- **Wintergarten: unschädlich**
- **Wochenendhaus: unschädlich,** wenn Gebäude zum dauernden Wohnen geeignet; gilt auch für Objekte in Wochenendhausgebieten (s. auch Ferienwohnung)
- **Zentralheizung: unschädlich**

- **Zins und Tilgungsbeiträge: schädlich,** auch bei Schulden, die im Zusammenhang mit dem Wohnungsbau stehen; **unschädlich** bei Voll und Teilablösung der Hauptschuld (s. Voraus- und Nachtilgung)
- **Zugewinnausgleich:** bei Scheidung und Änderung des Güterstandes und damit zusammenhängender Abfindung, wenn der abzufindende Ehegatte Miteigentümer des Wohnhauses ist, **unschädlich**
- **Zweitgarage: unschädlich,** auch bei Einfamilienhaus oder Eigentumswohnung, wenn mit dieser eine wirtschaftliche Einheit bzw. ein Nutzungszusammenhang besteht und **keine** gewerbliche Nutzung erfolgt
- **Zweitwohnung: unschädlich,** soweit es sich um zu Wohnzwecken dienende Räume handelt.

4.2.3.3 Besondere Finanzierungsformen im Zusammenhang mit Bausparverträgen

Vorausdarlehen und Ablösung durch Bausparvertrag: Bereits für den gesamten Finanzierungszeitraum von beispielsweise etwa 30 Jahren kann eine Kombination von Bankvorausdarlehen und Bausparverträgen vorgesehen werden. Die gesamten Fremdmittel werden zunächst von der Bank tilgungsfrei gestellt. In Höhe der Fremdmittel werden beispielsweise drei Bausparverträge abgeschlossen, je zwei mit 25 % und einer mit 50 % der Finanzierungssumme.

Der Kreditnehmer zahlt monatlich die anteiligen Zinsen auf das Gesamtdarlehen und den für Bankdarlehen üblichen Tilgungsbetrag auf den ersten Bausparvertrag ein. Mit der Zuteilung des Bausparvertrages werden das Bankdarlehen und die Zinsbelastung entsprechend vermindert. Da die monatliche Zahlung gleich bleibt, wird jetzt der nächste Bausparvertrag rascher bespart; schließlich wird die gesamte Zahlung auf den letzten Sparvertrag erbracht, der bei Zuteilung das Bankvorausdarlehen ablöst.

Diese Form der Finanzierung bringt der Bausparkasse und der finanzierenden Bank natürlich die erwünschte Bindung des Kreditnehmers an ihre Institution. Doch auch der Kreditnehmer hat bei dieser Konstruktion Vorteile:

- Die laufenden Einzahlungen auf die Bausparverträge sind wohnungsbauprämienbegünstigt! Viele Darlehensnehmer bleiben zumindest während der Zeit der Wohnbauförderung unter der maßgeblichen Einkommensgrenze!
- Mit zunehmendem Anteil der Bausparkassenfinanzierung wird das Zinsrisiko vermindert; bereits mit Vertragsabschluss kann der Zinssatz für das letzte Bauspardarlehen gesichert werden.
- Dem Darlehensnehmer bleibt die Tilgungsform freigestellt, weil er durch Sonderzahlungen indirekt jederzeit tilgen kann.
- Die Abschlussgebühr für die gesamte Finanzierungssumme wird im Voraus belastet und kann somit steuerlich zu den Vorkosten gerechnet werden.

Annuitätszuschussdarlehen (Annuitätenhilfe): Wegen der hohen Tilgung der Bauspardarlehen kann die Annuität verringert werden, indem ein Teil der monatlichen Rate als Zuschuss gegeben wird. Dieser Zuschuss wird als neues Darlehen gebucht und verzinst. Dieses während der Zuschusszeit aufgelaufene Darlehen ist nach Rückzahlung des Bauspardarlehens zu tilgen.

Finanzierung aus einer Hand: Banken, Sparkassen und Bausparkassen derselben Verbandsgruppe oder des entsprechenden Konzerns arbeiten zusammen, um den Erwerber des Wohnungseigentums aus ihrer Gruppe heraus bedienen zu können. Dies kann auch dem Darlehensnehmer zugute kommen. Regelmäßig hat es der Darlehensnehmer dann nur mit der Geschäftsbank zu tun, die alle Formalitäten auch für die Bausparkasse oder die Hypothekenbank erledigt. Die Banken einigen sich untereinander über die Rangfolge der einmalig gestellten Sicherheit. Zunächst hat dieses Verfahren für den Kreditnehmer folgende Vorteile:

Der Kreditnehmer spart Wege und Zeit, denn er hat nur

- eine Abwicklungsstelle,
- einen Verhandlungspartner,

und braucht nur

- einmal die Unterlagen zur Verfügung zu stellen und nur
- eine Grundbucheintragung.

Ob dies letztlich auch zu einer echten Geldersparnis führt, hängt von der Verhandlungsposition des Kunden ab. Er kann hier die Konditionen der Vertragspartner Bausparkasse und Bank nur in einem „Paket" aushandeln. Vergleichsangebote anderer Anbieter beispielsweise im erstrangigen Bereich können meistens nicht realisiert werden, weil dann eine Verbundfinanzierung nicht mehr zugelassen wird.

Bei einer Verbundfinanzierung kann die Grundschuld gemeinsam von der Bausparkasse und der mitfinanzierenden Bank verwendet werden. Die Bank verpflichtet sich dann regelmäßig zur Abtretung der Grundschuld. Die Bausparsumme wird an die Bank ausgezahlt, die sie im Rahmen eines mit der Bank geschlossenen Treuhandauftrags verwenden darf. Die Kosten des Treuhandauftrags sind vom Darlehensnehmer zu tragen.

Konstantmodelle bei Bausparkassen zur Sonderfinanzierung: Als neues Angebot bieten immer mehr Bausparkassen eine Gesamtfinanzierung an, bei der von Anfang an mit dem Abschluss eines Bausparvertrags über den gesamten Zeitraum hinweg auch ein Festzins für ein Vorausdarlehen zugesagt wird. Damit kann dann für die gesamte Laufzeit einschließlich Vorausfinanzierung eine konstante Zahlungsrate angeboten werden. Regelmäßig wird ein Bausparvertrag mit einer um etwa 20–40 % höheren Bausparsumme als das beanspruchte Darlehen abgeschlossen. Die Differenz fließt sofort als Guthaben in den Bausparvertrag. Nach dessen Zuteilung löst er das Restdarlehen ab. Die Gesamtlaufzeit liegt schwerpunktmäßig zwischen 15 und 25 Jahren. Je kürzer die Laufzeit, desto höher ist selbstverständlich die Rate. Ein Vergleich mit einer Bankfinanzierung ist nur bei einer entsprechend ähnlichen Zinsbindungsfrist möglich. Trotzdem sollte der Darlehensnehmer auf der Angabe eines Effektivzinses für die Gesamtlaufzeit bestehen. Es bleibt dabei, dass ein niedriger Effektivzins für das Vorausdarlehen nur scheinbar niedriger ist, da für das „eigene" Geld ebenfalls Zinsen gezahlt werden müssen, die immer höher sind, als die bis zur Zuteilung laufende Guthabenverzinsung ist. Die anfängliche Rate besteht aus einem Zinsanteil und einem Sparanteil für den Bausparvertrag. Das Zuteilungsrisiko besteht zwar offiziell, ist aber relativ gering, da die

Bausparkassen „Sicherheitsreserven“ in ihre Modelle eingebaut haben. Bei einem vorzeitigen „Ausstieg“ aus einem solchen Finanzierungsmodell ist es gegenüber einer herkömmlichen Bankfinanzierung durch die anfänglich hohe Restschuld nachteiliger.

Übertragung von Bausparverträgen: Wenn man nicht selbst einen Bausparvertrag rechtzeitig angespart hat, kann man jemanden suchen, der einen zuteilungsreifen Vertrag nicht selbst nutzen will oder kann. Mit Zustimmung der Bausparkasse ist eine Übertragung der Rechte grundsätzlich möglich. Die staatlichen Vergünstigungen bleiben dem bisherigen Bausparer aber nur erhalten, wenn an einen Angehörigen im Sinne des § 15 der Abgabenordnung übertragen wird. Die Bausparkassen machen von ihrer Zustimmung nur sparsam Gebrauch, da sie nicht einen „Handel in Zuteilungen“ wünschen, der letztlich die regulären Bausparer schädigen könnte. Aus diesem Grunde wird auch meistens eine Zuteilungssperre von einem Jahr nach einer Übertragung verhängt.

Formen der Vorfinanzierung: Ein **Zwischenkredit** bis zur Höhe der Bausparsumme wird von einer Bank oder einer Bausparkasse dann gegeben, wenn ein Bausparvertrag grundsätzlich die allgemeinen Zuteilungsbedingungen erfüllt hat. Der Bausparer muss lediglich Zinsen in fester oder variabler Höhe zahlen, der Bausparvertrag wird nicht mehr bespart. Der Bausparer erhält auf das Guthaben die tarifmäßige Verzinsung. Wirtschaftlich gesehen erscheint der Zins für einen Zwischenkredit immer relativ günstig. Dies muss aber auch sein, da ja das bestehende Guthaben mit bevorschusst wird.

Beispiel: Ein Bausparvertrag in Höhe von 100 000 € ist mit 50 %, also 50 000 €, angespart. Die Tarifbedingungen seien 3 % Guthabenzins, 5 % Darlehenszins, 6‰ monatliche Annuität. Ein Zwischenkredit wird mit 7 % gegeben. Der Bausparer zahlt pro Jahr 7000 € Zins, das Bausparguthaben wächst um 3 % aus 50 000 €, also um 1500 €; die Nettobelastung ist also 5500 €. Wird dieser Betrag aber auf das zusätzliche Darlehen von 50 000 € bezogen, so sind die jährlichen Kosten dafür 11 %.

Ein Zwischenkredit auf einen bereits länger angesparten Bausparvertrag wird sich lohnen, da damit das günstige Bauspardarlehen in Zukunft beansprucht werden kann. Viel schlechter sieht die Rechnung für den Bauwilligen aus, wenn er womöglich die Mindesteinzahlung auf den Bausparvertrag erst zu teurem Zinssatz noch leihen muss!

Wegen des relativ hohen Tilgungsbetrages kann die Belastung aus einem Zwischenkredit geringer als nach der Zuteilung sein. Im obigen Beispiel wäre sie dann 12 × 600 = 7200 € im Jahr!

Bei einem **Vorausdarlehen** wird, wie oben beschrieben, der Bausparvertrag noch regelmäßig bespart. Die Zahlungen für Zinsen und die Sparleistung sind dabei absolut höher als beim Zwischenkredit.

4.2.3.4 Versicherungsdarlehen

Versicherungen wollen das Geld der Versicherten in dem so genannten Deckungskapital rentierlich und mit geringem Risiko, aber auch langfristig zur Verminderung der Verwaltungskosten, anlegen. Zu den Anlagen der Versicherungen gehören auch Darlehen an Immobilienerwerber. Die besondere Konstruktion dieser Darlehensform kommt dem Versicherten entgegen, der selbst eine Lebensversicherung abgeschlossen hat. Es handelt sich regelmäßig um ein „Hypothekendarlehen mit Tilgungsaussetzung gegen Lebensversicherung“ (Lebensversicherungshypothek).

Versicherungen geben solche Darlehen gegen erstrangige Grundschulden (als Hypotheken bezeichnet) innerhalb der Beleihungsgrenze von 40–50 % des Beleihungswertes. Der Darlehensnehmer muss eine Versicherung auf den „Todes- oder Erlebensfall“ in Höhe des Darlehens abschließen oder es muss bereits eine entsprechende Versicherung bestehen. Das Darlehen wird tilgungsfrei gestellt, der Darlehensnehmer muss laufend die Zinsen und die Versicherungsprämie bezahlen. Er zahlt also nur indirekt ab, indem er innerhalb seiner Lebensversicherung Kapital aufbaut. Wenn der Darlehensnehmer stirbt, ist in jedem Fall das Darlehen gesichert. Erlebt der Darlehensnehmer den vereinbarten Zeitpunkt, beispielsweise nach 25 Jahren, wird mit der dann fälligen Lebensversicherung das Darlehen getilgt. Durch die Überschüsse im Rahmen der Lebensversicherung wird meistens noch ein Betrag zusätzlich ausgezahlt.

Der Zinssatz des Versicherungsdarlehens wird meist auf 10 Jahre, selten auf 20 Jahre festgeschrieben; bei Abschluss einer neuen Lebensversicherung liegt er regelmäßig günstiger als entsprechende

Bankdarlehen. Für private Darlehensnehmer ist aber in der Regel die gesamte Zahlung aus Zinsen und Versicherungsprämie höher als eine Tilgungsrate bei einem Bankdarlehen.

Wer bereits eine entsprechende Lebensversicherung abgeschlossen hat oder diese nur wenig aufstocken muss, sofern vertraglich zulässig, wird ein solches Darlehen bevorzugen, da ein „Ausstieg“ aus einer laufenden Lebensversicherung regelmäßig nicht lohnenswert ist.

Bei einem Neuabschluss einer Versicherung muss gut überlegt werden, ob der Versicherungsschutz und der damit verbundene Ansparvertrag so gewünscht und tragbar ist. Man muss bedenken, dass nach Ablauf der ersten Festzinsperiode vom Darlehen selbst nichts getilgt ist, eine neue Zinsvereinbarung also auch ein größeres Zinsrisiko in sich birgt. Eine Kündigung der Lebensversicherung bereits nach 10 Jahren, um diese Art der Finanzierung aufzugeben, ist mit ganz erheblichen Nachteilen verbunden, beispielsweise müssten die Ertragsbestandteile voll versteuert werden.

Besser stellt sich zunächst die Situation eines Vermieters dar. Die Zinsen auf das Darlehen können voll als Werbungskosten geltend gemacht werden, während die Erträge aus dem Sparvorgang bei der Versicherung evtl. nur zur Hälfte steuerpflichtig sind; hier wird bei entsprechenden Steuersätzen die Gesamtbelastung nach Steuern geringer. Dazu kann noch eine Berücksichtigung der Versicherungsprämie im Rahmen der Vorsorgeaufwendungen kommen.

Der Sonderausgabenabzug von Beiträgen zu Lebensversicherungen, die Vorsorgezwecken dienen sollen, und die Steuerermäßigung ihrer Erträge ist von weiteren Voraussetzungen abhängig: Die Ansprüche aus diesen Versicherungsverträgen dürfen grundsätzlich nicht zur Sicherung oder Tilgung von Darlehen eingesetzt werden, deren Finanzierungskosten Betriebsausgaben oder Werbungskosten sind. Ausgenommen von diesen Einschränkungen ist die Verwendung solcher Lebensversicherungsansprüche zur Investitionsfinanzierung insbesondere im Eigenheim- und Mietwohnungsbau. Dabei sind folgende Regeln zu beachten:

Bei eigengenutztem Wohneigentum sind die Finanzierungskosten weder Werbungskosten noch Betriebsausgaben. Dem Einsatz eines Versicherungsdarlehens steht nichts entgegen.

Wenn in der eigengenutzten Wohnung ein Arbeitszimmer besteht, eine Garage mit einem für berufliche Zwecke verwendeten Fahrzeug oder eine Einliegerwohnung finanziert werden, gelten dieselben Grenzen wie bei vermieteten Objekten.

Steuerunschädlich ist die Abtretung der Lebensversicherung nur bei Einhaltung folgender Bedingungen:

- Das **Darlehen** darf nur zur Finanzierung von Anschaffungs- bzw. Herstellungskosten verwendet werden. Bei erstmaliger Finanzierung kann es auch bankübliche einmalige Finanzierungskosten wie ein Disagio enthalten. Keinesfalls dürfen mit Darlehen aber Erhaltungsaufwendungen oder laufende Zinsen finanziert werden.
- Die **Lebensversicherung** darf höchstens bis in Höhe der Anschaffungs- bzw. Herstellungskosten **ohne** Einbezug einmaliger Finanzierungskosten abgetreten werden.

Beispiel: Eine selbstgenutzte Eigentumswohnung mit Arbeitszimmer wird zum Preis von150 000 € erworben und mit einem Darlehen über 100 000 € finanziert, das zu 95 % ausgezahlt wird, damit das Disagio als Vorkosten geltend gemacht werden kann. Da es sich um eine Erstfinanzierung handelt, kann das Darlehen auf 100 000 € lauten, auch wenn es nur mit 95 000 € ausgezahlt wird. Die Lebensversicherung darf aber nur bis in Höhe von 95 000 € abgetreten werden.

Eine weitere Gefahr für den Erhalt der Steuervorteile besteht auch darin, dass bei privaten Wohnungsvermietern der Fiskus im Falle fehlender Überschüsse der Mieteinnahmen über die Zins- und Bewirtschaftungskosten auf Liebhaberei erkennt und die Anerkennung der durch die Schuldzinsen entstehenden negativen Einkünfte verweigern kann. Zusätzlich ist zu bedenken, dass die Überschüsse der Lebensversicherungen für die Zukunft nur geschätzt, aber nicht über den vereinbarten Rechnungszins hinaus in irgendeiner Form garantiert werden kann. Die Zinssicherheit in den ersten 10 Jahren wird durch Zinsunsicherheit bei der Lebensversicherung und bei der Anschlusszinsvereinbarung erkauft.

4.2.4 Staatliche Wohnraumförderung

Der Staat möchte durch seine Fördermaßnahmen auch denen eine Hilfe beim Erwerb von Wohnungseigentum geben, für die eine freie Finanzierung auch unter Berücksichtigung der dabei gewährten steuerlichen Vergünstigungen nicht tragbar ist.

Der Staat fördert in erster Linie Bauherren und Käufer von neugebauten Wohnobjekten („Ersterwerber"), die selbst genutzt werden („Eigenheim"). Darüber hinaus können auch Vermieter von Wohnungen staatliche Hilfen bekommen.

Im Wohnraumförderungsgesetz (WoFG) sind die Bedingungen für die Vergabe der Fördermittel festgelegt, insbesondere der begünstigte Personenkreis und die begünstigten Wohnobjekte. Die Fördermittel werden vor allem vom Bund den Ländern bereitgestellt, wobei die Länder als auszahlende Stellen gelten. Einzelheiten der Förderung unterscheiden sich von Bundesland zu Bundesland, dies gilt auch für die neuen Bundesländer. Zusätzliche Unterstützungen kann es auch von den Gemeinden geben. Spezielle Auskünfte können mittels Computerprogrammen teilweise bei Banken abgerufen werden, sonst ist für die „soziale Wohnraumförderung" die Gemeinde als Anlauf-, Auskunfts- und Abwicklungsstelle zuständig. Die Anträge sind rechtzeitig zu stellen, da es bisweilen lange dauert, bis die Mittel schließlich ausgezahlt werden. **Auf keinen Fall darf mit Baumaßnahmen vor der Bewilligung begonnen werden!**

Wer wird bei Neubauten vorrangig gefördert?

- Familien und Alleinerziehende mit mindestens zwei Kindern
- Schwerbehinderte mit spezifischen Wohnungsversorgungsproblemen
- Personen, die sanierungsbedingt Wohneigentum aufgeben müssen

Was wird gefördert? Kauf oder Neubau eines neuen Familienheims oder einer Eigentumswohnung in Niedrigenergiebauweise zur Eigennutzung

Welche Kostenobergrenzen gelten? Die Gesamtkosten (ohne Grundstücks- und Finanzierungskosten) dürfen bis zu 1800 €/m^2 Wohnfläche betragen (in Großstädten wie z. B. in Stuttgart 2000 €/m^2).

Folgende Höchstbeträge sollten nicht überschritten werden:

- Eigentumswohnungen 200 000 €
- Familienheime mit einer Wohnung 250 000 €
- Familienheime mit zwei Wohnungen 300 000 €

(Die zweite Wohnung muss mindestens 10 Jahre vermietet werden.)

Diese Kostenobergrenzen umfassen auch die Kosten von Garagen, Carports und Stellplätzen. Eine Überschreitung dieser Beträge kann in besonderen Fällen, z. B. bei Vorhaben sehr großer Familien, zugelassen werden.

Die Kostenobergrenze liegt um bis zu 25 000 € über diesen Höchstbeträgen, wenn ökologisch wirksam gebaut wird, z. B. mit ökologischen Baustoffen oder bei Maßnahmen, die über die Niedrigenergiebauweise hinaus zusätzlich Energie einsparen.

Wie wird gefördert? Wie hoch das zinsverbilligte Darlehen sein wird, ist abhängig von:

- Bauort
- Familiengröße
- Höhe des Familieneinkommens

Kinderreiche Familien und Alleinerziehende mit **mindestens 3 Kindern, Schwerbehinderte** mit spezifischen Wohnungsversorgungsproblemen oder Personen, die sanierungsbedingt Wohneigentum aufgeben müssen, wenn sie die Einkommensgrenze nach § 25 II. WoBauG nicht überschreiten.

Vereinfachtes Schema zur Berechnung des Jahreseinkommens nach § 23 WoFG

Brutto-Jahreseinkommen
./. Werbungskosten (oder Arbeitnehmer-Pauschbetrag von 1044 €)
= **Zwischensumme**
./. 10 % pauschal (wenn Steuern gezahlt werden)
./. 10 % pauschal (wenn Krankenversicherungsbeiträge gezahlt werden)
./. 10 % pauschal (wenn gesetzliche Rentenversicherungs- oder Lebensversicherungsbeiträge von mind. 40 € monatlich gezahlt werden)
oder
./. 10 % pauschal, wenn weder Steuern noch Versicherungsbeiträge gezahlt werden

Frei- und Abzugsbeträge für

./. Junge Ehepaare (bis zum Ablauf des fünften Kalenderjahres nach dem Jahr der Eheschließung, sofern beide Ehepaare ihren 40. Geburtstag noch nicht gefeiert haben)
./. Alleinerziehende mit Kindern unter 12 Jahren
./. Kinder mit eigenem Einkommen
./. pflegebedürftige Schwerbehinderte
./. Unterhaltsverpflichtungen
= Jahreseinkommen
Einkommensgrenze nach § 9 Wohnraumförderungsgesetz (siehe unten)
Über-/Unterschreitung

Einkommensgrenze nach § 9 WoFG

	jährl. €
1-Personen-Haushalt	12 000
1 Angehöriger (2-Personen-Haushalt)	18 000
2 Angehörige (3 Personen-Haushalt)	22 100
3 Angehörige (4-Personen-Haushalt)	26 200
4 Angehörige (5-Personen-Haushalt)	30 300
Je Kind zusätzlich 500 €	

Welche Bedingungen hinsichtlich der Eigenmittel müssen die Antragsteller erfüllen? Der Erwerb von Wohneigentum soll für die Antragsteller nicht zur wirtschaftlichen „Katastrophe“ führen, weshalb sie bestimmte Mindestbedingungen erfüllen müssen:

Direkte und indirekte Eigenmittel von mindestens 15 bis 20 % müssen nachgewiesen werden (vgl. hierzu Kap. 4.2.2). Die finanziellen Belastungen aus den Fremdmitteln müssen tragbar sein. Was tragbar ist, wird von Bundesland zu Bundesland verschieden beurteilt. Die Gesamtbelastung sollte meistens nicht über ein Drittel des monatlichen Bruttoeinkommens hinausgehen.

Welche Wohnflächen dürfen nicht überschritten werden? Ein Familienheim soll nicht mehr als 130 m^2, bei zwei Wohnungen nicht mehr als 200 m^2 und eine eigengenutzte Eigentumswohnung höchstens 120 m² umfassen. Bei mehr als vier Familienangehörigen ist eine Aufstockung um je 20 m² pro Person möglich, dies auch bei beruflicher Nutzung von Wohnräumen.

Was sind Lastenzuschüsse nach dem Wohngeldgesetz? Wer als Mieter wohngeldberechtigt ist, kann auch als Eigentümer einen so genannten Lastenzuschuss erhalten. Der Anspruch hängt von der Zahl der Familienmitglieder, dem Familieneinkommen und der Höhe der zuschussfähigen Belastung ab. Voraussetzung ist, dass der Wohnraum vom Eigentümer dauerhaft selbst bewohnt wird. Die Obergrenze des jährlichen Bruttoeinkommens hängt zudem von der Mietenstufe der Gemeinde ab. Für Beamte gelten geringere Einkommensgrenzen. Diese liegen etwas oberhalb der für den ersten Förderungsweg geltenden Grenzen.

Allgemeines Wohngeld als Lastenzuschuss: Lastenzuschuss gibt es für Eigentümer eines Eigenheims oder einer Eigentumswohnung, einer Kleinsiedlung, einer landwirtschaftlichen Nebenerwerbsstelle, einer landwirtschaftlichen Vollerwerbsstelle, falls Wohn- und Wirtschaftsteil voneinander getrennt sind und für den Wohnteil eine Wohngeldlastenberechnung aufgestellt werden kann, für Inhaber eines eigentumsähnlichen Dauerwohnrechts und für Erbbauberechtigte und diejenigen, die Anspruch auf Übereignung des Gebäudes oder der Wohnung beziehungsweise auf Übertragung oder Einräumung des Erbbaurechts haben.

Familienmitglieder: Zu den Familienmitgliedern zählen:
- Haushaltsvorstand, Ehegatte, Eltern und Kinder (auch Adoptiv- und Stiefkinder),
- Geschwister, Onkel, Tante, Schwiegereltern, Schwiegerkinder und Schwägerin,
- weitere Angehörige, die das Gesetz nennt.

Gemeinsamer Haushalt: Familienmitglieder können bei der Bewilligung von Wohngeld nur berücksichtigt werden, wenn sie mit dem Haushaltsvorstand in einem gemeinsamen Haushalt leben, das heißt, eine **Wohn- und Wirtschaftsgemeinschaft** führen.

Familienmitglieder rechnen auch dann zum Haushalt, wenn sie

vorübergehend abwesend sind, zum Beispiel im Krankenhaus liegen oder Wehr- beziehungsweise Zivildienst leisten. Das Gleiche gilt auch für solche Studenten, die zwar nicht zu Hause wohnen, deren Familienhaushalt aber weiterhin Mittelpunkt ihrer Lebensbeziehungen bleibt.

Wer gibt Auskunft? Auskünfte zum Wohngeld erteilen die Gemeinden.

Auskünfte über Wohngeld und die Fördermaßnahmen der sozialen Wohnraumförderung erteilen auch:

- Bundesministerium für Verkehr, Bau- und Wohnungswesen, Robert-Schumann-Platz 1, 53175 Bonn, Tel. 022899-3000, www.bmvbw.de und
- Presse- und Informationsamt der Bundesregierung, 11044 Berlin (Broschüre „Wohngeld"), www.bundesregierung.de
- Baden-Württemberg: Wirtschaftsministerium, Theodor-Heuss-Straße 4, 70174 Stuttgart, Tel. 0711/123-0, www.wm.baden-wuerttemberg.de
- Bayern: Staatsministerium des Innern, Odeonsplatz 3, 80539 München, Tel. 089/21 92-01, www.innenministerium.bayern.de
- Berlin: Senatsverwaltung für Stadtentwicklung, Württembergische Straße 6–10, 10707 Berlin, Tel. 030/9012, www.stadtent wicklung.berlin.de
- Brandenburg: Ministerium für Infrastruktur und Raumordnung, Henning-von-Tresckow-Str. 2–8, 14467 Potsdam, Tel. 0331/866-0, www.brandenburg.de
- Bremen: Senator für Bau, Verkehr und Umwelt, Ansgaritorstraße 2, 28195 Bremen, Tel. 0421/361-6132, www.bauumwelt. bremen.de
- Hamburg: Behörde für Stadtentwicklung und Umwelt, Stadthausbrücke 8, 20355 Hamburg, Tel. 0040/42840-0, www.hamburg.de
- Hessen: Hessisches Wirtschaftsministerium, Kaiser-Friedrich-Ring 75, 65185 Wiesbaden, Tel. 06 11/815-0, www.wirtschaft. hessen.de
- Mecklenburg-Vorpommern: Ministerium für Verkehr, Bau, und Landesentwicklung, Schlossstr. 6–8, 19052 Schwerin, Tel. 0385/ 588-0, www.mecklenburg-vorpommern.de

- Niedersachsen: Niedersächsisches Ministerium für Inneres und Sport, Lavesallee 6, 30169 Hannover, Tel. 0511/120-6258, www.niedersachsen.de
- Nordrhein-Westfalen: Ministerium für Bauen und Verkehr, Jürgensplatz 1, 40219 Düsseldorf, Tel. 0211/3843-0, www.nordrhein-westfalen.de
- Rheinland-Pfalz: Ministerium der Finanzen Rheinland-Pfalz, Kaiser-Friedrich-Straße 5, 55116 Mainz, Tel. 06131/16-0, www.rheinland-pfalz.de
- Saarland: Ministerium der Finanzen, Stadtgraben 6–8, 66111 Saarbrücken, Tel. 0681/501-00, www.saarland.de
- Sachsen: Sächsisches Ministerium des Innern, Wilhelm-Buck-Straße 2, 01097 Dresden, Tel. 0351/564-0, www.smi.sachsen.de
- Sachsen-Anhalt: Ministerium für Landesentwicklung und Verkehr, Turmschanzenstraße 30, 39114 Magdeburg, Tel. 0391/567-01, www.stk.sachsen-anhalt.de
- Schleswig-Holstein: Innenministerium, Düsternbrooker Weg 92, 24105 Kiel, Tel. 0431/988-0, www.schleswig-holstein.de
- Thüringen: Ministerium für Bau und Verkehr, Werner-Seelenbinder-Straße 8, 99096 Erfurt, Tel. 0361/37-900, www.th.online.de

Weitere Informationen sind bei Bürgermeisterämtern und Kreisverwaltungsbehörden (Landratsämter, kreisfreie Städte) zu erhalten.

Welche weitere Förderung kann es bei Vorliegen besonderer Voraussetzungen noch geben?

- Steuerermäßigungen bei vermieteten Wohnungen (vgl. Kap. 3.2.2),
- Bundes- und Landesbedienstete können vom Arbeitgeber nach den Familienheim-Förderungsrichtlinien Wohnungsfürsorgemittel erhalten; Auskünfte erteilen die vorgesetzten Dienststellen und die Personalräte,
- Erwerb von bereits vorhandenem Wohnraum durch kinderreiche Familien,
- Wohnungseigentumsprogramm der KfW

Die KfWFörderbank fördert durch langfristige zinsgünstige Darlehen mit Festzinssätzen und tilgungsfreien Anlaufjahren selbstgenutztes neues und renoviertes Wohneigentum. Die Darlehen werden über die Hausbank abgewickelt.

Finanzierungsbeispiele über die KfW:

Einfamilienhaus mit Eigenleistungen: Familie Sommer will ihr eigenes Haus bauen. Bereits zwei Monate nach dem Kauf des Grundstücks soll Baubeginn sein. Der Bau an sich wird mit etwa 100.000 € veranschlagt. Um zu sparen, wollen die handwerklich geschickten Sommers selbst Hand anlegen und Eigenleistungen in einem Gesamtwert von 25.000 € erbringen. Sie entschließen sich daher für ein kostengünstiges Ausbauhaus.

Investition	
Grunderwerbskosten (Preis inklusive Nebenkosten, Grunderwerbsteuer und Notarkosten)	75.000 €
Baukosten	100.000 €
Eigenleistungen (z. B. Malerarbeiten, Verputzen, Gestaltung der Außenanlagen)	25.000 €
Kosten gesamt	**200.000 €**
Finanzierung	
Eigenmittel	18.000 €
Eigenleistungen	25.000 €
KfW-Wohneigentumsprogramm	
(30 % von 200.000 EUR)	**60.000 €**
Hausbankdarlehen	97.000 €
Finanzierung gesamt	**200.000 €**

Bau KfW-Energiesparhaus 40 mit Einliegerwohnung: Familie Herbst hat ein Grundstück geerbt und möchte darauf ein Haus mit Einliegerwohnung (diese wird vermietet) als KfW-Energiesparhaus 40 errichten. Zusätzlich wird eine Photovoltaik-Anlage installiert, um Solarstrom zu erzeugen und ins Stromnetz einzuspeisen.

Investition	
Grundstück (Verkehrswert)	180.000 €
Baukosten	270.000 €
Photovoltaik-Anlage 6,6 kW_{peak}	26.400 €

Kosten gesamt	**476.400 €**
Finanzierung	
Eigenmittel (Grundstück + 20.000 € bar)	200.000 €
KfW-Wohneigentumsprogramm 30 % von 180.000 und 200.000 € (ohne 70.000 € Einliegerwohnung) = 380.000 € davon 30 % = 114.000 €, maximal jedoch 100.000 €)	**100.000 €**
KfW-Kreditprogramm **Ökologisch Bauen**	
KfW-Energiesparhaus 40 (50.000 € je Wohneinheit)	100.000 €
KfW-Programm **Solarstrom Erzeugen**	26.400 €
Hausbankdarlehen	50.000 €
Finanzierung gesamt	**476.400 €**

Unter der Internetadresse der KfW ist auch „Förderrechner" abrufbar, bei dem die persönlichen Verhältnisse eingegeben werden können.

Über die von Bund und Ländern aufgelegten Förderprogramme für die Modernisierung selbstgenutzten Wohnraums kann Sie Ihre Hausbank informieren.

Wohnungseigentumsprogramm der KfW-Förderbank*

Die KfW (www.kfw-foerderbank.de) fördert durch langfristige zinsgünstige Darlehen mit Festzinssätzen und tilgungsfreien Anlaufjahren selbst genutztes neues und renoviertes Wohneigentum. die Darlehen werden über die Hausbank abgewickelt.

Wohneigentumsprogramm: Das KfW-Wohneigentumsprogramm eignet sich für alle, die ein Haus oder eine Wohnung bauen oder kaufen wollen und selbst darin wohnen möchten. Auch der Erwerb von Genossenschaftsanteilen wird gefördert.

Vorteile: Günstig: niedrige Zinsen

Sicher: fester Zinssatz für 5 oder 10 Jahre

* Weitere Programme insbes. zur Sanierung siehe S. 260.

Praktisch: alle Konditionen gelten auch bei nachrangigem Grundbucheintrag

Kombinierbar mit anderen Fördermitteln

Konditionen

Verzinsung

- **Ihr Vorteil 1:** Je nachdem, ob der Zinssatz bei Kreditzusage oder bei Antragseingang für Sie günstiger ist, wird der niedrigere Zinssatz festgeschrieben. Während der tilgungsfreien Anlaufjahre berechnet Ihnen die KfW die Zinsen vierteljährlich und nur auf den abgerufenen (= tatsächlich genutzten) Kreditbetrag.
- **Ihr Vorteil 2:** Durch die tilgungsfreie Zeit haben Sie mehr finanziellen Spielraum, weil zum Beispiel die Doppelbelastung von Kredittilgung und Mietzahlung entfällt.

Finanzierungsumfang und Höchstbetrag: Sie können mit diesem Programm bis zu 30 % der Gesamtkosten finanzieren. Genossenschaftsanteile können bis zu 100 % finanziert werden. Der Höchstbetrag des Kredits beläuft sich auf 100 000 €.

Beispiel: Bei Gesamtkosten von 400 000 € lägen Sie mit 30 % bei 120 000 €, dann würde Ihr Vorhaben aber dennoch nur mit 100 000 € finanziert.

Laufzeit: Maximal 30 Jahre. Sie können zwischen 1, 2, 3, 4 und 5 tilgungsfreien Anlaufjahren wählen.

Zinsfestschreibung: Die Zinsen werden bei Zusage wahlweise für 5 oder 10 Jahre festgeschrieben. Für den Erwerb von Genossenschaftsanteilen gilt nur die 10-jährige Zinsfestschreibungsvariante. Nach Ablauf der ersten Zinsfestschreibungsperiode macht die KfW Ihnen ein günstiges Prolongationsangebot für weitere 10 Jahre.

Tilgung: Nach Ablauf der tilgungsfreien Anlaufjahre zahlen Sie Ihren Kredit in vierteljährlichen Raten (Annuitäten) zurück.

Sicherheiten: Der Eintrag einer Grundschuld im Grundbuch sichert den Kredit der KfW ab (Grundpfandrechtliche Sicherheiten).

Kombination mit anderen Fördermitteln: Sie können Ihr KfW-Programm grundsätzlich mit anderen Fördermitteln (z. B. Kredite oder Zulagen/Zuschüsse) frei kombinieren.

Einzige Einschränkung: Die Summe aus Krediten, Zuschüssen oder sonstigen Zuwendungen darf die Summe Ihrer Bau- bzw. Kaufkosten nicht übersteigen.

Beispiel für eine KfW-Finanzierung (Erwerb und umfangreiche energetische Sanierung in Kombination mit Modernisierungsmaßnahmen): Familie Winter erwirbt im Rahmen einer Zwangsversteigerung ein Zweifamilienhaus, Baujahr 1962, mit einer Wohnfläche von 180 Quadratmetern. Die stark sanierungsbedürftige Immobilie steht leer und soll vom Grundriss so verändert werden, dass eine Wohneinheit entsteht. Das Gebäude wird zusätzlich grundlegend energiesparend saniert. Im Einzelnen ist geplant, Fenster und Heizung zu erneuern sowie Dach und Außenwände für insgesamt 64 000 € zu dämmen. Dabei werden Öleinzelöfen und die elektrischen Durchlauferhitzer durch eine Ölbrennwertheizung mit zentraler Warmwasserversorgung ersetzt. Außerdem wird ein Bad grundlegend renoviert und das zweite Bad wird zum Gäste-WC umgebaut. Sämtliche Fußböden, Installationen und die Innentüren werden erneuert, was mit 48 000 € veranschlagt wird. Es werden alle Maßnahmen des Maßnahmenpaketes 3 aus dem $C0_2$-Gebäudesanierungsprogramm gemäß Kategorie B durchgeführt.

Investition	
Grunderwerbskosten (Preis inklusive Nebenkosten, Grunderwerbsteuer und Notarkosten)	158.000 €
Kosten energetische Sanierung (Maßnahmenpaket 3)	64.000 €
Kosten, Renovierung (Bäder, Fußböden etc.)	48.000 €
Kosten gesamt	**270.000 €**
Finanzierung	
Eigenmittel	40.000 €
KfW-Wohneigentumsprogramm (30 % von 270.000 €)	**81.000 €**
CO_2-Gebäudesanierungsprogramm Kategorie B, Maßnahmenpaket 3 (Höchstbetrag: 50.000 € je Wohneinheit)	64.000 €
Wohnraum Modernisieren Standard (Höchstbetrag 100.000 € je Wohneinheit)	48.000 €
Hausbankdarlehen	37.000 €
Finanzierung gesamt	**270.000 €**

Beispiel (Modernisierung/Steigerung des Gebrauchswertes): Familie Müller plant die Modernisierung ihres Hauses, Wohnfläche 120 Quadratmeter: Sämtliche Sanitäranlagen sollen erneuert, der Teppich in Wohn- und Esszimmer durch Parkett für insgesamt 16 000 € ersetzt werden.

Finanzierung:
Die Kosten in Höhe von 16 000 € können komplett aus dem KfW-Kreditprogramm Wohnraum Modernisieren Zinssatz STANDARD finanziert werden.

Investition	
Modernisierungsmaßnahmen Standard	16 000 €
Gesamtinvestition	**16 000 €**

Finanzierung	
KfW-Programm **Wohnraum Modernisieren STANDARD** (maximaler Kreditbetrag 100 000 € pro Wohneinheit)	**16 000 €**
Gesamtfinanzierung	**16 000 €**

Landesförderprogramme der einzelnen Bundesländer finden sich unter folgenden Adressen:

- Bayerische LandesbodenKreditanstalt www.labo-bayern.de
- Bremer Aufbaubank GmbH www.bab-bremen.de
- Hamburgische Wohnungsbaukreditanstalt www.wk-hamburg.de
- NRW-Bank http://www.lbnrw.de
- Investitionsbank Berlin www.ibb.de
- Investitionsbank des Landes Brandenburg www.ilb.de
- Investitionsbank Schleswig-Holstein www.ib-sh.de
- Landestreuhandstelle Rheinland-Pfalz www.lth-rlp.de
- Landesförderinstitut Mecklenburg-Vorpommern www.lfi-mv.de
- Investitionsbank Sachsen-Anhalt www.ib-sachsen-anhalt.de
- LandesTreuhandStelle Hessen www.lth.de
- L-Bank – Landeskreditbank – Förderbank in Baden Württemberg www.l-bank.de
- Niedersächsische Landestreuhandstelle www.lts-nds.de
- Saarländische Investitionskreditbank AG www.sikb.de
- Sächsische Aufbaubank. GmbH www.sab.sachsen.de
- Thüringer Aufbaubank www.aufbaubank.de

Wohnraumförderungsgesetz (Gesetz über die soziale Wohnraumförderung vom 13. 9. 2001 – WoFG) – (Auszug)

Teil 1. Allgemeines zur Förderung

Abschnitt 1. Zweck und Maßnahmen der Förderung

§ 1 Zweck und Anwendungsbereich, Zielgruppe. (1) Dieses Gesetz regelt die Förderung des Wohnungsbaus und anderer Maßnahmen zur Unterstützung von Haushalten bei der Versorgung mit Mietwohnraum, einschließlich genossenschaftlich genutzten Wohnraums, und bei der Bildung von selbst genutztem Wohneigentum (soziale Wohnraumförderung).

(2) Zielgruppe der sozialen Wohnraumförderung sind Haushalte, die sich am Markt nicht angemessen mit Wohnraum versorgen können und auf Unterstützung angewiesen sind. Unter diesen Voraussetzungen unterstützt

1. die Förderung von Mietwohnraum insbesondere Haushalte mit geringem Einkommen sowie Familien und andere Haushalte mit Kindern, Alleinerziehende, Schwangere, ältere Menschen, behinderte Menschen, Wohnungslose und sonstige hilfebedürftige Personen,
2. die Förderung der Bildung selbst genutzten Wohneigentums insbesondere Familien und andere Haushalte mit Kindern sowie behinderte Menschen, die unter Berücksichtigung ihres Einkommens und der Eigenheimzulage die Belastungen des Baus oder Erwerbs von Wohnraum ohne soziale Wohnraumförderung nicht tragen können.

§ 2 Fördergegenstände und Fördermittel. (1) Fördergegenstände sind:

1. Wohnungsbau, einschließlich des erstmaligen Erwerbs des Wohnraums innerhalb von zwei Jahren nach Fertigstellung (Ersterwerb),
2. Modernisierung von Wohnraum,
3. Erwerb von Belegungsrechten an bestehendem Wohnraum und
4. Erwerb bestehenden Wohnraums,

wenn damit die Unterstützung von Haushalten bei der Versorgung mit Mietwohnraum durch Begründung von Belegungs- und Mietbindungen oder bei der Bildung von selbst genutztem Wohneigentum erfolgt.

(2) Die Förderung erfolgt durch

1. Gewährung von Fördermitteln, die aus öffentlichen Haushalten oder Zweckvermögen als Darlehen zu Vorzugsbedingungen, auch zur nachstelligen Finanzierung, oder als Zuschüsse bereitgestellt werden,
2. Übernahme von Bürgschaften, Garantien und sonstigen Gewährleistungen sowie
3. Bereitstellung von verbilligtem Bauland.

§ 3 Durchführung der Aufgaben und Zuständigkeiten. (1) Länder, Gemeinden und Gemeindeverbände wirken nach Maßgabe dieses Gesetzes bei der sozialen Wohnraumförderung zusammen.

(2) Die Länder führen die soziale Wohnraumförderung als eigene Aufgabe durch. Sie legen das Verwaltungsverfahren fest, soweit dieses Gesetz keine Regelungen trifft. Zuständige Stelle im Sinne dieses Gesetzes ist die Stelle, die nach Landesrecht zuständig ist oder von der Landesregierung in sonstiger Weise bestimmt wird.

(3) Die Länder sollen bei der sozialen Wohnraumförderung die wohnungswirtschaftlichen Belange der Gemeinden und Gemeindeverbände berücksichtigen; dies gilt insbesondere, wenn sich eine Gemeinde oder ein Gemeindeverband an der Förderung beteiligt. Die Länder können bei ihrer Förderung ein von einer Gemeinde oder einem Gemeindeverband beschlossenes Konzept zur sozialen Wohnraumversorgung (kommunales Wohnraumversorgungskonzept) zu Grunde legen.

(4) Gemeinden und Gemeindeverbände können mit eigenen Mitteln eine Förderung nach diesem Gesetz und den hierzu erlassenen landesrechtlichen Vorschriften durchführen, soweit nicht im Übrigen Landesrecht entgegensteht.

§ 4 Bauland, sonstige Rahmenbedingungen. (2) Die Gemeinden sollen im Rahmen der Gesetze dafür Sorge tragen, dass für den Wohnungsbau erforderliche Grundstücke bebaut und erforderliche Modernisierungsmaßnahmen durchgeführt werden können. Dabei soll auf die Anforderungen des Kosten und Flächen sparenden Bauens geachtet werden.

(3) Die Gemeinden sollen Bauwillige, die ein Baugrundstück erwerben wollen, beraten und unterstützen.

Abschnitt 2. Grundsätze, Voraussetzungen und Förderzusage

§ 5 Anforderungen an die Förderung. (1) Die soziale Wohnraumförderung wird nach diesem Gesetz und hierzu erlassenen Vorschriften des Landes durchgeführt.

(2) Die Länder treffen soweit erforderlich auf der Grundlage dieses Gesetzes Bestimmungen, insbesondere über Voraussetzungen der Förderung und deren Durchführung.

(3) Die in den §§ 6 bis 8 und 10 bezeichneten Grundsätze sind bei den Bestimmungen nach Absatz 2 und, soweit solche Bestimmungen nicht getroffen sind, bei Entscheidungen, die zur Förderung ergehen, in der Abwägung und bei der Ermessensausübung zu berücksichtigen. Die Länder können weitere Grundsätze aufstellen.

§ 6 Allgemeine Fördergrundsätze. Die soziale Wohnraumförderung ist der Nachhaltigkeit einer Wohnraumversorgung verpflichtet, die die wirtschaftlichen und sozialen Erfordernisse mit der Erhaltung der Umwelt in Einklang bringt. Bei der Förderung sind zu berücksichtigen:

1. die örtlichen und regionalen wohnungswirtschaftlichen Verhältnisse und Zielsetzungen, die erkennbaren unterschiedlichen Investitionsbedingungen des Bauherrn sowie die besonderen Anforderungen des zu versorgenden Personenkreises;
2. der Beitrag des genossenschaftlichen Wohnens zur Erreichung der Ziele und Zwecke der sozialen Wohnraumförderung;
3. die Schaffung und Erhaltung sozial stabiler Bewohnerstrukturen;
4. die Schaffung und Erhaltung ausgewogener Siedlungsstrukturen sowie ausgeglichener wirtschaftlicher, sozialer und kultureller Verhältnisse, die funktional sinnvolle Zuordnung der Wohnbereiche zu den Arbeitsplätzen und der Infrastruktur (Nutzungsmischung) sowie die ausreichende Anbindung des zu fördernden Wohnraums an den öffentlichen Personennahverkehr;
5. die Nutzung des Wohnungs- und Gebäudebestandes für die Wohnraumversorgung;
6. die Erhaltung preisgünstigen Wohnraums im Fall der Förderung der Modernisierung;
7. die Anforderungen des Kosten sparenden Bauens, insbesondere durch
   a) die Begrenzung der Förderung auf einen bestimmten Betrag (Förderpauschale),
   b) die Festlegung von Kostenobergrenzen, deren Überschreitung eine Förderung ausschließt, oder
   c) die Vergabe von Fördermitteln im Rahmen von Wettbewerbsverfahren;
8. die Anforderungen des barrierefreien Bauens für die Nutzung von Wohnraum und seines Umfelds durch Personen, die infolge von Alter, Behinderung oder Krankheit dauerhaft oder vorübergehend in ihrer Mobilität eingeschränkt sind;
9. der sparsame Umgang mit Grund und Boden, die ökologischen Anforderungen an den Bau und die Modernisierung von Wohnraum sowie Ressourcen schonende Bauweisen.

Maßnahmen der sozialen Wohnraumförderung, die im Zusammenhang mit städtebaulichen Sanierungs- und Entwicklungsmaßnahmen stehen, sind bevorzugt zu berücksichtigen.

§ 7 Besondere Grundsätze zur Förderung von Mietwohnraum. Bei der Förderung von Mietwohnraum sind folgende Grundsätze zu berücksichtigen:

1. Um tragbare Wohnkosten für Haushalte im Sinne des § 1 Abs. 2 Satz 2 Nr. 1 zu erreichen, können Wohnkostenentlastungen durch Bestimmung

höchstzulässiger Mieten unterhalb von ortsüblichen Vergleichsmieten oder durch sonstige Maßnahmen vorgesehen werden. Dabei sind insbesondere die Leistungen nach dem Wohngeldgesetz sowie das örtliche Mietenniveau und das Haushaltseinkommen des Mieters sowie deren Entwicklungen zu berücksichtigen.

2. Wohnkostenentlastungen, die nach Förderzweck und Zielgruppe sowie Förderintensität unangemessen sind (Fehlförderungen), sind zu vermeiden oder auszugleichen. Maßnahmen zur Vermeidung von Fehlförderungen sind Vorkehrungen bei der Förderung, durch die die Wohnkostenentlastung
   a) auf Grund von Bestimmungen in der Förderzusage oder
   b) auf Grund eines Vorbehalts in der Förderzusage durch Entscheidung der zuständigen Stelle vermindert wird. Eine Maßnahme zum Ausgleich entstandener Fehlförderungen in Fällen der Festlegung von höchstzulässigen Mieten ist die Erhebung von Ausgleichszahlungen nach den §§ 34 bis 37.
3. Bei der Vermeidung und dem Ausgleich von Fehlförderungen sind soweit erforderlich Veränderungen der für die Wohnkostenentlastung maßgeblichen Einkommensverhältnisse und der Haushaltsgröße durch Überprüfungen in regelmäßigen zeitlichen Abständen zu berücksichtigen.

§ 8 Besondere Grundsätze zur Förderung der Bildung selbst genutzten Wohneigentums. Bei der Förderung der Bildung selbst genutzten Wohneigentums nach §§ 1 Abs. 2 Satz 2 Nr. 2 sind folgende Grundsätze zu berücksichtigen:

1. Die Förderung der Bildung selbst genutzten Wohneigentums erfolgt bevorzugt für Familien und andere Haushalte mit zwei und mehr Kindern im Sinne des § 32 Abs. 1 bis 5 des Einkommensteuergesetzes sowie für Haushalte, bei denen wegen einer Behinderung eines Haushaltsangehörigen oder aus sonstigen Gründen ein besonderer baulicher Bedarf besteht.

§ 9 Einkommensgrenzen. (1) Die Förderung darf nur Haushalte begünstigen, deren Einkommen die Grenzen für das jährliche Einkommen, die in Absatz 2 bezeichnet oder von den Ländern nach Absatz 3 abweichend festgelegt sind, nicht überschreiten. Bei der Ermittlung des Einkommens sind die §§ 20 bis 24 anzuwenden.

(2) Die Einkommensgrenze beträgt:

für einen Einpersonenhaushalt	12.000 Euro,
für einen Zweipersonenhaushalt	18.000 Euro,
zuzüglich für jede weitere zum Haushalt rechnende Person	4.100 Euro.

Sind zum Haushalt rechnende Personen Kinder im Sinne des § 32 Abs. 1 bis 5 des Einkommensteuergesetzes, erhöht sich die Einkommensgrenze nach Satz 1 für jedes Kind um weitere 500 Euro.

(3) Die Landesregierungen werden ermächtigt, durch Rechtsverordnung von den in Absatz 2 bezeichneten Einkommensgrenzen nach den örtlichen und regionalen wohnungswirtschaftlichen Verhältnissen insbesondere
1. zur Berücksichtigung von Haushalten mit Schwierigkeiten bei der Wohnraumversorgung,
2. im Rahmen der Förderung von selbst genutztem Wohneigentum oder
3. zur Schaffung oder Erhaltung sozial stabiler Bewohnerstrukturen

Abweichungen festzulegen. Die Landesregierungen können diese Ermächtigung durch Rechtsverordnung auf eine oberste Landesbehörde übertragen.

§ 10 Wohnungsgrößen. (1) Bei Bestimmungen der Länder über die Grenzen für Wohnungsgrößen sind folgende Grundsätze zu berücksichtigen:
1. Die Größe der zu fördernden Wohnung muss entsprechend ihrer Zweckbestimmung angemessen sein.
2. Besonderheiten bei Maßnahmen im Gebäudebestand und bei selbst genutztem Wohneigentum sowie besonderen persönlichen oder beruflichen Bedürfnissen von Haushaltsangehörigen und einem nach der Lebenserfahrung in absehbarer Zeit zu erwartenden zusätzlichen Raumbedarf ist Rechnung zu tragen.

§ 11 Förderempfänger. (1) Empfänger der Förderung ist
1. bei Maßnahmen des Wohnungsbaus und der Modernisierung derjenige, der das Bauvorhaben für eigene oder fremde Rechnung im eigenen Namen durchführt oder durch Dritte durchführen lässt (Bauherr),
2. beim Ersterwerb vom Bauherrn zur Selbstnutzung der Erwerber des Wohnraums,
3. beim Erwerb aus dem Bestand zur Selbstnutzung der Erwerber des Wohnraums,
4. beim Erwerb von Belegungsrechten der Eigentümer oder der sonstige zur Einräumung von Belegungsrechten an dem Wohnraum Berechtigte.

(2) Soweit Fördermittel an einen Bauträger vergeben werden, ist die Vergabe mit der Auflage zu verbinden, dass der Bauträger den geförderten Wohnraum zu angemessenen Bedingungen dem Erwerber alsbald zur Selbstnutzung überträgt.

(3) Die Gewährung von Fördermitteln setzt voraus, dass
1. der Bauherr Eigentümer eines geeigneten Baugrundstücks ist oder nachweist, dass der Erwerb eines derartigen Grundstücks gesichert ist oder durch die Gewährung der Fördermittel gesichert wird,
2. die Gewähr für eine ordnungsmäßige und wirtschaftliche Durchführung des Bauvorhabens und für eine ordnungsmäßige Verwaltung des Wohnraums besteht,

3. der Bauherr die erforderliche Leistungsfähigkeit und Zuverlässigkeit besitzt,
4. bei der Förderung von selbst genutztem Wohneigentum die Belastung auf Dauer tragbar erscheint und
5. der Bauherr eine angemessene Eigenleistung erbringt, für die eigene Geldmittel, der Wert des nicht durch Fremdmittel finanzierten Baugrundstücks oder Selbsthilfe im Sinne des § 12 Abs. 1 Satz 2 in Betracht kommen.

Fördermittel können auch einem Bauherrn oder einem sonstigen Förderempfänger gewährt werden, für den an einem geeigneten Grundstück ein Erbbaurecht von angemessener Dauer bestellt ist oder der nachweist, dass der Erwerb eines derartigen Erbbaurechts gesichert ist.

§ 12 Bevorzugung von Maßnahmen, zusätzliche Förderung. (1) Maßnahmen, bei denen Bauherren in Selbsthilfe tätig werden oder bei denen Mieter von Wohnraum Leistungen erbringen, durch die sie im Rahmen des Mietverhältnisses Vergünstigungen erlangen, können bei der Förderung bevorzugt werden. Selbsthilfe sind die Arbeitsleistungen, die zur Durchführung der geförderten Maßnahmen vom Bauherrn selbst, seinen Angehörigen oder von anderen unentgeltlich oder auf Gegenseitigkeit oder von Mitgliedern von Genossenschaften erbracht werden.

§ 16 Wohnungsbau, Modernisierung. (1) Wohnungsbau ist das Schaffen von Wohnraum durch

1. Baumaßnahmen, durch die Wohnraum in einem neuen selbstständigen Gebäude geschaffen wird,
2. Beseitigung von Schäden an Gebäuden unter wesentlichem Bauaufwand, durch die die Gebäude auf Dauer wieder zu Wohnzwecken nutzbar gemacht werden,
3. Änderung, Nutzungsänderung oder Erweiterung von Gebäuden, durch die unter wesentlichem Bauaufwand Wohnraum geschaffen wird, oder
4. Änderung von Wohnraum unter wesentlichem Bauaufwand zur Anpassung an geänderte Wohnbedürfnisse.

(2) Wohnraum oder anderer Raum ist in Fällen des Absatzes 1 Nr. 2 nicht auf Dauer nutzbar, wenn ein zu seiner Nutzung erforderlicher Gebäudeteil zerstört ist oder wenn sich der Raum oder der Gebäudeteil in einem Zustand befindet, der aus bauordnungsrechtlichen Gründen eine dauernde, der Zweckbestimmung entsprechende Nutzung nicht gestattet; dabei ist es unerheblich, ob der Raum oder der Gebäudeteil tatsächlich genutzt wird.

(3) Modernisierung sind bauliche Maßnahmen, die

1. den Gebrauchswert des Wohnraums oder des Wohngebäudes nachhaltig erhöhen,
2. die allgemeinen Wohnverhältnisse auf Dauer verbessern oder

3. nachhaltig Einsparungen von Energie oder Wasser bewirken.
Instandsetzungen, die durch Maßnahmen der Modernisierung verursacht werden, fallen unter die Modernisierung.

§ 18 Haushaltsangehörige. (1) Zum Haushalt rechnen die in Absatz 2 bezeichneten Personen, die miteinander eine Wohn- und Wirtschaftsgemeinschaft führen (Haushaltsangehörige). Zum Haushalt rechnen auch Personen im Sinne des Absatzes 2, die alsbald in den Haushalt aufgenommen werden sollen.

(2) Haushaltsangehörige sind:
1. der Antragsteller,
2. der Ehegatte,
3. der Lebenspartner und
4. der Partner einer sonstigen auf Dauer angelegten Lebensgemeinschaft sowie deren Verwandte in gerader Linie und zweiten Grades in der Seitenlinie, Verschwägerte in gerader Linie und zweiten Grades in der Seitenlinie, Pflegekinder ohne Rücksicht auf ihr Alter und Pflegeeltern.

Gesetz zur Sicherung der Zweckbestimmung von Sozialwohnungen (Wohnungsbindungsgesetz – WoBindG) – (Auszug)

§ 1 Anwendungsbereich. Dieses Gesetz gilt nach Maßgabe des § 50 des Wohnraumförderungsgesetzes für den in dessen Absatz 1 und nach Maßgabe des § 2 des Wohnraumförderung-Überleitungsgesetzes vom 5. September 2006 (BGBl. I S. 2098, 2100) für den in dessen Absatz 2 genannten Wohnraum, der öffentlich gefördert oder als öffentlich gefördert gilt.

§ 4 Überlassung an Wohnberechtigte. (1) Sobald voraussehbar ist, daß eine Wohnung bezugsfertig oder frei wird, hat der Verfügungsberechtigte dies der zuständigen Stelle unverzüglich schriftlich anzuzeigen und den voraussichtlichen Zeitpunkt der Bezugsfertigkeit oder des Freiwerdens mitzuteilen.

(2) Der Verfügungsberechtigte darf die Wohnung einem Wohnungssuchenden nur zum Gebrauch überlassen, wenn dieser ihm vor der Überlassung eine Bescheinigung über die Wohnberechtigung im öffentlich geförderten sozialen Wohnungsbau übergibt, und wenn die in der Bescheinigung angegebene Wohnungsgröße nicht überschritten wird …

§ 8 Kostenmiete. (1) Der Verfügungsberechtigte darf die Wohnung nicht gegen ein höheres Entgelt zum Gebrauch überlassen, als zur Deckung der laufenden Aufwendungen erforderlich ist (Kostenmiete) …

(2) Soweit das vereinbarte Entgelt die Kostenmiete übersteigt, ist die Vereinbarung unwirksam. Soweit die Vereinbarung unwirksam ist, ist die Leistung zurückzuerstatten und vom Empfang an zu verzinsen …

4.2.5 Abschluss des Darlehensvertrages

Mit dem Abschluss des Darlehensvertrages werden alle wirtschaftlichen und rechtlichen Bedingungen eines Baudarlehens zwischen dem Kreditgeber und dem Kreditnehmer festgelegt. Der Vertragsabschluss selbst steht zeitlich zwischen den ersten Vorgesprächen und der Auszahlung.

Die Phasen der Abwicklung einer Baufinanzierung mit Darlehen:

(1) Erste Vorgespräche
(2) Aufstellung eines Finanzierungsplanes
(3) Kreditantrag mit erforderlichen Unterlagen
(4) Feststellung der Kreditfähigkeit und der Bonität durch das Kreditinstitut
(5) Kreditzusage und Vertragsabschluss
(6) Einreichung weiterer erforderlicher Unterlagen und Bestellung der Sicherheiten
(7) Auszahlung der Darlehenssumme sofort oder nach Baufortschritt

Wie wird die Bonität geprüft? Erste Voraussetzung einer Kreditvergabe ist die Geschäftsfähigkeit. Wer voll geschäftsfähig ist – das sind alle mindestens 18 Jahre alten Personen, deren Geschäftsfähigkeit nicht ausdrücklich beschränkt worden ist –, kann selbstständig Kreditverpflichtungen eingehen. Wer minderjährig ist, braucht die Einwilligung der Erziehungsberechtigten und des Vormundschaftsgerichts. Eheleute, die keinen besonderen Güterstand vereinbart haben, können selbstständig Kredite aufnehmen. Bei Baufinanzierungen werden aber regelmäßig beide Ehepartner verpflichtet. Sie haften dann gesamtschuldnerisch, das heißt, der Gläubiger kann sich mit der gesamten Summe an jeden von beiden halten. Bei der Bestellung von Sicherheiten, also insbesondere von Grundschulden auf das Wohneigentum, wird regelmäßig sowieso die Zustimmung des anderen Ehepartners erforderlich.

Ziel der Beurteilung der wirtschaftlichen Kreditwürdigkeit ist es, zu erkennen, ob der Kreditnehmer ohne Verwertung der Sicherheit voraussichtlich in der Lage ist, Zins und Tilgung vertragsgemäß erbringen zu können. Wer durch jahrelanges Sparen bereits gezeigt hat, dass er sich finanziell einschränken kann, genießt dabei besonderes Vertrauen.

Beurteilungsgrundlage ist zunächst das **Einkommen.** Dabei können folgende Gesichtspunkte eine Rolle spielen:

- Wie hoch ist das gesamte Familieneinkommen im Monat?

Hierzu zählen alle Einkünfte der zum Haushalt gehörenden Personen, soweit diese Einkommen nachweisbar und auf Dauer zu erzielen sind. Überstundenzuschläge oder Aushilfslöhne werden nicht berücksichtigt.

- Wie hoch ist die Belastung aus den im Grundbuch bereits eingetragenen Grundschulden und Hypotheken?
- Welche sonstigen Belastungen sind zu tragen?

Dazu gehören beispielsweise Unterhaltsleistungen, Versicherungsbeiträge, Ratenkredite, also alle nicht der persönlichen Lebenshaltung dienenden Zahlungen.

- Wie hoch sind die Bewirtschaftungskosten für das Beleihungsobjekt?

Auch bei dem selbstbewohnten Eigenheim sind die Kosten für Unterhalt, Heizung usw. zu tragen. Bei Eigentumswohnungen können die Bewirtschaftungskosten aus dem Wirtschaftsplan geschätzt werden. Man kann schätzungsweise von 1,00–1,50 € je qm Wohnfläche ausgehen, je nach Objekt und Ort.

- Wie viel verbleibt schließlich nach Abzug der Belastungen vom Familieneinkommen zum Lebensunterhalt?

Als Mindestbetrag, der übrigbleiben sollte, gelten etwa die bei der Sozialhilfe angesetzten Lebenshaltungskosten. Als Untergrenzen werden angesehen: bei Ledigen 500 €, bei Verheirateten 750 bis 1000 € zuzüglich 150 bis 200 € je Kind.

Welche Unterlagen sind erforderlich? Zur Darlehensbeantragung werden häufig folgende Unterlagen verlangt:

Unterlage:	Erhältlich durch:
• Finanzierungsplan	Erstellung mit Kreditinstitut
• Grundbuchauszug	Grundbuchamt
• Einkommensnachweis	Antragsteller: Gehaltsbescheinigung, Steuererklärung

• Nachweis der Eigenmittel	Kontoauszüge
• Baupläne mit Wohnflächenberechnung bzw. umbauter Raum u. amtlicher Lageplan	Architekt, Vorbesitzer
• Kostenvoranschlag bei Neubau und Modernisierung	Architekt, Handwerker
• Lichtbild des Objektes	Antragsteller
• Kaufvertrag (spätestens vor Auszahlung)	Notar

Vor der endgültigen Auszahlung (Valutierung) werden häufig noch verlangt:

Unterlage:	Erhältlich durch:
• Grenzbescheinigung	Vermessungsamt
• Feuerversicherungsurkunde	Versicherungsgesellschaft (vgl. Kap. 5.3.1)
• Rohbau- und Schlussabnahmeschein	Bauamt
• Grundpfandrechtsbestellung	Grundbuchamt
Bei Eigentumswohnungen:	
• Teilungserklärung	Bauträger

Rechtzeitige Vorsorge bei der Beschaffung dieser Unterlagen erspart Verzögerungen in der Auszahlung!

Die Höhe des Darlehenszinses hängt bei einigen Banken auch davon ab, welches Rating sich für den Darlehensschuldner ergibt. Das Rating ist eine standardisierte Punktebewertung nach verschiedenen nachfolgend beispielhaft gezeigten Bewertungsmaßstäben.

Ratingkriterien:

1. Kapitaldienstfähigkeit, (Verhältnis Überschuss zu Gesamtausgaben)
2. Vermögensverhältnisse (zu wie viel Prozent deckt das Vermögen die Gesamtverbindlichkeiten)
3. Kreditnehmerverhalten
   3.1 Kontoführung (z. B. Häufige Überziehungen)
   3.2 Bisheriges Kreditverhalten (evtl. bereits Umschuldungen u. Ä.)
   3.3 Bisheriges Kundenverhalten (z. B. Einhaltung von Vereinbarungen, umfassende Informationen)
4. Persönliche Verhältnisse

  - 4.1 Berufliche Qualifikation
  - 4.2 Sicherheit des Arbeitsplatzes/Einkommen
5. Wohnbaufinanzierung
  - 5.1 Prozentanteil des Eigenkapitaleinsatzes
  - 5.2 Verwertbarkeit der Immobilie

Wie kommt der Darlehensvertrag zustande? Wie bei jedem Vertrag, kommt ein Darlehensvertrag mit der Übereinstimmung von Antrag und dessen Annahme zustande. Für den Abschluss müssen sich beide Teile über den Darlehensbetrag, die Konditionen (Zinsen und andere Kosten, Rückzahlung usw.) und die zu stellenden Sicherheiten einig sein; die Kreditinstitute verlangen eine ausdrückliche Anerkennung ihrer Allgemeinen Geschäftsbedingungen und der vorformulierten Allgemeinen Darlehensbedingungen.

Beim **Angebotsverfahren** unterbreitet das Kreditinstitut seinem Kunden ein alle Bestandteile enthaltendes Angebot, das regelmäßig befristet ist. Nimmt der Kunde innerhalb der Frist, beispielsweise von acht Tagen, das Angebot an, ist der Darlehensvertrag zustande gekommen.

Beim **Zusageverfahren** stellt der Bankkunde auf einem von der Bank entworfenen Formular den Darlehensantrag. Mit der Annahme durch die Bank, beispielsweise durch ein Zusageschreiben, wird der Vertrag wirksam.

Mit dem Vertragsabschluss verpflichtet sich der Kunde, die erforderlichen Unterlagen zu beschaffen und die Sicherheiten zu bestellen. Das Kreditinstitut bindet sich vor allem an die im Vertrag enthaltenen Konditionen. Die Konditionen sind: die Darlehensbedingungen und die Preisbestandteile wie Zinsen, Provisionen, Disagio, Gebühren. Sollte sich nach Vertragsabschluss herausstellen, dass die Bonität des Kreditnehmers nicht ausreicht, oder werden die Unterlagen nicht eingereicht, ist das Kreditinstitut nicht zur Auszahlung verpflichtet. Umgekehrt kann das Kreditinstitut den Kreditnehmer natürlich nicht auf „Abnahme" des Darlehens verklagen, wohl aber auf einen eventuellen Schadenersatz!

Auszug aus einem Darlehensvertrag:

Die Bank ist ab... berechtigt, Bereitstellungszinsen von... v. H. jährlich des nicht in Anspruch genommenen Darlehensbetrages zu berechnen.

Unterbleibt die Auszahlung aus einem Grund, den die Bank nicht zu vertreten hat, steht ihr eine einmalige Entschädigung von ... v. H. der nicht ausgezahlten Darlehensbeträge zu. Dem Darlehensnehmer ist der Nachweis vorbehalten, ein Schaden sei überhaupt nicht entstanden oder wesentlich niedriger als die geltend gemachte Entschädigung. Es bleibt der Bank unbenommen, anstelle der Schadenspauschale den ihr tatsächlich entstandenen Schaden geltend zu machen.

Welchen gesetzlichen Schutz genießen Verbraucher? Die §§ 491–498 BGB regeln in erster Linie die Aufnahme kurz- und mittelfristiger Kredite für Konsumenten und die Teilzahlungsvereinbarungen mit Händlern. Für langfristige grundbuchlich gesicherte Kredite und Bauspardarlehen sind durch die Mitwirkung der Notare und die Aufsichtsvorschriften über Bausparbedingungen nach Ansicht des Gesetzgebers genügend Schutzvorschriften gegeben, so dass nur ein Teil dieser Bestimmungen für diese Darlehen zum Zuge kommt. Beispielsweise gibt es bei Realkrediten kein Widerrufsrecht; die Kündigung und etwaige Verzugszinsen können dabei vertraglich im Rahmen des allgemeinen Darlehensrechts des BGB (§§ 488–490) geregelt werden. Im Übrigen gelten die nachfolgend beschriebenen formalen Vorschriften. Es ist davon auszugehen, dass die Kreditinstitute diese Vorschriften, also auch die entsprechenden Angaben, exakt einhalten, weil sie die Sanktion des § 494 BGB bei langfristigen Krediten unbedingt vermeiden wollen. Dies wäre eventuell Nichtigkeit des Vertrags, kein Anspruch auf nicht aufgeführte Gebühren, nur geringerer Zinssatz u. ä.

- **Schriftform:** Sämtliche Teile des Rechtsgeschäfts müssen in einer Urkunde aufgenommen werden, und die Urkunde sowie jeder etwaige separate Urkundenteil sind jeweils vom Kreditnehmer und Kreditgeber zu unterschreiben. Alle das Kreditverhältnis betreffenden Geschäftsbedingungen müssen mit der Haupturkunde körperlich fest verbunden sein. Es ist zulässig, dass der Kreditnehmer beim Zusageverfahren auf den Zugang der Annahmeerklärung im Original verzichtet; der Vertrag wird dann bereits wirksam, wenn der Kreditgeber eine maschinell erstellte Zusage zusendet.

Im Rahmen von Baukrediten sind folgende Mindestangaben im Vertrag erforderlich:

- **Nettodarlehensbetrag:** Dies ist der auszuzahlende Kreditbetrag, beispielsweise der um ein Disagio verminderte Kreditbetrag.
- **Nennbetrag:** Beim Nennbetrag handelt es sich um den Betrag, auf den die Zinsen berechnet werden. Er muss alle kreditierten Kosten enthalten, beim Bausparvertrag beispielsweise die auf den Auszahlungsbetrag aufgeschlagene Darlehensgebühr.
- **Gesamtbelastung:** Sie enthält alle zu entrichtenden Teilzahlungen und Kosten einschließlich der Zinsen. Auf die Angabe der Gesamtbelastung kann der Kreditgeber bei grundpfandrechtlich gesicherten Krediten verzichten.
- **Rückzahlung:** Hier ist eine Aufstellung des Betrags, der Anzahl und der zeitlichen Abstände oder des Zeitpunktes der Zahlungen, die der Verbraucher zur Tilgung des Kredits und zur Entrichtung der Zinsen und sonstigen Kosten vornehmen muss, anzugeben. Bei Festbetragskrediten ist das Datum der Fälligkeit der Darlehensrückzahlungspflicht anzugeben. Ein ausführlicher Tilgungsplan, der alle einzelnen Zahlungen enthält, ist nicht notwendig und wäre bei langfristigen Krediten auch zu unübersichtlich.

Rückzahlung und Zahlungstermine:

Alle fälligen Beträge werden jeweils dem oben bezeichneten Belastungskonto belastet. Zinsen sind erstmals an dem auf die erste Auszahlung folgenden Zahlungstermin zu zahlen. Das Darlehen wird mit 1,00 v. H. des ursprünglichen Darlehensbetrages zuzüglich der durch die Rückzahlung ersparten Zinsen getilgt. Die jährliche Leistungsrate (Zins + Tilgung) beträgt z. Zt. ...€. Sie ist in Teilbeträgen von ... am Quartalsende, erstmals am ... zu zahlen. Bis zum Tilgungsbeginn sind nur die Zinsen in Teilbeträgen jeweils am Quartalsende zu zahlen. Bei einer Änderung des Zinssatzes kann die Bank auch die Leistungsrate anpassen.

- **Zinsen und Kosten:** Zunächst ist der dem Vertrag zugrundeliegende Zinssatz anzugeben. Von größerer Bedeutung ist es, dass sämtliche Kosten bezeichnet werden müssen, die vom Verbraucher bei planmäßigem Kreditverlauf geschuldet werden, auch wenn sie an Dritte gezahlt werden müssen. Durch diese Vorschrift werden dem Verbraucher zwar nicht die Kosten erspart, er wird aber vor unliebsamen Überraschungen geschützt und kann im Zweifel verschiedene Angebote besser vergleichen. Zu den Kosten gehören beispielsweise: Bearbeitungsgebühren, Abschlussgebühren, Darlehensgebühr, Disagio, Kontoführungsgebühr für Darlehenskonten, Schätzungs- bzw. Wertermittlungsgebühr, Kreditvermittlungskosten; auf die Kosten für die Bestellung und Eintragung der Sicherheiten wird auf die gesetzlichen Vorschriften, bei notwendigen Versicherungen auf die jeweiligen Versicherungstarife verwiesen.

- Kosten einer Restschuld- oder sonstigen Versicherung, die im Zusammenhang mit dem Kreditvertrag abgeschlossen wird; bei einer Kapital-Lebensversicherung die für die Versicherung zu entrichtenden Prämien, Bearbeitungsgebühren und Vermittlungsprovisionen. Die Kosten einer obligatorischen Feuerversicherung für ein Gebäude sind ebenfalls – soweit möglich – anzugeben.
- Die zu bestellenden Sicherheiten selbst können in gesonderten Verträgen bestellt werden.
- Der Effektivzins nach den Vorschriften der Preisangabenverordnung muss grundsätzlich alle preisbestimmenden Faktoren der Preisangabenverordnung einbeziehen. **Nicht** einzubeziehen sind Belastungen und Aufwendungen des Verbrauchers, die nur bei ungewöhnlichen oder vorher nicht bekannten Kreditverläufen auftreten oder nur mittelbar mit dem Kredit zusammenhängen, beispielsweise
  - Bereitstellungszinsen,
  - Verzugszinsen,
  - Notariatsgebühren, Grundbuch- und Schätzungskosten,
  - Kontoführungsgebühren im marktüblichen Umfang.

Wenn die Zinsen nicht für die gesamte Laufzeit festgeschrieben sind, muss mit dem anfänglichen Effektivzins auch der Zeitpunkt angegeben werden, zu dem die preisbestimmenden Faktoren frühestens geändert werden können. Ein Vertrag mit einem niedrigen anfänglichen effektiven Zinssatz kann bei steigendem Zinsniveau ungünstiger sein als ein Vertrag mit höherem oder festem Zins. Zusammen mit dem Effektivzins ist anzugeben, unter welchen Voraussetzungen ein variabler Zinssatz geändert werden kann (preisbestimmende Faktoren).

Das Darlehen ist mit jährlich 9,50 v. H. zu verzinsen. Bei Änderungen der Marktlage ist die Bank berechtigt, die Zinsen mit sofortiger Wirkung durch Erklärung gegenüber dem Darlehensnehmer zu senken oder zu erhöhen.

Welche Klauseln sind bei Bankdarlehen zu beachten? Der Darlehensvertrag regelt schriftlich den oben beschriebenen normalen Finanzierungsablauf. Einige Klauseln betreffen nur den Fall der Vertragsstörung, für den sich die Kreditinstitute rechtlich absichern. Empfehlenswert ist es in jedem Fall, mit dem Kreditinstitut rechtzeitig Kontakt aufzunehmen, wenn unvorhergesehene finanzielle Schwierigkeiten auftreten. Das Kreditinstitut wird dann meistens zusammen mit dem Darlehensnehmer nach tragbaren Lösungen suchen, ohne von den strengen Vertragsklauseln Gebrauch zu machen.

Typische Vertragsformulierungen für die Kündigung sind beispielsweise bei einem Kreditvertrag mit **variabler Verzinsung:**

Kündigung

Der Kredit kann beiderseits nach Ablauf von sechs Monaten nach dem vollständigen Empfang mit einer Frist von drei Monaten gegenüber dem Vertragspartner gekündigt werden. Die Kündigung soll schriftlich erfolgen. Eine Kündigung des Kreditnehmers gilt als nicht erfolgt, wenn er den geschuldeten Betrag nicht binnen zweier Wochen nach Wirksamwerden der Kündigung zurückzahlt.

Sofortige Fälligkeit

Die Bank kann unbeschadet ihres Rechts zur fristlosen Kündigung aus wichtigem Grund das Kapital für sofort fällig und zahlbar erklären,

- wenn der Sicherungsgeber gegen die ihm in den gesonderten Sicherungsverträgen auferlegten besonderen Pflichten verstößt;
- wenn der Kreditnehmer gegen die Auskunftspflichten verstößt;
- im Verzugsfall unter den Voraussetzungen des § 498 BGB.

Bei Darlehen mit Festzins lauten die entsprechenden Klauseln:

Das Darlehen ist mit ... v. H. jährlich zu verzinsen. Dieser Zinssatz ist bis zum ... unveränderlich. Frühestens sechs Wochen, spätestens zwei Wochen vor Ablauf der Zinsbindungsfrist kann jede Partei verlangen, dass über die Bedingungen für die Darlehensgewährung (Zinssatz, Disagio u. Ä.) neu verhandelt wird. Werden bis zum Ablauf der Zinsbindungsfrist keine neuen Darlehensbedingungen vereinbart, ist die Bank berechtigt, die Zinsen entsprechend dem von ihr für Darlehen dieser Art jeweils festgesetzten Zinssatz mit sofortiger Wirkung durch Erklärung gegenüber dem Darlehensnehmer zu senken oder zu erhöhen.

Für die Kündigung gilt dann:

Das Darlehen kann beiderseits mit einer Frist von einem Monat zum Ablauf der ersten oder einer folgenden Festzinsvereinbarung und im Fall der Überleitung in ein Darlehen mit veränderlichem Zinssatz jederzeit mit einer Frist von drei Monaten gegenüber dem Vertragspartner ganz oder teilweise gekündigt werden.

Diese Klausel entspricht einer Rückzahlungssperrfrist bis zum Ablauf der Festzinsperiode. Kommt der Darlehensnehmer beispielsweise durch eine Erbschaft vorzeitig zu Geld, so muss er eigentlich das Darlehen weiterhin beanspruchen. Eine zweiseitige Vereinbarung mit der Bank über die Aufhebung des Darlehensvertrages ist aber jederzeit möglich. Grundsätzlich hat dann die Bank den auf die Restlaufzeit entfallenden Teil des Disagios zu erstatten, kann aber ihrerseits eine so genannte Vorfälligkeitsentschädigung in Rechnung stellen. Die ganze Vereinbarung ist Verhandlungssache.

Für die Auszahlung des Darlehens ist vereinbart:

Das Darlehen kann erst in Anspruch genommen werden, wenn die vereinbarten Sicherheiten bestellt sind und der Bank hierüber gegebenenfalls eine Bestätigung vorliegt.

Zusätzlich wird meistens vereinbart:

Das Darlehen wird ausgezahlt, wenn die Prüfung der Bank laut beigefügtem Merkblatt noch einzureichenden Unterlagen dies gestattet. Zur Prüfung der Voraussetzung für die Darlehensauszahlung ist die Bank berechtigt, eine Besichtigung und Wertermittlung des Pfandobjektes auf Kosten des Darlehensnehmers vornehmen zu lassen.

Nach freiem Ermessen der Bank können je nach dem Fortschritt der Bauarbeiten Teilzahlungen geleistet werden, sofern die Auszahlungsvoraussetzungen erfüllt sind. Es muss sichergestellt sein, dass die Fertigstellung des Bauvorhabens mit den dann noch zur Verfügung stehenden Geldmitteln erfolgen kann. In der Regel leistet die Bank Teilzahlungen frühestens nach Einsatz sämtlicher Fremd- und Eigenmittel sowie nach Fertigstellung des Rohbaus.

Andere Klauseln regeln die Auskunftspflicht des Schuldners und die Haftung von mehreren Darlehensnehmern, beispielsweise bei Eheleuten. Für die Zahlungspflicht ist festgelegt, dass die Zahlungen eine Bringschuld sind.

Welche Besonderheiten gelten für Bauspardarlehen? Grundsätzlich gelten für Bauspardarlehen ähnliche Bedingungen wie für Bankdarlehen. Einige Besonderheiten sind zusätzlich zu berücksichtigen.

Allgemeine Rechtsgrundlage sind die Vorschriften des Bausparkassengesetzes und die Allgemeinen Bedingungen für Bausparverträge. Danach dürfen Darlehen nur für wohnungswirtschaftliche Maßnahmen gegeben werden; der Darlehensnehmer hat dies nachzuweisen. Auch beim Bausparvertrag muss der Bausparer nach Annahme der Zuteilung einen Darlehensvertrag unterschreiben, der in ähnlicher Weise wie bei Banken zum Vertragsabschluss und zur Auszahlung führt.

Eine Auszahlung des **Bauspardarlehens** ganz oder teilweise kann erst erfolgen, wenn es grundbuchlich nachrangig gesichert ist. Dies ist in verschiedenen Fällen aber manchmal noch nicht möglich. In solchen Fällen ist eine Abwicklung nur über einen Treuhänder durch Treuhandauftrag möglich. Treuhänder können Banken, Bausparkassen oder ein Notar sein. Das Geld wird dann mit einer Treuhandauflage an den Treuhänder überwiesen, der seinerseits die Freigabebedingungen einhalten muss.

Wird das Darlehen als **Kleindarlehen** ohne grundbuchliche Sicherheit gegeben, wird die Negativklausel vereinbart:

> Wird das Darlehen als Kleindarlehen gewährt, versichern die Schuldner, dass bisher keiner von ihnen ein Darlehen ohne Grundschuldeintragung erhalten hat. Der Eigentümer verpflichtet sich, das Beleihungsobjekt nicht ohne Zustimmung der Bausparkasse zu veräußern und für andere Verbindlichkeiten zu belasten.

Welche Nebenkosten fallen bei einer Baufinanzierung insgesamt an? Zu berücksichtigen sind neben den in den Effektivzins eingerechneten Kosten weitere Nebenkosten wie die Schätz- bzw. Bewertungsgebühr; diese kann von 0,4‰ des Wertes bis zu 2‰ bei einer Bewertung durch einen Gutachterausschuss reichen. Grundsätzlich sind Schätzgebühren, die von Kreditinstituten verlangt werden, günstiger als von freiberuflich tätigen Schätzern.

Bei einer Finanzierung aus einer Hand werden in der Regel nur einmalig die Schätzgebühren anfallen. Die Kosten der Sicherheitenbestellung ersehen Sie in Kap. 4.3.2.1.

Verhaltenskodex

Kreditinstitute können freiwillig einen Verhaltenskodex aufgrund einer Europäischen Vereinbarung einhalten, in dem sie an Verbraucher entsprechende außervertragliche Informationen bei wohnungswirtschaftlichen Krediten geben. Kreditinstitute verpflichten sich mit Anerkennung dieses Kodex,

- allgemeine Informationen über die im Angebot befindlichen wohnungswirtschaftlichen Kredite sowie
- in einer vorvertraglichen Phase individuelle Informationen zur Verfügung zu stellen. Die endgültige Entscheidung, ein Kreditangebot eines Darlehensgebers anzunehmen, bleibt bei dem Verbraucher.

Auszug aus dem Informationskatalog:

Allgemeine Informationen, die dem Verbraucher zur Verfügung gestellt werden sollten

Die ersten Informationen über wohnungswirtschaftliche Kredite sollten folgende Angaben umfassen oder um sie ergänzt werden. Diese Angaben sollen in derselben Art und Weise zur Verfügung gestellt werden, wie die Informationen selbst.

A – Anbieter:

1. Name und Adresse des Darlehensgebers;
2. Soweit zutreffend, Name und Adresse des Vermittlers.

B – Wohnungswirtschaftlicher Kredit:

1. Zweck für den der wohnungswirtschaftliche Kredit verwendet wird;
2. Art der Sicherheit;
3. Beschreibung der angebotenen wohnungswirtschaftlichen Kredite mit einer kurzen Darstellung der Unterschiede zwischen Produkten mit fester und variabler Verzinsung, einschließlich der sich hieraus ergebenden Auswirkungen für den Verbraucher;
4. Art der Verzinsung – fest, variabel, sowie Varianten hiervon;
5. Hinweis auf die Kosten eines typischen wohnungswirtschaftlichen Kredits für den Verbraucher;

6. Eine Liste der damit verbundenen Kostenelemente wie zum Beispiel Verwaltungskosten, Versicherungskosten, Kosten für Rechtsberatung, Vermittlerkosten ...;
7. Die verschiedenen Varianten zur Rückzahlung des Darlehens (einschließlich der Anzahl, Häufigkeit, Höhe der Ratenzahlungen, soweit zutreffend);
8. Möglichkeit der vorzeitigen Rückzahlung (wenn ja, zu welchen Bedingungen);
9. Notwendigkeit einer Beleihungswertermittlung durch Schätzung der Immobilie, und, bejahendenfalls, durch wen diese ausgerührt werden soll;
10. Allgemeine Informationen über Steuervergünstigungen für Zinsen eines wohnungswirtschaftlichen Kredits oder andere geläufige öffentliche Förderungen, bzw. Informationen, wo man weiterführende Beratung erhalten kann;
11. Die Dauer der Bedenkzeit, soweit einschlägig;
12. Bestätigung, dass das Kreditinstitut den Kodex gezeichnet hat, und Hinweis, dass eine Kopie des Kodex im Kreditinstitut verfügbar ist.

4.3 Bewertung und Beleihung

4.3.1 Bewertungsverfahren

Jedes Grundstücksobjekt ist ein individuelles Gut, das nur bedingt mit anderen vergleichbar ist. Einen „Marktpreis“ wie bei Massengütern kann es bei Grund und Boden nicht geben. Gleichwohl besteht außer bei einem Kauf in vielen Fällen die Notwendigkeit, einen Wert festzustellen. Solche Anlässe sind zum Beispiel bei einer Entschädigung nach Enteignung, einer gütlichen Nachlassteilung, bei einer Zwangsversteigerung, um das Mindestgebot festzulegen, bei der Festlegung des Feuerversicherungswertes, schließlich aber, um für die Beleihung im Rahmen einer Baufinanzierung einen Maßstab zu haben.

Der **Verkehrswert** soll stichtagsbezogen die Marktverhältnisse wiedergeben. In § 194 Baugesetzbuch wird er wie folgt definiert:

Der Verkehrswert wird durch den Preis bestimmt, der in dem Zeitpunkt, auf den sich die Ermittlung bezieht, im gewöhnlichen Geschäftsverkehr nach den rechtlichen Gegebenheiten und tatsächlichen Eigenschaften, der sonstigen

Beschaffenheit und der Lage des Grundstücks oder des sonstigen Gegenstands der Wertermittlung ohne Rücksicht auf ungewöhnliche oder persönliche Verhältnisse zu erzielen wäre.

Die Regeln, wie man diesen Wert finden soll, sind in der „Wertermittlungs-Verordnung" festgelegt, ergänzt durch die „Wertermittlungs-Richtlinien". Sie werden von den bei den Gemeinden bestellten „Gutachterausschüssen" und von den sonstigen Sachverständigen zur Feststellung des Verkehrswertes angewendet.

Bei der Beleihung von Grundstücken ist nicht allein der Stichtagswert maßgeblich, sondern die etwaige Verwertbarkeit in der Zukunft. Deshalb wird hier zwar ähnlich, grundsätzlich aber vorsichtiger bewertet. Der **Beleihungswert** ist der vom Kreditgeber für die Beleihung auf der Grundlage aller vorliegenden Angaben festgesetzte Wert. Der Beleihungswert soll den Verkehrswert nicht übersteigen. Für Hypothekenbanken und Sparkassen gelten eigene, gesetzlich festgelegte Beleihungsgrundsätze. Haus- und Wohngrundstücke werden von allen Kreditinstituten in fast ähnlicher Form nach dem im Folgenden beschriebenen Verfahren bewertet. Für Inhaber von Immobilien ist dieses Bewertungsverfahren bei älteren Gebäuden, die man beispielsweise geerbt hat und beleihen will, von größerer Bedeutung, da dann kein aktueller Anschaffungs- oder Herstellungswert vorhanden ist.

Wie wird der Ertragswert festgestellt? In erster Linie soll der Beleihungswert bei vermieteten Objekten aus dem Ertragswert abgeleitet werden. Dies ist im § 4 der Beleihungswertermittlungsverordnung für die Ermittlung des Beleihungswertes durch Pfandbriefbanken (vgl. § 16 Pfandbriefgesetz – Beleihungswertermittlung) als Grundsatz festgelegt:

Der Ertragswert ist grundsätzlich bei Mietobjekten und weniger bei selbstbewohnten Familienheimen anzusetzen. Grundlage ist der voraussichtlich nachhaltig erzielbare **Dauermietertrag.** Aus ihm wird der Jahresrohertrag errechnet; dieser setzt sich aus sämtlichen Mieterträgen des zu bewertenden Objektes zusammen. Der Jahresrohertrag wird um die Bewirtschaftungskosten vermindert. Pauschal wird der Rohertrag um etwa 20 % vermindert. Der sich nach Abzug der Bewirtschaftungskosten ergebende **Mietreinertrag** wird

„kapitalisiert“. Man unterstellt einen Kapitalwert, der bei der zugrunde gelegten Verzinsung den Mietreinertrag erbringen würde. Bei Wohngrundstücken geht man von einer Mindestverzinsung von 3 bis 4 % aus. Je nach der Restnutzungsdauer müssen noch Abschläge gemacht werden, die aus einer Tabelle zur Wertermittlungsverordnung entnommen werden können.

> Bei der Feststellung dieses Wertes sind nur die dauernden Eigenschaften des Grundstücks und der Ertrag zu berücksichtigen, welchen das Grundstück bei ordnungsmäßiger Bewirtschaftung jedem Besitzer nachhaltig gewähren kann.

Beispiel: Der Ertragswert eines Wohngebäudes mit 6 Wohnungen und insgesamt 544 m² Wohnfläche ist zu ermitteln. Als monatliche Miete werden 7,50 € je m² erzielt. Zusätzlich werden 6 Garagen zu 60 € je Monat vermietet. Als Bewirtschaftungskosten werden 20 % des Rohertrags angesetzt. Der Kapitalisierungszinsfuß ist 4 %, Restnutzungsdauer 100 Jahre (kein Abschlag erforderlich).

Jahresrohertrag 544 × 7,50 × 12 + 60 × 6 × 12 =	53 280 €
– Bewirtschaftungskosten 20 %	10 656 €
= Mietreinertrag p.a. (4 % des Ertragswertes)	42 624 €
Ertragswert	1 065 600 €

Die **Bewirtschaftungskosten** beim Ertragswertverfahren setzen sich aus folgenden Positionen zusammen:
- Verwaltungskosten (2–5 % der Miete),
- Instandhaltungskosten (5–10 % der Miete),
- Mietausfallkosten (2–5 % der Miete).

Wie wird der Sachwert festgestellt? Der Sachwert setzt sich aus folgenden Punkten zusammen:
- Gebäudewert auf heutigem Stand,
- Außenanlagen (2–5 %),
- Baunebenkosten (5–15 %),
- Erschließungskosten für Versorgungsanschlüsse (5–8 %),
- Bodenwert.

Insbesondere Ein- und Zweifamilienhäuser werden nicht als Renditeobjekte erstellt oder erworben, weshalb sich meist ein recht geringer Ertragswert ergibt. Um den Eigentümer hier nicht zu benachteiligen, geht man bei diesen Objekten vom Sachwert aus. Die „angemessenen Herstellungskosten" werden bei Neu- und Altbauten nach dem Abschlagsverfahren ermittelt.

Grundlage bei diesem Verfahren ist zunächst der Wert des Grund und Bodens. Der **Bodenwert** umfasst den Wert der gesamten bebauten und unbebauten Grundstücksfläche. Er ist in erster Linie abhängig von der Lage des Grundstücks und den Nutzungsmöglichkeiten nach der jeweils geltenden Bauordnung. Der Wert wird nach Quadratmetern festgelegt. Wenn ein Grundstück gekauft worden ist, gehen die Kreditinstitute in der Regel vom Kaufpreis aus. Die Gutachterausschüsse der Gemeinden sammeln alle Kaufverträge und ermitteln daraus Richtwertzahlen als Vergleichsgrößen.

Baulandbewertung: Rechtlich ist ein Grundstück danach zu bewerten, ob es in absehbarer Zeit überhaupt bebaut werden kann.

- **Bauerwartungsland** sind Flächen, die nach ihrer Eigenschaft, ihrer sonstigen Beschaffenheit und ihrer Lage eine bauliche Nutzung in absehbarer Zeit erwarten lassen.
- **Rohbauland** sind Flächen, die nach dem Baugesetzbuch für eine bauliche Nutzung bestimmt sind, deren Erschließung aber noch nicht gesichert ist oder die für eine bauliche Nutzung unzureichend gestaltet sind.
- **Baureifes Land** sind Flächen, die nach öffentlich-rechtlichen Vorschriften baulich nutzbar sind. Die öffentliche Erschließung ist bereits abgeschlossen.

Das Rohbauland kostet etwa 60–75 % des Baulandes, das Bauerwartungsland kostet 20–40 % des Baulandes.

Ausgehend vom **Bodenrichtwert** können gleichartige Grundstücke bei unterschiedlicher baulicher Nutzungsmöglichkeit unterschiedliche Werte darstellen.

Im **qualifizierten Bebauungsplan** wird das zulässige Maß der baulichen Nutzung bestimmt durch Festsetzung

- der Geschossflächenzahl (Geschossfläche je m^2 Grundstücksfläche),
- der Baumassenzahl (m^3 Baumasse je m^2 Grundstücksfläche in Industriegebieten),

- der Grundflächenzahl (m^2 Grundfläche je m^2 Grundstücksfläche),
- der baulichen Anlagen und der Zahl der Vollgeschosse).

Beispiel für Bodenrichtwerte:

Bekanntmachung der Bodenrichtwerte zum 31. Dezember 2006

Der Gutachterausschuss für die Ermittlung von Grundstückswerten hat gern. § 193 Abs. 3 des Baugesetzbuches (BauGB) in Verbindung mit § 12 der Gutachterausschussverordnung (GAVO) der Landesregierung Baden-Württemberg die Bodenrichtwerte für Ravensburg zum 31. 12. 2006 ermittelt. Die Quadratmeterpreise für baureifes, unbebautes und bebautes Land einschließlich Erschließungskosten betragen

Stadtteil 1 Gebiet Ravensburg	Nutzung	Richtwerte €/m
Kernstadt	MK	Dieser Bodenrichtwert kann nur nach Lage und Bebauung ermittelt werden.
Südliche Innenstadt	M	560
Westlich der Altstadt	M	415
Nordstadt	M	410
Breitenen, Burach, Sonnenbüchel		**305**
Westlich des Hauptfriedhofes	W	360
Andermannsberg	W	380
Schlierer Straße	W	300
Schornreute-Ost/ Kalter Knebel		230
Hinzistobel	M	180
Knollengraben	M	130
Schornreute-West	W	230
Bannegg-Nord	W	460
Bannegg-Süd	W	385
Südstadt	W	295
Gewerbegebiet Südstadt	G	215
Gewerbegebiet Südstadt westlich der Bahn	G	160

Nutzungsarten:

W = Wohnbauflächen

M = Gemischte Bauflächen G = Gewerbliche Bauflächen MK = Kerngebiet

Die Richtwerte beziehen sich auf eine mittlere Geschossflächenzahl (GFZ) gem. § 20 BauNVO der jeweiligen Richtwertzone:

Der Richtwert ist ein aus Kaufpreisen ermittelter Bodenwert für unbebaute und bebaute Grundstücke (durchschnittlicher Lagewert ohne bindende Wirkung). Abweichungen des einzelnen Grundstücks in den wertbestimmenden Eigenschaften, wie Lage und Entwicklungszustand, Art und Maß der baulichen Nutzung, Bebauung, Bodenbeschaffenheit, Grundstücksgröße und -zuschnitt und Erschließungszustand bewirken Abweichungen seines Verkehrswerts vom Richtwert.

Auch die technische Situation des Grundstücks kann den Wert stark beeinflussen, so z. B. ungünstiger Zuschnitt, ungünstige Erreichbarkeit oder ungünstige Hanglage oder das Vorhandensein von Schadstoffen.

Gerade die **Verkehrsanbindung** spielt eine immer größere Rolle. Die Erreichbarkeit von Innenstädten mit Autos wird eher zurückgedrängt, weshalb ein Ausweichen auf öffentliche Verkehrsmittel notwendig wird. Die Erreichbarkeit von Bus-, Straßen- oder U-Bahn-Haltestellen spielt eine große Rolle.

Der **Bauwert** umfasst den Wert aller auf dem Beleihungsgrundstück bestehenden und noch zu errichtenden Aufbauten. Er orientiert sich an den angemessenen Herstellungskosten. Dabei werden die Preise zugrunde gelegt, die für Objekte gleicher Art üblich sind. Persönlich bedingte Mehraufwendungen für ungewöhnliche Arbeiten sind gar nicht oder nur in geringem Umfang zu berücksichtigen.

Bei vorhandenen Gebäuden werden für Alterung und Abnutzung Abschläge vorgenommen.

Das **Abschlagsverfahren** wird zur Ermittlung des Beleihungswertes bei Neu- und Altbauten angewendet. Die Baukosten einschließlich der Baunebenkosten und des Wertes der Außenanlagen werden um einen Risikoabschlag von 10–25 % vermindert. Dieser richtet sich nach der Einschätzung der Verwertbarkeit des Pfandobjektes. Bei Neubauten geht man von den nachgewiesenen Herstellungskosten aus. Bei relativ neuen Gebäuden kann man vom Kubikmeterpreis des umbauten Raumes für derartige Gebäude ausgehen.

Beispiel:

Neubau eines Einfamilienhauses	€
tatsächliche und angemessene Bauwerkskosten	378 000
+ Baunebenkosten (Planung, Gebühren usw.)	35 000
+ Außenanlagen	17 000
Summe	430 000
– 15 % Sicherheitsabschlag	64 500
Bauwert	365 500
+ Grundstück 430 m² zu 94,00 €	40 420
Sachwert	405 920
gerundet	405 000
(Vergleichsgröße Verkehrswert	470 000)

Lebensalter des Gebäudes	Wertminderung bei einer Gesamtnutzungsdauer von 80 Jahren	100 Jahren
5	3,3	2,6
10	7,0	5,5
20	15,6	12,0
30	25,8	19,5
40	37,5	28,0
50	50,8	37,5
60	65,6	48,0
70	82,0	59,5
80	100,0	72,0
90		85,5
100		100,0

Tab. 16: Technische Wertminderung von Gebäuden in v. H. des Herstellungswertes nach „Ross“

Grundbesitzbewertung als Bedarfsbewertung: Der Grundbesitz wird nur bei Bedarf bewertet, d. h. im Falle einer Erbschaft oder Schenkung oder in bestimmten Fällen der Grunderwerbsteuer. Grundlage ist ein Ertragswertverfahren. Die Wertverhältnisse am 1. 1. 1996 gelten für die Feststellung von Grundbesitzwerten bis zum 31. 12. 2001. Einzelheiten finden sie im Kapitel 3.4 Erbschaft- und Schenkungsteuer.

Einfamilien-Wohnhäuser, frei stehend
Normalherstellungskosten (ohne Baunebenkosten) entsprechend Kostengruppe 300 und 400 DIN 276/1993

Typ 1.01: Keller-, Erdgeschoss, voll ausgebautes Dachgeschoss (Kosten der Brutto-Grundfläche in €/m², durchschnittliche Geschosshöhe 2,85 m)

Ausstattungsstandards	vor 1925	1925 bis 1945	1946 bis 1959	1960 bis 1969	1970 bis 1984	1985 bis 1999	2000
einfach	410–425	430–440	440–475	475–500	505–530	535–580	580
mittel	470–485	490–500	500–540	540–575	575–605	610–660	660
gehoben	540–560	565–580	580–625	625–660	665–700	700–760	760
stark gehoben	740–765	770–785	790–850	855–900	905–955	955–1035	1040

Bewertung mit Normalherstellungskosten 2000, Indexstand 700 EUR/m³.

Beispiel: Freistehendes Einfamilienhaus Bruttogrundfläche 300 m², Baujahr 1978, gehobene Ausstattung, Gesamtnutzungsdauer 100 Jahre, Baunebenkosten 16 %:

	€
Bruttogrundfläche 300 m² × 700	210.000
+ Baunebenkosten 16 %	33.600
	243.600
– Altersabschlag 30 Jahre, 19,5 %	47.500
Bauwert	196.100
+ Grundstück 430 m² zu 94 €	40.420
Sachwert	236.520

Der **Verkehrswert** berücksichtigt insbesondere noch die aktuelle Marktlage vor Ort und die Verkehrsfähigkeit des Objekts.

Eintragungen in der zweiten Abteilung des Grundbuchs, beispielsweise Wohnrechte und Nutzungsbeschränkungen, können den Wert des Pfandobjektes erheblich beeinträchtigen.

Teilweise wird noch das Indexverfahren auf Grundlage von bis heute fortgeschriebenen Baupreisen mit den Basisjahren 1913 und zusätzlich 1914 angewendet. Hypothekenbanken und Feuerversicherungen gehen vom Index 1914 aus. Zum jeweiligen Basisjahr wird ein Index vierteljährlich veröffentlicht.

Beispiel: Mietwohngebäude mit guter Ausstattung, umbauter Raum 2100 Kubikmeter, Basispreis 1913 ohne Nebenkosten 18,00 Mark je Kubikmeter; Nebenkosten 15 %, Lebensdauer 100 Jahre, Lebensalter des Gebäudes 60 Jahre:

Baupreis 1913	18,00 M
+ Nebenkosten 15 %	2,70 M
Basiswert 1914	20,70 M
Umbauter Raum 2100 m³ × 20,70	
= Baupreis 1913	43 470,00 M
– technische Wertminderung 48 %	20 865,60 M
	22 604,40 M

Index 1913 =	12,704 je M
– 20 %	2,541
	10,163

Bauwert nach Beleihungsgrundsätzen	
22 604,40 × 10,163 =	229 728,52 €
+ Bodenwert 1230 m² zu 60 €	73 800,00 €
Sachwert	303 528,52 €

Raummeterpreise Basis 1913

	Ausführung und Bauart		
	mittelmäßig	gut	sehr gut
ältere Mehrfamilienhäuser massive Bauweise, mehrgeschossig, Geschoßhöhen 3,00 bis 3,50 m, voll unterkellert, Holzbalkendecken, einfache Sanitäranlagen *Nutzungsdauer ca. 100 Jahre*	14–16	16–18	18–22

Wie wird der Vergleichswert für Grundstücke ermittelt? Soll der Wert eines Grundstücks oder der auf das Grundstück entfallende Anteil am Kaufpreis von einem Gutachterausschuss ermittelt werden, geht dieser vom **Vergleichswert** aus. Dabei werden Kaufpreise solcher Grundstücke herangezogen, die hinsichtlich der ihren Wert beeinflussenden Merkmale mit dem zu bewertenden Grundstück hinreichend übereinstimmen (Vergleichsgrundstücke). Finden sich in dem Gebiet, in dem das Grundstück liegt, nicht genügend aktuelle Kaufpreise, können auch Vergleichsgrundstücke aus vergleichbaren Gebieten herangezogen werden.

Die Beschaffenheit und die tatsächlichen Eigenschaften des Grundstücks werden insbesondere durch die Grundstücksgröße und Grundstücksgestalt, die Bodenbeschaffenheit (z. B. Bodengüte, Eignung als Baugrund, Belastung mit Ablagerungen), die tatsächliche Nutzung und Nutzbarkeit bestimmt. Lagemerkmale von Grundstücken sind insbesondere die Verkehrsanbindung, die Nachbarschaft, die Wohn- und Geschäftslage sowie die Umwelteinflüsse (vgl. § 5 Wertermittlungsverordnung).

Wenn für bebaute Grundstücke das Vergleichswertverfahren herangezogen wird, wird ein einheitlicher Grundstückswert ermittelt, der das Grundstück mit allen seinen Bestandteilen als wirtschaftliche Einheit erfasst. Dies kommt vor allem in Betracht für typisierbare Grundstücke wie Ein- und Zweifamilienreihenhäuser, Siedlungen sowie Eigentumswohnungen und Garagen.

Der Vergleichswert ist in der Regel als **Verkehrswert** anzusehen.

Welche Besonderheiten gelten für Wohnungseigentum und Erbbaurecht? Für die Beleihung von Wohnungs- und Teileigentum gelten grundsätzlich die gleichen Regeln wie oben beschrieben. Bei der Ermittlung des Ertragswerts des Wohnungseigentums ist von der Wohnfläche der einzelnen Wohnung auszugehen. Der Bau- und Bodenwert des einzelnen Wohnungseigentums ist im Verhältnis zum gesamten Hausgrundstück anteilig zu ermitteln. Eine Beleihung ist nur zulässig, wenn ein vertrauenswürdiger Verwalter für das gemeinschaftliche Eigentum gemäß den Vorschriften des Wohnungseigentumsgesetzes bestellt ist. Für die Bewertung des Teileigentums wird sinngemäß verfahren.

Beim Erbbaurecht wird für die Ermittlung des Beleihungswertes nur der Bauwert bzw. Ertragswert berücksichtigt. Der Boden bleibt außer Ansatz, Erschließungskosten sind jedoch zu berücksichtigen. Die Tilgung der Hypothek muss spätestens 10 Jahre vor Ablauf des Erbbaurechts enden und darf nicht länger dauern, als zur buchmäßigen Abschreibung des Bauwertes nach wirtschaftlichen Grundsätzen erforderlich ist.

Welche Beleihungsgrenzen sind üblich? Die Beleihungsgrenze ist die Obergrenze für die Gewährung eines Darlehens nach den jeweiligen Vorschriften des Darlehensgebers. Sie wird als Bruchteil des Beleihungswertes festgelegt. Nach § 11 Hypothekenbankgesetz darf die Beleihung 60 % des Beleihungswertes nicht übersteigen. Ähnliche Vorschriften gelten für die Sparkassen. Bei Bausparkassen darf die Beleihung 80 % des Beleihungswertes nicht übersteigen. Überschreitungen der Beleihungsgrenzen sind aber unter bestimmten Voraussetzungen durchaus möglich. Die Konditionen sind aber innerhalb der üblichen Beleihungsgrenze immer günstiger als bei einer Überschreitung.

Beispiel:

Beleihungswert eines Grundstücks	540 000 €
Beleihungsgrenze 60 %	324 000 €
Beleihungsgrenze 80 %	432 000 €

Wird die erstrangige Beleihungsgrenze beispielsweise mit 300 000 € ausgenutzt, gibt die Bausparkasse ein Darlehen von 132 000 € im zweiten Rang.

Die Feststellung des Verkehrswertes eines Bauobjektes durch einen vereidigten Sachverständigen oder einen Gutachterausschuss kostet etwa 2‰ des Verkehrswertes. Die Schätzgebühren, die von Banken und Bausparkassen in Rechnung gestellt werden, sind meistens günstiger.

4.3.2 Grundpfandrechte

Ein Grundpfandrecht gibt dem Berechtigten das Recht, sich aus dem Pfandobjekt zu befriedigen; dies geschieht durch Zwangsversteigerung oder -verwaltung. Als dingliches Recht gilt es gegen jeden

Eigentümer. Wird ein Grundstück durch Kaufvertrag, Schenkung oder im Erbfall auf einen anderen übertragen, bleiben die Grundpfandrechte erhalten. Auf einem Grundstück können mehrere Grundpfandrechte bestehen.

Grundpfandrechte können Hypotheken, Grundschulden und Rentenschulden sein. Bei Finanzierungen durch Kreditinstitute wird praktisch nur noch die Grundschuld verwendet.

Die **Rentenschuld** ist eine Sonderform der Grundschuld. Sie verpflichtet den Eigentümer, zu regelmäßig wiederkehrenden Terminen eine bestimmte Summe zu zahlen. Neben dem Betrag der laufenden Zahlung wird im Grundbuch ein Betrag eingetragen, mit dem die Rentenschuld abgelöst werden kann. Für die Zahlungen haftet der Wert des Grundstücks. Bei der Kreditsicherung spielt die Rentenschuld keine Rolle.

Die **Hypothek** (hypotheke, griech. = Unterlage, Unterpfand) ist ein Pfandrecht an einem Grundstück wegen einer Forderung. Als Kreditsicherung ist sie im BGB geregelt. Die Hypothek kann nur zur Sicherung einer ganz bestimmten Forderung eingetragen werden. Mit der Rückzahlung dieser Forderung erlischt auch das Pfandrecht. Die Hypothek schützt den Schuldner vor Missbrauch. Bei Kreditaufnahme von privater Seite ist sie durchaus zu empfehlen. Bei der Finanzierung durch ein Kreditinstitut oder eine Versicherung ist ein Missbrauch durch den Gläubiger ausgeschlossen. Diese Geldgeber bevorzugen die Grundschuld, weil hier weniger Formvorschriften durch das Gesetz gelten; die Vertragsgestaltung kann besser an die Bedürfnisse einer modernen Baufinanzierung angepasst werden und bringt somit auch Vorteile für den Kreditnehmer. Im Sprachgebrauch spricht man zwar noch von Hypothekenkredit, Hypothekenbanken u. Ä., jedoch werden bei den damit bezeichneten Geschäften Grundschulden verwendet.

Die **Grundschuld** ist eine Belastung eines Grundstücks, die einen Zahlungsanspruch an den jeweiligen Eigentümer eines Grundstücks verbrieft. Die Grundschuld kann als solche bestehen, ohne dass der Bestellung bereits eine bestimmte Forderung zugrunde liegt („Grundschuld ist eine Schuld ohne Schuldgrund“); Beispiele für eine solche Bestellung: Sicherung eines künftigen Erbanspruchs, Schenkung eines Geldbetrages, der erst später gezahlt werden soll

u. Ä. Selbstverständlich werden den Finanzinstituten vom Eigentümer eines Grundstücks nur Grundschulden gegeben, wenn sie dafür einen entsprechenden Kredit erhalten haben. Man spricht dann auch von einer Sicherungsgrundschuld. Der Gläubiger ist schuldrechtlich verpflichtet, von der Grundschuld nur Gebrauch zu machen, soweit es das Kreditverhältnis erlaubt. Daraus ergibt sich bereits ein für die Eigentümer wichtiger Grundsatz: **Die Ansprüche der Gläubiger einer Sicherungsgrundschuld gegenüber dem Kreditnehmer richten sich ausschließlich nach dem Darlehensvertrag und nicht nach dem Inhalt der Grundschuld!**

Vorteile im Umgang mit der Grundschuld sind: Durch eine Grundschuld können mehrere selbstständige Forderungen gegen denselben oder verschiedene Schuldner gesichert werden; durch formlose Vereinbarung kann die Grundschuld zur Sicherung einer neuen Forderung verwendet werden, da die Grundschuld bei Tilgung der gesicherten Forderung weiter dem Grundschuldgläubiger zusteht.

4.3.2.1 Bestellung und Kosten der Grundpfandrechte

Der Gläubiger und der Eigentümer des Grundstücks müssen sich über die Bestellung des Grundpfandrechts einig sein. Dies geschieht regelmäßig im Rahmen des Darlehensvertrages. Die **Einigung** im Rahmen des Kreditvertrages ist aber rechtlich nicht bindend, sondern entspricht einer Absichtserklärung und einer Erklärung über den Verwendungszweck der Grundschuld. Formell kann die Grundschuld erst bestehen, wenn sie im Grundbuch eingetragen ist. Die **Eintragung** im Grundbuch setzt einen Antrag und die Bewilligung des Grundstückseigentümers voraus.

In den neuen Bundesländern können bei Schaffung von Wohneigentum Bürgschaften der Kommunen die Bestellung von Grundpfandrechten ersetzen, soweit es Eintragungsprobleme bei den Grundbuchämtern gibt.

Der **Eintragungsantrag** ist nicht formgebunden und kann von jedem Beteiligten gestellt werden. Wenn der Gläubiger oder ein Notar den Antrag stellt, kann er vom Eigentümer dem Grundbuchamt gegenüber nicht mehr zurückgenommen werden. Dies hat aber den Vorteil, dass mit dem Eingang des Antrags beim Grundbuchamt die

Rangstelle gesichert ist, und dass der Gläubiger dann bereits vor der eigentlichen Eintragung mit der Sicherung rechnen kann; ein Darlehen kann dann sofort ausgezahlt werden.

Die **Eintragungsbewilligung** muss durch eine öffentliche oder öffentlich beglaubigte Urkunde nachgewiesen werden. Der Eigentümer des Grundstücks muss die Bewilligung erteilen. Wenn – wie bei Kreditinstituten üblich – auf die Ausstellung eines Grundschuldbriefs oder auf dessen Aushändigung an den Eigentümer verzichtet wird, entsteht die Grundschuld mit der Eintragung.

Ein **Grundschuldbrief** ist ein Wertpapier. Er ermöglicht die einfache Übertragung einer Grundschuld. Er wird heute bei der Beleihung durch Versicherungen noch ausgestellt. Banken verzichten häufig auf einen Brief, auch bei der „Finanzierung aus einer Hand", und ersparen dem Kreditnehmer die Gebühr.

Auszug aus einer Bestellungsurkunde

1. Der Eigentümer des im Grundbuch von... eingetragenen Grundstücks... Band... – in dieser Urkunde „Grundeigentum" genannt, – bestellt auf dem genannten Grundeigentum eine Grundschuld in Höhe von € 100 000,00 (in Worten Euro einhunderttausend) zugunsten der... Bank in... – in dieser Urkunde „Gläubigerin" genannt – nebst 15 Prozent Jahreszinsen vom heutigen Tag an sowie einer einmaligen Nebenleistung von 5 % des Grundschuldbetrages. Die Zinsen sind am 1. Werktag eines jeden Jahres für das vorausgegangene Kalenderjahr zahlbar. Grundschuld und Nebenleistung sind fällig. Wird aus der Grundschuld Zahlung verlangt oder geleistet, so werden die Zinsen zu diesem Zeitpunkt fällig.

Obwohl in der Grundschuldbestellung vereinbart ist, dass die Grundschuld „sofort fällig" ist, darf die Bank nur dann den Betrag durch Grundstücksverwertung anfordern, wenn der Kreditnehmer aus dem Kreditverhältnis in Verzug ist. Wenn im Kreditvertrag ein Disagio von 2 % und 8 % Jahreszinsen vereinbart sind, darf und wird die Bank nur diesen Zins verlangen. Die Eintragung eines höheren Zinses und eines Betrages für die Nebenleistung dienen der Absicherung der Bank gegen nachrangige Gläubiger für den Fall, dass durch eine neue Zinsvereinbarung ein höherer Zins berechnet werden darf und etwaige Vollstreckungskosten und Verzugszinsen fällig werden. Die Eintragung eines höheren Zinses von Anfang an erleichtert den Abschluss neuer Zinsvereinbarungen, da dann bei einer unumgänglichen Zinserhöhung keine zusätzliche Grundbuchsicherung erforderlich ist.

2. Ein Grundschuldbrief soll gebildet werden. Auf Vorlage des Grundschuldbriefs und der sonstigen in § 1160 BGB genannten Urkunden im Fall der Mahnung oder Geltendmachung der Grundschuld wird auch namens des Rechtsnachfolgers verzichtet. Die Gläubigerin ist gemäß § 1117 Abs. 2 BGB berechtigt, sich den Grundschuldbrief vom Grundbuchamt aushändigen zu lassen.

Durch diese Klausel verliert der Brief seine ursprüngliche Bedeutung und dient nur noch der einfacheren Übertragung der Grundschuld.

II. Dingliche Zwangsvollstreckungsunterwerfung. Der Eigentümer unterwirft sich wegen aller Ansprüche an Kapital, Zinsen, Nebenleistung und Kosten, welche der Gläubigerin aus der Grundschuld zustehen, der sofortigen Zwangsvollstreckung in das mit der Grundschuld belastete Grundeigentum, und zwar in der Weise, dass die Zwangsvollstreckung gegen den jeweiligen Eigentümer des Grundeigentums zulässig sein soll.

Diese immer übliche Klausel erleichtert dem Gläubiger die Zwangsvollstreckung; sie erspart eine Duldungsklage vor Einleitung des Zwangsverfahrens. Eine Grundschuld mit dieser Klausel muss notariell beurkundet werden.

Eine **persönliche Unterwerfungsklausel** besagt, dass sich der Schuldner in Höhe des Grundschuldbetrages zuzüglich Zinsen und Nebenleistungen der sofortigen Zwangsvollstreckung in sein gesamtes sonstiges Vermögen unterwirft.

IV. 2. Der andere Ehegatte stimmt durch seine Unterschrift vorstehenden Erklärungen zu, soweit dies im Hinblick auf den Güterstand der Ehegatten erforderlich sein sollte.

Beim Güterstand der Zugewinngemeinschaft, der ohne besondere Vereinbarung zwischen Eheleuten gilt, kann ein Ehegatte Verfügungen über sein gesamtes Vermögen nur mit Zustimmung des anderen Ehegatten vornehmen. Ist ein Ehegatte also Alleineigentümer des Pfandobjektes und macht dieses den größten Teil seines Vermögens aus, muss der andere Ehegatte der Beleihung zustimmen.

Im Grundbuch wird die Grundschuld in der Dritten Abteilung des Grundbuchs beispielsweise wie folgt eingetragen:

Hunderttausend Euro Grundschuld mit fünfzehn vom hundert jährlich verzinslich für die ... Bank. Sofort vollstreckbar gegen den jeweiligen Eigentümer. Unter Bezugnahme auf die Eintragungsbewilligung vom ... eingetragen am ...

Nähere Informationen sind dann aus den Grundakten zu entnehmen.

Die zusätzlich vereinbarte **Zweckerklärung** regelt mit schuldrechtlicher Wirkung die Rechte und Pflichten zwischen Gläubiger und Grundstückseigentümer hinsichtlich der Grundschuld. In der Zweckerklärung wird der Kreis der durch die Grundschuld zu sichernden Forderungen bezeichnet. Der Gläubiger lässt sich das Recht einräumen, wie er bei Störungen des Kreditverhältnisses die Grundschuld verwerten will. Es wird auch festgelegt, was zu tun ist, wenn der Gläubiger keine schuldrechtlichen Ansprüche mehr hat. Beispielsweise kann der Eigentümer die Löschung oder Umschreibung erst verlangen, wenn alle gesicherten Forderungen getilgt sind und außerdem feststeht, dass neue Ansprüche nicht mehr entstehen können. In der Zweckerklärung kann auch die Übertragung der Rückgewährsansprüche vorrangiger Belastungen enthalten sein. Damit kann sich der Gläubiger eventuell einen besseren Rang sichern. Bei normalem Kreditverlauf kommen diese Klauseln praktisch nicht zur Anwendung.

Wie erlischt eine Grundschuld? Wenn ein Kredit zurückgezahlt ist und der Gläubiger keinerlei Ansprüche mehr hat, muss er die Grundschuld an den Eigentümer zurückgeben. Dazu übergibt er – wenn vorhanden – den Grundschuldbrief und eine notariell beglaubigte **Löschungsbewilligung.** Mit diesen Urkunden kann der Eigentümer kostenpflichtig die Löschung beantragen. Verzichtet er darauf, so bleibt die Eintragung bestehen und gilt als Eigentümergrundschuld. Sie kann durch Abtretung wieder als Sicherheit verwendet werden. Geschäftsbanken empfehlen ihren Kunden, der Bank die Grundschuld auch nach Abwicklung der Kreditbeziehung zu überlassen. Ohne Kreditanspruch kann die Bank die Grundschuld keinesfalls verwerten, der Kunde hat aber jederzeit eine ausgezeichnete Sicherheit für neue Kredite; auch werden die Kosten für die Bewilligung und Löschung gespart.

Was kostet die Grundschuldbestellung? Bei der Bestellung einer Grundschuld mit Zwangsvollstreckungsunterwerfung entstehen in der Regel beim Notar und beim Grundbuchamt folgende, vom Nennbetrag des Grundpfandrechts abhängige Gebühren:

(1) Für die Beurkundung der Bestellung des Grundpfandrechts beim Notar eine volle Gebühr (§ 36 Abs. 1 der Kostenordnung) nebst Umsatzsteuer und Schreibauslagen,
(2) für die Eintragung des Grundpfandrechts eine volle Gebühr (§ 62 der Kostenordnung) durch das Grundbuchamt nebst Schreibauslagen für die Ausfertigungen,
(3) für die Erteilung des Grundschuldbriefes ein Viertel der vollen Gebühr (§ 71 der Kostenordnung).

Weitere Gebühren können entstehen, wenn außer der Eintragung des Grundpfandrechts sonstige Eintragungen (z. B. Löschung von Vorlasten oder Vorrangseinräumung) vorzunehmen sind (vgl. Gebührentabelle auf S. 79).

Beispiel: Bestellung einer Briefgrundschuld über 100 000 € mit Zwangsvollstreckungsklausel

1. Notar		
Volle Gebühr	260,00 €	
Auslagen	5,00 €	
19 % Umsatzsteuer	50,35 €	
Summe		315,35 €
2. Grundbuchamt		
Volle Gebühr	260,00 €	
Grundschuldbrief	65,00 €	
Auslagen	6,00 €	
Summe		331,00 €
Gesamte Kosten		646,35 €

4.3.2.2 Bedeutung der Rangordnung

Die Rangordnung spielt bei der Zwangsvollstreckung eine große Rolle. Die verschiedenen eingetragenen Rechte werden der Rangordnung entsprechend nacheinander voll befriedigt; der Gläubiger der „erstrangigen" Grundschuld muss erst vollständig befriedigt sein, bevor der Gläubiger im zweiten Rang zum Zuge kommen kann usw. Das Rangverhältnis innerhalb einer Abteilung des Grundbuchs bestimmt sich grundsätzlich nach der Abfolge der Eintragungen, die laufend nummeriert werden.

Sind die Rechte in verschiedenen Abteilungen eingetragen, ist das Datum der Eintragung ausschlaggebend: So hat beispielsweise eine in der zweiten Abteilung eingetragene Grunddienstbarkeit einen besseren Rang als eine unter einem späteren Datum in der Dritten Abteilung eingetragene Grundschuld, auch wenn diese dort den ersten Rang hat. Rechte, die in verschiedenen Abteilungen am gleichen Tag eingetragen worden sind, haben den gleichen Rang.

Beispiel für eine Verteilung des Versteigerungserlöses nach Zwangsvollstreckung

Eingetragen sind in der Dritten Abteilung:

1. Grundschuld über 100 000 €
2. Hypothek über 140 000 €
3. Grundschuld über 70 000 €

Der Versteigerungserlös nach Abzug der Kosten und öffentlichen Lasten sei 200 000 €. Er steht zur Befriedigung des Hauptanspruchs zur Verfügung und wird wie folgt verteilt, wenn die Lasten in voller Höhe geltend gemacht werden können:

1. Grundschuld über 100 000 €; volle Befriedigung
2. Hypothek über 140 000 €; teilweise Befriedigung mit 100 000 €
3. Grundschuld über 70 000 € geht leer aus.

4.4 Finanzierungsplanung und -beratung

Hat der Kauf- oder Bauwillige den Entschluss gefasst, ein Projekt zu realisieren, müssen die angestellten Überlegungen konkretisiert werden. In der Grundstruktur kann man dies selbst; wenn es um Einzelheiten der Umsetzung und Berechnung geht, sollte man sich der regelmäßig kostenlosen Hilfe eines Beraters in einem Kreditinstitut bedienen.

Planungsgrundsätze: Bevor konkrete finanzielle Pläne aufgestellt werden, muss man sich über einige Datenbereiche klar werden:

Wie hoch sind die Gestehungskosten? Erfassen Sie die zu finanzierenden Gestehungskosten vollständig! Der private Verkäufer einer Wohneinheit wird aus verkaufspsychologischen Gründen allenfalls den Preis nennen, den er selbst erhält und sich über die vom Käufer sonst zu tragenden Kosten ausschweigen. Ein Architekt mag vielleicht nur die reinen Herstellungskosten nennen. Letztlich bleiben aber alle vom Bauherrn oder Käufer aufzubringenden Kosten und Gebühren an ihm hängen. Eine solide Finanzierungsberatung wird hier nichts weglassen, sondern eher noch einen „Vorsichtszuschlag“ machen. Sollten die Mittel letztlich doch nicht ganz ausreichen, muss eine lästige und meist schwierige Nachfinanzierung gemacht werden.

• **Zu den Kosten eines Neubauprojektes gehören:**
(1) Grundstückskosten nebst Grunderwerbsteuer, Notarkosten und Erschließungskosten
(2) Baukosten geschätzt nach Bauunterlagen vom Architekten. Bei neu erstellten Eigentumswohnungen und Fertighäusern sind Sonderwünsche einzukalkulieren. Nicht zu vergessen sind Garagen und mindestens die für die Küche notwendigen oder geplanten Einbauten
(3) Außenanlagen, wozu sämtliche Anschlüsse für Wasser, Gas, Strom, im Boden verlegte Kabel für Telefon und Fernsehen, Entwässerung, Einfriedungen, Wege, Gartenpflanzen, Mülltonne usw. gehören
(4) Baunebenkosten setzen sich zusammen aus Architektenhonorar, Honorar für erforderliche Prüfung der Statik, Behördengebühren für Baugenehmigung, sonstige Nebenkosten; bei Schätzung werden etwa 10–15 % der Baukosten angenommen,
(5) Finanzierungskosten: siehe unten

• **Zu den Kosten beim Erwerb eines fertigen Objektes gehören:**
(1) Kaufpreis nach Kaufvertrag
(2) Im Kaufvertrag festgelegte andere Zahlungen
(3) Grunderwerbsteuer
(4) Notarkosten
(5) Maklergebühren

• **Die Finanzierungskosten** sind bis zur Bezugsfertigkeit ebenfalls **in die Kostenplanung aufzunehmen:**

(1) Damnum (Disagio)
(2) Zinsen während der Bauzeit; Faustregel: die Hälfte der geplanten Fremdmittel als Durchschnittskapitalbedarf ansetzen!
(3) Notar- und Grundbuchkosten für die Sicherheitenbestellung
(4) Schätzungskosten
(5) Sonstiges

Welche Finanzmittel stehen zur Verfügung? Es werden zunächst alle verfügbaren direkten Eigenmittel zusammengestellt. Danach werden die Möglichkeiten zur Erlangung indirekter Eigenmittel zusammengestellt.

Bereits vorhandene Anwartschaften und Möglichkeiten zur Fremdmittelbeschaffung werden untersucht, zum Beispiel in Bausparverträgen, Lebensversicherungsverträgen o. Ä.

Wie hoch ist man monatlich belastbar? Das Jahreseinkommen einschließlich aller Sonderzuwendungen, Urlaubsgeld, Kindergeld und sonstiger Einkünfte wird auf den Monat bezogen. Alle unumgänglichen laufenden Belastungen werden zusammengestellt. Es wird geprüft, welche Belastungen durch den Erwerb geringer werden, beispielsweise Fahrtkosten, und welche größer werden, zum Beispiel Hausnebenkosten.

Die für den Lebensunterhalt unabdingbare Summe wird festgelegt.

Checkliste für Baukosten

Vor der Erstellung eines Finanzplans sollte nichts vergessen werden. Dazu mögen die Angaben aus folgenden Listen dienen, die man sich individuell je nach Lage zusammenstellen mag:

- **Grundstückskosten:** Kaufpreis bzw. Verkehrswert, Vermessungskosten, Grunderwerbsteuer, Notarkosten, Wertermittlungsgebühr, Bodenuntersuchung, Maklergebühr
- **Erschließungskosten:** Abräumen, Rodung, Bodenverschiebung, Abbruch, Abstellflächen herrichten, Kosten der öffentlichen Erschließung für Straßen, Gas, Wasser, Kanal, Strom
- **Gebäudekosten:** Baukosten, Baunebenkosten, Kosten der Außenanlage
- **Vorhandene Eigenmittel:** Grundstück, Sachmittel, Baumaterial, Bankguthaben, Bausparguthaben, Barmittel, Wertpapiere, öffentliche Fördermittel, Verwandtenzuschüsse und -darlehen

- **Fremdmittel:** Bankdarlehen, Versicherungsdarlehen, Bauspardarlehen, Arbeitgeberdarlehen, öffentliche Förderdarlehen
- **Laufende Belastungen:** Monatliche Belastung aus Zins und Tilgung; bei unterschiedlichen Fälligkeiten entsprechend umrechnen, Bewirtschaftungskosten
- **Nettomehrbelastung:** Verringerung bisheriger Lasten; z. B. Sparraten, Bausparbeiträge, Kostenabbau, z. B. Fahrkosten, Abbau bisheriger Wohnkosten, Belastung durch Immobilie

= Mehrbelastung

Wie sieht der Finanzierungsplan aus? Im Finanzierungsplan kann der Erwerber selbst zunächst für die festgestellte „Deckungslücke" ein Bankdarlehen mit üblichen Standardkonditionen einsetzen. Diese können der Wirtschaftspresse entnommen oder bei Banken erfragt werden. Dann kann man selbst beispielsweise nach folgendem Schema die verfügbaren Mittel und die damit verbundenen Belastungen rechenmäßig darstellen: Zunächst ist nach Art der Darlehen zu trennen.

Abbildung 26 gibt zunächst einen groben Überblick über die zur Erstellung eines Finanzierungsplans erforderlichen Schritte.

- Feststellen der Kosten des Vorhabens

↓

- Feststellen der eingeplanten Eigenmittel

↓

- Feststellen bereits vorhandener Bausparverträge

↓

- Feststellen der sonstigen fest eingeplanten Fremdmittel

↓

- Schließen der Finanzierungslücke

↓

- Errechnen der monatlichen Belastung

↓

- Monatliches Nettoeinkommen der monatlichen Belastung gegenüberstellen

↓

- Monatlicher Beitrag zur Tilgung

Abb. 26: Checkliste für die Erstellung eines Finanzierungsplans

Im folgenden **Beispiel** wird ein Finanzierungsbedarf (ohne Geldbeschaffungskosten) von etwa 320 000 € bei frei verfügbaren Eigenmitteln von 35 000 € unterstellt.

Zuteilungsreife Bausparverträge:

• Bausparsumme	€ 100 000
• Guthabenstand	€ 40 500
• Darlehensbetrag	€ 59 500
• Disagio	€ 2 975
• Auszahlung	€ 56 525
• Zins (5 %)	€ 2 975
• Annuität	€ 7 200

Soll ein Bausparvertrag mit vorhandenen Mitteln aufgefüllt werden, ist der Betrag beim Darlehen und beim verfügbaren Eigenkapital abzuziehen.

Vorausdarlehen und Zwischenfinanzierung: Das Guthaben wird wie bei Auffüllung von den verfügbaren Eigenmitteln abgezogen. Als Darlehensbetrag gilt das ganze Vorausdarlehen. Nur Zinsen werden berechnet.

Bankdarlehen:

• Darlehensbetrag	€ 200 000
• Disagio	€ 10 000
• Auszahlungsbetrag	€ 190 000
• Tilgung (1 %)	€ 2 000
• Zinsen (5 %)	€ 10 000
• Annuität	€ 12 000

Sonstige Darlehen: Berechnung wie bei Bankdarlehen. Eventuell entfällt die Tilgung.

Verfügbares Eigenkapital: Frei verfügbare Eigenmittel abzüglich Auffüllbeträge für Bausparen. Guthaben in Bausparverträgen sind in den Auszahlungsbeträgen enthalten.

Kontrollrechnungen:

I.

Verfügbares Eigenkapital	€ 35 000
+ Auszahlungsbeträge Bausparverträge	€ 97 025
+ Auszahlungsbeträge Vorausdarlehen	–

+ Auszahlungsbeträge andere Darlehen	€ 190 000
= Finanzierungsmittel ohne Geldbeschaffungskosten	€ 322 025

II.

Auszahlungsbeträge Bausparverträge	€ 97 025
+ Auszahlungsbeträge Darlehen	€ 190 000
+ Summe Disagio	€ 12 975
– Guthaben Bausparverträge	€ 40 500
= Summe Nennbetrag Darlehen	€ 259 500

III.

Guthaben auf Bausparverträgen	€ 40 500
+ Verfügbares Eigenkapital	€ 35 000
= Eigenkapital	€ 75 500
+ Darlehen	€ 259 500
= Gestehungskosten einschließlich Geldbeschaffungskosten	€ 335 000

Mit dieser Rechnung kann die Eigenkapitalquote ermittelt werden. Für das Zahlenbeispiel ist sie 22,53 %.

IV. Belastungsrechnung 1. Jahr

	Zinsen	Tilgung	Gesamt
Bankdarlehen	€ 10 000	€ 2 000	€ 12 000
Bauspardarlehen	€ 2 975	€ 4 225	€ 7 200
Summe p. a.	€ 16 975	€ 6 225	€ 19 200
pro Monat			€ 1 600

Sind die Auszahlungstermine abgestimmt? Bei einem Kauf sind laut Kaufvertrag oft Zahlungen in Raten fällig. Es muss nach Ablauf einer Gesamtfinanzierung auch geprüft werden, ob die Gelder voraussichtlich zu diesen Zeitpunkten zur Verfügung stehen. Bei einem Bau muss dies mit dem Baufortschritt und den vereinbarten Zahlungsbedingungen übereinstimmen. Der Bauherr sollte in jedem Fall die Mittel so rechtzeitig zur Verfügung haben, dass er zum Skontoabzug berechtigt ist.

Finanzierungsberatung mit dem PC: Ein Finanzierungsplan kann von professionellen Beratern regelmäßig mittels eines Computers berechnet und dargestellt werden.

Der Hauptvorteil einer PC-gestützten Beratung liegt auch darin, dass mehrere Finanzierungsvarianten rasch und sicher berechnet werden können. Eine bedarfsgerechte Finanzierung kann so am besten dargestellt werden. Versuchen Sie „übungshalber", die Finanzierungsdaten entsprechend den oben dargestellen Planungsgrundsätzen „von Hand" nachzuvollziehen!

Auf den folgenden Seiten sehen Sie die Ausdrucke eines mit Hilfe eines PCs erstellten Finanzierungsplanes für Objekte, die bis 31. 12. 2008 erworben wurden. Es handelt es sich um einen Finanzierungsplan für ein neu erstelltes Eigenheim.

Checkliste Finanzierung

Wurden die folgenden Punkte in der Finanzplanung berücksichtigt?

- Wie hoch sind die monatlichen Zahlungsverpflichtungen in den ersten Jahren und später?
- Werden die Darlehen in der vereinbarten Höhe und mit dem vereinbarten Zins zugesagt?
- Ist es dem Geldgeber bekannt, wenn es sich um eine nicht ganzjährige Ferienwohnung handelt?
- Ist der Geldgeber über alle in Abteilung II des Grundbuchs stehenden Lasten aufgeklärt?
- Können die vereinbarten Sicherheiten rechtzeitig gestellt werden? Kann der Bereitstellungszins vermieden werden?
- Wurde eine eventuelle Übernahme von Belastungen mit dem Geldgebern des Verkäufers besprochen bzw. ist das Grundstück frei von Belastungen?
- Stimmen die Auszahlungsvereinbarungen mit den Zahlungsterminen des Vorhabens überein?

Baufinanzierung

Persönliche Daten

Anrede		Herr	Frau
Name		Klaus Muster	Sabine Muster
Straße		Liebigstr. 23	Liebigstr. 23
PLZ, Ort		70148 Leingarten	70148 Leingarten
Geburtsdatum		28. 6. 1968	26. 6. 1972
Telefon		07131/40040	07131/40040
Kinderzahl		2,0	0,0
Bruttoeinkommen je Jahr	€	27300,00	22400,00
Bruttoeinkommen je Monat	€	2100,00	1600,00
Nettoeinkommen je Monat	€	1350,00	1100,00
Einkommenssteigerung je Jahr	%	2,00	2,00
Steuerschuld (Splittingtabelle) je Jahr	€	8200,00	
Eigenkapital	€	84 767,75	0,00
Eigenleistung	€	0,00	
Guthaben in zuteilungsreifen BSV	€	25062,50	
Gesamteigenmittel	€	109830,25	

Objektdaten

Finanzierungswunsch		Kauf eines Einfamilienhauses (selbstgenutzt)	
Anschaffung	1. Oktober 2008	Kostenanteile	
Fertigstellung	1. Dezember 2008		
Einzug	1. Dezember 2008		
Gesamte Fläche	m² 150,00	Grundstückskosten	(26,8 %)
Wohnen selbstgenutzt	m² 150,00	Gebäudekosten	(65,3 %)
Nebenkosten			(7,9 %)
Werbungskosten			(0,0 %)

Grundstückskosten	Grundstückspreis	€	75000,00
Gebäudekosten	Gebäude	€	182500,00
	Verteilt absetzbare Kosten	€	0,00

Nebenkosten	Grunderwerbsteuer	€	9012,50
	Nebenkosten (1,5 %)	€	3862,50
	Maklerkosten (3,57 %)	€	9192,75
Werbungskosten	Sofort absetzbare Kosten	€	0,00
Kosten für **die Immobilie**		€	279567,75
Bemerkungen			

Fremdmittelbedarf

Ermittlung des Finanzierungsbedarfs

Kosten für die Immobilie	€	279567,75
Disagio, einmalige Gebühren	€	100,00
Gesamtkosten	€	279667,75
./. verfügbare Eigenmittel	€	109830,25
Noch zu finanzieren	€	169837,50
Bemerkungen		

Finanzierung

Aufgrund Ihrer Angaben machen wir Ihnen nach den heute gültigen, bis zum Vertragsabschluss freibleibenden, Darlehenskonditionen folgenden Finanzierungsvorschlag:

Fremdmittel		Darlehens-summe	Nettodar-lehen	Disagio/ Gebühren	durchschn. monatl. Belastung
zuteilungsreife BSV	€	24937,50	24937,50	0,00	300,00
Darlehen mit Tilgung	€	145000,00	144900,00	100,00	834,59
Gesamt	€	169937,50	169837,50	100,00	1134,59

Finanzierungsbausteine

Eigenmittel	(39,3 %)
zuteilungsreife BSV	(8,9 %)
Darlehen mit Tilgung	(51,8 %)

Detaillierte Darstellung der Finanzmittel*

(1) Bausparvertrag		**Bausparkasse Musterstadt**			**€ 50000**
Bausparsumme	€	50000,00			
Darlehensbetrag	€	24937,50	Auszahlungskurs	%	100,00

* Aktuell inverse Zinsstruktur.

Guthaben bei Zuteilung	€	25 062,50	Darlehensgebühr	%	0,00
Rückzahlrate	Prom.	6,000	Rate	€/Monat	300,00
Zinssatz	%	4,75	Tilgungsrechnung		vierteljährlich
Kontoführungsgebühr	€/Jahr	0,00			
Auszahlung am		1. 11. 2008	Anf. Effektivzins p. a.	%	5,12

(2) Annuitätendarlehen Hypothekenbank AG € 60 000

Darlehensbetrag	€	60 000,00	Auszahlungskurs	%	100,00
Nettodarlehen	€	59 900,00	Darlehensgebühr	%	0,17
Tilgung	%	1,00	Rate	€	340
Zinssatz p. a.	%	5,80	Folgeraten	€	340
Zinsbindung		10 J	Restschuld n. Zinsbindung	€	51 885,52
Zins nach Zinsbindung	%	8,000	Rate nach Zinsbindung	€	435,11
Auszahlung am		1. 11. 2008	Ratenzahlung		monatl.
1. Ratenzahlung am		30. 11. 2008	Tilgungsanrechnung		sofort
1. Tilgungsanrechnung am		30. 11. 2008	Zinsabrechnung		monatl.
1. Zinsabrechnung am		30. 11. 2008	Anf. Effektivzins p. a. (PAngV)	%	5,98

(3) Annuitätendarlehen Musterbank AG € 50 000

Darlehensbetrag	€	50 000,00	Auszahlungskurs	%	100,00
Nettodarlehen	€	50 000,00	Darlehensgebühr	€	0,00
Tilgung	%	1,000	1. Rate	€	287,50
Zinssatz p. a.	%	5,90	Folgeraten	€	287,50
Zinsbindung		5 J	Restschuld n. Zinsbindung	€	47 097,13
Zins nach Zinsbindung	%	8,000	Rate nach Zinsbindung	€	369,91
Auszahlung am		1. 11. 2008	Ratenzahlung		monatl.
1. Ratenzahlung am		30. 11. 2008	Tilgungsanrechnung		sofort
1. Tilgungsanrechnung am		30. 11. 2008	Zinsabrechnung		monatl.
1. Zinsabrechnung am		30. 11. 2008	Anf. Effektivzins p. a. (PAngV)	%	6,06

(4) Annuitätendarlehen Musterbank AG **€ 35 000**

Darlehensbetrag	€	35 000,00	Auszahlungskurs	%	100,00
Nettodarlehen	€	35 000,00	Darlehensgebühr	%	0,00
Tilgung	%	1,000	1. Rate	€	207,08
Zinssatz p. a.	%	6,10	Folgeraten	€	207,08
Zinsbindung		3 J	Restschuld n. Zinsbindung	€	33 849,76
Zins nach Zinsbindung	%	8,000	Rate nach Zinsbindung	€	260,67
Auszahlung am		1. 11. 2008	Ratenzahlung		monatl.
1. Ratenzahlung am		30. 11. 2008	Tilgungsanrechnung		sofort
1. Tilgungsanrechnung am		30. 11. 2008	Zinsabrechnung		monatl.
1. Zinsabrechnung am		30. 11. 2008	Anf. Effektivzins p. a. (PAngV)	%	6,27

Detaillierte Übersicht von 2008 bis 2025 (Auszug)

(1) Annuitätendarlehen Tilgungsplan **€ 60.000,00**

Darlehensbetrag	€	60 000,00	Anf. Effektivzins p.a. (PangV)	%	5,98
Nettodarlehen	€	59 900,00	Nominalzins	%	5,80
Auszahlung	%	100,00	Bearbeitungsgebühr	%	0,00
Anfangstilgung	%	1,00	Ratenhöhe	€	340,00
Auszahlung am		1.11.2008	Zins nach Zinsbindung	%	6,00
Ende der Zinsbindung am		1.11.2018	Rate nach Zinsbindung	€	348,65
1. Ratenzahlung am		30.11.2008	Ratenzahlung		monatlich
1. Tilgungsverrechnung am		30.11.2008	Tilgungsverrechnung		monatlich
1. Zinsabrechnung am		30.11.2008	Zinsabrechnung		monatlich
Bearbeitungsgebühr	(EG)EUR	100,00			

Zinsbindungszeitraum

Zinsbindung	bis	1.11.2018	Restschuld	€	51 885,52
Tilgungsbetrag	€	8.114,48	Zinsbetrag	€	32 685,52
Kosten (Zins, Disagio...)	€	32 785,52	Zahlungen	€	40 800,00

Raten-Gesamtanzahl 120 davon mit Tilgung 120

Übersicht laut Verbraucherkreditgesetz für die Gesamtlaufzeit

Gesamtlaufzeit			Laufzeit		32 Jahre 9 Monate
endet	am	30.8.2041			29 Tage
Tilgungsbetrag	€	60 000,00	Zinsbetrag	€	76 041,22
Gesamtkosten (Zins, Disagio...)	€	76 141,22	Gesamtbetrag	€	136 041,22
Raten-Gesamtanzahl 394					
davon mit Tilgung 394			Schlussrate	€	59,77

(2) Annuitätendarlehen Tilgungsplan € 50.000,00

Darlehensbetrag	€	50 000,00	Anf. Effektivzins p.a. (PangV)	%	6,06
Nettodarlehen	€	50 000,00	Nominalzins	%	5,90
Auszahlung	%	100,00	Bearbeitungsgebühr	%	0,00
Anfangstilgung	%	1,00	Ratenhöhe	€	287,50
Auszahlung am		1.11.2008	Zins nach Zinsbingung	%	8,00
Ende der Zinsbindung am		1.11.2013	Rate nach Zinsbindung	€	369,91
1. Ratenzahlung am		30.11.2008	Ratenzahlung		monatlich
1. Tilgungsverrechnung am		30.11.2008	Tilgungsverrechnung		monatlich
1. Zinsabrechnung am		30.11.2008	Zinsabrechnung		monatlich
Bearbeitungsgebühr	(EG)EUR	100,00			

Zinsbindungszeitraum

Zinsbindung	bis	1.11.2013	Restschuld	€	47 097,13
Tilgungsbetrag	€	2 902,87	Zinsbetrag	€	14 347,13
Kosten (Zins, Disagio...)	€	14 347,13	Zahlungen	€	17 250,00

Raten-Gesamtanzahl 60 davon mit Tilgung 60

Übersicht laut Verbraucherkreditgesetz für die Gesamtlaufzeit

Gesamtlaufzeit			Laufzeit		28 Jahre 8 Monate
endet	am	30.7.2037			29 Tage
Tilgungsbetrag	€	50 000,00	Zinsbetrag	€	72 353,34
Gesamtkosten (Zins, Disagio...)	€	72 353,34	Gesamtbetrag	€	122 353,34
Raten-Gesamtanzahl 345					
davon mit Tilgung 345			Schlussrate	€	48,90

(3) Annuitätendarlehen Tilgungsplan € 35.000,00

Darlehensbetrag	€	35 000,00	Anf. Effektivzins p.a. (PangV)	%	6,27
Nettodarlehen	€	35 000,00	Nominalzins	%	6,10
Auszahlung	%	100,00	Bearbeitungsgebühr	%	0,00
Anfangstilgung	%	1,00	Ratenhöhe	€	207,00
Auszahlung am		1.11.2008	Zins nach Zinsbingung	%	8,00
Ende der Zinsbindung am		1.11.2011	Rate nach Zinsbindung	€	260,67
1. Ratenzahlung am		30.11.2008	Ratenzahlung		monatlich
1. Tilgungsverrechnung am		30.11.2008	Tilgungsverrechnung		monatlich
1. Zinsabrechnung am		30.11.2008	Zinsabrechnung		monatlich
Bearbeitungsgebühr		(EG)EUR 100,00			

Zinsbindungszeitraum

Zinsbindung	bis	1.11.2011	Restschuld	€	33 849,76
Tilgungsbetrag	€	1 150,24	Zinsbetrag	€	6 304,64
Kosten (Zins, Disagio...)	€	6 304,64	Zahlungen	€	7 454,88

Raten-Gesamtanzahl 36 davon mit Tilgung 36

Übersicht laut Verbraucherkreditgesetz für die Gesamtlaufzeit

Gesamtlaufzeit endet	am	30.12.2036	Laufzeit		28 Jahre 1 Monate 29 Tage
Tilgungsbetrag	€	35 000,00	Zinsbetrag	€	51 165,12
Gesamtkosten (Zins, Disagio...)	€	51 165,12	Gesamtbetrag	€	86 165,12
Raten-Gesamtanzahl 338 davon mit Tilgung 338			Schlussrate	€	248,57

Datum	Bewegung	Betrag (EUR)	Zinsanteil (EUR)	Tilg.anteil (EUR)	Kontostand (EUR)
2008	Kontobewegung	680,00	570,04	109,96	–59 890,04
2009	Kontobewegung	4 080,00	3 457,24	622,76	–59 267,28
2010	Kontobewegung	4 080,00	3 420,14	659,86	–58 607,42
2011	Kontobewegung	4 080,00	3 380,83	699,17	–57 908,25
2012	Kontobewegung	4 080,00	3 339,20	740,80	–57 167,45
2013	Kontobewegung	4 080,00	3 295,05	784,95	–56 382,50
2014	Kontobewegung	4 080,00	3 248,30	831,70	–55 550,80
2015	Kontobewegung	4 080,00	3 198,75	881,25	–54 669,55
2016	Kontobewegung	4 080,00	3 146,28	933,72	–53 735,83
2017	Kontobewegung	4 080,00	3 090,66	989,34	–52 746,49
2018	Kontobewegung	4 097,30	3 048,71	1 048,59	–51 697,90
2019	Kontobewegung	4 183,80	3 071,62	1 112,18	–50 585,72
2020	Kontobewegung	4 183,80	3 003,02	1 180,78	–49 404,94
2021	Kontobewegung	4 183,80	2 930,20	1 253,60	–48 151,34
2022	Kontobewegung	4 183,80	2 852,87	1 330,93	–46 820,41
2023	Kontobewegung	4 183,80	2 770,77	1 413,03	–45 407,38
2024	Kontobewegung	4 183,80	2 683,65	1 500,15	–43 907,23
2025	Kontobewegung	4 183,80	2 591,10	1 592,70	–42 314,53

5. Verwaltung und Sicherung des Eigentums

5.1 Verwaltung

Wer Immobilien besitzt, muss Zeit und Kosten aufwenden, um diese zu verwalten. Eine ordentliche Verwaltung ist Voraussetzung zur Erhaltung des Vermögenswertes und zur nachhaltigen Sicherung der Erträge.

Zur **wirtschaftlichen Verwaltung** gehören beispielsweise folgende Aufgaben:

- Überwachung der Zahlungseingänge für Mieten und Nebenkosten,
- Bezahlung der anfallenden Kosten für Versicherungen, Steuern, Wartungsverträge und dgl.

Das Ziel der technischen Verwaltung ist die Erhaltung eines Objektes. Nach der Regelmäßigkeit der hier notwendigen Maßnahmen unterscheidet man die Instandhaltung und Instandsetzung. In der Kostenverteilung (siehe Kap. 5.2.1) wird in gleicher Weise abgegrenzt.

Instandhaltung sind Maßnahmen des laufenden Renovierungs- und Erhaltungsaufwandes, z. B. Wartung der Heizung, der Aufzugsanlage, sonstiger technischer Einrichtungen und der Bausubstanz. Teilweise wird die Pflicht zur Renovierung den Mietern auferlegt. Dem Vermieter ist eine regelmäßige, mindestens jährliche Besichtigung der Mietsache zu empfehlen, damit er Schäden vorbeugen kann.

Instandsetzung ist die erforderliche Wiederherstellung der Gebrauchs- und damit der Ertragsfähigkeit des Objektes. Sie ist eher einmaliger Natur und wird erforderlich nach Schäden durch Brand und Wasser, oder wenn nach längerer Unterlassung von Instandhaltungsmaßnahmen eine Totalrenovierung notwendig ist. Die Bildung einer finanziellen Rücklage für unvorhergesehene größere Aufwendungen ist zu empfehlen, beispielsweise durch Abschluss und Besparung eines Bausparvertrages.

5.1.1 Eigene Verwaltung

Wenn ein Vermieter nur wenige Objekte vermietet hat, ist die eigene Verwaltung üblich und sinnvoll. Sie muss jedoch regelmäßig und konsequent durchgeführt werden. In den Mietverträgen sollten die Fristen für die laufenden Instandhaltungsmaßnahmen durch die Mieter geregelt werden. Dabei wird im Allgemeinen von folgenden Renovierungsfristen ausgegangen:
- alle 3 Jahre in Küchen, Bädern und Duschen,
- alle 5 Jahre in Wohn- und Schlafräumen, Fluren, Dielen und Toiletten,
- alle 7 Jahre in anderen Nebenräumen.

Der für die Verwaltung des Eigentums erbrachte Zeitaufwand lohnt sich auf lange Sicht. Wer aber die erforderliche Zeit nicht aufbringen kann oder wem das erforderliche technische Grundverständnis fehlt, sollte besser einen berufsmäßigen Verwalter einschalten. Die dafür anfallenden Kosten sind als Werbungskosten absetzbar. Ein professioneller Verwalter kann auch die Rolle eines neutralen Mittlers zwischen Eigentümer und Mieter einnehmen.

5.1.2 Hausverwaltung nach dem Wohnungseigentumsgesetz

Bei Eigentumswohnungen muss für die Verwaltung des gemeinschaftlichen Eigentums ein Hausverwalter bestellt werden. Dies kann einer der Eigentümer oder ein Dritter sein. Die Mindestaufgaben eines Verwalters schreibt das Wohnungseigentumsgesetz vor. Sie können durch den Verwaltervertrag erweitert und ergänzt werden. Der Verwalter führt die Geschäfte in gemeinsamen Belangen aller Wohnungseigentümer. Seine Hauptaufgaben sind:
- Instandhaltung und Instandsetzung des Gemeinschaftseigentums,
- Einberufung und Durchführung von Eigentümerversammlungen,
- Durchführung der Beschlüsse der Wohnungseigentümer,
- Aufstellung eines Wirtschaftsplanes und Abrechnung,
- treuhänderische Abwicklung des Zahlungsverkehrs und Verwaltung der gemeinschaftlichen Gelder,
- Abwehrmaßnahmen gegen Störungen und Schäden einleiten.

5.2 Vermietung

Die Vermietung von Wohnraum ist aufgrund seiner hohen sozialpolitischen Bedeutung ein brisantes Thema! Hier treffen zwei grundsätzlich gegenläufige Interessen aufeinander, nämlich auszugsweise:

Mieterinteressen
- günstige Miete
- geringe Aufwendungen für Erhaltung
- geringe Betriebskosten
- usw.

Vermieterinteressen
- hohe Mieterträge
- gute Erhaltung durch laufende Renovierung und schonenden Gebrauch.
- möglichst umfassende Kostenumlage auf den Mieter.
- usw.

Diese Zielkonflikte erfordern einen fairen Interessenausgleich, um unnötigen Rechtsstreit zu vermeiden.

Vermietung ist Partnerschaft, nicht Gegnerschaft und letztlich Vertrauenssache! Die meisten Fehler werden vor Mietbeginn gemacht, indem nicht ausreichend klare Absprachen getroffen und die anstehenden Fragen nicht hinreichend geklärt werden. Aus dieser Erfahrung ist die Lehre zu ziehen, dass ein Mietvertrag wahrlich ausgehandelt werden muss, der umfassende Regelungen beinhaltet. Nicht geregelte oder schlecht geregelte Punkte sind stets Anlass zur Auseinandersetzung, die von vornherein vermieden werden kann und sollte! Die örtlichen Haus- und Grundbesitzervereine leisten hier nützliche Dienste und bieten stets aktualisierte Mietvertragsmuster an. Auch im Buchhandel sind Einheitsmietverträge erhältlich.

Jeder Vermieter wird auf seine Weise im Laufe der Jahre seine Erfahrungen mit Mietern sammeln. Grundsätzlich gilt auch hier das Sprichwort: „Wie man in den Wald hinein ruft, so hallt es zurück.“ Allerdings bestätigen natürlich auch hier Ausnahmen die Regel. Der Umgang mit Mietern und die richtige Mieterauswahl will gelernt sein, denn schließlich wird man nicht zum Vermieter geboren. Häufig zeigt sich, dass der Mieter dem Vermieter taktisch überlegen ist, da er als Mieter bereits mehr Erfahrung als der Vermieter in seiner

Position gesammelt hat. Jeder Mieter zeigt ein freundliches Gesicht bei der Bewerbung um eine Mietwohnung; wenn es später um Erfüllung des Mietvertrages und Zahlung geht, wandelt sich das Gesicht häufig in Unfreundlichkeit. Aufgrund dieser Erfahrung ist der Mieterauswahl größte Bedeutung beizumessen. Die Mieterauswahl sollte gewissenhaft erfolgen und ist deshalb zeitaufwendig. Bei verschiedenen Bewerbern darf der Vermieter nicht den nächstbesten Bewerber als Mieter auswählen. Er sollte sich jeden Bewerber einzeln anschauen und anlässlich der Wohnungsbesichtigung keine Massenveranstaltung durchführen, da ihm eine derartige Veranstaltung keinen persönlichen Eindruck der einzelnen Bewerber vermitteln kann. Der persönliche Eindruck und das persönliche Gespräch sind unverzichtbare Entscheidungskriterien! Darüber hinaus sollte der Bewerber einer sorgfältigen Bonitätsprüfung unterzogen werden. Diese Bonitätsprüfung erstreckt sich in erster Linie auf die materiellen Fragen wie:

- Vermögen/Schulden?
- Einkommen/Verpflichtungen?

Schließlich geht es um eine besondere Form der Prüfung von „Kreditwürdigkeit"!

Zur Unterlegung sollte Ihnen der Bewerber eine Gehaltsbescheinigung von seinem Arbeitgeber und eine Selbstauskunft der SCHUFA (Schutzvereinigung der Kreditwirtschaft) vorlegen. Im Bedarfsfalle kann der Vermieter auch das Schuldnerverzeichnis beim zuständigen Amtsgericht einsehen. Damit können Sie Auskunft über das Bestehen oder Nichtbestehen von Eintragungen erlangen. Diese Auskunft ist kostenlos erhältlich.

In zweiter Linie sind die persönlichen Voraussetzungen wie Charakter und Moral nicht minder wichtig. Hier sollte sich der Vermieter folgende Informationen beschaffen:

- persönliche Daten einschl. Familienstand und Angabe zu Kindern,
- Beruf, Arbeitgeber und Dauer des Arbeitsverhältnisses (evtl. frühere Arbeitsverhältnisse).

Ggf. sollten die Angaben des Bewerbers beim Arbeitgeber, beim bisherigen Vermieter oder bei Freunden/Bekannten des Bewerbers hinterfragt und überprüft werden; Mieter sind zu solchen Auskünften nicht verpflichtet.

Vermietung ist Vermietersache! Daher sollte sich der Vermieter stets selbst um die Mieterauswahl kümmern. Die Vergabe an einen Makler sollte nur dann erfolgen, wenn man den Makler kennt und ihm das erforderliche Vertrauen entgegenbringen kann. Selbst in diesen Fällen sollte die endgültige Entscheidung dem Vermieter vorbehalten bleiben.

Um den Bewerber weitestgehend beurteilen zu können, ist ein persönlicher Besuch in der bisherigen Wohnung des Bewerbers stets zu empfehlen. Dabei können Sie sich ein umfassendes Bild über seine Wohn- und Lebensgewohnheiten sowie über seine Persönlichkeit machen.

Vermieter und Mieter sollten beim Umgang miteinander stets bedenken, dass sie gegenseitig aufeinander angewiesen sind. Dieses Bewusstsein kann unnötige Konfrontationen und „Feindbilder" ausschließen, denn – wie schon erwähnt – sind Vermieter und Mieter Partner, hoffentlich der guten und fairen Art!

Wie bereits an anderer Stelle erwähnt, ist der Mieter besser als sein Ruf. Dies trifft jedoch gleichfalls auch auf den Vermieter zu! Mit dieser Feststellung soll bewusst investitionsbereiten Menschen Mut zur Investition im Bereich des Mietwohnungsbaues gemacht werden.

Bei Wohnungsmietverträgen ist auch die Vereinbarung von Mietgleitklauseln möglich. So kann eine „Staffelmiete" (§ 557 a BGB) oder eine „Indexmiete" (§ 557 b BGB) vereinbart werden. Die Staffelmiete definiert steigende Mietzahlungen, die Indexmiete wird hingegen an den Lebenshaltungskostenindex gekoppelt und verändert (erhöht oder ermäßigt) sich parallel zu diesem Index laufend (max. jährlich). Diese Möglichkeiten bedeuten ein zusätzliches „Stück Vertragsfreiheit am Mietwohnungsmarkt", das geeignet ist, für beide Vertragsparteien (Vermieter und Mieter) eine kalkulierbare Mietpreisentwicklung von Anbeginn an festzulegen. Dies könnte auf Sicht zu einem Abbau des Spannungsfeldes zwischen Vermieter und Mieter führen.

Im Sozialen Wohnungsbau ist die „Kostenmiete" zu berücksichtigen. Diese wird von den Bewilligungsstellen festgesetzt. Auf den sozialen Mietwohnungsbau wird hier nicht weiter eingegangen, da es sich hier um einen Spezialbereich handelt, der bei den privaten Investoren aus verschiedenen Gründen erheblich an Bedeutung verloren hat.

Die Mietzahlung ist gem. § 556 b Abs. 1 BGB spätestens am 3. Werktag des einzelnen Zeitabschnittes im Voraus zu entrichten, soweit keine andere vertragliche Vereinbarung besteht.

5.2.1 Nebenkosten

Die „Verordnung über die Aufstellung von Betriebskosten" (Betriebskostenverordnung vom 25. 11. 2003) bildet die Grundlage für die Verteilung und Abrechnung der Nebenkosten. § 1 dieser Verordnung regelt: „Betriebskosten sind die Kosten, die dem Eigentümer oder Erbbauberechtigten durch das Eigentum oder Erbbaurecht am Grundstück oder durch den bestimmungsgemäßen Gebrauch des Gebäudes, der Nebengebäude, -anlagen, Einrichtungen und des Grundstücks laufend entstehen." Der Ermittlung der Betriebskosten ist die dieser Verordnung beigefügte Anlage 3 – Aufstellung der Betriebskosten – zugrunde zu legen.

Sach- und Arbeitsleistungen des Eigentümers (Erbbauberechtigtem), durch die Betriebskosten erspart werden, dürfen mit dem Betrag angesetzt werden, der für eine gleichwertige Leistung eines Dritten, insbesondere eines Unternehmers, angesetzt werden könnte. Umsatzsteuer des Dritten darf dabei nicht angesetzt werden.

Nicht zu den Betriebskosten gehören

(1) die Kosten der zur Verwaltung des Gebäudes erforderlichen Arbeitskräfte und Einrichtungen, die Kosten der Aufsicht, der Wert der vom Vermieter persönlich geleisteten Verwaltungsarbeit, die Kosten für die gesetzlichen oder freiwilligen Prüfungen des Jahresabschlusses und die Kosten für die Geschäftsführung (Verwaltungskosten),

(2) die Kosten, die während der Nutzungsdauer zur Erhaltung des bestimmungsgemäßen Gebrauchs aufgewendet werden müssen, um die durch Abnutzung, Alterung und Witterungseinwirkung entstehenden baulichen oder sonstigen Mängel ordnungsgemäß zu beseitigen (Instandhaltungs- und Instandsetzungskosten).

§ 2 der Verordnung listet folgende Positionen für die „Aufstellung der Betriebskosten“ auf:

(1) Die laufenden öffentlichen Lasten des Grundstücks.
(2) Die Kosten der Wasserversorgung.
(3) Die Kosten der Entwässerung.
(4) Die Kosten
  a) des Betriebs der zentralen Heizungsanlage,
  b) des Betriebs der zentralen Brennstoffversorgungsanlage,
  c) der Versorgung mit Fernwärme,
  d) der Reinigung und Wartung von Etagenheizungen.
(5) Die Kosten
  a) des Betriebs der zentralen Warmwasserversorgungsanlage,
  b) der Versorgung mit Fernwarmwasser,
  c) der Reinigung und Wartung von Warmwassergeräten.
(6) Die Kosten verbundener Heizungs- und Warmwasserversorgungsanlagen.
(7) Die Kosten des Betriebs des maschinellen Personen- oder Lastenaufzugs.
(8) Die Kosten der Straßenreinigung und Müllbeseitigung.
(9) Die Kosten der Gebäudereinigung und Ungezieferbekämpfung.
(10) Die Kosten der Gartenpflege.
(11) Die Kosten der Beleuchtung.
(12) Die Kosten der Schornsteinreinigung.
(13) Die Kosten der Sach- und Haftpflichtversicherung.
(14) Die Kosten für den Hauswart.
(15) Die Kosten
  a) des Betriebs der Gemeinschafts-Antennenanlage,
  b) des Betriebs der mit einem Breitbandkabelnetz verbundenen privaten Verteilanlage.
(16) Die Kosten des Betriebs der maschinellen Wascheinrichtung.
(17) Sonstige Betriebskosten.

Die vorgenannten Kosten sind auf den Mieter zu übertragen. Diesbezüglich sollte zwischen den Mietvertragsparteien eine klare Vereinbarung im Mietvertrag erfolgen. Dabei steht es den Mietvertragsparteien frei, bei der Mietzinsbildung die Betriebskosten einzubeziehen oder getrennt auszuweisen. Überwiegend werden die

Betriebskosten, ausgenommen die Kosten für Zentralheizung und Warmwasser, einbezogen. In diesem Fall spricht man von Brutto-Kaltmiete.

Die „Verordnung über die verbrauchsabhängige Abrechnung der Heiz- und Warmwasserkosten" legt fest, dass bei Betrieb einer zentralen Heizungsanlage und zentralen Wasserversorgungsanlage oder bei Lieferung von Fernwärme oder Fernwarmwasser die anfallenden Kosten verbrauchsabhängig gegenüber dem Mieter abzurechnen sind. Lt. § 7 sind die Kosten der Wärmeversorgung bei Betrieb einer zentralen Heizungsanlage mit mindestens 50 % (höchstens 70 %) nach dem erfassten Wärmeverbrauch der Nutzer zu verteilen. Die übrigen Kosten sind nach der Wohn- oder Nutzfläche oder nach dem umbauten Raum zu verteilen. Dasselbe gilt für die Verteilung der Kosten der Versorgung mit Warmwasser (§ 8).

Nach § 4 besteht die Pflicht der Verbrauchserfassung, d. h. dass der Gebäudeeigentümer den anteiligen Verbrauch der Nutzer an Wärme und Warmwasser zu erfassen hat. Dabei stehen drei Arten von Erfassungsgeräten auf dem Markt zur Verfügung:

- Wärmezähler (WMZ),
- Heizkostenverteiler nach dem Verdunstungsprinzip (HKVV),
- Heizkostenverteiler mit elektrischer Messgrößenerfassung (HKVE).

Wichtig ist, dass für das jeweils vorhandene Heizungs- und Warmwassersystem das passende Erfassungsgerät ausgewählt wird, um falschen Abrechnungen vorzubeugen.

Die vorgenannten Verordnungen haben sich in der Praxis gut bewährt. Die konsequente Beachtung dieser Verordnungen schließt unliebsame Streitigkeiten aus.

5.2.2 Mieterschutz

Der Mieterschutz wird in den §§ 549 ff. (Mietverhältnisse über Wohnraum) des BGB geregelt. Hierzu die wesentlichen Auszüge:

§ 573 schließt die Kündigung eines Mietverhältnisses über Wohnraum zum Zwecke der Mieterhöhung aus.

Gemäß **§ 588** kann der Vermieter die Zustimmung zu einer Mieterhöhung des Mietzinses verlangen, wenn der Mietzins seit 15 Monaten unverändert ist und bestimmte Regeln eingehalten werden. So darf der verlangte Mietzins die üblichen Entgelte nicht übersteigen, die in der Gemeinde oder vergleichbaren Gemeinden für vergleichbaren Wohnraum in den letzten 3 Jahren vereinbart wurden und der Mietzins sich innerhalb eines Zeitraumes von 3 Jahren nicht um mehr als 20 % erhöht (§ 558 Abs. 3 BGB).

Eine **Indexmiete** kann vereinbart werden. Der Vermieter kann dann die Miete jährlich um den Betrag anheben, um den auch die Lebenshaltungskosten gestiegen sind..

§ 559 regelt die mögliche Mieterhöhung, wenn der Vermieter bauliche Maßnahmen durchgeführt hat, die den Gebrauchswert der Mietsache nachhaltig erhöhen, die allgemeinen Wohnverhältnisse auf Dauer verbessern oder nachhaltige Einsparungen von Heizenergie bewirken. In diesen Fällen kann er eine Erhöhung der jährlichen Miete um 11 % aus den für die Wohnung aufgewendeten Kosten verlangen. Die Maßnahmen müssen dem Mieter 3 Monate vor Beginn schriftlich mitgeteilt werden und lösen ein Sonderkündigungsrecht für den Mieter aus.

§ 556 schreibt vor, dass für Betriebskosten im Sinne Berechnungsverordnung Vorauszahlungen nur in angemessener Höhe vereinbart werden dürfen und über die Vorauszahlungen jährlich abzurechnen ist.

Nach **§ 561** kann der Mieter auf Zustimmung zu einer Mieterhöhung verklagt werden. Solange diese nicht vorliegt, ist die Mieterhöhung nicht wirksam.

Außerdem sind die **§§ 573 ff.** BGB zu berücksichtigen. Hier ist z. B. die Kaution geregelt, die 3 Nettomonatsmieten nicht übersteigen darf. Die anfallenden Zinsen aus der Barkaution stehen dem Mieter zu. Es kann aber auch eine Bankbürgschaft eines Kreditinstituts oder einer öffentlich-rechtlichen Körperschaft als Bürgen vereinbart werden.

Ferner sind die Kündigungsfristen geregelt, nämlich grundsätzlich 3 Monate. Für den Vermieter verlängert sich die Kündigungsfrist auf 6 oder 9 Monate, wenn die Wohnung dem Mieter mehr als 5 bzw. 8 Jahre überlassen worden ist. Wird ein Mietshaus in Eigentumswohnungen aufgeteilt, so erhöht sich der Kündigungsschutz generell um 5 Jahre, unabhängig von der Dauer des Mietvertrages.

§ 566 BGB regelt, dass bei einem Objektverkauf der bestehende Mietvertrag unberührt bestehen bleibt, d. h. „Kauf bricht nicht Miete". Mieter haben ein Vorkaufsrecht, wenn ihre Wohnung in eine Eingentumswohnung umgewandelt wird.

§ 562 BGB regelt das „Vermieterpfandrecht". Diese Regelung stärkt die Position des Vermieters, indem er das Recht hat, für seine Forderungen aus dem Mietverhältnis ein Pfandrecht an den eingebrachten Sachen des Mieters geltend zu machen.

Der Mieterschutz ist in Deutschland sehr qualifiziert und hat sich in der Praxis weitgehend bewährt. Zu beklagen ist allerdings, dass bei Rechtsauseinandersetzungen die Gerichtsverfahren häufig unerträglich lange Zeit in Anspruch nehmen und die „Sozialkomponente" im Zweifelsfalle für den Mieter spricht.

Nach **§ 563 Abs. 1 BGB** tritt nach dem Tod des Mieters dessen Ehegatte oder Lebenspartner (auch gleichen Geschlechts), bzw. gem. **§ 563 Abs. 2 BGB** treten die Kinder des Mieters in das Mietverhältnis ein, sofern sie mit dem Mieter in einem gemeinsamen Haushalt lebten.

5.3 Versicherungen

„My home is my castle" (mein Heim ist meine Burg) sagen die Engländer zu Recht, und mancher Eigentümer sieht in seinem Haus und seiner Wohnung Geborgenheit und Schutz. Wenn es draußen stürmt und schneit, sitzt man zu Hause gemütlich und sicher – doch nicht immer. Der Sturm kann zum Orkan werden und das Dach teilweise abdecken, Antennen und Markisen werden abgerissen, ein Blitz beschädigt die Stromleitung und alle angeschlossenen Geräte. Im schlimmsten Fall bricht ein Brand aus. Schäden und Totalschäden an Gebäuden können durch richtiges Bauen und laufende Vorsorge zwar weitgehend vermieden, letztlich aber nicht ganz verhindert werden. Das Risiko, dass ein Schaden auftritt, mag vom Eigentümer für sich persönlich als gering eingeschätzt werden – im Schadensfall sind die Schäden aber oft recht hoch. Zum Schutz einer Wohnung gehört deshalb auch der Schutz durch ausreichende Versicherungen für den Schadensfall. Welche Risiken versichert werden können und welche Versicherungen notwendig erscheinen, wird im Folgenden behandelt.

5.3.1 Gebäudeversicherung

Um eine Versicherung gegen einen Totalschaden des Gebäudes wird kein Eigentümer herumkommen – der finanzielle Schaden wäre wohl kaum zu verkraften. Zudem verlangen alle Geldgeber in Zusammenhang mit einer Baufinanzierung ausreichenden Versicherungsschutz. Der Eigentümer wird nicht nur das reine Brandrisiko versichern wollen, sondern häufig auch andere Risiken – wenn möglich – wie Sturm, Hagel bis zum Erdbeben. Diese Risiken können teilweise von einem einzigen Anbieter in einer Versicherung gedeckt werden, teilweise müssen aber verschiedene Versicherer eingeschaltet werden.

Privater Versicherungsschutz: Jeder Hausbesitzer kann frei wählen, wie und wo er sein Gebäude versichern möchte. Ein Preis- und Leistungsvergleich kann sich lohnen.

Wohngebäudeversicherung: Die klassische Deckung für Wohngebäude ist die verbundene Wohngebäude-Versicherung, bei der über einen Versicherungsvertrag die Gefahren einer Feuer-, Leitungswasser- und Sturm-Versicherung abgedeckt werden können. Für Neuverträge werden die „Allgemeinen Wohngebäude-Versicherungsbedingungen“ (Verbundene Gebäudeversicherungs-Bedingungen (VGB 2005) zugrunde gelegt.

Bei gleicher Leistung gibt es in der Wohngebäudeversicherung große Preisunterschiede. Verschiedene Angebote sollten genau verglichen werden, insbesondere in Bezug auf den Umfang der Versicherung. Ein Selbstbehalt hilft Prämien sparen. Unterversicherung sollte vermieden werden, da dann auch bei geringeren Schäden als einem Totalschaden nur ein Teil des Schadens ersetzt wird.

Versichert sind ständig bewohnte Gebäude der Bauartklasse I oder Fertighausgruppe 1 (massive Außenwände und harte Dacheindeckung, z. B. Ziegel). Für Gebäude mit höherem Alter, z. B. ab 20 oder 50 Jahre werden Zuschläge berechnet. Überspannungsschäden durch Blitz und Schäden an Einrichtungen außerhalb des Gebäudes, aber auf dem Grundstück gelegenen Wasserableitungsrohren, werden mit Zuschlägen versichert. Mit einem Vertrag versichert sind folgende Risiken: Brand, Blitzschlag, Explosion, Flugkörper, Leitungswasser (vgl. nächstes Kapitel) und Sturm.

- **Feuer:** Eine Feuerversicherung deckt das Risiko durch Brand, Blitzschlag, Explosion, Absturz von Flugkörpern oder deren Landung einschließlich der Folgeschäden durch Ruß, Rauch und Löscharbeiten. Zubehör, das der Instandhaltung des versicherten Gebäudes oder dessen Nutzung zu Wohnzwecken dient, ist mitversichert. Ist das Gebäude oder die Wohnung durch den Schaden nicht mehr bewohnbar, wird ein Mietausfall gezahlt. Bei Blitzschlag wird nur der Schaden aus einem unmittelbaren Übergang des Blitzes auf Sachen abgedeckt. Reine Überspannungsschäden müssen durch eine Zusatzvereinbarung versichert werden; entsteht durch die Überspannung ein Brand, ist dieser Schaden eingeschlossen. Eine Explosion kann beispielsweise durch einen Schaden in einer Gasleitung auftreten.
- **Sturm:** Ein Sturm ist eine „atmosphärisch bedingte Luftbewegung von mindestens Windstärke 8“. Der Nachweis über die Windstärke kann im Schadensfall meistens über das Wetteramt erfolgen. Dies ist überflüssig, wenn die Schäden durch Sturm an Gebäuden mit einwandfreier Beschaffenheit und Bauweise offensichtlich sind. Auch Folgeschäden wie Zerstörung von Gebäuden durch Bäume sind versichert. Wenn Regen oder Hagel in vom Sturm beschädigte Gebäudeteile eindringt, sind auch die daraus entstehenden Schäden gedeckt.
- **Hagel:** Die verbundene Wohngebäudeversicherung deckt grundsätzlich Schäden durch Hagel nicht ab, ohne dass ein Sturm vorliegt. Durch einen geringen Mehrbeitrag von meistens unter 20 € kann dieses Risiko abgedeckt werden.
- **Elementarschäden** wie Erdrutsch, Lawinen und Hochwasserschäden können bei privaten Versicherungen versichert werden, sofern die Gebäude nicht in ausgesprochenen Risikogebieten liegen.

Als Überschwemmungsschäden gelten nur solche Schäden, die nicht durch Sturmflut oder durch Rückstau in der Kanalisation verursacht wurden.

			Kaufen/Besitzen		Bauen		
			Sie erwerben oder besitzen Einfamilienhaus/Eigentumswohnung*	Sie erwerben oder besitzen ein Mehrfamilienhaus	Sie bauen um (Renovierung, Modernisierung), Baukosten über 15 000,– €	Sie bauen ein Einfamilienhaus	Sie bauen ein Mehrfamilienhaus
Vor Baubeginn	1	Bauleistungs-Versicherung			●		
	2	Bauherren-Haftpflicht-Versicherung			●		
Nach Fertigstellung	3	Gebäude-Leitungswasser-Versicherung	●	●	●	●	●
	4	Gewässerschaden Haftpflicht-Versicherung	●	●	●	●	●
	5	Privat-Haftpflicht-Versicherung	●		●	●	
	6	Haus- und Grundbesitzer Haftpflicht-Versicherung		●	●		●

* Für Eigentumswohnungen nur Privat-Haftpflicht-Versicherung notwendig

Abb. 27: Bei Bau und Kauf/Besitz von Wohneigentum erforderliche Versicherungen

Ein Wechsel der bestehenden Hausversicherung ist nur mit Zustimmung des Gläubigers von Grundpfandrechten zulässig! Wird der Versicherungsschutz in ausreichender Form beibehalten, muss dieser zustimmen. Die Kündigungsfrist bestehender Verträge beträgt regelmäßig drei Monate. Insbesondere ist auf den Schutz vor Elementarschäden zu achten. Wer in den Gebieten mit früherer Pflichtversicherung den alten Vertrag nicht gekündigt hat, ist automatisch unter Einschluss der Elementarschäden wie bisher versichert.

Aus Wettbewerbsgründen bieten auch andere Versicherungen Deckung gegen Risiken aus Überschwemmung, Erdbeben, Erdsenkung, Erdrutsch, Lawinen und Schneedruck an, teilweise aber nur regional. Fragen Sie danach!

Es gelten die „Besonderen Bedingungen für die Versicherung weiterer Elementarschäden in der Wohngebäude-Versicherung (BEW)".

Bei Eigentumswohnungen besorgt der Hausverwalter die Gebäudeversicherung. Sie schließt auch Risiken am Sondereigentum ein.

Nach den VGB (Verbundene Gebäudeversicherungs-Bedingungen) sind bei Gebäuden:

versichert	**nicht versichert**
Feuer	
Brand, Blitzschlag, Explosion und Schäden durch herabstürzende Flugzeugteile; Folgeschäden durch Rauch, Ruß und Löschen nicht versichert	Schäden an und durch Sachen, die bewusst Feuer oder Wärme ausgesetzt werden, wie Kachelöfen, Heizungskessel
Leitungswasser	
Auslaufende Wasch- oder Spülmaschinen sowie grundsätzlich bestimmungswidrig austretendes Leitungswasser aus allen mit dem Rohrsystem verbundenen Einrichtungen oder Schläuchen der Wasserversorgung; auch Schäden durch Wasserdampf; Bruch oder Frostschäden an Rohrleitungen im Gebäude; an Zuleitungen auch	Schäden durch Leitungswasser, bevor das Gebäude bezugsfertig ist; Erdsenkung oder Erdrutsch, der nicht Folge von Leitungswasserschäden ist; Regen-, Grund und Hochwasser, stehende und fließende Gewässer, witterungsbedingter Rückstau, Plansch- oder Reinigungswasser, Hausschwamm

versichert	nicht versichert
auf dem Grundstück; Frostschäden an sanitären Einrichtungen, Boilern und Durchlauferhitzern	
Sturm und Hagel	
Sturm ab Windstärke 8 (auch Schäden an Fenstern), egal ob Bäume oder andere Gegenstände den Schaden anrichten; auch bei Hagel sind Schäden an den Fenstern abgedeckt; Schäden am Haus durch eindringenden Regen nach einem Sturm- oder Hagelschaden	Schäden vor Bezugsfertigkeit des Gebäudes; Lawinen, Sturmflut; Schäden durch Regen, Hagel, Schnee oder Schmutz, wenn diese durch unverschlossene oder undichte Türen und Fenster eindringen
Bei allen genannten Gefahren	
Kosten für Aufräumen und Abbruch von versicherten Sachen; Kostenaufwand, um Schaden gering zu halten; etwaigen Mietausfall von vermieteten Immobilen bzw. Unterbringungskosten in Höhe der ortsüblichen Miete bei selbstgenutzten Wohnungen/Häusern	Kriegsereignisse, innere Unruhen, Erdbeben und Kernenergie

Versicherungssumme und Prämie: Eine **Unterversicherung** ist insbesondere bei der Gebäudeversicherung unbedingt zu vermeiden, da Schäden nur anteilig zur Unterversicherung gedeckt werden.

Beispiel: Der Versicherungswert eines Gebäudes war am Schadenstag 400 000 €. Die vereinbarte Versicherungssumme beträgt 300 000 €. Nach einem Brand kostet die Wiederherstellung 160 000 €. Die Versicherung bezahlt nicht bis zu 300 000 €, sondern nur $^3/_4$ des Schadens entsprechend der Unterversicherung, also 120 000 €.

Grundsätzlich ist jeder Eigentümer für die richtige Höhe der Versicherungssumme selbst verantwortlich. Nach Privatisierung der Monopolversicherungen bieten die Nachfolgegesellschaften Versicherungsschutz im bisherigen Umfang, aber mit Kündigungsrecht an. In den Anträgen zur verbundenen Wohngebäudeversicherung sollte unbedingt der Neubauwert korrekt angegeben werden, dann legt der Versicherer auf eigene Verantwortung den Versicherungswert fest. Auch Nebengebäude, Garagen und mitversichertes Zubehör sind anzugeben. Werden später Anbauten und Ausbauten, so genannte **werterhöhende Investitionen,** vorgenommen, ist dies unbedingt der Versicherung zu melden. Die Versicherungssumme wird, ähnlich wie bei der Indexbewertung von Gebäuden, auf der Wertbasis 1914 festgelegt.

Werterhöhungen durch Baupreissteigerungen brauchen nach Abschluss des Versicherungsvertrages nicht mehr berücksichtigt zu werden, wenn die Gebäudeversicherung zum **gleitenden Neuwert** abgeschlossen und von dem Versicherer laufend den Wertsteigerungen angepasst wird.

Die Versicherungssumme gilt als richtig ermittelt, wenn
- sie aufgrund einer vom Versicherer anerkannten Schätzung eines Bausachverständigen festgesetzt wird;
- der Versicherungsnehmer im Antrag den Neuwert in Preisen eines anderen Jahres zutreffend angibt und der Versicherer diesen Betrag auf seine Verantwortung umrechnet;
- der Versicherungsnehmer Antragsfragen nach Größe, Ausbau und Ausstattung des Gebäudes zutreffend beantwortet und der Versicherer hiernach die Versicherungssumme 1914 auf seine Verantwortung berechnet.

Nachträgliche Änderungen in der Bausubstanz, beispielsweise durch wertsteigernde Um-, An- oder Ausbauten sind dem Versicherer umgehend anzuzeigen.

Die Prämie wird entsprechend den vom Bundesaufsichtsamt für das Versicherungswesen genehmigten Tarifen von jeder Versicherungsgesellschaft nach folgenden Kriterien festgelegt:
- Lage (es gibt in der Bundesrepublik zwei Gefahrenzonen bei Sturm und Leitungswasser),
- Alter, Wert und Bauweise,
- Umfang der versicherten Gefahren,
- besondere Risiken des Objektes.

Die Prämie ergibt sich aus: Versicherungswert (Index 1914), Beitragssatz und Prämienfaktor (abgeleitet aus Baupreissteigerungen).

Zwischen den anbietenden Versicherern gibt es zusätzliche Unterschiede, ein Vergleich lohnt sich sicher! Der Eigentümer eines Wohnhauses muss mit einigen hundert Euro Prämie für seine Gebäudeversicherung rechnen!

Wechselt der Eigentümer, wird zunächst automatisch die Gebäudeversicherung übernommen. Der neue Eigentümer kann die bestehende Versicherung entsprechend den Vertragsbedingungen kündigen, sollte aber darauf achten, dass sich die Versicherung bei einer anderen Gesellschaft „nahtlos" anschließt.

Versicherung des Gebäudes im Bau: Bereits in der Bauphase sollte die Gebäudeversicherung abgeschlossen werden, was auch Kreditgeber verlangen. Als Richtwert für die Versicherungssumme kann der Kostenvoranschlag mit einem Vorsichtszuschlag für Kostensteigerungen dienen.

Um Auseinandersetzungen mit der Haftung der Handwerker zu vermeiden und um Risiken, die nach der VOB nicht von diesen übernommen werden müssen, abzudecken, empfiehlt sich der Abschluss einer **Bauleistungsversicherung** (früher Bauwesenversicherung).

Die **Bauleistungsversicherung** leistet Ersatz bei Schäden an Bauleistungen, Baustoffen und fertigen Bauteilen. Versichert sind Schäden durch folgende Ursachen:

- Elementarereignisse wie Erdbeben oder Erdrutsch
- Ungewöhnliche Witterungseinflüsse wie Wolkenbruch, Orkan oder Überschwemmung
- Mutwillige und vorsätzliche Beschädigung und Zerstörung von Bauteilen durch Unbekannte
- Ungeschicklichkeit und Fahrlässigkeit von Bauarbeitern
- Diebstahl fest eingebauten Materials, z. B. Heizkörper oder eingesetzte Türen (Bedingungen prüfen)

Die Prämie liegt bei 1,50–2,50 € je 1000 € Versicherungssumme.

In den Werkverträgen mit den Handwerkern kann eine Umlage der Versicherungsprämie vereinbart werden, da die Versicherung auch das Risiko des Handwerkers abdeckt.

Grundsätzlich sind der Architekt bzw. Bauleiter und die ausführenden Handwerker für die Sicherheit der Baustelle verantwortlich. Der Bauherr muss dies aber im Rahmen des Zumutbaren überwachen. Da alle Beteiligten gesamtschuldnerisch haften, kann bei unklarer Verschuldenslage der Bauherr zur Haftung herangezogen werden. Dies gilt auch, wenn ein Geschädigter bei dem Handwerker wegen dessen Zahlungsunfähigkeit nichts mehr holen kann. Die Bauherrenhaftpflicht tritt für alle Schäden ein, für die der Bauherr aufgrund seiner gesetzlichen Haftpflicht aufkommen muss; die Prämie beträgt etwa 1‰ der Versicherungssumme. Mitversichert ist während der Bauzeit auch die Haftpflicht als Grundstücksbesitzer, z. B. bei Versäumen einer ausreichenden Streupflicht im Winter. Die **Bauherrenhaftpflichtversicherung** sollte deshalb bereits beim Grundstückskauf abgeschlossen werden, damit auch das unbebaute Grundstück sofort versichert ist; dies gilt für die Dauer von zwei Jahren. Sie kostet etwa 1‰ der Versicherungssumme.

Nicht versichert sind Schäden an gemieteten oder geliehenen Sachen und Folgen von Arbeitsunfällen. Für letztere muss die Berufsgenossenschaft aufkommen – Anmeldung ist aber unbedingt erforderlich, auch bei reiner unentgeltlicher Nachbarschaftshilfe.

Welche Pflichten hat der Eigentümer gegenüber der Versicherung? Der Versicherer muss über alle vorgenommenen Neu-, Um- und Anbauten, die nicht zu den Reparaturen gehören, rechtzeitig informiert werden, damit keine Unterversicherung eintritt, z. B. über die Verlegung neuer und hochwertiger Teppichböden statt des bisherigen Linoleums, Ausbau oder Isolierung des Dachraums, Einbau isolierverglaster Fenster statt bisheriger einfacher Fenster. Dasselbe gilt, wenn nachträglich eine Gefahrenänderung eintritt, zum Beispiel durch gewerbliche Nutzung von Räumen.

Der Hauseigentümer ist laufend zur Einhaltung besonderer Sorgfalt verpflichtet; so sind lose Firstziegel rechtzeitig zu befestigen u. Ä.

Im Schadensfall ist der Versicherer unverzüglich zu benachrichtigen. Regelmäßig muss vor der Beauftragung einer Reparatur dessen Genehmigung vorliegen. Fenster und Dächer können nach einem Sturm – zumindest als Notbehelf – sofort repariert werden. In Schadensfällen muss der Eigentümer versuchen, Folgeschäden möglichst zu verhindern.

5.3.2 Leitungswasserschadenversicherung

Eine Leitungswasserversicherung deckt die Schäden durch „bestimmungswidrig austretendes Leitungswasser", auch aus Wasch- und Geschirrspülmaschinen und Zentralheizungssystemen. Das Risiko, dass ein Gebäude durch Leitungswasser geschädigt wird, ist wesentlich höher als das Risiko der Beschädigung durch Feuer. Die Leitungen sind meistens unter Putz verlegt, so dass Schäden nur aufwendig zu beseitigen sind. Ein Versicherungsschutz ist deshalb dringend zu empfehlen. Versichert werden kann der Schaden durch „Rohrbruch" einschließlich der Folgeschäden, zum Beispiel in unteren Wohn- oder Kellerräumen. Auch der je nach Wasserbeschaffenheit entstehende „Rohrfraß" ist mitversichert. Der Versicherer muss aber nur den Schaden ersetzen, der durch die Wiederherstellung des „alten" Zustandes entstanden ist, die Verlegung besserer und widerstandsfähigerer Rohre muss vom Eigentümer selbst bezahlt werden.

Frostschäden an Zuleitungen, die noch innerhalb des Versicherungsgrundstückes liegen, sind mitversichert. Für Schäden an Abwasserleitungen muss eine besondere Vereinbarung getroffen werden. Frostschäden an sanitären Einrichtungen sind versichert. Nicht versichert sind Schäden durch Hochwasser oder Kanalrückstau, desgleichen durch Regen oder eingedrungenes Schneewasser. Die Versicherung braucht nicht zu leisten, wenn der Wohnungsinhaber grob fahrlässig oder vorsätzlich gehandelt hat.

In der verbundenen Wohngebäudeversicherung ist das Leitungswasserrisiko mit abgedeckt. Bei den Pflichtversicherungen muss es zusätzlich abgedeckt werden. Eine verbundene Hausratversicherung deckt zwar beispielsweise den Schaden durch eine geplatzte Leitung der Waschmaschine an einem Bodenteppich, nicht aber am Gebäude selbst, wozu ein fest verlegter Teppichboden gehören kann.

Für Schwimmbecken im Haus und Fußbodenheizungen wird ein Zuschlag von bis zu 50 % zur Grundprämie erhoben.

5.3.3 Glasbruch- und Hausratversicherung

Das Glasbruchrisiko für die mit dem Gebäude verbundenen Fenster, Außenverglasungen und Lichtkuppeln ist in den meisten Gebäudeversicherungen nicht automatisch enthalten; dasselbe gilt für die Hausratversicherung.

Ob und wie jemand seinen Hausrat gegen Schäden versichert, hängt nicht davon ab, ob er eine Wohnung gemietet hat oder ob er deren Eigentümer ist. Bei wertvollerem Hausrat wird eine solche Versicherung wohl immer empfehlenswert sein. Glasschäden sind bei den Hausratversicherungen grundsätzlich ausgeschlossen. Sie können durch eine besondere Versicherung gedeckt werden.

Eine Haushaltglasversicherung deckt neben Schäden an Glasscheiben jeder Art und Größe auch Verglasungen an Möbeln und Wandspiegeln. Nicht versichert sind nur Kratzer und Schäden an Beleuchtungskörpern und Hohlgläsern. Die Versicherung kann pauschal alle Glasbestandteile des Gebäudes erfassen oder nach Einzelerfassung jeder Scheibe erfolgen.

5.3.4 Haftpflicht- und Öltankversicherung

Jeder Eigentümer eines Grundstücks oder Gebäudes muss mit berechtigten oder unberechtigten Ansprüchen Dritter rechnen, die Schadenersatz aus der Haftung für Personen- oder Sachschaden verlangen, weil der Eigentümer oder sein Vertreter beispielsweise die Verkehrssicherungspflicht verletzt hat, so bei mangelhaftem Streuen bei Eisglätte oder durch einen herabfallenden losen Dachziegel u. a.

Besteht bereits eine **Privat-Haftpflichtversicherung,** die für jedermann grundsätzlich empfehlenswert ist, so schließt diese die Haftung für die vom Versicherungsnehmer selbst bewohnte Wohnung oder Ferienwohnung oder ein selbst bewohntes Einfamilienhaus ein. In der Privat-Haftpflichtversicherung ist auch die Haftpflicht für Mieter eingeschlossen. Bei dieser Versicherung sind Haftpflichtansprüche ausgeschlossen wegen

- Abnutzung, Verschleiß oder übermäßiger Beanspruchung,
- Schäden an Heizungs- und Warmwasserbereitungsanlagen, Gas- und Elektrogeräten,
- Glasschäden.

Eingeschlossen hingegen sind Sachschäden durch häusliche Abwässer, z. B. wenn in einem oberen Stockwerk der Zuleitungsschlauch an einer Waschmaschine platzt. Bei einer eigengenutzten Eigentumswohnung gilt der Versicherungsschutz nur für das Sondereigentum. Wenn Wohnungen oder Gebäude vermietet werden oder wenn es sich um eine Eigentumswohnungsanlage handelt, ist der Abschluss einer **Haus- und Grundbesitzerhaftpflicht-Versicherung** zu empfehlen. Sie deckt die Haftpflicht als Eigentümer oder Besitzer eines Grundstücks ab, unabhängig davon, ob der Eigentümer selbst oder ob Mieter für die Pflichten des Besitzers verantwortlich gewesen wären. Die Jahresprämie einer solchen Versicherung liegt bei einer Versicherungssumme von 2 Mio. € bei etwas unter 100 €. Erhöhte Risiken sind mit einer solchen Versicherung nicht abgedeckt.

Der Inhaber einer Anlage zur Lagerung gewässerschädlicher Stoff weist für die von diesen ausgehenden Gefahren unbegrenzt verantwortlich. Insbesondere für unterirdische Heizöltanks ist der Abschluss einer **Öltank- bzw. Gewässerschaden-Haftpflichtversicherung** für etwa 80 € Jahresprämie erforderlich. Ausgeschlossen bleiben Schäden an der Anlage selbst. Regelmäßige Wartung und Kontrolle der Anlage dürften als Vorbeugung selbstverständlich sein.

5.3.5 Rechtsschutzversicherung

Ob man eine Rechtsschutzversicherung für notwendig hält, muss jeder selbst prüfen. Eine Rechtsschutzversicherung ist eine Kostenversicherung zur Deckung von Gerichts- und Anwaltskosten, die bei einem Rechtsstreit im Falle des Unterliegens zu übernehmen sind.

In einer Familienrechtsschutzversicherung ist das Rechtsschutz-Risiko für den eigengenutzten Hausbesitz eingeschlossen. Als selbstständiger Versicherungsvertrag kann der Grundstücks- und Mietrechtsschutz vereinbart werden. Nach den Versicherungsbedingungen wird dabei folgender Schutz gewährt: „Versicherungsschutz wird dem Versicherungsnehmer für die Wahrnehmung rechtlicher Interessen aus Miet- und Pachtverhältnissen und aus dinglichen Rechten gewährt, und zwar jeweils in seiner Eigenschaft als Eigentümer, Vermieter, Verpächter, Mieter, Pächter oder dinglich

Nutzungsberechtigter eines im Versicherungsschein bezeichneten Grundstückes, Gebäudes oder Gebäudeteiles.“

Der Versicherungsschutz für Wohnungseigentümer erstreckt sich auf Angelegenheiten der freiwilligen Gerichtsbarkeit in Wohnungseigentumssachen nach dem Wohnungseigentumsgesetz.

Bei einer Entscheidung für eine solche Rechtsschutzversicherung müssen folgende Punkte mit bedacht werden:

- Die Versicherung bezieht sich immer auf ein bestimmtes Objekt. Bei Wohnungswechsel geht der Schutz auf die nächste Wohnung über.
- Eine Wartezeit von meistens drei Monaten ist zu berücksichtigen. Dies bedeutet, dass es keinen Schutz gibt, wenn gegen die Rechtspflichten vor Abschluss der Versicherung oder innerhalb der Wartezeit verstoßen worden ist.
- Alle Baurisiken, das heißt alle Streitigkeiten mit Bauhandwerkern, Architekten usw. sind ausgeschlossen und auch nicht durch Zusatzklauseln versicherbar.

Eine Rechtsschutzversicherung dürfte in erster Linie für Vermieter mehrerer Wohneinheiten interessant sein.

5.3.6 Auswirkung von Eigentumswechseln auf die Bauversicherungen

Im Zusammenhang mit Grundstücks- und Wohnungsverkäufen kommt es zwischen Veräußerern, Erwerbern und Versicherern der Objekte nicht selten zu Meinungsverschiedenheiten, was die rechtlichen Auswirkungen des Eigentümerwechsels auf die für die Immobilien abgeschlossenen Versicherungen betrifft.

Die einschlägigen Vorschriften zur Regelung der rechtlichen Auswirkungen des Immobilienerwerbs auf die bestehenden Versicherungsverträge unterscheiden zwischen den Versicherungen, die das Interesse des Versicherungsnehmers an der versicherten Sache (Sachversicherungen) schützen, und den Versicherungen, die sich auf die Absicherung des Vermögens des Versicherungsnehmers als Ganzes (Haftpflichtversicherung) beziehen.

Grundlegend sind die Rechtsfolgen der Veräußerung von versicherten Sachen, soweit es die sog. Sachversicherungen (z. B. Feuerversicherung oder Leitungswasserversicherung) betrifft, in den §§ 69ff. Versicherungsvertragsgesetz (VVG) geregelt. Danach tritt im Fall der Veräußerung einer versicherten Sache der Erwerber in die während der Dauer seines Eigentums sich aus dem Versicherungsverhältnis ergebenden Rechte und Pflichten des Versicherungsnehmers ein. Die Veräußerung einer Sache führt somit versicherungsrechtlich nicht zu einem Wegfall des versicherten Interesses. Versichert ist nämlich nicht die Sache selbst, sondern das Interesse an der Sache, welches mit der Veräußerung lediglich auf den Erwerber übergeht.

Vor der Umschreibung im Grundbuch ändert sich für den Veräußerer im Verhältnis zum Versicherer nichts. Ihm steht kein außerordentliches Kündigungsrecht zu und er muss für die laufende Prämie aufkommen. Selbst wenn der Erwerber schon längst eingezogen ist und ein neuer Jahresbeitrag fällig wird, bleibt der Veräußerer Vertragspartner des Versicherers mit allen Rechten und Pflichten.

Andererseits bestehen zwischen dem Erwerber und dem Versicherer vor der Umschreibung im Grundbuch noch keinerlei Vertragsbeziehungen und somit auch noch keine Rechte und Pflichten. Dies könnte für den Erwerber, falls bereits eine Auflassung aber noch keine Eintragung erfolgt ist, bei einem zufälligen Untergang der Immobilie im Insolvenzfall des Veräußerers nachteilige Konsequenzen haben. Deshalb ist in der Rechtsprechung anerkannt, dass dem Käufer einer Immobilie bereits in der Phase zwischen Gefahrübergang und Eigentumserwerb ein Sacherhaltungsinteresse zukommt, welches in der Gebäudeversicherung des Veräußerers im Wege der Fremdversicherung berücksichtigt sein kann.

Empfehlungen

Kurz gefasst sollten die Vertragsparteien bei einem Immobiliengeschäft im Hinblick auf die Versicherungen Folgendes beachten:

Veräußerer:

- den Versicherer über die Veräußerung informieren,
- prüfen, wann die Versicherungsverträge ordentlich kündbar sind,
- dem Erwerber Kopien der Versicherungsunterlagen aushändigen,
- im Kaufvertrag unter Lastenübergang auch anteilige Versicherungsprämie regeln,

- mit dem Erwerber die Übernahme der Versicherungen vor Grundbuchumschreibung erörtern.

Erwerber:
- sich nach bestehenden Versicherungen erkundigen,
- vom Versicherer ein Angebot über Vertragsübernahme vorlegen lassen,
- erst nach Eintrag im Grundbuch kündigen,
- erst zum Ende der laufenden Versicherungsperiode kündigen, – für erforderliche Anschlussdeckungen sorgen.

Ein Wechsel der bestehenden Hausversicherung ist nur mit Zustimmung des Gläubigers von Grundpfandrechten zulässig! Wird der Versicherungsschutz in ausreichender Form beibehalten, muss dieser zustimmen. Die Kündigungsfrist bestehender Verträge beträgt regelmäßig drei Monate. Insbesondere ist auf den Schutz vor Elementarschäden zu achten.

Nachwort

Wir wollen unsere Ausführungen mit einem sehr beziehungsreichen Zitat von Jo Hanns Rösler abschließen, das der trockenen Thematik dieses Buches den passenden menschlichen Bezug verleiht:

„Zur Miete wohnen ist bequem. Wer aber im Eigentum lebt, hat noch ein Kind dazu bekommen. Er muss es umsorgen, ihm seine Kleider flicken, manchen Groschen für sein Gedeihen verwenden und manchmal sogar einiges verzeihen. Aber, lebe ein Vater ohne Kinder!"

Jo Hanns Rösler: Dachbodengeschichten, München 1991, S. 13.

Die Verfasser

Anhang

6.1 Bau-ABC

Abgeschlossenheitsbescheinigung. Nach § 3 Wohnungseigentumsgesetz wird ein Sondereigentum an einer Wohnung nur eingeräumt, wenn diese in sich abgeschlossen ist. Sie muss baulich von anderen Wohnungen durch übliche, den Bauanforderungen entsprechende Wände und Decken getrennt sein und einen eigenen abschließbaren Zugang unmittelbar vom Freien, von einem Treppenhaus oder einem Vorraum haben. Dem Grundbuchamt gegenüber muss der Bauherr eine Bescheinigung der Bauaufsichtsbehörde vorlegen.

Abschlussgebühr. Für den Abschluss eines Bausparvertrages muss meistens eine Abschlussgebühr von 1–1,6 % auf die Bausparsumme entrichtet werden. Die Gebühr wird dem Bausparkonto belastet und mit den regelmäßigen Zahlungen verrechnet.

Abschreibung. Handelsrechtlich wird eine Wertminderung an Gebäuden buchhalterisch als Abschreibung erfasst. Auch bei der privaten Vermietung von Wohnraum wird im alltäglichen Sprachgebrauch die steuerlich anerkannte → Absetzung für Abnutzung im Rahmen der → Werbungskosten als Abschreibung bezeichnet. Man unterscheidet nach der Berechnungsform die lineare Abschreibung mit gleichmäßigen Abschreibungssätzen pro Jahr, z. B. 2 %, und die bei früheren Anschaffungen mögliche degressive Abschreibung mit von Jahr zu Jahr fallenden Sätzen (Vgl. S. 166 ff.).

Absetzung für Abnutzung. Die Absetzung für Abnutzung oder kurz AfA ist der steuerrechtliche Begriff für die Erfassung der Wertminderung von Gebäuden als Werbungskosten im Rahmen der Einkünfte aus Vermietung und Verpachtung. Grundlage sind die Anschaffungs- oder → Herstellungskosten. → Abschreibung (Vgl. S. 166 ff.).

Alleinauftrag. Einem Immobilienmakler kann der Auftrag insbesondere zur Veräußerung einer Immobilie „exklusiv“ erteilt werden.

Nur der beauftragte Makler darf das Objekt veräußern. Der Auftrag ist regelmäßig befristet und nach spätestens sechs Monaten kündbar. Beim sogenannten qualifizierten Alleinauftrag ist auch der Eigenverkauf durch den Auftraggeber ausgeschlossen. →Allgemeinauftrag (Vgl. S. 85)

Allgemeinauftrag. Ein Immobilienmakler kann mit dem Verkäufer einer Immobilie vereinbaren, dass dieser parallel andere Makler einschalten oder selbst tätig werden kann. → Alleinauftrag (Vgl. S. 85 ff.).

Annuitätendarlehen. Bei Baufinanzierungen wird häufig vereinbart, dass der Darlehensnehmer jährlich den gleichen Gesamtbetrag für Zins und Tilgung, nämlich die Annuität, aufbringt. Dies ermöglicht eine klare Belastungsplanung in Bezug auf das verfügbare Einkommen. Der Tilgungsanteil steigt jährlich bei abnehmendem Zinsanteil. → Festdarlehen (Vgl. S. 218 ff.).

Annuitätenzuschuss. Erwerber von Wohneigentum gehen anfänglich im Verhältnis zu ihrem Einkommen oft zu hohe Verpflichtungen aus den vereinbarten Darlehen ein in der Erwartung, dass mit später steigendem Einkommen die Belastungsfähigkeit größer wird. Zur Überbrückung kann deshalb für einige Jahre ein in monatlich gleichen Beträgen auszuzahlendes Darlehen von einer Bank, einer Bausparkasse oder der öffentlichen Hand im Rahmen des →Sozialen Wohnungsbaus gegeben werden. Diese Zahlungen vermindern die monatliche Belastung. Die Summe aller Auszahlungen nebst der aufgelaufenen Zinsen wird später wie ein Darlehen getilgt.

Anschaffungskosten → Herstellungskosten

Anschlusskosten. Für den Anschluss eines Grundstücks an die Ver- und Entsorgungseinrichtungen wie Strom, Wasser, Gas und Kanal sind Gebühren bzw. Kostenerstattungen an die Gemeinden und Energieunternehmen zu entrichten. Regelmäßig besteht für diese Einrichtungen Anschluss- und Benutzungszwang. Die Anschlusskosten sind Bestandteil der → Erschließungskosten.

Arbeitnehmer-Sparzulage. Wer vermögenswirksame Leistungen in einen Bausparvertrag einzahlt, kann eine neunprozentige Sparzulage aus maximal 470 € jährlich neben einer Wohnungsbauprämie erhalten. Das zu versteuernde Einkommen darf nicht mehr als 17 900 € (Alleinstehende) bzw. 35 800 € (gemeinsam veranlagte Eheleute) betragen.

Architektenvertrag. Ein Vertrag des Bauherrn mit einem Architekten, der den üblichen Leistungsumfang einschließt, ist eine Kombination aus Dienst-, Werk- und Geschäftsbesorgungsvertrag. Ein solcher Vertrag ist grundsätzlich auch mündlich gültig, Schriftform ist aber empfehlenswert, um das „Leistungsbild" entsprechend der Honorarordnung genau zu erfassen. Regelmäßig wird der Architekt bevollmächtigt, den Bauherren in den die Bauabwicklung betreffenden Angelegenheiten zu vertreten (Vgl. S. 139 ff.).

Auflassung. Die Einigung zwischen dem Erwerber und dem Veräußerer eines Grundstücks bzw. einer Immobilie über den Eigentumsübergang wird als Auflassung bezeichnet. Sie ist streng formgebunden, d. h. sie muss bei gleichzeitiger Anwesenheit beider Teile vor einem Notar erklärt und von diesem beurkundet werden. Bevollmächtigung zur Abgabe der Erklärung in beglaubigter Form ist möglich. Die Auflassung muss zur Umschreibung im → Grundbuch nachgewiesen werden (Vgl. S. 52 ff.).

Auflassungsvormerkung. Sie ist die Vorstufe zur → Auflassung, wenn diese nicht sofort vorgenommen wird. Durch die Auflassungsvormerkung wird der Berechtigte zwar nicht Eigentümer, jedoch kann auch kein anderer mehr ihn belastende Rechte am Grundstück oder das Eigentum erwerben.

Aufteilungsplan. Er ist eine von der Baubehörde bestätigte Bauzeichnung, aus der die Aufteilung des Gebäudes sowie die Lage und Größe der im Sondereigentum und der im gemeinschaftlichen Eigentum stehenden Gebäudeteile ersichtlich ist. → Abgeschlossenheitsbescheinigung.

Bankdarlehen. Einen erheblichen Teil der Fremdmittel bei einer Wohnbaufinanzierung kommt von Geschäftsbanken oder von Spezialbanken wie den so genannten Hypothekenbanken. Bankdarlehen werden regelmäßig nur mit einer Beleihung im ersten Rang des → Grundbuchs bis zur Beleihungsgrenze von 60 % gegeben. Die Rückzahlung ist in gleichen Annuitäten zu leisten. Die Laufzeit beträgt meistens zwischen 20 und 30 Jahren. → Annuitätendarlehen (Vgl. S. 226 ff.).

Bauantrag. Vor Beginn eines genehmigungspflichtigen Bauvorhabens muss dessen Übereinstimmung mit den öffentlich-rechtlichen Vorschriften geprüft werden. Dies geschieht im Rahmen eines → Baugenehmigungsverfahrens. Zuständig ist dafür die Bauaufsichtsbehörde, das sind die Kreise und kreisfreien Gemeinden. Zur Einleitung des Verfahrens ist bei der Gemeinde, in deren Gebiet das zu bebauende Grundstück liegt, ein Bauantrag zu stellen. Dem Bauantrag sind alle für die Beurteilung des Bauvorhabens erforderlichen Unterlagen (Bauvorlagen) beizufügen. Für Gebäude mit bis zu drei Wohnungen ist derzeit keine statische Prüfung vorgeschrieben. Der Antrag ist schriftlich zu stellen; es handelt sich um einen sogenannten mitwirkungsbedürftigen Verwaltungsakt.

Baugenehmigung. Ein gestellter → Bauantrag soll von der Behörde unverzüglich auf seine Vereinbarkeit mit den öffentlich-rechtlichen Vorschriften geprüft werden. Da benachbarte Grundstücke durch das Vorhaben berührt werden können, werden die Nachbarn informiert, in einigen Bundesländern immer, sonst bei der Erteilung von Befreiungen. Die Baugenehmigung ist zu erteilen, wenn das Bauvorhaben den öffentlich-rechtlichen Vorschriften entspricht. Entspricht das beantragte Bauvorhaben einem → Bebauungsplan, kann bei Häusern mit bis zu drei Wohnungen zwei Wochen nach Antragstellung mit dem Bau begonnen werden. Dem Genehmigungsbescheid ist der sogenannte rote Punkt beizufügen. Dies ist ein Auszug aus der Genehmigung, der sichtbar an der Baustelle anzubringen ist und den Bauherrn und den verantwortlichen Bauleiter bezeichnet. Die Baugenehmigungsgebühr beträgt im allgemeinen 4‰ → der Baukosten (Vgl. S. 107 ff.).

Baugesetzbuch. Das Baugesetzbuch ist ein Rahmengesetz zur Regelung der Bauverfahren. Geregelt werden hauptsächlich die Verfahren zur Bauleitplanung, insbesondere zur Erstellung von → Flächennutzungsplan und → Bebauungsplan einer Gemeinde. Weiterhin enthält es Vorschriften zur Enteignung und Entschädigung, zur Erschließung von Bauland, zur städtebaulichen Sanierung, zur Wertermittlung und schließlich zu den gerichtlichen Verfahren in Bausachen.

Baukosten. Die Baukosten sind die Kosten für die Errichtung eines Gebäudes ohne die Grundstückskosten. Als sogenannte reine Baukosten werden nur die Kosten des Gebäudes selbst verstanden. Zu den → Herstellungskosten werden zusätzlich die Kosten der Außenanlagen und die → Baunebenkosten gerechnet.

Baulastenbuch. Von der nach dem jeweiligen Landesrecht zuständigen Bauaufsichtsbehörde wird ein Baulastenbuch oder -verzeichnis geführt. Dies ist ein eigenständiges öffentliches Register, das sich vom Grundbuch unterscheidet. Für jedes Grundstück wird ein Baulastenblatt mit einer eigenen Nummer geführt. Das Verzeichnis ist ein öffentliches Register, in das jedermann, der ein berechtigtes Interesse darzulegen vermag, Einsicht nehmen kann. Ein Interesse ist gegeben, wenn jemand ein Grundstück erwerben, bebauen oder ein Recht an dem Grundstück begründen will. Eingetragen werden insbesondere Bebaubarkeitsbeschränkungen für ein Grundstück, häufig in Zusammenhang mit der Nichteinhaltung von Grenzabständen. Die Baulast kann mit einer Grunddienstbarkeit verglichen werden.

Bauleitplan. Dies ist der Oberbegriff für den → Flächennutzungsplan und den → Bebauungsplan.

Baunebenkosten. Die Baunebenkosten gehören nach der Wertermittlungsverordnung zum Wert des Gebäudes, nach den steuerlichen Vorschriften zu den Herstellungskosten. Zu den Baunebenkosten zählen insbesondere Kosten der Architektenleistung und Gebühren an Behörden im Zusammenhang mit der Bauerrichtung. In der Finanzierungsplanung sind darüber hinaus die Kosten für die Beschaffung der Finanzierungsmittel und die Zinsen während der Bauzeit zu berücksichtigen. Diese Kosten gelten steuerlich als Werbungskosten beziehungsweise als Sonderausgaben.

Bauplan. Der Bauplan oder die Bauzeichnung ist eine maßstabgerechte Zeichnung des Bauwerkes. Dazu gehören Außenansichten, Schnitte und Grundrisse der Geschosse. Einem → Bauantrag wird eine Bauzeichnung im Maßstab 1:100 beigefügt.

Bauspardarlehen. Der Bausparer erhält einen Rechtsanspruch auf ein Darlehen für wohnungswirtschaftliche Zwecke zu den im Bausparvertrag vereinbarten Bedingungen. Die Höhe des Darlehens beträgt meistens die Differenz aus → Bausparsumme und Bausparguthaben. Es gibt auch Tarife mit einem Darlehensanspruch in Höhe von 50 Prozent der Bausparsumme. Neben der niedrigen Verzinsung liegt ein Vorteil des Bauspardarlehens in der höheren Beleihungsgrenze. Der Anspruch auf das Darlehen wird mit der → Zuteilung erworben.

Bausparen. Bausparen ist eine Sparform, die grundsätzlich zum Erhalt eines Darlehens für → wohnungswirtschaftliche Verwendung berechtigt. Grundlage ist der Abschluss eines Bausparvertrages. Die Rechte und Pflichten des Bausparers sind von dem im Vertrag vereinbarten sogenannten Bauspartarif abhängig. Hauptvorteil des Bauspardarlehens beim Wohnungserwerb ist die Sicherheit des festen Zinssatzes ab Abschluss des Bausparvertrages und die Regelung, dass die Bausparkassen sich mit einer nachrangigen Beleihung einverstanden erklären. → Bewertungszahl → erster Rang → Grundbuch → Verbundfinanzierung → Vermögenswirksame Leistungen → Vorausdarlehen → Wartezeit → Wohnungsbauprämie → Zuteilung (Vgl. S. 192 ff.).

Bausparguthaben. Der vom Bausparer angesparte Betrag einschließlich Zinsen und gutgeschriebener staatlicher Wohnungsbauprämie.

Bausparsumme. Der Betrag, über den ein Bausparvertrag abgeschlossen wird. Bei → Zuteilung wird die Bausparsumme ausgezahlt, die sich dann aus dem → Bausparguthaben und dem → Bauspardarlehen zusammensetzt. Die Bausparsumme sollte deshalb als einheitlicher Betrag in einen Finanzierungsplan eingehen.

Bauvoranfrage. Auf schriftlichen Antrag hin kann bereits vor der Stellung eines → Bauantrags zu Einzelfragen des geplanten Vorhabens eine grundsätzliche Klärung erfolgen. Dies ist dann empfehlenswert, wenn irgendwelche Zweifel an der Zulässigkeit des geplanten Vorhabens bestehen. Dies können Fragen sein zur Gewährung von Ausnahmen, zur Bauweise, zur überbaubaren Grundstücksfläche bis zu Gestaltungsfragen, z. B. Verwendung bestimmter Baumaterialien. Wie bei der → Baugenehmigung wird ein Vorbescheid erteilt, wenn öffentlich-rechtliche Vorschriften nicht entgegenstehen. Der Vorbescheid ist befristet. Wird innerhalb der Geltungsdauer ein Bauantrag gestellt, kann die Genehmigungsbehörde die im Vorbescheidsverfahren geklärten Fragen im Baugenehmigungsverfahren nicht anders beurteilen (Vgl. S. 107 ff.).

Bebauungsplan. Ein Bebauungsplan kann sich als Weiterentwicklung eines → Flächennutzungsplanes ergeben. Der Plan wird von der Gemeinde als verbindliche Satzung beschlossen. Nach der öffentlichen Bekanntmachung wird der Plan rechtskräftig. Er legt für einen Teilbereich einer Gemeinde Art und Maß der baulichen Nutzung, also Baugrenzen, Bebauungstiefen, Mindestgrößen, Tiefen und Breiten für die Bauwerke fest, ebenso die Bauweise; dazu kommen Verkehrs- und Grünflächen (Vgl. S. 100 ff.).

Beleihungswert. Der Beleihungswert ist der vom Kapitalgeber für die Beleihung auf der Grundlage aller vorliegenden Angaben festgesetzte Wert. Er soll den am Markt erzielbaren Wert für das Objekt nicht übersteigen. Grundlage der Berechnung ist der vom nachhaltig erzielbaren Ertrag abhängige Wert oder der Sachwert, der sich aus Boden- und Bauwert zusammensetzt. Die Beleihungsgrenze, bis zu der vom Kapitalgeber beliehen wird, wird in Prozentanteilen des Beleihungswertes ausgedrückt. → Ertragswert (Vgl. S. 213 ff.)

Bewertungszahl. Im Rahmen eines → Bausparvertrages ist eines der Hauptinteressen des Bausparers, einmal das zinsgünstige Bauspardarlehen zu erhalten. Alle Darlehen werden aus der sogenannten Zuteilungsmasse gegeben, die sich im Wesentlichen aus den Sparbeiträgen aller Bausparer und den Tilgungsleistungen zusammensetzt. Aus dieser Zuteilungsmasse wird in meist halbjährlichen Zeitabständen errechnet, welchen Bausparverträgen die Bausparsumme zugeteilt wird. Für die Rangfolge wird eine Bewertungszahl ermittelt, die erreicht worden sein muss (Zielbewertungszahl). In den meisten Tarifarten errechnet man die individuelle Bewertungszahl des Bausparvertrages aus einer Formel, die Spardauer und Höhe der Ersparnis miteinander kombiniert (Zeit-mal-Geld-System). → Bausparen.

Bewirtschaftungskosten. Bewirtschaftungskosten im Sinne der Wertermittlungsverordnung sind Betriebs-, Instandhaltungs- und Verwaltungskosten, → Abschreibung und das Mietausfallwagnis.

Bei → Eigentumswohnungen werden die Betriebs-, Verwaltungs- und Instandhaltungskosten auf die Eigentümer im Umlageverfahren verteilt. Betriebskosten sind im Wesentlichen öffentliche Lasten, Wasserversorgung, Heizung, Müllabfuhr, Gartenpflege, Versicherungen (Vgl. S. 32 f.).

Damnum. Unterschied zwischen dem vereinbarten und zu tilgenden Darlehensbetrag und dem geringeren Auszahlungsbetrag. Der Zweck ist einmal die Deckung der einmaligen Kosten der Darlehensvergabe für den Geldgeber, zum anderen in erster Linie eine Art Zinsstundung. Das Damnum vermindert die jährlich zu zahlende Zinsenlast, verlängert aber dafür die Gesamtlaufzeit des Darlehens → Tilgungsstreckungsdarlehen.

Darlehensgebühr. Bei einem → Bauspardarlehen wird teilweise noch eine Darlehensgebühr in Höhe von zwei bis drei Prozent des Darlehens auf die zurückzuzahlende Summe aufgeschlagen.

Dienstbarkeit. Sie gibt z. B. einem Grundstücksnachbarn das Recht, das belastete Grundstück in bestimmter Weise zu nutzen, z. B. ihn zu seinem Abstellplatz fahren zu lassen (Wegerecht). Es kann auch vereinbart werden, dass kein oder kein bestimmtes Gewerbe auf dem belasteten Grundstück ausgeübt wird.

Disagio → Damnum

Effektivzins. Der Effektivzins enthält alle Kosten des Darlehens wie Gebühren, Damnum, Zins und die Nebenkosten wie Pflichtversicherungen. Bei längerfristigen Bankdarlehen mit späterer Zinsänderung kann nur ein „anfänglicher effektiver Jahreszins“ angegeben werden.

Eigenmittel. Eigenmittel sind die Grundlage einer Baufinanzierung. Es sind dies Mittel, die für Bauzwecke zur Verfügung stehen, und dem Bauherrn zustehen. Dazu gehören in erster Linie Bargeld, Sparguthaben, veräußerungsfähige Wertpapiere, Bausparguthaben, vorhandene Grundstücke, aber auch erbrachte Eigenleistungen. Als indirekte Eigenmittel gelten Verwandten- und Arbeitgeberdarlehen, da diese in der Regel nicht der Sicherung durch die Kreditinstitute vorangehen, sondern nachrangig sind. Als optimal wird regelmäßig eine Eigenmittelausstattung von etwa einem Drittel der zu finanzierenden Gesamtkosten angesehen.

Eigentumsübertragungsanspruch. Allein aufgrund des Kaufvertrags wird man nicht Eigentümer, man erhält dadurch als Käufer nur den Anspruch auf Übertragung des Eigentums, der durch die →Auflassung und Eintragung im Grundbuch vollzogen wird. Wenn ein Grundstück bereits vor der Eintragung wieder weiterverkauft wird, kann der Anspruch des bisherigen Berechtigten abgetreten werden; dies kann sich auch auf einen Teil des Grundstücks beziehen, wenn dieses noch nicht bestimmungsgemäß aufgeteilt worden ist.

Eigentumswohnung. Wohnung, an der ein Eigentümer im Sinne des Wohnungseigentumsgesetzes begründet worden ist. Das Wohnungseigentum wird in einem eigenen Wohnungsgrundbuch nachgewiesen. Eine Wohnanlage besteht aus dem Gemeinschaftseigentum am Grundstück und den wesentlichen Bestandteilen des Gebäudes, dem Teileigentum an Kellern und Garagen und dem Sondereigentum an den Innenräumen der Wohnung. → Teilungserklärung.

Erbbaurecht. Das Erbbaurecht ist das selbstständige und grundstücksgleiche Recht an einem fremden Grundstück, auf diesem ein Bauwerk errichten zu dürfen, das im Einzeleigentum des Erbbauberechtigten steht. Das Erbbaurecht ist sowohl veräußerlich wie vererblich. Für das Erbbaurecht wird ein besonderes →Grundbuch gebildet. Als Entgelt für die Überlassung des Grundstücks wird als wiederkehrende Zahlung regelmäßig ein Erbbauzins vereinbart. Rechtsgrundlage für das Erbbaurecht ist neben den §§ 1012 bis 1017 BGB die Erbbaurechtsverordnung.

Erbbaurechtsvertrag. Das Erbbaurecht ist das vererbliche und veräußerliche Recht, ein Bauwerk auf fremdem Grund und Boden zu haben. Grundlage ist ein Vertrag zwischen dem Grundstückseigentümer und dem Erbbaurechtserwerber. Er wird notariell beurkundet. Das Erbbaurecht wird im Grundbuch des belasteten Grundstücks in der zweiten Abteilung an erster Rangstelle eingetragen. Gleichzeitig legt das Grundbuchamt das Erbbaugrundbuch als besonderes Grundbuchblatt an.

Erschließungskosten. Nach den landesrechtlichen Kommunalabgabengesetzen und den darauf beruhenden gemeindlichen Abgabensatzungen können von den Eigentümern der Grundstücke die

Erschließungskosten als sogenannte Anliegerbeiträge verlangt werden. Dazu gehören die Erschließungsbeiträge für Straßen, Parkflächen usw. und die → Anschlusskosten für die Ver- und Entsorgung. Nach manchen Kommunalabgabengesetzen können dazu noch die sogenannten Hausanschlusskosten als Kosten für die Abzweigung der Ver- und Entsorgungsleitungen von der Hauptleitung zum Grundstück kommen. Die Erschließungskosten gehören steuerrechtlich zu den Anschaffungskosten des Grundstücks.

Erster Rang. Im → Grundbuch eingetragene Rechte gehen einander in der Rangfolge der Eintragung vor. Die in der dritten Abteilung eingetragenen → Grundpfandrechte werden im Falle der Zwangsversteigerung in der Reihenfolge ihrer Eintragung nacheinander so lange befriedigt, wie der Erlös ausreicht. Ein an erster Stelle eingetragenes Grundpfandrecht wird deshalb als erstrangig bezeichnet.

Ertragswert. Der Wert eines Gebäudes kann durch Kapitalisierung des Nettoertrages festgelegt werden. Der Nettoertrag entspricht der um die Bewirtschaftungskosten verminderten erzielten oder erzielbaren Jahresmiete. Bei der Kapitalisierung gilt er als der erzielbare Ertrag, der sich als Prozentsatz des Ertragswertes ergibt. Der Kapitalisierungszinssatz wird meistens auf 5–6 % festgelegt. Als Formel gilt dann:

$$\text{Ertragswert} = \frac{\text{Nettoertrag} \times 100}{\text{Kapitalisierungszinssatz}}$$

Bei vermieteten Objekten wird dieses Verfahren grundsätzlich angewendet. (Vgl. S. 281 ff.)

Exposé. Beschreibung der wesentlichen Merkmale einer Immobilie in übersichtlicher Form zur Information für Interessenten (Vgl. S. 35).

Festdarlehen. Ein Darlehen, das zu einem vorher bestimmten Termin oder bei Eintritt einer bestimmten Bedingung, z. B. der → Zuteilung eines Bausparvertrages, durch eine einmalige Zahlung zurückgezahlt wird. Während der Laufzeit wird also nicht getilgt. In Zusammenhang mit der Baufinanzierung kommt es als → Vorausdarlehen oder als → Policendarlehen vor.

Flächennutzungsplan. Der Flächennutzungsplan ist die Plandarstellung der gemeindlichen Bauleitplanung. In ihm wird für das gesamte Gemeindegebiet die Art und Bodennutzung dargestellt. Er gilt als vorbereitende Bauleitplanung, die wiederum Grundlage für einen → Bebauungsplan ist. Der Flächennutzungsplan soll die sich aus der beabsichtigten städtebaulichen Entwicklung ergebende Art der Bodennutzung in den Grundzügen darstellen. Die für die Bebauung vorgesehenen Flächen sind nach der allgemeinen Art ihrer baulichen Nutzung sowie nach dem Maß ihrer baulichen Nutzung als Baugebiete darzustellen.

Gebühren. Jeder Erwerb von Wohneigentum löst die Zahlung von Gebühren an staatliche und halbstaatliche Stellen aus: Gebühren für die Baugenehmigung, für die Eintragungen im Grundbuch, für die notwendigen Beurkundungen durch den Notar. Beim Erwerb über Makler wird deren Provision häufig auch als Maklergebühr bezeichnet. Alle Gebühren und Provisionen sind in eine ordentliche Finanzierungsplanung einzubeziehen (Vgl. S. 80 ff.).

Gebäudeversicherung. Ein Gebäude wird nur beliehen, wenn es gegen die üblichen Risiken mit einer Gebäudeversicherung versichert ist. Als Hauseigentümer hat man darauf zu achten, dass das Gebäude gegen Schäden, Feuer, Sturm, austretendes Leitungswasser und evtl. Elementarschäden versichert ist. Ergänzt werden kann dies insbesondere bei Vermietung durch eine Haftpflichtversicherung. Bei Eigentumswohnungen schließt der Verwalter die entsprechenden Versicherungen ab. Die Gebäudeversicherungen schließen Schäden am Hausrat nicht ein, diese müssen gesondert versichert werden (Vgl. S. 321 ff.).

Gewährleistung. Gewährleistungsansprüche können geltend gemacht werden, wenn die übergebene Sache mit Fehlern behaftet ist, die den Wert oder die Tauglichkeit zu dem gewöhnlichen oder nach dem Vertrag vorausgesetzten Gebrauch aufheben oder erheblich mindern oder wenn zugesicherte Eigenschaften fehlen. Bei Bauwerken liegen Mängel insbesondere dann vor, wenn das Werk unter Verstoß gegen die sogenannten anerkannten Regeln der Baukunst und Technik erstellt wurde. Die Mangelhaftigkeit kann sich aus Fehlern bei der Bauausführung und Planung und aus der Verwendung ungeeigneter Materialien ergeben. Der Gewährleistungsanspruch beginnt mit der Gefahrenübergabe, also beispielsweise der Wohnungsübergabe oder Abnahme bei einem Haus. Ein Anspruch muss innerhalb der Gewährleistungsfrist durchgesetzt werden, danach verjährt er. Die Frist beträgt bei Arbeiten an einem Grundstück nach allgemeinem bürgerlichen Recht fünf Jahre. Vertraglich wird häufig eine Frist von vier Jahren vereinbart, so, wenn die Vergabe- und Vertragsordnung für Bauleistungen (VOB) zugrunde gelegt wird.

Globalbelastung. Als Globalbelastung bezeichnet man ein Grundpfandrecht, z. B. eine Grundschuld, welche auf einem Grundstück eingetragen wird und zur Absicherung der Finanzierung des Kaufs oder des gesamten Bauvorhabens, z. B. für mehrere Objekte, dient.

Grundbuch. Öffentliches Register von Grundstücken eines Amtsgerichtsbezirkes. Auf die Richtigkeit der Eintragungen im Grundbuch kann man vertrauen. Gliederung in: Bestandsverzeichnis, Eigentümer (Abteilung I), Lasten und Beschränkungen (Abteilung II) und → Grundpfandrecht (Abteilung III). Die Eintragung im Grundbuch ist erforderlich bei der Eigentumsübertragung und der Belastung mit Grundpfandrechten. → Kataster (Vgl. S. 59 ff.).

Grunderwerbsteuer. Der Erwerb von bebauten und unbebauten Grundstücken durch Kauf, Schenkung, Tausch oder Zwangsversteigerung wird mit einer Steuer von 3,5 % des Wertes belastet. Die Grunderwerbsteuer gehört zu den → Anschaffungskosten (Vgl. S. 170 ff.).

Grundpfandrechte. Grundstücke können in der Weise belastet werden, dass der Inhaber des Rechtes sich wegen einer Geldzahlung letztlich aus dem Verwertungserlös des Grundstücks befriedigen kann. Diese Rechte sind in der dritten Abteilung des → Grundbuchs als → Hypothek, → Grundschuld und Rentenschuld eingetragen.

Grundschuld. Die Grundschuld ist das Recht, vom Eigentümer eines Grundstücks die eingetragene Geldsumme zu erhalten. Für die Zahlung haften das Grundstück und das Zubehör. Dies bedeutet, dass ein etwaiger Versteigerungserlös zur Abdeckung der nicht bezahlten Forderung verwendet werden kann; reicht dieser aber nicht aus, haftet der Eigentümer aus der Grundschuld nicht persönlich. Die Grundschuld ist eine unbedingte Zahlungsverpflichtung, die nicht vom Bestand einer sonstigen Forderung abhängig ist. Gleichwohl wird im Zusammenhang mit der Absicherung im Rahmen einer Baufinanzierung die Grundschuld nur für den Fall gegeben, dass der Baukredit nicht ordnungsgemäß zurückgezahlt wird. Man spricht deshalb von einer Sicherungsgrundschuld. → Grundbuch → Hypothek (Vgl. S. 291 ff.).

Grundsteuer. Die Grundsteuer ist eine Besitzsteuer und wird von den Gemeinden erhoben. Bemessungsgrundlage für die Steuer ist der sogenannte Einheitswert. Je nach dem Hebesatz kann die Grundsteuer in den Gemeinden unterschiedlich sein (Vgl. S. 171 ff.).

Grundstück. Ein Grundstück ist ein abgegrenzter Teil der Erdoberfläche. Gegenstand des Rechtsverkehrs kann es erst werden, wenn es im → Grundbuch eingetragen worden ist. Dazu ist eine vorhergehende Vermessung und Eintragung im → Kataster notwendig. Zum Grundstück gehören als wesentliche Bestandteile Gebäude und Pflanzen. Zubehör sind selbstständige Sachen, die aber dem Grundstück wirtschaftlich dienen, so z. B. die landwirtschaftlichen Geräte und das Vieh (Vgl. S. 60).

Herstellungskosten. Herstellungskosten sind die Aufwendungen, die bei der Vorbereitung und Durchführung eines Bauvorhabens entstehen. Dazu gehören neben den → Baukosten die Kosten für den Anschluss an das Stromversorgungsnetz und die Kosten für die Anlagen zur Ableitung von Abwässern, soweit sie auf die Hausanschlusskosten entfallen. Weiterhin zählen dazu die Kosten für Herde und Öfen, wenn sie nach der Verkehrsanschauung der jeweiligen Region zum Gebäude gehören. → Erschließungskosten für das Grundstück zählen nicht zu den Herstellungskosten des Gebäudes. Zu den Herstellungskosten gehören auch die Kosten der Außenanlagen. Den Herstellungskosten entsprechen beim Kauf die Anschaffungskosten, z. B. der Kaufpreis für ein bebautes oder unbebautes Grundstück. Die Herstellungs- oder Anschaffungskosten sind Grundlage der → Abschreibung.

Hypothek. Die Hypothek ist ein Pfandrecht an einem Grundstück wegen einer Forderung. Für die in Abteilung III des → Grundbuchs eingetragene Hypothek haftet der Schuldner mit seinem persönlichen Vermögen und mit dem Grundstück einschließlich des Grundstückzubehörs. Wenn und soweit die Forderung zurückbezahlt worden ist, erlischt das Pfandrecht. Wegen der engen Bindung an eine ganz bestimmte Forderung ist diese heute bei Baufinanzierungen kaum noch gebräuchlich, sondern durch die →Grundschuld weitgehend ersetzt. Gleichwohl ist im Sprachgebrauch der Begriff Hypothek noch allgemein für ein Grundpfandrecht gebräuchlich. → Grundbuch

Instandhaltungsrücklage. Das Wohnungseigentumsgesetz schreibt zwingend als Vorsorge für die Instandhaltung und Instandsetzung des Gemeinschaftseigentums einer Wohnanlage die Ansammlung von Geldern durch laufende Beiträge vor. Wenn diese Mittel hoch genug sind, können aus ihnen notwendig werdende Reparaturen bezahlt werden, ohne dass einmalige Umlagen notwendig werden.

Kataster. Ein öffentliches amtliches Register über die Vermessungsergebnisse für alle Grundstücke. Die vermessenen Flurstücke sind nach Nummern geordnet (Vgl. S. 59 f.).

Kaufvertrag. Der Kaufvertrag über Grundstücke muss notariell beurkundet sein. Er verpflichtet den Käufer zur Zahlung des Kaufpreises, den Verkäufer zur Übertragung des Eigentums. →Auflassung (Vgl. S. 52 ff.).

Konsumgut. Selbstgenutztes Wohneigentum wird heute wie andere Konsumgüter behandelt, das heißt, es ist nicht mit Einkünften verbunden. Formell gibt es deshalb auch beim Erwerb keine → Abschreibung → als Werbungskosten.

Maisonette-Wohnung. Dies ist eine Wohnung, die sich über zwei Ebenen erstreckt. Meistens ist das Dachgeschoß, oft als Spitzdach, einbezogen. Die Wohnebenen sind innerhalb der Wohnung durch eine Treppe verbunden.

Maklervertrag → Alleinauftrag (Vgl. S. 85 ff.).

Mindestsparguthaben. Vor der → Zuteilung des Bausparvertrages muss der vereinbarte Prozentsatz der Bausparsumme, 40 oder 50 Prozent, als Guthaben angespart worden sein.

Miteigentum. Bei einer Eigentumswohnungsanlage stehen das Grundstück und diejenigen Gebäudeteile, die für den Bestand und die Sicherheit des Gebäudes erforderlich sind, in gemeinschaftlichem Eigentum. Es sind dies z. B. die tragenden Wände, ferner Treppenhaus, Lift, Waschküche, Hausmeisterwohnung und die → Instandhaltungsrücklage.

Objektbeschränkung. Jeder Steuerpflichtige konnte die Förderung des selbstgenutzten Wohnungserwerbs nur einmal in seinem Leben in Anspruch nehmen, Ehegatten bei gemeinsamem Erwerb somit zweimal, aber nur für zwei verschiedene Objekte.

Penthouse. Eine Penthousewohnung ist eine bungalowähnliche Wohnung auf dem Flachdach eines mehrstöckigen Gebäudes. Die Wohnfläche einer Penthousewohnung ist meistens größer als die der anderen Wohnungen des Gebäudes.

Policendarlehen. Lebensversicherungen beleihen den Rückkaufswert von Lebensversicherungen. Diese Darlehen zählen auch als Ersatz für → Eigenmittel. Geht das Darlehen über den Rückkaufswert hinaus, was bei Neuabschlüssen immer der Fall ist, verlangen die Lebensversicherungen erstrangige grundbuchliche Absicherung. Das dann in Höhe der Lebensversicherungssumme gegebene Darlehen gilt als → Festdarlehen bis zum Ablauf der Lebensversicherung. Die zum Zweck der Rückzahlung einer Hypothek abgeschlossene Lebensversicherung wird auch als Hypotheken-Versicherung bezeichnet. Die Steuerfreiheit der Lebensversicherungserträge bleibt in Zusammenhang mit einer Vermietung oder bei Entstehung von Werbungskosten, z. B. durch ein Arbeitszimmer, nur dann erhalten, wenn die Versicherung höchstens bis zur Höhe der damit finanzierten Herstellungs- oder Anschaffungskosten beliehen wird.

Rangverhältnis. Es regelt die Reihenfolge, in der mehrere an einem Grundstück bestehende Rechte verwirklicht und bei der Zwangsversteigerung und Zwangsverwaltung berücksichtigt werden. Wer zuerst eingetragen ist, hat das vorrangige Recht.

Reallast. Sie ist eine Belastung des Grundstücks mit einem laufend zu entrichtenden Betrag, für den der Grundstückswert haftet, zum Beispiel der Erbbauzins beim → Erbbaurecht, der durch eine in der zweiten Abteilung des Grundbuchs eingetragene Reallast gesichert werden kann.

Regelsparbeitrag. Der von den Bausparkassen vorgegebene Sparbeitrag, der vom Bausparer monatlich angespart werden soll. Je nach Tarif beträgt er drei bis zehn Promille der Bausparsumme. Wer den Regelsparbeitrag regelmäßig einzahlt, kann mit einer → Zuteilung etwa zu der Zeit rechnen, in der das → Mindestsparguthaben aufgebracht worden ist.

Sachwert. Der Sachwert eines bebauten Grundstückes ist die Summe aus dem Bodenwert und dem Bauwert. Die Herstellungskosten des Gebäudes werden unter Berücksichtigung der technischen und wirtschaftlichen Wertminderung berücksichtigt. Bei selbstgenutzten Immobilien ist der Sachwert der für die Beleihung üblicherweise maßgebende Wert (Vgl. S. 282 ff.).

Teilbausparsumme. Viele Bausparkassen bieten Tarife an, bei denen die ursprünglich vereinbarte Bausparsumme bei Bedarf in Teilsummen zerlegt werden kann. Dadurch kann erreicht werden, dass ein Teil der Bausparsumme früher als die gesamte Summe zugeteilt werden kann.

Teilungserklärung. Grundlage für die Schaffung von → Eigentumswohnungen. Der Grundstückseigentümer eines aus mehreren Wohnungen bestehenden Objektes erklärt gegenüber dem Grundbuchamt die Aufteilung der Wohnungen und die damit verbundenen Bedingungen.

Tilgungsbeitrag. Die Rate, die der Bausparer monatlich für Zins und Tilgung für das Darlehen aufbringen muss. Sie beträgt zwischen sechs und acht Promille der Bausparsumme, unabhängig von der Höhe des ausgezahlten → Bauspardarlehens. Der Bausparer kann jederzeit höher tilgen.

Tilgungsstreckungsdarlehen. Um die durch die Vereinbarung eines → Damnums entstehende Finanzierungslücke zu vermeiden, kann vereinbart werden, dass in Höhe des Damnums ein besonderes Darlehen aufgenommen wird. Dieses wird in den ersten Laufzeitjahren des Hauptdarlehens getilgt. Für letzteres werden solange nur Zinsen gezahlt. Die Gesamtlaufzeit der Finanzierung verlängert sich dadurch.

Treuhandauftrag. Wenn der Zahlungspflichtige erst zahlen will, wenn bestimmte Bedingungen eines Vertrages erfüllt sind, der Vertragspartner aber seinerseits eine Sicherheit haben will, dass das Geld zur Verfügung steht, wenn er seine Pflichten erfüllt hat, kann ein Treuhänder eingeschaltet werden. Einem Notar oder einem Kreditinstitut wird das Geld mit der Auflage übergeben, nur unter den genannten Voraussetzungen, zum Beispiel Nachweis der Fertigstellung eines bestimmten Bauabschnittes, dem Empfänger zu übertragen. Der Treuhänder kann für seine Tätigkeit Gebühren, zum Beispiel 0,5 % des Wertes, verlangen.

Übergabe. Der Käufer/Besteller erkennt die übernommene Bauleistung als vertrags- und ordnungsgemäß an, sofern er keine Mängel ausdrücklich feststellt, die zu diesem Zeitpunkt bereits feststellbar waren oder soweit er nicht andere Vorbehalte macht. Gleichzeitig geht damit das Risiko für eine Beschädigung auf den Käufer über. Die Abnahme kann nur bei wesentlichen Mängeln verweigert werden, z. B. wenn eine Wohnung noch gar nicht bezugsfertig ist. Ab der Übergabe beginnen die vertraglich vereinbarten oder gesetzlichen Gewährleistungsfristen.

Verbundfinanzierung. Finanzierung eines Objektes durch mehrere Darlehensgeber, die bei der Darlehensvergabe und -besicherung zusammenarbeiten, so z. B. Banken und Bausparkassen. Für den Darlehensnehmer hat dies den Vorteil, dass er nur mit einer Stelle verhandeln und nur einmal die Unterlagen für die Besicherung stellen muss. Über die Rangordnung der Sicherheiten einigen sich die Verbundpartner untereinander.

Verkehrswert. Nach dem Baugesetzbuch wird der Verkehrswert durch den Preis bestimmt, der in dem Zeitpunkt, auf den sich die Ermittlung bezieht, im gewöhnlichen Geschäftsverkehr nach den rechtlichen Gegebenheiten und tatsächlichen Eigenschaften, der sonstigen Beschaffenheit und der Lage des Grundstücks oder des sonstigen Gegenstands der Wertermittlung ohne Rücksicht auf ungewöhnliche oder persönliche Verhältnisse zu erzielen wäre. Der Verkehrswert gibt stichtagsbezogen die Marktverhältnisse wieder.

Vermögenswirksame Leistungen. Arbeitnehmer können einen Teil ihres Lohnes oder den vom Arbeitgeber tariflich zusätzlich gezahlten Lohn vermögenswirksam anlegen. Sie erhalten dann eine Arbeitnehmersparzulage, wenn ihr zu versteuerndes Einkommen 17 900 bzw. bei Verheirateten 35 800 € nicht überschreitet. Wird auf einen Bausparvertrag eingezahlt oder die Beträge zur Entschuldung für Wohnungserwerb verwendet, beträgt die Zulage

9 % aus maximal 470 € jährlich. Für Anlagen in Beteiligungswerten kann zusätzlich 18 % Arbeitnehmersparzulage aus maximal 400 € erhalten werden.

Vorausdarlehen. → Festdarlehen, das bei → Zuteilung eines Bausparvertrages durch die dann ausgezahlte Bausparsumme abgelöst wird.

Vorhaben- und Erschließungsplan. Vereinfachtes und beschleunigtes Baurechtsverfahren für konkrete größere Bauvorhaben, das anstelle eines Bebauungsplanes Baurecht schafft.

Wartezeit. Frist vom Abschluss eines Bausparvertrages bis zur → Zuteilung. Mindestwartezeiten von z. B. 18 Monaten werden zunehmend durch die Mindestbewertungszahlen abgelöst. Bausparkassen dürfen bei Vertragsbeginn keine bindenden festen Wartezeiten zusagen, da diese letztlich von der Entwicklung der Zuteilungsmasse abhängen.

Werbungskosten. Aufwendungen zum Erwerb und zur Sicherung von Einkünften. Bei Einkünften aus Vermietung und Verpachtung beispielsweise Zinsen und Erhaltungsaufwendungen.

Wohnungsbauförderung. Der Staat fördert den Erwerb von Wohneigentum durch verschieden abgestufte Zuschüsse, die von bestimmten Einkommensgrenzen abhängen und bestimmten Bedingungen unterliegen (Vgl. S. 251 ff.).

Wohnungsbauprämie. Wer als steuerpflichtiger Gebietsansässiger ein zu versteuerndes Einkommen bis zu 25 600 € hat, kann aus höchstens 512 € pro Jahr 8,8 % Wohnungsbauprämie für Einzahlungen und Zinsen auf Bausparverträge erhalten (Vgl. S. 203 ff.).

Wohnungseigentum → Eigentumswohnung

Wohnungswirtschaftliche Verwendung. Darlehen aus einem Bausparvertrag werden nur gegeben, wenn die Mittel unverzüglich wohnungswirtschaftlich verwendet werden. Dazu gehören hauptsächlich der Erwerb und die Errichtung von Wohneigentum, der Erwerb von Bauplätzen, Ablösung von Verbindlichkeiten aus früheren Erwerbsfällen, Einkauf in Altenheime.

Zielbewertungszahl. Von den Bausparkassen zu den vorgegebenen Stichtagen (meistens viertel- oder halbjährlich) berechnete Rangziffer, die ein Bausparvertrag mindestens haben muss, um in der kommenden Zuteilungsperiode zugeteilt werden zu können.

Zuteilung. Über eine Bausparsumme kann ohne Kündigung verfügt werden, wenn der Bausparvertrag zugeteilt worden ist. Der Zeitpunkt für die Zuteilung eines Vertrages hängt von der →Wartezeit und der → Bewertungszahl ab. Nach Zuteilung kann über das Bausparguthaben verfügt und das Bauspardarlehen beantragt werden.

6.2 Internetadressen

Auf Inhalt und Gestaltung der Links haben wir keinen Einfluss. Wir distanzieren uns ausdrücklich von diesen Seiten, soweit darin rechtswidrige Inhalte zutage treten sollten und lehnen jede Haftung ab.

Allgemeine Informationen
www.architektenkammer.de
www.baufoerderer.de
www.bmvbs.de
www.bundesfinanzministerium.de
www.bundesregierung.de
www.kfw-foerderbank.de
www.kompetenzzentrum-iemb.de
www.oekobaumarkt.de
www.solarfoerderung.de
www.stiftung-warentest.de

Maklerverband
www.ivd.net

Landesförderinstitute
Baden-Württemberg:
wwwl.l-bank.de
Brandenburg: www.ilb.de
Bayern: www.labo-bayern.de
Berlin: www.investitionsbank.de
Bremen: www.bab-bremen.de
Hamburg: www.wk-hamburg.de
Hessen: www.lth.de
Mecklenburg-Vorpommern:
www.lfi-mv.de
Niedersachsen: www.lts-nds.de
Nordrhein-Westfalen:
www.nrw.bank.de
Rheinland-Pfalz: www.lth-rlp.de
Saarland: www.sikb.de
Sachsen: www.sab.sachsen.de
Sachsen-Anhalt:
www.ib-sachsen-anhalt.de
Schleswig-Holstein: www.ib-sh.de
Thüringen: www.aufbaubank.de

Informationen zur Energieeinsparung
www.bund-bauen-energie.de
www.cepheus.de
www.co2online.de
www.dena.de
www.energienetz.de
www.enev-online.de
www.gre-online.de
www.iwu. de
www.naturdaemmstoffe.info
www.solarfoerderung.de
www.zukunfthaus.de

Gütezeichen, Institute, Fachliches
www.dfv.com
www.khries.de
www.ral.de
www.v-b-n.de

Seiten mit speziellen Angeboten für Bauherren (Enthalten i. d. R. Werbung oder gezielte bzw. versteckte Hinweise auf einzelne Produkte)
www.bau.de
www.bauforum.de
www.bauherr.de
www.bauinfo.de
www.baulinks.de
www.bau-markt.de
www.baunet.de
www.BauNetz.de
www.baupraxis.de
www.baupresse24.de
www.baurechtscentrum.de
www.bau-web.de
www.bauwesen.de
www.haus.de
www.heimwerkerlexikon.de
www.heinzebauoffice.de
www.homesolute.de

Weitere allgemeine Links zum Thema Bauen sowie Links, die im Bereich Baufinanzierung und Bauförderung weiterhelfen können
ww.eurohypo.net
www.adbag.de
www.bauen.com
www.bauen-mit-durchblick.de
www.baugeld-lexikon.de
www.baugeld-vergleich.de
www.baukosten.de
www.baurecht.de
www.bf-direkt.de
www.creditweb.de
www.dghyp.de
www.easyhyp.de
www.finanzen.focus.de
www.focus-money.de
www.geldinfos.com
www.grundbuch.de
www.h-u-w.de
www.hypovereinsbank.de
www.immobilienmanagement.de
www.immobilienscout24.de
www.immopool.de
www.immowelt.de
www.interhyp.de
www.interhyp.de
www.lbs.de
www.planethome.de
www.quelle-bausparkasse.de
www.schwaebisch-hall.de

Immobilienangebote über Internet:
www.bellevue.de
www.immobilien.de
www.immobilienscout24.de
www.planethome.com
www.wohnfinder.de,

6.3 Energieausweis

ENERGIEAUSWEIS für Wohngebäude

gemäß den §§ 16 ff. Energieeinsparverordnung (EnEV)

Gültig bis: 25.04.2017

1

Gebäude

Gebäudetyp	Mehrfamilienhaus
Adresse	Musterstr. 123, 12345 Musterstadt
Gebäudeteil	Vorderhaus
Baujahr Gebäude	1928
Baujahr Anlagentechnik	1982
Anzahl Wohnungen	9
Gebäudenutzfläche (A_N)	575 m²

Anlass der Ausstellung des Energieausweises
☐ Neubau
☐ Vermietung/Verkauf
☐ Modernisierung (Änderung/Erweiterung)
☒ Sonstiges (freiwillig)

Hinweise zu den Angaben über die energetische Qualität des Gebäudes

Die energetische Qualität eines Gebäudes kann durch die Berechnung des **Energiebedarfs** unter standardisierten Randbedingungen oder durch die Auswertung des **Energieverbrauchs** ermittelt werden. Als Bezugsfläche dient die energetische Gebäudenutzfläche nach der EnEV, die sich in der Regel von den allgemeinen Wohnflächenangaben unterscheidet. Die angegebenen Vergleichswerte sollen überschlägige Vergleiche ermöglichen **(Erläuterungen – siehe Seite 4)**.

☒ Der Energieausweis wurde auf der Grundlage von Berechnungen des **Energiebedarfs** erstellt. Die Ergebnisse sind auf **Seite 2** dargestellt. Zusätzliche Informationen zum Verbrauch sind freiwillig.

☒ Der Energieausweis wurde auf der Grundlage von Auswertungen des **Energieverbrauchs** erstellt. Die Ergebnisse sind auf **Seite 3** dargestellt.

Datenerhebung Bedarf/Verbrauch durch: ☒ Eigentümer ☒ Aussteller

☐ Dem Energieausweis sind zusätzliche Informationen zur energetischen Qualität beigefügt (freiwillige Angabe).

Hinweise zur Verwendung des Energieausweises

Der Energieausweis dient lediglich der Information. Die Angaben im Energieausweis beziehen sich auf das gesamte Wohngebäude oder den oben bezeichneten Gebäudeteil. Der Energieausweis ist lediglich dafür gedacht, einen überschlägigen Vergleich von Gebäuden zu ermöglichen.

Aussteller

Paul Mustermann
Ingenieurbüro Mustermann
Musterstraße 45
12345 Musterstadt

26.04.2007

Datum

Unterschrift des Ausstellers

ENERGIEAUSWEIS für Wohngebäude

gemäß den §§ 16 ff. Energieeinsparverordnung (EnEV)

Berechneter Energiebedarf des Gebäudes

2

Energiebedarf

CO_2-Emissionen[1] 51,9 [kg/(m²·a)]

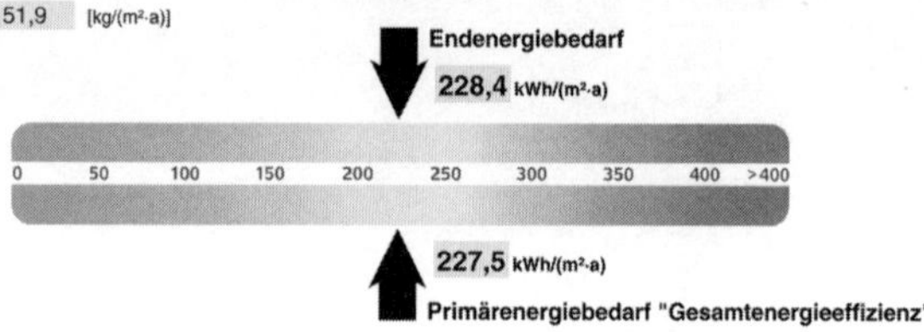

Nachweis der Einhaltung des § 3 oder § 9 Abs. 1 EnEV[2]

Primärenergiebedarf			Energetische Qualität der Gebäudehülle		
Gebäude Ist-Wert		kWh/(m²·a)	Gebäude Ist-Wert H_T'		W/(m²·K)
EnEV-Anforderungswert		kWh/(m²·a)	EnEV-Anforderungs-Wert H_T'		W/(m²·K)

Endenergiebedarf

Energieträger	Jährlicher Endenergiebedarf in kWh/(m²·a) für: Heizung	Warmwasser	Hilfsgeräte[3]	Gesamt in kWh/(m²·a)
Erdgas H	151,2	16,6		167,8
Strom	0,0	0,0	12,3	12,3
Holz-Pellets	40,1	8,2		48,3

Sonstige Angaben

Einsetzbarkeit alternativer Energieversorgungssysteme:

☐ nach § 5 EnEV vor Baubeginn geprüft

Alternative Energieversorgungssysteme werden genutzt für:

☐ Heizung ☐ Warmwasser

☐ Lüftung ☐ Kühlung

Lüftungskonzept

Die Lüftung erfolgt durch:

☒ Fensterlüftung ☐ Schachtlüftung

☐ Lüftungsanlage ohne Wärmerückgewinnung

☐ Lüftungsanlage mit Wärmerückgewinnung

Vergleichswerte Endenergiebedarf

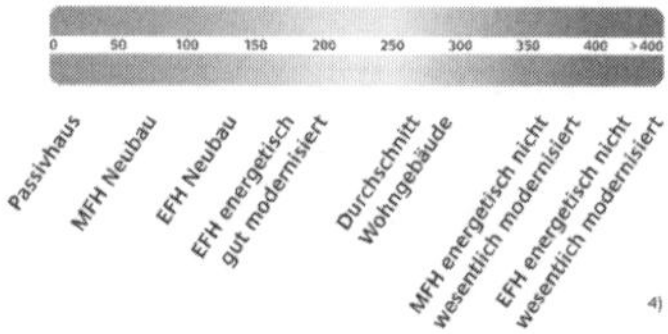

Erläuterungen zum Berechnungsverfahren

Das verwendete Berechnungsverfahren ist durch die Energieeinsparverordnung vorgegeben. Insbesondere wegen standardisierter Randbedingungen erlauben die angegebenen Werte keine Rückschlüsse auf den tatsächlichen Energieverbrauch. Die ausgewiesenen Bedarfswerte sind spezifische Werte nach der EnEV pro Quadratmeter Gebäudenutzfläche (A_N).

1) Freiwillige Angabe. 2) Nur in den Fällen des Neubaus und der Modernisierung auszufüllen. 3) Ggf. einschließlich Kühlung. 4) EFH – Einfamilienhäuser, MFH – Mehrfamilienhäuser.

ENERGIEAUSWEIS für Wohngebäude

gemäß den §§ 16 ff. Energieeinsparverordnung (EnEV)

Erfasster Energieverbrauch des Gebäudes

3

Energieverbrauchskennwert

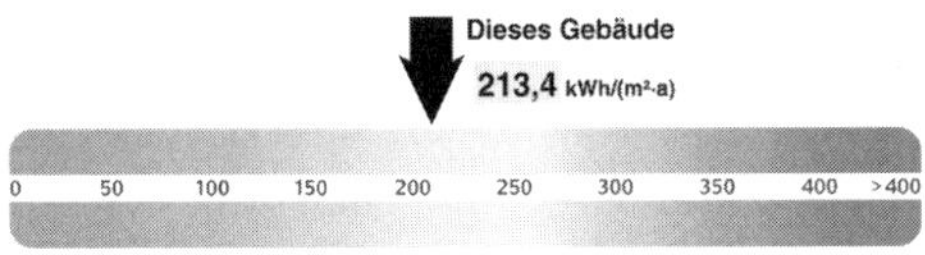

Energieverbrauch für Warmwasser: ☒ enthalten ☐ nicht enthalten

☐ Das Gebäude wird auch gekühlt; der typische Energieverbrauch für Kühlung beträgt bei zeitgemäßen Geräten etwa 6 kWh je m² Gebäudenutzfläche und Jahr und ist im Energieverbrauchskennwert nicht enthalten.

Verbrauchserfassung – Heizung und Warmwasser

Energieträger	Zeitraum		Energieverbrauch [kWh]	Anteil Warmwasser [kWh]	Klimafaktor	Energieverbrauchskennwert [kWh/(m²·a)] (zeitlich bereinigt, klimabereinigt)		
	von	bis				Heizung	Warmwasser	Kennwert
Erdgas H	01.01.2004	31.12.2004	78.086	14.055	1,07	119,2	24,4	143,7
Erdgas H	01.01.2005	31.12.2005	85.720	15.430	1,06	129,6	26,8	156,3
Erdgas H	01.01.2006	31.12.2006	80.775	14.540	1,08	124,4	25,3	149,6
Holz-Pellets	01.01.2004	31.12.2004	33.911	6.104	1,07	51,7	10,6	62,4
Weitere Verbrauchsdaten auf gesondertem Blatt							Durchschnitt	**213,4**

Vergleichswerte Endenergiebedarf

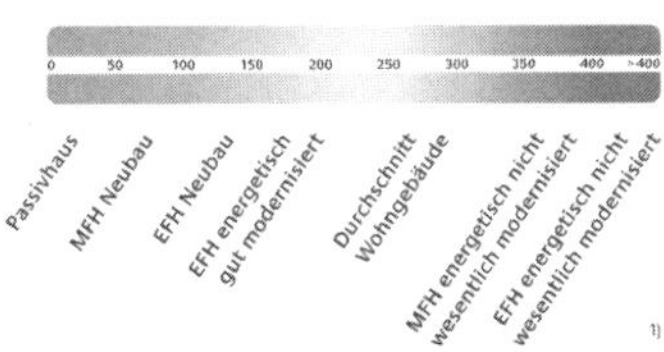

Die modellhaft ermittelten Vergleichswerte beziehen sich auf Gebäude, in denen die Wärme für Heizung und Warmwasser durch Heizkessel im Gebäude bereitgestellt wird.

Soll ein Energieverbrauchskennwert verglichen werden, der keinen Warmwasseranteil enthält, ist zu beachten, dass auf die Warmwasserbereitung je nach Gebäudegröße 20 – 40 kWh/(m²·a) entfallen können.

Soll ein Energieverbrauchskennwert eines mit Fern- oder Nahwärme beheizten Gebäudes verglichen werden, ist zu beachten, dass hier normalerweise ein um 15 – 30 % geringerer Energieverbrauch als bei vergleichbaren Gebäuden mit Kesselheizung zu erwarten ist.

Erläuterungen zum Verfahren

Das Verfahren zur Ermittlung von Energieverbrauchskennwerten ist durch die Energieeinsparverordnung vorgegeben. Die Werte sind spezifische Werte pro Quadratmeter Gebäudenutzfläche (A_N) nach Energieeinsparverordnung. Der tatsächliche Verbrauch einer Wohnung oder eines Gebäudes weicht insbesondere wegen des Witterungseinflusses und sich ändernden Nutzerverhaltens vom angegebenen Energieverbrauchskennwert ab.

1) EFH – Einfamilienhäuser, MFH – Mehrfamilienhäuser.

ENERGIEAUSWEIS für Wohngebäude

gemäß den §§ 16 ff. Energieeinsparverordnung (EnEV)

Erläuterungen

4

Energiebedarf – Seite 2
Der Energiebedarf wird in diesem Energieausweis durch den Jahres-Primärenergiebedarf und den Endenergiebedarf dargestellt. Diese Angaben werden rechnerisch ermittelt. Die angegebenen Werte werden auf der Grundlage der Bauunterlagen bzw. gebäudebezogener Daten und unter Annahme von standardisierten Randbedingungen (z. B. standardisierte Klimadaten, definiertes Nutzerverhalten, standardisierte Innentemperatur und innere Wärmegewinne usw.) berechnet. So lässt sich die energetische Qualität des Gebäudes unabhängig vom Nutzerverhalten und der Wetterlage beurteilen. Insbesondere wegen standardisierter Randbedingungen erlauben die angegebenen Werte keine Rückschlüsse auf den tatsächlichen Energieverbrauch.

Primärenergiebedarf – Seite 2
Der Primärenergiebedarf bildet die Gesamtenergieeffizienz eines Gebäudes ab. Er berücksichtigt neben der Endenergie auch die so genannte „Vorkette" (Erkundung, Gewinnung, Verteilung, Umwandlung) der jeweils eingesetzten Energieträger (z. B. Heizöl, Gas, Strom, erneuerbare Energien etc.). Kleine Werte signalisieren einen geringen Bedarf und damit eine hohe Energieeffizienz und eine die Ressourcen und die Umwelt schonende Energienutzung. Zusätzlich können die mit dem Energiebedarf verbundenen CO_2-Emissionen des Gebäudes freiwillig angegeben werden.

Endenergiebedarf – Seite 2
Der Endenergiebedarf gibt die nach technischen Regeln berechnete, jährlich benötigte Energiemenge für Heizung, Lüftung und Warmwasserbereitung an. Er wird unter Standardklima- und Standardnutzungsbedingungen errechnet und ist ein Maß für die Energieeffizienz eines Gebäudes und seiner Anlagentechnik. Der Endenergiebedarf ist die Energiemenge, die dem Gebäude bei standardisierten Bedingungen unter Berücksichtigung der Energieverluste zugeführt werden muss, damit die standardisierte Innentemperatur, der Warmwasserbedarf und die notwendige Lüftung sichergestellt werden können. Kleine Werte signalisieren einen geringen Bedarf und damit eine hohe Energieeffizienz.
Die Vergleichswerte für den Energiebedarf sind modellhaft ermittelte Werte und sollen Anhaltspunkte für grobe Vergleiche der Werte dieses Gebäudes mit den Vergleichswerten ermöglichen. Es sind ungefähre Bereiche angegeben, in denen die Werte für die einzelnen Vergleichskategorien liegen. Im Einzelfall können diese Werte auch außerhalb der angegebenen Bereiche liegen.

Energetische Qualität der Gebäudehülle – Seite 2
Angegeben ist der spezifische, auf die wärmeübertragende Umfassungsfläche bezogene Transmissionswärmeverlust (Formelzeichen in der EnEV: H_T'). Er ist ein Maß für die durchschnittliche energetische Qualität aller wärmeübertragenden Umfassungsflächen (Außenwände, Decken, Fenster etc.) eines Gebäudes. Kleine Werte signalisieren einen guten baulichen Wärmeschutz.

Energieverbrauchskennwert – Seite 3
Der ausgewiesene Energieverbrauchskennwert wird für das Gebäude auf der Basis der Abrechnung von Heiz- und ggf. Warmwasserkosten nach der Heizkostenverordnung und/oder auf Grund anderer geeigneter Verbrauchsdaten ermittelt. Dabei werden die Energieverbrauchsdaten des gesamten Gebäudes und nicht der einzelnen Wohn- oder Nutzeinheiten zugrunde gelegt. Über Klimafaktoren wird der erfasste Energieverbrauch für die Heizung hinsichtlich der konkreten örtlichen Wetterdaten auf einen deutschlandweiten Mittelwert umgerechnet. So führen beispielsweise hohe Verbräuche in einem einzelnen harten Winter nicht zu einer schlechteren Beurteilung des Gebäudes. Der Energieverbrauchskennwert gibt Hinweise auf die energetische Qualität des Gebäudes und seiner Heizungsanlage. Kleine Werte signalisieren einen geringen Verbrauch. Ein Rückschluss auf den künftig zu erwartenden Verbrauch ist jedoch nicht möglich; insbesondere können die Verbrauchsdaten einzelner Wohneinheiten stark differieren, weil sie von deren Lage im Gebäude, von der jeweiligen Nutzung und vom individuellen Verhalten abhängen.

Gemischt genutzte Gebäude
Für Energieausweise bei gemischt genutzten Gebäuden enthält die Energieeinsparverordnung besondere Vorgaben. Danach sind – je nach Fallgestaltung – entweder ein gemeinsamer Energieausweis für alle Nutzungen oder zwei getrennte Energieausweise für Wohnungen und die übrigen Nutzungen auszustellen; dies ist auf Seite 1 der Ausweise erkennbar (ggf. Angabe „Gebäudeteil").

Modernisierungsempfehlungen zum Energieausweis

gemäß § 20 Energieeinsparverordnung (EnEV)

Gebäude

Adresse	Musterstr. 123, 12345 Musterstadt	Hauptnutzung/ Gebäudekategorie	Mehrfamilienhaus

Empfehlungen zur kostengünstigen Modernisierung

☒ sind möglich
☐ sind nicht möglich

Empfohlene Modernisierungsmaßnahmen

Nr.	Bau- oder Anlagenteile	Maßnahmenbeschreibung
1	Fenster	Austausch der einfachverglasten Fenster im Erdgeschoss des Anbaus; neue Fenster: U-Wert 1,2; g-Wert 0,6
2	Fenster	Austausch der Doppelkastenfester im Erdgeschoss des Anbaus, neue Fenster: U-Wert: 1,2; g-Wert: 0,6
3	Decken	Dämmung der Kellerdecken und der obersten Geschossdecken im Anbau, WLG 035
4	Heizung	Dämmung der Verteilleitungen im Keller
5	Heizung	Austausch der Heizungsanlage, neue Anlage: Gas-Brennwertkessel
6	Außenwände	Dämmung der Nordfassade des Vorderhauses; WDVS 12 cm; WLG 035
7	Außenwände	Dämmung der Ostfassade; WDVS 16 cm; WLG 035
8	Dach	Dämmung des Dachs (Zwischensparrendämmung); Mineralwolle 20 cm, WLG 035

☒ Weitere Empfehlungen auf gesondertem Blatt

Hinweis: Modernisierungsempfehlungen für das Gebäude dienen lediglich der Information.
Sie sind nur kurz gefasste Hinweise und kein Ersatz für eine Energieberatung.

Beispielhafter Variantenvergleich (Angaben freiwillig)

	Ist-Zustand	Modernisierungsvariante 1	Modernisierungsvariante 2
Modernisierung gemäß Nummern:		1 bis 4	1 bis 9
Primärenergiebedarf [kWh/(m²·a)]	227,5	189,5	99,2
Einsparung gegenüber Ist-Zustand [%]		17	56
Endenergiebedarf [kWh/(m²·a)]	228,4	193,9	108,9
Einsparung gegenüber Ist-Zustand [%]		15	52
CO_2-Emissionen [kg/(m²·a)]	51,9	43,9	23,8
Einsparung gegenüber Ist-Zustand [%]		16	54

Aussteller

Paul Mustermann
Ingenieurbüro Mustermann
Musterstraße 45
12345 Musterstadt

26.04.2007
Datum

Unterschrift des Ausstellers

Anlage zum Energieausweis

Zusatzseite Modernisierungsempfehlung

Gebäude

Adresse	Musterstr. 123, 12345 Musterstadt	Hauptnutzung/ Gebäudekategorie	Mehrfamilienhaus

Weitere Empfehlungen zur kostengünstigen Modernisierung

Empfohlene Modernisierungsmaßnahmen

Nr.	Bau- oder Anlagenteile	Maßnahmenbeschreibung
9	Tür	Austausch der Haustür, neue Tür mit Mehrkammer-Profilen

Hinweis: Modernisierungsempfehlungen für das Gebäude dienen lediglich der Information. Sie sind nur kurz gefasste Hinweise und kein Ersatz für eine Energieberatung.

Anlage zum Energieausweis

Zusatzseite Verbrauchserfassung

Gebäude

Adresse Musterstr. 123, 12345 Musterstadt

Verbrauchserfassung – Heizung und Warmwasser (Fortsetzung zu Seite 3)

Energieträger	Zeitraum		Energieverbrauch [kWh]	Anteil Warmwasser [kWh]	Klimafaktor	Energieverbrauchskennwert [kWh/(m²·a)] (zeitlich bereinigt, klimabereinigt)		
	von	bis				Heizung	Warmwasser	Kennwert
Holz-Pellets	01.01.2005	31.12.2005	35.178	6.332	1,06	53,2	11,0	64,2
Holz-Pellets	01.01.2006	31.12.2006	34.500	6.210	1,08	53,1	10,8	63,9
							Durchschnitt	**213,4**

Quelle: Deutsche Energie Agentur (dena)

Stichwortverzeichnis

Buchanzeigen

WOHNEN · Informationen rund um Ihr Heim

Mieten

MietR · Mietrecht

BGB-Mietrecht mit wichtigen Nebengesetzen. Mit Wohnflächenverordnung (WoFlV) und Betriebskostenverordnung (BetrKV) sowie „neuem" WEG.

Textausgabe.
44. Aufl. 2008. 532 S.
€ 7,–. dtv 5013
Neu im November 2008

Spreng
Das neue Mietrecht

Problemlösungen für Mieter, Vermieter und Verwalter. Das neue AGG wird hier schon erläutert. Ein umfangreicher Anhang mit Gesetzestexten und Musterschreiben bietet Mietern und Vermietern viel Service.

4. Aufl. 2006. 823 S. §
€ 16,50. dtv 5687

Bub/von der Osten
Mietrecht & WEG aktuell

Alle wichtigen Urteile der letzten Jahre nach Schlagworten. Gerichtsentscheidungen zu Miete und Wohnungseigentum zusammengefasst und praxisnah erläutert.

1. Aufl. 2008. 527 S. §
€ 16,90. dtv 50653
Neu im November 2008

Nasemann
Wohnungsmiete

Die Problemfälle des laufenden Mietverhältnisses sind ebenso verständlich erläutert wie Wohnungssuche, Vertragsabschluss sowie die rechtlichen Aspekte der Kündigung.

2. Aufl. 2005. 255 S. §
€ 9,50. dtv 50623

Nasemann
Mietkündigung

Der neue Ratgeber für Vermieter und Mieter erläutert die rechtlichen Grundlagen der Mietkündigung und gibt praktische Tipps zur Umsetzung und zum strategischen Vorgehen.

1. Aufl. 2006. 198 S. §
€ 9,50. dtv 50642 →

Zeichenerklärung: § Rechtsberater € Wirtschaftsberater

Mieten

Blank
Mietrecht von A–Z
Für Mieter, Vermieter, Verwalter, Makler und Juristen.
17. Aufl. 2003. 1040 S. §
€ 18,50. dtv 5044

Blank
Miete und Pacht
Mit Beispielen und Mustern für Mieter und Vermieter. Wie immer umfassend und praxisorientiert.
12. Aufl. 2005. 767 S. §
€ 16,50. dtv 5099

Lenßen
Ihr Recht: Miete und Nebenkosten
Mietrecht für Mieter – kompakt und verständlich. Lernen Sie Ihre Rechte kennen.
1. Aufl. 2009. 108 S.
€ 6,90. dtv 50455
Neu im Dezember 2008

Lützenkirchen
Mietnebenkosten von A–Z
Begriffe · Musterformulierungen · Berechnungsbeispiele · Checklisten. Erläutert werden sämtliche Begriffe aus dem Betriebskostenwesen, die Vermieter, Mieter, aber auch Makler und Verwalter kennen sollten.
4. Aufl. 2005. 439 S. §
€ 13,–. dtv 5289

Klemm
So prüfe ich meine Nebenkostenabrechnung
Schnellübersicht Recht.
1. Aufl. 2008. 31 S.
€ 4,95. dtv 50404

Jürgensen
Der Anspruch auf Wohngeld
Ratgeber für Mieter und Eigentümer.
Der Ratgeber informiert über alle Voraussetzungen des Anspruchs auf Wohngeld.
1. Aufl. 2003. 309 S. §
€ 12,50. dtv 5697

Fröba
Ratgeber Wohngeld
Was Mieter und Eigentümer wissen sollten.
Die Neuerungen im Wohngeldrecht sind verständlich erläutert.
1. Aufl. 2009. Rd. 150 S. §
Ca. € 9,90. dtv 50671
In Vorbereitung für Anfang 2009

Neuhaus
Büro- und Geschäftsräume
Mieten und vermieten.
Ein Mustervertrag, zahlreiche Musterschreiben und Checklisten erleichtern den Alltag als Mieter oder Vermieter.
1. Aufl. 2005. 197 S. §
€ 12,50. dtv 50643

Theobald/de Wyl/Eder
Der Wechsel des Stromlieferanten
Wege zum preiswerten und rechtssicheren Strombezug.
1. Aufl. 2004. 268 S. §
€ 11,50. dtv 5688

Kaufen

Herrling/Federspiel
Wege zum Wohneigentum

Ihr Ratgeber für den Immobilienerwerb.
Von der Prüfung der Immobilie über die Finanzierungsplanung bis hin zur optimalen Vermietung.

8. Aufl. 2009. 387 S. €
€ 12,90. dtv 5834
Neu im Januar 2009

Bub/von der Osten
Wohnungseigentum von A–Z

Antworten auf alle Fragen des Wohnungseigentums.
Für Käufer und Inhaber ebenso wie für Verwalter, Richter, Rechtsanwälte und Notare.

7. Aufl. 2004. Mit Nachtrag 2007. 1166 und 2 S. §
€ 16,50. dtv 5054

Kirchhoff
Wohnungseigentum in Frage und Antwort

Erwerb · Finanzierung · Verwaltung · Verkauf.
Alle Fragen rund um die Eigentumswohnung kompetent beantwortet.
Die aktuellen Änderungen des WEG sind berücksichtigt!

1. Aufl. 2007. 176 S. §
€ 9,–. dtv 50651

Scheiff/Hoffmann
Lexikon für Wohnungseigentümer

Rechte · Pflichten · Finanzen.
Die wichtige Information für Wohnungseigentümer und Verwalter nach der WEG-Reform.

1. Aufl. 2008. 261 S. §
€ 12,50. dtv 50662

Seuß/Jennißen
Die Eigentumswohnung

Finanzierung · Erwerb · Nutzung · Verwaltung.
Der umfassende Ratgeber mit neuem WEG.

12. Aufl. 2008. 669 S. §
€ 17,90. dtv 5096

NachbR · Nachbarrecht

u.a. mit BGB (Auszug), ZPO (Auszug), Nachbarrechts- und SchlichtungsG der einzelnen Bundesländer.

Textausgabe.
1. Aufl. 2007. 279 S.
€ 9,50. dtv 5771

Alheit

Nachbarrecht von A–Z

490 Stichwörter zur aktuellen Rechtslage. Das umfassende Lexikon zeigt, welche Rechte und Pflichten Nachbarn haben und wie typische Probleme zu lösen sind.

11. Aufl. 2006. 402 S. §
€ 9,50. dtv 5067

Bauen

BauGB · Baugesetzbuch

mit Verordnung über Grundsätze für die Ermittlung der Verkehrswerte von Grundstücken, BaunutzungsVO, PlanzeichenVO, RaumordnungsG, RaumordnungsVO.

Textausgabe.
40. Aufl. 2007. 467 S.
€ 6,50. dtv 5018

VOB/HOAI

VOB. Vergabe- und Vertragsordnung für Bauleistungen Teil A und B (Ausgabe 2006), VOB C Übersicht, BGB (Auszug), UnterlassungsklagenG, Gesetz zur Regelung von Ingenieur- und Architektenleistungen, Honorarordnung für Architekten und Ingenieure (HOAI), Gewerbeordnung (Auszug), Makler- und BauträgerVO, Verordnung über Abschlagzahlungen bei Bauträgerverträgen, Gesetz über die Sicherung von Bauforderungen, BaustellenVO.

Textausgabe.
24. Aufl. 2007. 424 S.
€ 7,50. dtv 5596

VgR · Vergaberecht

VOB Teil A und B (Ausgabe 2006), VOB C Übersicht, VOL · Verdingungsordnung für Leistungen Teil A und B, VOF · Verdingungsordnung für freiberufliche Leistungen mit VergaberechtsänderungsG, VergabeVO, Gesetz gegen Wettbewerbsbeschränkungen (GWB), Vergabegesetze der Länder.

Textausgabe.
10. Aufl. 2007. 509 S.
€ 15,–. dtv 5595

Werner/Pastor

Rechtsfragen beim Bauen

Das Recht der Bauherren und ihrer Vertragspartner. Umfassende Information für Immobilienerwerber und Rechtsanwälte.

12. Aufl. 2004. 295 S. §
€ 11,–. dtv 5095

Forst/Plück

Tipps zum Baurecht

Fallbeispiele aus Praxis und Rechtsprechung.
Dieser Ratgeber hilft bei Auseinandersetzungen rund um den Bau.

1. Aufl. 2002. 166 S. §
€ 9,50. dtv 5691

Hauth

Vom Bauleitplan zur Baugenehmigung

Bauplanungsrecht · Bauordnungsrecht · Baunachbarrecht: Abstandsflächen, Baugenehmigung, Bebauungsplan, Bestandsschutz, Erschließungsvertrag, Innenbereich, Klage, Nachbarschutz, Nutzungsänderung, Rücksichtnahmegebot, Sofortvollzug, Vorbescheid, Widerspruch.
Berücksichtigt die wesentlichen Gesetzesänderungen auf Bundes- und Länderebene, vor allem die neue Bayerische Bauordnung.

9. Aufl. 2008. 428 S. §
€ 14,50. dtv 5615

Blum-Engelke/Lepiorz

Ratgeber für Bauherren

Ohne Ärger planen und bauen.
Dieser praxisbezogene Rechtsberater bietet eine Fülle von Entscheidungshilfen und Problemlösungen in besonders verständlicher Form.

2. Aufl. 2008. 156 S. §
€ 12,50. dtv 50631

Dunkel/Engelhardt

Bautechnische Fachbegriffe von A–Z

Über 600 technische und juristische Stichwörter aus der Baubranche.
Das kompakte Nachschlagewerk für Bauherren, Unternehmer und Berater.

2. Aufl. 2004. 241 S. §
€ 14,50. dtv 5672

Blomeyer/Budiner/Seemüller

Architektenrecht von A–Z

Rechtslexikon für Architekten, Bauherren und Juristen. Ein praktisches und aktuelles Arbeitsmittel.

1. Aufl. 2009. Rd. 250 S. §
Ca. € 12,90. dtv 50687
In Vorbereitung für Anfang 2009

Finanzieren

Schiebel

So finanziere ich Haus und Wohnung

Finanzierungsplan – Kreditaufnahme – Steuerliche Gestaltung.
Dieser Ratgeber vermittelt das wirtschaftliche und steuerliche Grundwissen für die Finanzierung von Haus und Wohnung.

10. Aufl. 2004. 605 S. §
€ 17,–. dtv 5222

Bergdolt/Högel

Tagesmütter, Haushaltshilfen, Au-pairs

Kinder und Beruf vereinbaren. Rechtlicher Rat und praktische Tipps.

1. Aufl. 2001. 232 S. §
€ 9,–. dtv 5673

Raack/Doffing/Raack

Recht der religiösen Kindererziehung

Unser Kind und seine Religion.
Dieser praxisorientierte Ratgeber gibt Antworten auf alle Fragen, die die religiöse Zugehörigkeit von Kindern sowie die Folgen für Kindergarten, Schule, Teilnahme an Festen und Ritualen betreffen.

1. Aufl. 2003. 275 S. §
€ 11,50. dtv 5676

s.a. Recht und Förderung für mein behindertes Kind, dtv 50680, rechts

Behindertenrecht

SGB IX · Rehabilitation und Teilhabe behinderter Menschen

SGB IX mit allen Schwerbehindertenverordnungen, Behindertengleichstellungsgesetz, Auszüge aus anderen Sozialgesetzbüchern, einschlägige Steuervorschriften sowie das Bundesversorgungsgesetz.

Textausgabe.
6. Aufl. 2008. 676 S.
€ 13,–. dtv 5755

Majerski-Pahlen/Pahlen

Mein Recht als Schwerbehinderter

Erwerbstätigkeit · Sozialleistungen · Steuern · Nachteilsausgleiche.
Alles Wissenswerte für Betroffene, Angehörige und Betreuer. Mit allen Neuerungen durch Hartz IV.

7. Aufl. 2006. 281 S. §
€ 11,50. dtv 5252

Greß

Recht und Förderung für mein behindertes Kind

Elternratgeber für alle Lebensphasen – alles zu Sozialleistungen, Betreuung und Behindertentestament.

1. Aufl. 2009. Rd. 220 S. §
Ca. € 12,50. dtv 50680
In Vorbereitung für Anfang 2009

Betreuung und Alter

BtR · Betreuungsrecht

BetreuungsG, BetreuungsbehördenG, Vormünder- und BetreuervergütungsG. Jetzt mit allen Änderungen durch das 2. Betreuungsrechtsänderungsgesetz.

Textausgabe.
8. Aufl. 2007. 131 S.
€ 5,–. dtv 5570

Zimmermann

Ratgeber Betreuungsrecht

Hilfe für Betreute und Betreuer.
Dieses Buch gibt Antwort auf alle wesentlichen Fragen zum Betreuungsrecht.

8. Aufl. 2009. 288 S. §
€ 12,90. dtv 5604
Neu im Januar 2009

Winkler

Betreuung in Frage und Antwort

Alle rechtlichen Aspekte für Betreute und Betreuer.
Mit zahlreichen Beispielen und Checklisten.

1. Aufl. 2009. Rd. 200 S. §
Ca. € 7,50. dtv 50682In Vorbereitung für Anfang 2009

P153487-S9.4

Betreuung und Alter

Zimmermann

Betreuungsrecht von A–Z

Rund 450 Stichwörter zum aktuellen Recht.
Die Neuauflage ist um zahlreiche Stichwörter und die neueste Rechtsprechung erweitert.

3. Aufl. 2007. 351 S. §
€ 12,50. dtv 5630

Sengler/Zinsmeister

Mein Recht bei Pflegebedürftigkeit

Praxisleitfaden zur Pflegeversicherung.
Mit allen Änderungen durch die sog. Hartz-Reformen.
Hinweise, Beispiele und Adressen bieten wichtige Hilfen.

3. Aufl. 2006. 346 S. §
€ 12,50. dtv 5650

Schmidt

Das Recht der Senioren

Selbstbestimmtes Älterwerden.
Behandelt werden u.a. Testament und Erbrecht, Recht bei Krankheit, Patientenverfügung, Vorsorgevollmacht und rechtliche Betreuung.

2. Aufl. 2003. 217 S. §
€ 10,–. dtv 5293

Zimmer

Ratgeber Demenzerkrankungen

Rechts- und Praxistipps für Angehörige und Betreuer.
Alles zu rechtlicher Vorsorge, Betreuung, Pflege und vielen weiteren Themen.

1. Aufl. 2009. Rd. 200 S. §
Ca. € 11,90. dtv 50672
In Vorbereitung für Anfang 2009

Winkler

So gestalte ich Vorsorgevollmacht und Patientenverfügung

Schnellübersicht Recht.
1. Aufl. 2008. 31 S.
€ 4,95. dtv 50402

Putz/Steldinger

Patientenrechte am Ende des Lebens

Vorsorgevollmacht · Patientenverfügung · Selbstbestimmtes Sterben.
Die Analyse der neuesten Rechtsprechung hilft, sinnvoll vorzusorgen und eigene Rechte durchzusetzen.

3. Aufl. 2007. 274 S. §
€ 11,50. dtv 5696

Zimmermann

Ratgeber Erbengemeinschaft

Was Erben wissen sollten. Alle wesentlichen rechtlichen und steuerlichen Aspekte rund um die Erbengemeinschaft.

1. Aufl. 2008. 204 S. §
€ 12,–. dtv 50670

Klinger/Roth

Testament für Unternehmer und Freiberufler

Alle wichtigen Regelungen für Selbstständige mit zahlreichen Mustern und der Vorsorgevollmacht. Mit den Reformen von Erbschaftsteuer und Pflichtteilsrecht.

1. Aufl. 2009. Rd. 200 S. §
Ca. € 9,50. dtv 50658
In Vorbereitung für Frühjahr 2009

Zimmermann

Rechtsfragen bei einem Todesfall

Erbrecht · Testament · Steuern · Versorgung · Bestattung.
Dieser Ratgeber berücksichtigt alle Rechtsfragen, die sich für Angehörige und Hinterbliebene stellen. Neben Erbrechtsfragen werden auch Themen wie Sozialhilfe, Bestattung, Beihilfen und Erbschaftsteuer behandelt.

5. Aufl. 2004. 268 S. §
€ 10,–. dtv 5632

Klinger/Schulte

Immobilien schenken und vererben

Ein Ratgeber nicht nur für Eigentümer, die ihre Immobilie gezielt weitergeben wollen. Auch Erben erhalten wichtige Ratschläge zu Sofortmaßnahmen im Todesfall, steuerlichen Aspekten und rechtlichen Fragen im Erbfall.
Mit praxiserprobten Musterformulierungen für rechtssichere Übergabeverträge und Testamente und zahlreichen Beispielen für steueroptimierte Gestaltungen.

1. Aufl. 2006. 165 S. §
€ 9,50. dtv 50644

Zeichenerklärung: § Rechtsberater € Wirtschaftsberater

RUND UMS RECHT · Ein- und Überblicke

Einstieg

BGB · Bürgerliches Gesetzbuch

mit EinführungsG, BeurkundungsG, ProdukthaftungsG, UnterlassungsklagenG, WohnungseigentumsG, BGB-Informationspflichten-VO, ErbbauRG sowie dem Allgemeinen GleichbehandlungsG.
Neu mit wichtigen EG-Richtlinien zum BGB.
Mit einem ausführlichen Sachverzeichnis und einer Einführung von Universitätsprofessor Dr. Helmut Köhler.
Stand: 11.7.2008.

Textausgabe.
62. Aufl. 2008. 781 S.
€ 5,–. dtv 5001
Neu im Oktober 2008

Däubler
BGB kompakt
Allgemeiner Teil · Schuldrecht · Sachenrecht.

3. Aufl. 2008. 1304 S. §
€ 28,90. dtv 5693
Neu im November 2008

Loos
Recht: verstanden!
So funktioniert unser Rechtssystem. Juristische Grundlagen einfach erklärt.

1. Aufl. 2009. Rd. 150 S.
Ca. € 10,–. dtv 50676
In Vorbereitung für Anfang 2009

Geiger/Mürbe/Linderer/Obenaus
Beck'sches Rechtslexikon
Rund 1800 Rechtsbegriffe für Beruf und Alltag.

3. Aufl. 2003. 822 S. §
€ 15,50. dtv 5601

Rittershofer
Lexikon Politik, Staat, Gesellschaft
3600 aktuelle Begriffe von Abberufung bis Zwölfmeilenzone.
Was sind die Aufgaben von Bundestag und Bundesrat, EU, UNO und NATO, welches die Unterschiede zwischen Gewaltenteilung und Föderalismus?
Auf diese und viele weitere Fragen zu den Begriffen der nationalen und internationalen Politik gibt dieses Lexikon aktuell, klar und verlässlich Auskunft.

1. Aufl. 2007. 869 S.
€ 19,50. dtv 50894

Zeichenerklärung:
§ *Rechtsberater*
€ *Wirtschaftsberater*

P153487-S1.2